天を相手にする

評伝　宮崎市定

井上文則

国書刊行会

はしがき

宮崎市定の代表作の一つに岩波新書の『雍正帝』がある。宮崎は、この清の雍正帝（在位一七二二年〜一七三五年）の伝記を書いたいきさつとして「わざと進んでこのような、あまり売れそうもない天子を対象に選んだのは、書いて見たくてたまらなかったからである」[1]と後に振り返ったが、筆者が宮崎の評伝を書いたのも、まさに書いて見たくてたまらなかったからである。書いて見たくてたまらなくなるのは、やはりその人物に無限の魅力を感じるからであろう。宮崎にとっては雍正帝がそうであり、筆者にとっては宮崎がそうであった。

では、宮崎市定の魅力はいったいどこにあるのか。このはしがきでは宮崎の魅力をその研究に関して語っておきたいが、話の順序として、宮崎市定とはそもそも誰なのか、あらかじめ簡単に説明しておく必要があろう。本書を手に取られた方には不要かもしれないが、平成二十九年に刊行された櫻井正一郎の『京都学派酔故伝』が指摘するように、桑原武夫、吉川幸次郎、今西錦司といった、そして宮崎もそこに含まれる「第二期」の京都学派の学者の名は、彼らの物故から既に四半世紀近くたち、少なくとも若い世代にはすぐに通じなくなっているからである[2]。

宮崎市定とは誰か――その略歴と研究

平成七年に宮崎が九十五歳で亡くなった時、新聞各紙は、宮崎を「中国宋代研究では第一人者。中国史、アジア史の分野全体でも着実な成果を積み上げた」（朝日新聞）、「東洋史、特に中国、宋代研究の第一人者」（産経新聞）、「宋代を中心に中国の古代から近世の政治、外交、文化などを幅広く研究、中でも政治制度史の実証的研究は学会に大きな影響を与え続けた。科挙制度の研究でも国際的に知られている」（日本経済新聞）、「中国史研究で知られ、官吏登用制度や官僚機構などの政治制度史で多くの業績を残した」（毎日新聞）、「宋代を中心とした中国の政治制度史が専門で、『科挙』では官吏登用試験をめぐる受験地獄を生き生きと描き上げた」（読売新聞）と報じた。

「二十世紀最高のアジア史家」とも評される[3]宮崎は、明治三十四年、現在の長野県飯山《いいやま》市に生まれた。旧制飯山中学校、旧制松本高等学校を経て、京都帝国大学文学部東洋史学科を大正十四年に卒業し、第六高等学校教授、第三高等学校教授を務めた後、昭和九年、京都帝国大学文学部助教授に就任。昭和十九年、教授となり、昭和四十年の停年退官までその地位にあった。この間の昭和三十三年には『九品官人法の研究』により日本学士院賞を受賞し、昭和三十八年に書かれた中公新書『科挙』はベストセラーとなり、宮崎の名を一躍世間に広めた。停年後は、宮崎は再就職せず、市井にあって自由に筆を振るった。

晩年の平成三年から平成六年にかけては、全二十四巻別巻一からなる『宮崎市定全集』が岩波書店より刊行された。その内容は第一巻中国史、第二巻東洋史、第三巻古代、第四巻論語、第五巻史記、第六巻九品官人法、第七巻六朝、第八巻唐、第九巻五代宋初、第十巻宋、第十一巻宋元、第十

二巻水滸伝、第十三巻明清、第十四巻雍正帝、第十五巻科挙、第十六巻近代、第十七巻中国文明、第十八巻アジア史、第十九巻東西交渉、第二十巻菩薩蛮記、第二十一巻日本古代、第二十二巻日中交渉、第二十三巻随筆（上）、第二十四巻随筆（下）、別巻政治論集となっている。

京大の東洋史学科に学び、岩波書店の編集者となった杉田守康は、卒業前に、竺沙雅章《ちくさまさあき》教授から「君が就職できたんは、宮崎先生のおかげやなあ」と言われた。それは、宮崎の全集が「現在ほど深刻ではなかったものの、すでに出版不況が言われはじめていたなか、学者の全集としては破格の売れ行きをみせ」たからであった。(4) 評論家の小笠原茂によれば、宮崎の全集は「何と五千部も売れたという。千部がやっとという学術書としては記録的な売れ行きで、岩波書店でも目を瞠ったという」。(5) 全集がこれほどまでに売れたのは、やはり宮崎の研究に専門家以外の多くの人を引き付ける魅力があったからであろう。その魅力を言い尽くすことは難しいが、さしあたり次の五点を挙げておきたい。

宮崎市定の研究の魅力

第一に、その研究に広がりがあること。ここで広がりがあると言っているのは、単に宮崎の研究領域が広いということを意味しない。確かに、先に紹介した全集各巻のテーマからも分かるように、宮崎の研究領域は、中国史であれば古代から近代まで時代を問わず、地理的にも中国の範囲を超えて日本、西アジアにまで及び、非常に広い。そしてそれぞれの領域で卓越した業績を挙げた。宮崎の弟子であった佐竹靖彦は、宮崎を「無差別重量級」の学者と呼んだが、(6) まさにその通りであり、これが宮崎の大きな魅力であることは事実である。しかし、より重要なことは、宮崎は自身の研究を常に世界の歴史全体との関係で把握しており、そのため宮崎の書くものには、一見些末と思われるようなテーマでも、そこに世界史的な広がりを感じることができることである。宮崎は、世界の各地域は太古の時代から交流しており、相互に刺激しあうことで、相似した発展をしてきたと考え、この考えに基づく独自の世界史の体系を確立していた。「世界は昔から一つであった[7]」というのが宮崎の持論であった。

宮崎に「宋代における石炭と鉄」（昭和三十二年）という論文がある[8]。この論文は、宋代に石炭の使用が本格化し、それに伴い鉄の大量生産が可能になったことを示すのを主眼としているが、宮崎はさらに進んで、東方の遊牧民は、この宋の豊富な鉄を手に入れたことで世界史的な雄飛を遂げたと説く。モンゴルの大征服は宋の豊富な鉄とそれによってつくられた鉄製の武器によって初めて可能になったのである。同時にこれほどの高い文化を誇った中国が、なぜその後停滞してしまい、産業革命の段階に到達しなかったのか、という問題にまで考察が及ぼされている。石炭と鉄から世界史の趨勢を論じるこの論文は宮崎の面目躍如たるものであろう。宮崎は言う。「歴史は須らく世界史でなければならぬ。事実、私の研究は常に世界史を予想して考察して居り、世界史の体系を離れて孤立して個々の事実を考えたことは一度もない[9]」。あるいは宮崎はこうも言っている。「もし歴史学に究極の理想があれば、それは世界史の樹立に他ならない[10]」。

第二に、非常な独創性があること。独創の最低限の要件は、今まで誰も言っていない新しいことを言うことにあるが、宮崎はその要件をさらに厳しくし、学問的意味での本当の独創とは、「従来誰も言わなかったことで、しかも誰かが何時かは是非言わねばならぬことを言い出す」[11]ことにあるとしている。「学問の上で、ただ従来と変ったことを言うだけならば、何もむつかしいことではない[12]」からである。

その言葉に違わない例を一つ挙げておこう。宮崎は、昭和四十五年に「中国上代の都市国家とその墓地―商邑は何処にあったか―」の論文を『東洋史研究』に発表した[13]。河南省安陽の小屯には、中国最古の王朝殷の都の跡と考えられている遺跡があるが、宮崎は、この遺跡は殷の都の跡ではなく、殷の都に付属した墓地に過ぎず、殷の都自体は黄河に近い、もう少し東南の平野にあったと主張した。さらに宮崎は、殷の都は、殷が滅亡した後、その地に封じられた衛の都にもなっていたことから考えて、今日殷の遺物とされているものの中には、衛の遺物も混ざっているはずであるので、小屯の出土物をすべて殷代のものとするには疑問があることを指摘した。この論文が発表された当時、「学界からは殆んど反響らしいものが見られなかったようである[14]」と宮崎は書いているが、しかしそれから二十年ほど経った平成三年、愛宕元《おたぎはじめ》は殷墟は殷都ではなく、殷代晩期の陵墓区と祭祀の場所で、殷の都の跡は別のしかるべき所に求めるべきであるとの説が「最近」になって中国の学者によって唱えられていることを紹介し、宮崎の先見の明を高く評価した[15]。殷墟は殷墟に非ず説は、まさに「従来誰も言わなかったことで、しかも誰かが何時かは是非言わねばならぬこと」であった。ただし、宮崎にすれば、この点の評価だけでは不満が残ったであろう。なぜならば、宮崎がこの論文で主張したかったもう一つの点、すなわち殷の遺物とされている青銅器や甲骨文字の中には、後代の衛の時代につくられたものが相当に混ざり込んでしまっているのではないか、という疑念についての反応は依然として見られないからである。

　宮崎の独創は、時に珍説に近くなる。そこがまた宮崎の魅力でもあるが、同じく中国古代史の例を挙げれば、宮崎は西周の存在を認めていなかった。いわゆる西周抹殺論である。常識的には、殷が滅んだ後、周の時代となり、周代は前七七〇年をもって前後に分けられ、前半を西周、後半を東周と呼ぶ。しかし、宮崎は西周の存在を否定し、中国の歴史を三百年ほど繰り上げるべきだと考えていた[16]。白川静は『金文の世界』で、西周の文献史料が乏しいため「研究者のうちには、西周時代の歴史性を疑う人さえある。金文資料は、そのすぐれた同時代性にもかかわらず、古代史の史料として、十分な定着を見せていないのである[17]」と述べているが、これは明らかに宮崎の説を意識したものであろう。近年でも周代史の研究者佐藤信弥は、宮崎の西周抹殺論は「西周の同時代史料となる金文、すなわち青銅器の銘文を無視して組み立てられた空理空論である[18]」と宮崎の説を批判している。相当な宮崎贔屓を自認する筆者でも、さすがに金文の価値を全面的に否定することになる「西周抹殺論」には無理があるのではないかと思うが、宮崎は青銅器には贋作が多いことも指摘しており[19]、青銅器の銘文自体も大方贋作だと見ていたようである。

　第三に、地に足ついた実感的な歴史研究であること。宮崎は、科挙や九品官人法などの制度史だけでなく、社会経済史の研究もよくした。むしろ宮崎の本領は社会経済史にあったと言っても過言ではない。宮崎の全集は各巻のテーマが多く中国の歴代王朝の名称になっているため気付きにくいが、本格的な学術論文の多くは社会経済史に関するものである。宮崎の博士論文も「五代宋初の通貨問題」という社会経済史そのものであった。社会経済史というのは、生活に密着しているにもかかわらず、得てして無味乾燥、それこそ空理空論に陥りがちであるが、その社会経済史研究ですら宮崎の場合は、そうはなっていない。あくまでも社会経済史が本来あるべき、生活が実感的に意識されているのである。

その理由の一つは、宮崎が理論ではなく、事実に基づいて研究を行っていたことにある。宮崎は、歴史学は「事実の論理の学問」[20]であると定義づけていた。「事実と事実とを結びつけて網の目を造り、これまで足りなかった所を補い、もつれていたり、間違っていた網の目をほどいて正常に戻す、それが歴史学だと思っている。併し世間ではどうやら、こういう作業は歴史学の中でもいちばん下等な仕事だと見る人が多いようである。少なくもそれだけでは理論にならず、思索性を欠くと思われがちのようである。併し私の考えではこのような行き方こそ、歴史家の本筋であり、歴史家でなければ出来ない仕事だと思って自ら安んじている[21]」。宮崎は、今日からみれば過剰なまでに、歴史研究においては理論を優先させず事実を直視する必要があることをその著作の随所で繰り返した。これは当時流行していたマルクスの唯物史観を強く意識したものであったが、結果的には宮崎が空理空論に陥らないようにしたと言えるだろう。

しかし事実に基づくだけであるならば、空理空論は免れても、無味乾燥は逃れ難い。それを防いだのは宮崎が歴史研究において庶民感覚を重視したからであろう。宮崎の考えでは、貴族文学やエリートの哲学は結構であるが、歴史学は「飽くまでも庶民感覚による歴史学でなければならぬ」[22]のである。宮崎は、歴史現象には常識を超えたものはまずなく、全ては常識の範囲で押さえきれるものばかりなのであり、したがって歴史学は常識学問であるともするが[23]、この考えには庶民感覚の歴史学と通じるものがある。庶民感覚であるがゆえに、史上の社会経済の状況が生き生きと描かれている例を、『中国史』から一つ拾っておこう。宮崎は、三国時代の曹操の政策を概括したくだりで次のように述べる。

「さるにても曹操の政治方針は甚だきわどいものであるのは相違ない。異民族の多い軍隊の力を利用して異民族を圧《おさ》え、軍隊に提出させた穀物を配給することによって軍隊を服従させるのである。少しでもこの運用に狂いが生ずれば、忽ち危険な破綻が生じそうである。だからこの体制を維持するには、極度に厳重な法令の実施が不可欠になる。それは常時社会全体を戒厳令下に置くことを意味する。

曹操の政策によって示されるように、中国中世の歴史の推移は、異民族対策と土地政策との展開が主軸となって進行する。更にこの二つの問題の裏に共通の要素を探れば、それはただ食わんが為の必死の闘争がそこにある。異民族にとっても、貧民にとっても、より良く生きようというような悠長な願望ではない。深刻な不景気が浸透した時世には、異民族は異民族で食を求めて彷徨い、貧民は貧民で職を探して流浪しなければならなかった。それにしても、このような悲惨な底辺の生活者を土台にして、上流には優雅な貴族階級が栄えたのはどうしたことか。これも別に不思議ではない。戒厳令というものは、受ける者にとっては塗炭の苦しみだが、施行する側にはこれほど有難いものはない。それは我々の戦時中の生活を振り返って見ればすぐ分る[24]」。

曹操の政策とその背景にあった社会経済の様子が、その中を生きる庶民の姿と共に実感的に描かれている。まさに庶民感覚で書かれた歴史となっている。庶民の歴史を書くことが、すなわち庶民感覚の歴史になるのではないことも蛇足ながら付け足ししておこう。『中国史』は一般向けに書かれた概説書であるが、これと対極に位置づけられるような『五代宋初の通貨問題』ですら――宮崎の熱烈な推奨者であった関西大学教授谷沢永一の言葉では、「これは全篇ことごとく表でできあがっている、いわば経済史学ずばりの書物です[25]」――、敬遠せずに手に取って見れば、やはりそこには実感のある歴史を感じることができる。

第四に、その研究が優れた文章によって書かれていること。宮崎の文章が優れていることについては、宮崎に言及してきた著作家たちが口を揃えて指摘するところである。中国文学者でエッセイストの高島俊男は『科挙』（秋田書店、昭和二十一年）の文章を「気韻あり、格調高く、徹頭徹尾ピーンと張りつめている。〔中略〕かつて永井荷風が、近代以後朗誦にたるのは森先生の文章のみ、と言ったが、宮崎氏の『科挙』もまた朗誦にたえる」と言い、一方『科挙』（中央公論社、昭和三十八年）の「文章はガラリと変わり、平易暢達、つねに幾分の諧謔味をおびて、余裕たっぷりである」とした[26]。谷沢はその文章を「凝らないことに凝ったザックバラン文体の透明と律動[27]」と評し、丸谷才一は「宮崎市定の文章は威勢がよくて論理的だから読んで楽しい[28]」と書き、書評家の向井敏は「宮崎市定の歴史叙述はつねに明快で力強く、読者の心にぐいぐいと食いこんでくる[29]」と述べた。小笠原茂は宮崎を「日本を代表する文章家[30]」とまで呼んだ。

文章については、宮崎自身、一家言あった。自らの歴史学をアカデミズムの史学としつつ、宮崎は「本当のアカデミズムの史学は決して読者を退屈させない。行文が渋滞してリズムを欠き、理論が煩雑で明晰を欠くようなことは、アカデミズムの特徴ではない[31]」と述べていた。『中国史』の

「むすび」で宮崎は「私は物を書くのに精進潔斎して机に向い、苦吟渋思して筆を動かすという態度を取らない。私は楽しみながら筆を走らせるのが、最上の著述態度と考えている。著者が自身で感興を持つのでなければ、読者が面白いと思って読む筈はない」[32]と書いており、達意の文章の秘訣が、「楽しみながら筆を走らせる」ことにあったことが知られる。

ここに至るまでだけでも、筆者はたびたび宮崎の文章をそのまま引用してきたが、決して要約の労を省いたわけではなく、宮崎の文章を要約してしまうのはあまりに惜しく、その文章を読者にも体感してもらいたいからであった。宮崎を語る人の文章には、宮崎の文章の引用部分が非常に多いのをその特徴とするが、筆者と同じ理由によるのであろう。

その文章に関連して、最後にもう一つの、第五となる宮崎の魅力を挙げておきたい。それはその剛毅な文章から繰り出される歯に衣きせぬ物言いである。そのような物言いは晩年に多く書かれた時事評論にとりわけ見られる。

宮崎は平成元年、『中央公論』の「巻頭言」に「中国を叱る」の一文を寄せた[33]。清の時代に雲南貴州総督が、国境に近い土地が越南によって長らく侵占されているので取り返したいと時の皇帝であった雍正帝に密奏したところ、帝が「汝は隣国と友好を保つ道を存ぜぬか。堂々たる天朝は、利益のために小邦と争うことはせぬものぞ」と戒めたエピソードを引いた後、宮崎は「然るに清朝末期から中国は実力を喪失すると同時に崇高なる理想をも忘却した。民国以後は支離滅裂、中共になって更に甚しい。カンボジアではポルポト殺人集団を単に主義の類似から支援し続けて越南の侵入を招き、南海では西沙、南沙群島までも領有を争って越南と交戦し、遂にソ連のカムラン湾占拠を許した。そこには唯物的な貪欲さばかりが目立ち、光輝ある中国の伝統は名残さえも留めない。いまの中国に最も必要なことは、既に実験ずみの西洋新法の呪縛から解脱して、輝しい中国本来の姿に立戻ることだ。それには心して自国の歴史を読め」とまさにその題名の通り、中国を叱った。宮崎、八十九歳の文章である。坪内祐三は、時流に阿ることなく、透徹した史眼に基づいて発言する宮崎を、学生時代に「頼りになる数少ない論壇人として愛読した」というが、大いに首肯できるところであろう[34]。

以上のような魅力ある研究を行った宮崎は、どのような生涯を送ったのか、以下、出来るだけ克明にその跡を辿ってみたい。なお、本書には一般の読者には煩わしいと思われるほどに典拠を示す注記が付されているが、注記は筆者の備忘録のようなものであり、いちいち確認される必要はない。筆者は、この評伝を研究書ではなく、あくまでも読み物として書いたつもりである。

本書では、年齢を表すのに満年齢ではなく、数え年を用いた。それは宮崎が現在普通に行われる満年齢による年の数え方に度々不満を漏らしていたからに他ならない。

「満歳を採用した理由が、その方がより科学的だというなら、こんなバカげた話はない。同じ満七十歳といっても、七十歳プラス一日の場合もあれば、七十歳プラス三六四日の場合もあり、その差一年に垂《なんな》んとする。満歳では何年何か月という言い方があるが、数え年の方にも、何月生まれの何歳という言い方があって正確度において変わらない。実用算術において不可避な、切り捨て、切り上げに付き物の不合理性は、数え方によって解消する筈はないのだ。

我々歴史家にとって困るのは、満何歳と言われても、その誕生日を知らなければ、その生年を計算することができぬことである。歴史記述には生年が大切であることは言うまでもない。また生年を知っても、その誕生日を知らなければ、いま何歳と言うことができぬ。これも不便なことである。皆が揃って元日に年をとるきまりであれば、こんな不便さはなくてすむのだ。察するところ、満歳を採用したのは、少しでも年齢を若く言いたい老人どものなせるわざなのであろう。そして早く年をとりたい子供の夢を奪ってしまった」。

これは「元日と誕生日」からの引用であるが[35]、宮崎は同趣旨のことを「一月一日〇時〇分」でも発言しており、宮崎が自ら作成した年譜も数え年で書かれているのである。

天を相手にする——評伝　宮崎市定◉目次

第一章　千曲川の畔——飯山時代（明治三十四年〜大正八年）

大正八年、松本市飯田写真館にて。飯山中学卒業の松本高校生
（前列中央が宮崎）

飯山

北陸新幹線の駅の一つに飯山がある。飯山は千曲川に沿って南北に広がる、長野県北部の人口二万人ほどの小都市である。かつては本多氏二万石の城下町であったが、戊辰戦争の兵火に罹り、明治十九年にも大火に遭ったため、古い町並みは現在ほとんど失われている。筆者は、飯山を二度、五月と九月に訪れたことがあるが、いずれの時も観光客はほとんどおらず、実に静かであった。同じ長野県内でも江戸期の建物が残り、次々と観光客が観光バスから降りてくる松代などとは大きく異なっていた。

飯山は、越後と信濃を結ぶ交通の要衝として古くから栄え、戦国時代には、上杉謙信が信濃経略の根拠地とし、武田氏との争奪の的になった所でもある。飯山駅の北一・三キロメートルほど行ったところにある飯山城は、もとこの地の土豪泉氏の城館であったが、上杉謙信によって永禄七（一五六四）年に本格的に築城されたものである。(1) 駅から東に歩けば、綱切橋と呼ばれる橋が千曲川に架かっているが、地元の伝承では、この橋は第四回川中島の戦いで敗北した上杉謙信が、越後へ戻

る途中に追っ手を遮るために切り落としたとされる橋である。(2)

明治時代に飯山を訪れ、自身の作品『破戒』の舞台とした島崎藤村は飯山を「全く雪に埋もれた町」、あるいは「雪の中から掘出された町」と印象的に表現している。(3) 実際、飯山は日本有数の豪雪地帯に属し、一日の最多降雪量は、百十センチという記録がある。初雪は平年で十一月二十日。十二月二十日には根雪になり、これが消えるのは三月三十一日である。(4) 飯山は年間の三分の一くらいは雪に覆われた町なのである。藤村は続けて、「雪煙もこの辺でなければ見られないものだ。実に陰鬱な、頭の上から何か引冠せられているような気のするところだ。土地の人が信心深いというのも、偶然では無いと思う。この町だけに二十何ヶ所の寺院がある。同じ信州の中でも、ここは一寸上方へでも行ったような気が起こる。言葉遣いからして高原の地方とは違う」と述べている。藤村が飯山を訪れたのは、正確には明治三十三年から三十七年のことであり、藤村の描く飯山は、まさに宮崎が生まれた頃の飯山なのである。(5)

飯山は現在でも寺の町として知られ、その数は藤村の頃と変わらず、二十余りを数える。藤村は、飯山を「信州第一の仏教の地」とも呼んだ。(6) 江戸期には三十を超える寺があった。臨済宗中興の祖とされる白隠《はくいん》禅師が学んだ恵端《えたん》禅師(7)を開基とする正受庵は、うち最も名高い寺であろう。正受庵は飯山駅の北西一・五キロほどのところにあり、県指定の史跡となっている。飯山城址西方には、城下町の防衛を兼ねて、寺が集中的に配備されており、これらの寺の門前町であった愛宕町には、仏壇通りと通称される仏具店が並ぶ通りがある。仏壇通りには、雪除けのアーケードである伝統的な雁木が付けられている。

宮崎は、「信州飯山在」と題された随筆の中で故郷飯山のことを「信州の越後境に近い飯山といっても知らぬ人の方が多いであろうが、恵端禅師の正受庵があり、雲室上人の随筆に著され、藤村の『破戒』の舞台になったりしているので、そういわれればなるほどと思い出す人もあろう。『破戒』の人物はこの地の方言を使っているが、藤村はやっぱりよそ者だ。ローカル・カラーも本物ではないし、方言も私たちが読むと吹き出したくなるほど、へんなおかしなものである」(8)と紹介している。雲室《うんしつ》上人は、江戸期の僧侶で(宝暦三(一七五三)年～文政十(一八二七)年)、詩画と儒学に優れた。城西方の光蓮寺に生まれたが、十七歳の時に江戸に出て以来、ほとんど飯山には戻っておらず、飯山についてはその随筆の中でごく簡単に言及しているに過ぎない。雲室上人の随筆は、『雲室随筆』として『続日本随筆大成』に収録されている。ちなみに宮崎は旧版の『日本随筆大成』を三期分すべて購入していた(9)。

静間

宮崎は、明治三十四年八月二十日、飯山の市街地の南に隣接する静間《しずま》に生まれた。現在の飯山市静間であるが、当時は長野県下水内《しもみのち》郡秋津《あきつ》村静間であった。静間は、江戸期には飯山藩領の静間村として独立した村落であった。この静間村が、明治二十二年に南隣の蓮村と合併し、秋津村となったのであり(10)、この新生の秋津村で宮崎は生まれたのである。秋津村は、昭和二十九年に飯山町とその周辺五村と合併し、飯山市の一部となり(11)、姿を消したため、秋津村は六十五年間だけ存在した村であったが、今も秋津地区、そして秋津小学校などにその名を残している。秋津小学校には、飯山

図1　宮崎が揮毫した碑

市の名誉市民となった宮崎が、平成四年に揮毫した碑が立っている（図1）。

『自跋集』に付された「自訂年譜」によれば、宮崎はこの秋津村静間の三百四番地に生まれている。現在の飯山市静間の北大久保の辺りである。静間は千曲川左岸にあり、千曲川と西の斑尾山に挟まれた傾斜地を成している。山と川との間の地はそれほど広くはない。宮崎は「斑尾山の腰と千曲川ぶちとの間の僅かな広がりの里の中で、何も知らずにのんびりと育った」と書いている[12]。現在でも静間は、のどかな農村風景が広がる地域である（図2）。しかし静間は、飯山市内ではもっとも古く記録に現れる地名なのである。『保元物語』には平安時代末期の保元の乱に際して、源義朝に従った静妻小次郎なる武士の名がみえるが[13]、小次郎はこの静間の地名を姓としていたと考えられており、この地区にある静間神社は、静妻氏の館跡と伝えられている。静間の地名は、もとは静馬、

図２　静間の農村風景

あるいは閑馬であり、牧場に関係する地名であったと推定されている。(14)

父　市蔵

宮崎の父は市蔵と言い、宮崎が生まれた明治三十四年当時、飯山小学校訓導（首席）を務めていた（図３）。(15)

市蔵は、明治二年五月五日生まれで、農業を営んでいた父市兵衛と母千代(16)の長男であった。市蔵について「自訂年譜」には、「幼くして家業の破産にあい、ついで父を失い、母の僅かに残れる家産を守りて養育するを受け」とある。ここで言われている「家業」は養蚕で、(17)宮崎の家には桑の木があった。(18)宮崎自身も子供の頃には養蚕の手伝いをさせられていた。(19)秋津村は、養蚕の盛んな地域であった。(20)市蔵の父、市兵衛は明治八年九月二十五日に亡くなっているので、「自訂年譜」にあるように、市蔵は父を、「幼くして」、すなわち七歳の時に失ったのである。

しかし市蔵は、学力優秀で、秋津村の小学校であった積徳学校では常に首席を占め[21]、明治二十二年には長野県尋常師範学校に進み、その一期生として明治二十六年には卒業することができた。宮崎は師範学校について、同じく師範学校の出であった恩師内藤湖南に関する文章の中で、「師範学校といっても、明治初年の師範学校は後世のそれとは社会的信用が全然ちがう。特にその高等科を出れば、日本中どこへ行っても文化人として尊敬された。現在の博士どころではない。新制以後の大学の教授以上の値打ちには通用したであろう[22]」と述べており、市蔵は「明治初年」の卒業ではなく、高等科を出ていないが、それでもこの一文からは明治期における師範学校の重要性、そして宮崎の市蔵に対する誇りを読み取ることが出来るだろう。

図３　宮崎市蔵（『飯山町誌』より）

市蔵は、卒業と同時に、飯山町にあった下水内高等小学校の訓導となり、明治三十一年にはその分校である太田支校の主任、さらに明治三十三年に太田支校が下水内高等小学校から独立し、太田尋常高等小学校が開設されると、その校長になり、明治三十四年に飯山小学校訓導（首席）となっていたのであった。市蔵は、この後、さらに秋津尋常高等小学校長、太田尋常高等小学校長になり、校長職引退後も、下水内高等女学校教諭、同校教授嘱託として教育に携わり、『飯山町誌』によれば昭和二年、『秋津村誌』によれば昭和四年に引退した。生粋の教育者であった。『写真集　飯山の百年』には、髭を生やした下水内高等女学校教諭時代の市蔵の写真が載っている[23]。

　正確な時期は不明であるが、市蔵は若い時に、西洋文明を実際にその目で見るべくアメリカへの密出国を企てたが、捜索願が出され、横浜港で貨物船に潜んでいたところを発見され、故郷に連れ戻されたということもあった[24]。

『飯山町誌』は、市蔵の人柄を「氏の為人、強直・至誠・利誉を顧みず、言うべきは言い、為すべきは為し、常に顧て恥ずるところ無く、浩然・泰然・卓然としてあられ、清空無雲、冬嶺孤松の概があった」と記す[25]。後年の宮崎にも通じる人柄であったようである。

『飯山町誌』はさらに続けて、市蔵にまつわる一つの「事件」を記録している。「氏直情径行で、術策を弄することを嫌われたが至誠故に術策の能く乗じ得ぬ太田村三校合併の至難事業成就の基を築かれた。ただしこのためにか居家を火かれ、隣家二戸を類焼せしめた。ここに謹慎して陋屋に住すること四十年、隣家焼失の創痍完く癒え、その憶出も無きに迄り初めて自宅を改築された[26]」。『飯山町誌』には、この「事件」が起こった年代は記されていないが、『太田村史』によれば、明治三十三年のことのようである[27]。すなわち市蔵が太田尋常高等小学校の校長であったときである。当時、太田尋常高等小学校の校舎は、村内の三ヶ所に分かれていたため、これを統一しようとする議が起こったが、統一校舎の位置選定を巡って村内が紛糾していた。これが『飯山町誌』の言う「太田村三校合併」の問題である。そして再び『太田村史』によれば、「偶々此頃村内に原因不明の火災が頻々と起こりそれが恰も学校問題と関係あるが如く唱えられ人心悩々たるものがあった[28]」とされる。しかし、実際には、この火災の原因は、学校問題とは関係なく、後に「少年の悪戯」が原因であったことが判明したという。[29]市蔵の家の火災が、この明治三十三年の「頻々と」起こった「村内の」「原因不明の火災」と関係していたことは疑いないが、火災の起こっていた太田村は、現在同じ飯山市内とはいえ、秋津村とは相当に離れており、市蔵の家の火災の原因が本当に『太田村史』の言うような「子供の悪戯」であったのかについては疑問が残る。『飯山町誌』は、火災の原因が学校問題にあったとする書き方をしているが、市蔵の家の火災に関しては、「子供の悪戯」ではなく、『飯山町誌』の指摘する学校問題が絡んでいたのかもしれない。

宮崎自身もこの事件について「自訂年譜」で言及している。父市蔵の死去についての記述の中で、「妻を娶りて長男市平を儲けしも、直後に火災にて家を焼かれ」と記述しているのである。ここで言及される「火災」が『飯山町誌』の「直後」の「事件」と同じ出来事を指すことは疑いないので、宮崎の理解では「事件」は市平の生まれた「直後」に起こったことになる。しかし、市平は、宮崎の三つ上の兄で、明治三十一年の生まれであるので、火災の起こった三十三年とは二年の開きがある。そのため、「直後」という表現には違和感があるが、いずれにしても、宮崎自身は、この火事を受けて、市蔵が「陋屋に住」していた時に生まれたことになる。なお、静間の辺りの農家は、旧藩時代には長方形の平面の入母屋造りで、大棟を南北に向けて建てるように命じられていた。大棟が南北に向けられたのは、家の北側にできる日陰を少しでも少なくしようとする雪国の知恵であった。

市蔵が自身の信じるところに従って、妥協を許さず行動する人であったことは、毎年正月に子供が中心となって行われていた道祖神《どうろくじん》の行事を秋津尋常高等小学校長として大正八年に禁じたことからも窺い知ることができる。『秋津ものがたり』によれば、宮崎校長は、道祖神の行事について「一．すぐに燃やしてしまう書初めは内山紙など勿体ない。習字紙で沢山だ。二．賽の神で人の家から物をもらって歩くなんて乞食のすることだ。三．道祖神の歌は卑俗わいせつで最も野卑なものである。四．道祖神で泊まるなどは風紀の上からも子供の健康からもよくない。五、道祖神のお神酒だといって子供まで酒を飲むなどもってのの外である」と訓辞を垂れた[30]。道祖神の行事の禁止については、「村からとかくの非難はあったが[31]」、この市蔵の訓辞によって十数年間途絶えたとされている[32]。市蔵が道祖神の行事を禁じる以前には、宮崎自身もこれに参加していた。宮崎は「私の田舎では、毎年、正月に子供が主体となり、若衆の指導によって道祖神の祭りが催されるが、その際に子供の結社が行われ、十五歳が頭で親方、以下わき役、下方、犬のクソ、猫のクソなどの序列が定められて一年間有効である。この序列を紊す生意気な言動は最も厳しい非難の対象となった[33]」と記している。

市蔵の行動は、いかにも文明開化の明治の人らしいが、これにはその潔癖症も関係したのかもしれない。『飯山町誌』には、市蔵は「潔癖より食器・茶器に他の手を触れしめず、炊事も自らされた」とある[34]。

市蔵はまた、学痴と号するほど学問を好み、自宅には相当の蔵書を抱えていた。宮崎は、『水滸伝』の「まえがき」で、「私の父は田舎に住んでいたにもかかわらず、丸善などから本を取りよせていたほどで、まずは身分不相応な読書家であったのであろう。毎年一回、庭に筵を敷き、土蔵の中の書棚から本を運び出して虫干しするのが習わしで、その際には兄と一緒に手伝いさせられる」と書いている。(35) 市蔵は、英語、ドイツ語、サンスクリット語を学び、ドイツの倫理学や教育学、あるいは仏教について熱心に研究していた。太田尋常高等小学校の時代には、職員会でシュライエルマッヘルの倫理学の講義をした。(36) 当時の市蔵について、『太田村史』は、「宮崎校長は寡黙篤学の人で、私〔『太田村史』該当箇所の著者〕も一ヶ月ばかり其室〔太田小学区の寄宿舎〕に泊めていただいたが、食事が終わって一寸休まれるだけで、人にはかわまず直に机に向かって勉強された」(37) と伝えている。市蔵は、引退後の昭和八年にはサンスクリット語の知識を生かして、『国語・国文』に「梵語より見たるソラミツ・ヤマト考」を発表している。(38) この論考で市蔵が説いたのは、大和と大和にかかる枕詞である「そらみつ」の語義に関してである。「そらみつ」はその語義も大和にかかる理由も未だ明らかではないが、(39) 市蔵は「そらみつ」と「やまと」の両方がサンスクリット語に由来すると考え、「そら」はサンスクリット語の「天上」を意味し、「みつ」は日本語で「支配する」の意、そして「やまと」をインド神話の冥界の支配者「ヤマ王から生まれた国」と解釈し、「そらみつやまと」は全体として、天上を支配するヤマ王より生まれた国を意味するとの結論を下したのである。『国語・国文』は、京都帝国大学国文学会が編輯《へんしゅう》する雑誌で、「編輯趣旨」によれば、「本誌は国語国文学会の発展を希い、斯界に寄与せんことを期す。本誌はもと京都帝国大学国文学会の機関雑誌なりと雖も、前記の目的を達せんが為めに、普く斯界に志ある諸賢の後援支持を得んことを切望し、喜んで大方の投稿を掲載す。原稿採択の方針に至っては極めて自由なる態度を持す」とあるが、とはいえ市蔵の特異な内容の論考が掲載されたのには、昭和八年当時第三高等学校の教授であった宮崎の尽力があったのであろう。
市蔵は、短歌もよく作り、大正九年と大正十二年の『アララギ』には、島木赤彦の選で次のような市蔵の歌が載せられている。

野菊
かりやずみ花を乏しび道の端の野菊つみ来て瓶にさしけり
野の菊を瓶にはさせりしかすがに足らはぬ心ただ座りをり
我が心いまだあまねくいたらざるか野菊の花の美しくもなし
茶をすすり文をよみつつ折々にまなこなぐさむよき花もかも
（大正九年　第十三巻第九号）
裏の森に今宵もなけるふくろふは幾らも鳴かず雨ふりいでぬ
（大正十二年第十六巻第七号）
山峡は夕べ早けれ道のべの茅花ま白く風になびくも
（大正十二年第十六巻第十二号）

宮崎もこの父親の影響を受け、中学校時代には短歌を詠むようになり、大正十二年には、父親と同じ号の『アララギ』に、やはり島木赤彦の選で、その短歌が載せられている。

永平寺
山峡に湧けるさぎりのひろごるにすなはち黝む七堂伽藍
籬ごし石垣に垂るる山吹のもろ花そよぎ雨降りそめぬ

（大正十二年第十六巻第七号）

湯の村に日かずをへつつ七夕の星の祭りにあひにけるかも

（大正十二年第十六巻第十一号）

市蔵は、晩年には『大正大蔵経』を読むのを日課とし、禅宗に深く傾倒した。『飯山町誌』には市蔵の健康法も記録されている。「氏は晩年に及ぶまで毎朝未明水浴をせられた。雪が降って大根下しの様な雪の流れ来る河中にも徐に身を沈め、暫してまた徐に出られた。これにより寒にも素袷一枚で、布袋和尚の如く胸を露はして平然としていた。ために生涯ほとんど病まれなかった(40)」。

市蔵は、昭和二十三年二月一日(41)に没した。享年八十。法名は真教院釈深諦居士。

母　悦

宮崎の母悦は、小林與右衛門の次女で(42)、明治十一年七月二日の生まれ。静間村の支村であった屋敷集落の出であった。宮崎は、屋敷と母の実家について「信州飯山在」で「母の実家は山ン中だ。清川の谷を上って半里ほどゆくと、山懐に人家九軒の屋敷とよぶ小集落があって、母の実家はその頂にある」と書いている(43)。清川は斑尾山麓から発し、静間を流れ、千曲川に合流する川である（図

図4　清川の流れ

4）。屋敷までは秋津村から徒歩で三十分以上かかった。[44]また同じ随筆には、屋敷への途中には牛小屋があって、子供の頃の宮崎にとっては、放し飼いにされている仔牛が「たまらなく怖かった」こと、また野生の独活《うど》をよく食べ外祖母に笑われたことも併せて記されている。屋敷の集落は、山崩れが起こるような場所で、[45]またあまりにも交通不便であったため、昭和四十六年に事実上廃村になった。[46]

　悦は十七歳の時に市蔵に嫁ぎ、市蔵との間に、市平、市定、市安の三人の男子を儲けたが、市安を生んだ翌明治四十年二月二十一日に亡くなった。[47]享年三十歳。宮崎、七歳の時である。そしてその市安も宮崎が十歳の時の明治四十三年六月七日にわずか六歳で亡くなっている。「自訂年譜」には、市安について「見所のある児なりしと言う。父悲歎一方ならず。弟は母を識らず、祖母の懐に抱かれて眠り、ひたすら祖母を母と思いこみて育ちたり」とある。礪《と》波《なみ》護は宮崎が「多感な少年期に母と弟を失ったことは、克己心、自制心の強い性格を涵養させたようである」と推察する。[48]なお、兄の市平は、父親の市蔵と同じく教育者となり、飯山市内の一山小学校の校長などを務めたが、早くに隠退して農業に従事し、[49]昭和六十三年三月二十四日に九十一歳で亡くなった。

秋津尋常高等小学校

宮崎が生まれた時、家族は祖母、父、母、兄、そして本人の五人家族であった。宮崎の最古の記憶は、日露戦争終結の直後、すなわち明治三十八年、五歳に遡る。当時、戦勝祝賀の提灯行列が近隣の町であって、そこで打ち上げられた花火を自分の家の窓から眺めた淡い記憶があるという[50]。

子供の頃、宮崎は随分家事手伝いをやらされていた。朝早くからの藁叩き、ランプのホヤ磨きに始まり、庭の草むしり、板の間の雑巾がけ、風呂の水くみ、火焚きの番などの日課があった[51]。昭和十三年に発表された論文「東洋史上に於ける孔子の位置」において、宮崎は孔子の教説が同時代にもった革新性を、その教説を当たり前のように受け入れてしまっている現代人が充分に理解していないことを指摘し、そのことを喩えて「恰も今日電灯の輝くを見、飛行機の空を飛ぶを見て三歳の童子も別に怪しまない。併しランプのホヤを磨かせられた少年が初めて、煌々たる百ワットの電灯が室内を照すに会い、汽車をも滅多に見たことのない田舎者が、頭上にエンジンの爆音を聞いた時、その驚異、その感激は如何であったろうか[52]」と記すが、これは明らかに自身の経験を踏まえたものであろう。

明治四十一年四月一日、八歳の時に宮崎は村立秋津尋常高等小学校へ入学した。

秋津尋常高等小学校は明治三十五年に発足し、三十八年には現在の秋津小学校の位置に新校舎が完成した。小学校は、二階建て一棟、平屋二棟、その他家屋三棟からなり、教室は六つ、体操場は男女別に二つ備えていた。宮崎は、このまだ比較的新しい校舎に通ったのである。明治四十一年の在学者数は尋常科に三百十一名、高等科に三十名であった[53]。修学期間は、尋常科が六年、高等科が二年で、尋常科までが義務教育で無償。高等科には授業料が発生した。学科目は、修身、国語、算術、国史、地理、理科、図画、唱歌、体操、裁縫、手工、家事、農業、英語。農業と英語は、高等科のみで教えられた。宮崎は、中学校に進んだため、高等科には行っていない。

「自訂年譜」によれば、宮崎の担任は尋常科三年以後は、丸山浦治であった。丸山については、「まじめで、勤勉で、本当に熱心によく教えてもらって感謝しています」との卒業生の証言が残っている[54]。

宮崎は成績優秀で常に首席を占めた[55]。六年生の時には、「英吉利」という作文を書き、百点の点数をもらった。これは毛筆で書かれており、欧州の地図も手書きしてあったという[56]。

元旦は、当時四方拝と呼ばれて祝われていたが、小学校ではこの日に生徒を集め祝賀会を開いた。校長が教育勅語を読み、在郷軍人が「軍人に賜りたる勅諭」を読んだが、宮崎は「立ったままで聞かされるには閉口した」。しかし式が終わるとみかんを二つ貰い、和服の懐にねじ込んで帰るのが楽しみであった[57]。

おそらくこの小学校の頃に、晩年まで続く石の蒐集癖が始まっている。

「私は小さい時から、一風変わった子供であったらしい。家の古い簞笥の中から古銭を見付けだして自分の宝物にし、それから古銭集めを始めた。古い渋い錆が浮いていて、奥底の知れない神秘感を漂わしているのが、たまらない魅力であった。家の所有の桑畑の地表に矢の根石が散らばっているのを知り、夏の暑さにもめげず、腰かがみになって附近の地面を探しまわって、大ぶん採集した。あの不思議な形状が、村人の間では魔除けになると言い伝えられていたが、その魔の正体を知りたいと思った。

次に石を集めた。千曲川の河原へ遊びに行くと、大小さまざまの石塊が上流から流し寄せられて、それがいろいろな形状にできているのが不思議であった。その中から面白そうな形のものを拾っては帰ったところ、本箱の引出しがいっぱいになってしまった。それを家人に見付かって全部捨てさせられた。ただひとつ瑪瑙の小玉だけを残して、愛玩していたが、何かの折にそれを紛失してしまい、その時の無念さを今でも覚えている[58]」。

大正二年十三歳の年には、修学旅行があり、宮崎は長野市へ一泊二日で行った。この時、宮崎は豊野駅から初めて汽車に乗った。最寄駅である豊野（現長野市豊野地区）までは徒歩であった。飯山から豊野までは、現在、飯山線で六駅約三十五分かかる。一方、豊野長野間は、三駅約十五分に過ぎないので、宮崎らは長野までの大半の距離を歩いたことになる。この区間が開通するのは、大正十年のことである。宮崎が大正三年三月に小学校を卒業すると、入れ替わる形で父市蔵が学校長として四月から赴任した。そしてこの後、市蔵は、大正八年九月まで、この職にあった[59]。

幼年期の一冊

一九九二年に岩波書店は雑誌『よむ』の創刊一周年記念増大号で「二〇世紀日本の読書遍歴」の特集を組んだ。四百三十二人の執筆者の中で、一九〇一年生まれの宮崎は、その先頭に置かれた。この特集では、それぞれの執筆者が「幼年期」、「青年時代」、「中年・壮年」、「成年後期または「老境」」の一冊を挙げている。宮崎が「幼年期」の一冊としたのは、巌谷小波《さざなみ》『王城乗取』であった。

『王城乗取』は明治三十三年、博文館刊行の世界のお伽噺百冊の一冊で、タイトルにある「王城」はビザンツ帝国の都コンスタンティノープルのことである。『王城乗取』は、オスマン帝国のメフメト二世が、コンスタンティノープルを一四五三年に攻略し、ビザンツ帝国を滅ぼした時の物語である。この書物に対する宮崎の一言コメントには、「トルコ軍がコンスタンティノープルを攻撃し、軍艦を肩に担ぎ丘を越えて金角湾に入り占領した実録」とある。随筆「トプカプ宮殿秘宝展」においても、宮崎は、「今世紀の初頭に草深い田舎で幼少時を過ごした私に只一つ、海外に向けて目を開かせた」として、この書物を紹介している。[60] 幼少の宮崎は、トルコ軍が軍艦を担いで丘を越えた場面を「手に汗して読み耽った」という。

飯山中学校

大正三年三月、十四歳の時に宮崎は県立飯山中学校を受験した。飯山中学で入学試験が行われたのは、この年が最初であった。これは前年に全校生徒数が三百十六名となり、定員の三百名を上回ったことによる。[61] 入学試験科目は、大正六年の段階では国語と算術であった。[62] おそらく宮崎の時の科目もこの二科目であったのだろう。「自訂年譜」によれば、宮崎は第四番で入学。入学者は、五十七名であった。しかし飯山中学校の後身である飯山北高校の『創立八十周年記念誌』の記録では、大正三年の入学者は八十名ほどあったことになっており、[63] 宮崎の記録と一致しない。参考までに、大正八年の志願者は百三名で、合格者は九十五名、競争率は一・一倍であった。[64] 当時の中等教育機関には、他に実業学校などがあったが、中学校へ進学することは、高等学校、さらには帝国大学への道が開けていたため、エリートコースに入ったことを意味していた。
飯山中学校は、明治三十六年に長野中学校飯山分校として創設され、明治三十九年に独立校となっていた。[65] 飯山城址の北、現飯山北高校の場所にあった。自宅からは、徒歩で一時間以上かかったようである。[66] 宮崎は自宅から通った。木造二階建ての校舎や講堂などの他、寄宿舎も備えていたが、宮崎が飯山中学に入学した年に飯山中学校の講堂西側には、五年生が卒業記念に池を造っている。この池は、中国の膠州湾を象っていたが、それはちょうどこの年に第一次世界大戦が勃発し、日本がドイツ領であった膠州湾を封鎖していたことにちなんだものであった。[67]
中学校は五年制で、教えられた科目は修身、英語、国語及漢文、歴史、地理、数学、博物、物理、化学、書画、法制経済、体操であった。宮崎が後に専門とした東洋史は、三年から学び、その教科書は、『創立八十周年記念誌』によれば三輪徳三の『中学校用東洋史教科書』であり[68]、宮崎自身の記憶では桑原隲蔵《じつぞう》の『中等東洋史』であった。[69] 桑原は後に宮崎の師になる人物であり、その『中等東洋史』は明治三十一年の刊行で、東洋史という言葉を日本語に定着させたベストセラーの教科書であった。[70]
飯山中学校の学生については、宮崎の推薦で飯山中学校に赴任した中谷英雄（昭和十年東洋史学科卒）が「中学の生徒を観察して見ても穏和しい事此上ない。換言すれば活気なく、覇気なしとい い得、運動の不振も此の故よりであろう。但し、スキー丈は古い歴史と、多大の便宜を有する為盛んに行われ、生徒は夏に近づく程茫然とし、冬に近づく程活気を帯び、スキーに打興じて居る生徒の眼に平常見られぬ輝きと意志と歓喜が感得される[71]」との印象を書き残している。中谷は、このような生徒の気質の原因を曇天の多い飯山の気候に帰した。スキーは、高田連隊でレルヒ少佐から教えを受けた飯山中学校教諭市川達譲によって飯山に明治四十五年にもたらされた。飯山は長野県におけるスキーの発祥地なのである。同じ明治四十五年には早くも、スキーは飯山の小・中学校では冬季の体育の授業で行われるようになっており、[72]宮崎もきっとスキーをやらされたに違いない。

飯山中学で宮崎は「在郷者」と呼ばれた。[73]これが宮崎が田舎者扱いをされた始まりであった。この後、宮崎は、松本でも京都でも、さらにはパリでも行く先々で田舎者扱いされることになる。そして、宮崎のこの体験が、歴史を文明主義の社会と素朴主義の民族の対立と見る独自の歴史観へと繋がっていくことになったのであろう。

大正五年の「自訂年譜」には、「四月、三年に進級。これまでに例年の如く退学者相い次ぎ、級友四十三名となる」とある。当時、中学校を卒業することは、勉学の上でも、経済的にも大変困難であったのであり、例えば宮崎の二年上の学年（＝明治四十五年）入学は、八十名が入学したが、卒業できたのは三十一名に過ぎなかった。[74]これは最も悪い数字であるが、卒業生が入学生の半数以下であることは普通のことであった。宮崎の学年の卒業者は、やはり「自訂年譜」によれば、四十名であり、この数字は、『創立八十周年記念誌』の記録と一致する。[75]入学者が八十名程度であったとするならば、宮崎の学年もやはり半数が何らかの事情で脱落したことになる。

同年、宮崎は、初めて関西の地を踏んだ。前年に行われた大正天皇の即位礼を受けて、京都御所と二条城が一般開放されたことを機に行われた特別の修学旅行に参加してのことであった。宮崎は、中学三年十六歳であったが、例外的に参加が認められた。

この旅行については「大正初年の修学旅行」に非常に詳しく、記録されている(76)。何か日記かメモのようなものを宮崎は残していたのであろう。実際、宮崎は少なくとも尋常高等小学校一年から旧制高校の時までは日記を付けていた(77)。修学旅行は、四月十四日から二十一日にかけての一週間の大旅行であった。十四日の午前四時に中学校を出発。徒歩で信越国境の富倉峠を越えて、赤沢温泉近くの新井駅に到着。新井駅まではわらじ履きであった。ここから北陸方面に向かい、金沢にその日の五時四十二分に到着。金沢から夜行列車で京都に向かい、到着は十五日の朝六時三十四分であった。京都には十八日の朝まで滞在し、その間、京都御所、二条城、桃山御陵、三十三間堂、清水寺、金閣寺など、京都の名所をあらかた回った。大覚寺近くの広沢の池の桜は、非常に美しかったようで、「私が後に京都帝国大学を選んで入学するようになったのは、何かしらここの桜の花盛りが滅法気に入った印象が働いていた気がする」と述べている。京都に続いて、宮崎らは大阪、奈良を経て、十九日には伊勢に到着。帰途は、名古屋から中央線に乗り、長野まで行き、そこから信越線の豊野駅で下車し、豊野からは徒歩で自宅に帰った。

翌大正六年、宮崎は、今度は関東地方に修学旅行に行った。こちらが正規の修学旅行で、『創立八十周年記念誌』によれば、「大正時代、四・五年生は、六泊の日程で、東北各地か関東方面、あるいは伊勢・京都方面へ修学旅行にでた(78)」。宮崎らは、十月十五日から二十日までの期間、鎌倉と東京を見学した。東京では自由時間があり、友人と共に、泉岳寺の赤穂義士の墓に詣で、日露戦争の英雄乃木希典《まれすけ》の旧宅を訪れた。乃木は維新時に官軍を率いて飯山城を接収した人でもあった(79)。神保町では、石印本《せきいんぼん》の『三国志演義』を五十銭で買った(80)。当時の修学旅行には、多額の費用がかかり、参加できたのは半数に過ぎなかった。[81] 宮崎は、前年にも関西への修学旅行に参加していることを思えば、相当に経済的に恵まれた環境にあったことになる。[82] 宮崎自身は、「貧乏な家に生まれた」[83]、「家が貧乏であったから」[84]、「家が貧しいことを知っているから」[85] などと様々な所で回顧しているが、『秋津村誌』は、明治二十年代の話として、小学校の教員の給料が「役場吏員に比しても相当高給であり、農業労働者に比しても相当よかった」[86] としている。

大正七年八月には、宮崎は友人らと信越国境の秋山郷を巡った。同道した友人は、同級の高山洋吉と後輩の藍沢惟親であった。高山洋吉は、後に松本高等学校を経て、東京帝国大学の経済学部を卒業。戦前から共産党に入り、マルクス主義の文献の翻訳、紹介に努めた人物である。昭和五十年没。藍沢惟親については不詳。宮崎等の巡った秋山郷は、現在の長野県下水内郡栄村と新潟県中魚《なかうお》沼《ぬま》郡津南《つなん》町にまたがる地域で、苗場《なえば》山（二千百四十五メートル）と鳥甲《とりかぶと》山（二千三十八メートル）に挟まれた中津川の渓谷に位置する。[87] 明治まで水田はなく、焼畑を行っていた地域であり、平家の落人伝説の残る秘境である。江戸期には、『北越雪譜』の著者である鈴木牧之《ぼくし》がこの地方を回り、『秋山紀行』を残している。秋山郷は、飯山地方からは近く、かつてその信濃側は飯山藩領に属していたこともあった。

大正八年三月、宮崎は飯山中学校を卒業した。『写真集　飯山の百年』[88] には、宮崎や高山洋吉の写った大正八年二月の集合写真が掲載されている。卒業時、宮崎は首席であった。[89]

第二章　山出しの青年――旧制松本高等学校時代（大正八年〜大正十一年）

大正十年、松本市のカトリック教会にて。セスラン神父からフランス語の課外授業をうけた松本高校生（三列目の左端が宮崎）

松本高校へ入学

大正七年、原敬《たかし》内閣は大学令によって、従来のいわゆるナンバースクール（第一高等学校から第八高等学校）に加えて、新潟、山口、松山、松本に旧制高校を設置することを決め、翌大正八年、松本高校が開設された。(1) 旧制高校は、昭和二十五年に廃止されたため、イメージが難しいが、その後身と位置づけられる新制大学の教養部や文理学部、あるいは現在の高校とは全く異なり、帝大予科としての性格を持つ、つまり帝大への進学が保証されたエリート養成機関であった。就学期間は三年である。

松本高校開設の年に飯山中学を卒業した宮崎は、「県下中学卒業者はすべて松本へ志願するようにと、宣伝や勧誘が大々的に行われた」(2) こともあり、新設の松本高校を受験することになった。松本高校設立以前は、長野県の中学生は、二高（仙台）や一高（東京）、あるいは四高（金沢）を受験していた。(3)

入学試験は七月十一日から十四日にかけて行われた。宮崎は、浅間温泉の「目の湯」という老舗旅館に泊まり、[4] 受験をした。試験は、松本中学の大講堂を利用して行われた。試験科目は、国語及漢文、英語、数学、歴史、博物で、宮崎が一番困ったのは、英語の聞き取り試験であった。飯山には外国人の教員がいなかったため、正確な発音で英語を聞いたことがなかったからである。宮崎は、近所に下宿していた英語の教師に頼み、聞き取りの練習を行い、試験に備えた。実際の入試では、日本人の英語教師が英文を朗読、これを書き取るというものであった。[5] 大正八年の高校入試は、共通試験単独選抜、すなわち試験問題は全ての高校で共通であるが、選抜はそれぞれの高校で行うという方式でなされた。[6]

宮崎は、松本高校に無事合格。同期の受験者は、『松本市教育百年史』によれば、八百五十名で、うち合格者は百六十名。[7] 一方『旧制高等学校全書』によれば、受験者は九百六名で、合格者は百六十名であった。[8] 前者であれば倍率は五・三倍、後者であれば五・六倍であったのであり、いずれにしても相当な難関であった。宮崎が「私が競争らしい競争を経験したのはこの時だけである」[9] と言うのも誇張ではない。長野県内からの受験者は、二百八十一名、うち八十名が合格している。[10]「自訂年譜」によれば、飯山中学校からの合格者は宮崎ただ一人で、最多の合格者を県内から出したのは、松本中学であった。当時、旧制高校へ進学できたのは、同世代の百人に一人以下という割合であった。[11] 宮崎は成績優秀であったため、特待生となり、[12] 授業料三十五円が免除された。なお特待生の制度は、成績順に席次を決める制度とともに、「時代錯誤も甚だしい」と二期生を中心とする学生側からの批判があったこともあり、宮崎の卒業後、大正十一年十一月に廃止された。[13]

松本高校の校舎

入学式は大正八年九月十一日に行われ、十三日から授業が開始された。[14] 当時、松本高校は、新校舎の建設が間に合わず、松本城の二の丸にあった松本中学の一部に間借りしていた。そのため、松本中学の門標の横に「松本高等学校と、いかにも遠慮深く標札がかかっていた」という状態で、[15] 授業も中学生と隣り合わせの教室で行っていた。

新校舎本館は、翌九年八月に完成した。木造二階建て、瓦葺の寄棟造りである。[16] 本館は、現在も松本市県《あがた》の「あがたの森公園」に残されている（図5）。平成十九年に国の重要文化財に指定された。JR松本駅から西に真っすぐ一・六キロほど歩いたところにある。「あがたの森公園」には、松本高校の講堂も現存しているが、講堂は宮崎の卒業後大正十一年八月に完成したものである。

教授たち

旧制高校の教育課程は、大きく文科と理科に分かれ、さらに第一外国語とする言語によって甲（英語）、乙（ドイツ語）、丙（フランス語）類に分かれた。宮崎は文科甲類、すなわち文科系で、英語を第一外国語とする学生であり、第二外国語としてはドイツ語を履修していた。文科の学科目は、修身、国語及漢文、第一外国語、第二外国語、歴史、地理、哲学概説、心理及論理、法制及経済、数学、自然科学、体操から成っていた。[17] これらの学科目のうち第一、第二外国語の授業時間が、授業時間全体の三十八パーセントを占めており、外国語科目の時間が多いことが旧制高校の特徴であった。[18]

図５　旧松本高等学校本館

宮崎は学外で、司祭のギュスターヴ・セスラン（一八七三年〜一九四四年）にフランス語も習っている。セスランは、フランスのムーズ県の出身で、キリスト教伝道のため明治三十二年に来日し、明治三十四年から昭和三年まで松本の司祭館にいた。日本で最初の和仏辞典を作った人でもある。司祭館は、宮崎がいた当時は松本市丸の内九番三十二号にあったが、平成に入ってから移築されて、現在は旧開智《かいち》学校の東隣（開智二丁目六番二十四号）にある。木造二階建てのアーリーアメリカン様式の小さな洋館である。司祭館は明治二十二年の建物である。セスランのフランス語の授業は、宮崎にとっては、「正規の第二外国語ドイツ語よりも、このほうが印象に深く残った(19)」。

宮崎が在学した大正八年から九年にかけての教授陣は、『松本高等学校一覧』によれば、次の通りである。

校長
　茨木清次郎
ドイツ語
　橋本忠夫
　小野澤百八
英語
　八木又三
　美禰嘉衛七

地理、西洋歴史
　松本義顕
国語及漢文
　岩佐重一
　安藤円秀
数学
　山口眞夫
修身
　谷内正順
日本歴史、東洋歴史
　重原慶信
植物及動物
　宮地数千木
ドイツ語、心理及論理
　善浪達童
（以上教授）
体操

諏訪部竹次郎
合志恵
高田文哉
自然科学
矢澤米三郎
国語及漢文
岩垂憲徳
鉱物及地質、自然科学
浅井郁太郎
法制及経済
桂信次
図画（自在画）
藤岡亀三郎
図画（平面幾何画、立体幾何画）
松根新八郎
（以上講師）

これらの教授たちのうち、宮崎は校長の茨木清次郎、ドイツ語の橋本忠夫、英語の八木又三、漢文の安藤円秀、倫理（修身）の谷内正順の名を「自訂年譜」において挙げている。

茨木清次郎は、東京外語学校長から松本高校の校長に任命された。専門は英語。「謹厳高誠寡黙の人として知られ、古武士然たる風格は基礎づくりの初代校長に最もふさわしかった[20]」とされる一方で「まことに女性的で、品過ぎ、形式的で、封建的で、少しも有難い校長とは思わなかった[21]」との回想もある。茨木は、宮崎ら一期生の卒業を見ることなく、松本高校を去り、東京女高師の校長に転出した。橋本忠夫は、三高から松高に赴任。青雨と号した。橋本は、「なぜか、いつも不機嫌な顔で、口を尖らせ、肩をそびやかして教室に入ってくる。しかし、そのうちに得意のドイツ語が鮮烈なアクセントで響くと、気をよくする。そのチャンスに誰かが質問すると、青雨は口元をほころばせて、ヒッヒッヒッと鹿の鳴くような声で笑う[22]」という人物であった。ハウプトマンの作品の翻訳や『独逸語研修』などの著作がある。後に海軍大学校に転じた。八木又三は、前任は小樽商科大学。意地っ張りだったとされる[23]。著書に『英詩から見た和歌形式論』、『新英文法』等がある。安藤円秀は、初代の生徒監であり、また初代の寮務主任であった。世話好きで、教育熱心。粋人で、寮内でたばこ、酒をのむことを認めた。松本高校の寮は、「思誠寮」と呼ばれたが、その名の発案者はこの安藤教授であったとされる。後に二高に移った[24]。安藤は東京帝大支那文学科の卒業で、『詩経随筆』などの著作がある。宮崎は安藤に『論語』を習った。安藤は、『漢文大系』の一冊として明治四十二年に刊行された『論語集説』の校訂に参加した経験があり、それを自慢の種にしていた[25]。宮崎は、「私は広く古典を学ぼうとする学徒に対して、この書（『論語集説』）の一読を勧めたい[26]」としている。安藤の授業では四書集注の『論語』をテキストとして使ったが、宮崎は自宅にあった根本通明『論語講義』と読み比べて本文に異同があることに気づき、授業中にこのことについて発言した。宮崎は「先生の読んでいない本を読んでいたということで有名になった[27]」という。最後の谷内正順は、温厚篤実の士として知られ、学則の原案を作成し、初代教務課主任を務めた。後に高岡高商に移った[28]。

「自訂年譜」以外の所で宮崎が教えを受けたことに言及する教員には、国語及漢文担当の岩垂憲徳がいる。宮崎は、岩垂に『史記通鑑抄』を習ったが、その段階では東洋史にはまだ関心がなかったため、「折角の『史記』の授業にもあまり身を入れず、ただ進級に必要な点数を取るために勉強した[29]」としている。岩垂は、始業の鐘が鳴ると直ちに教室に入ってくる熱心な教授であったが、「岩垂ポンプは役立たぬ、鳴るか鳴らぬか飛んでくる」云々と揶揄されていた。岩垂は後に文部省の図書局嘱託となった[30]。また日本歴史、東洋歴史は、重原慶信から学んだ。重原は、「「お金と時間があれば博士号は簡単にとれる」というのが口癖で、覇気旺盛、硬軟合わせ持つ好人物であった[31]」。重原の講義は宮崎には面白くなかったようで、「東洋史の先生は、桜井時太郎著『東洋歴史修成』というものを種本に使っているので、そこに間違いがあると、講義の内容も従って間違ってしまう。孫堅と孫権とを混同するから、此方から注意すると、「本に書いてある」と言って聴かなかった（孫権は三国の呉の国主、孫堅はその父）。この人は東大の国史出であったが、東大の先生方を「とにかく、知ってますよ」と言ってほめた[32]」。

宮崎の人生に最も深い影響を与えた教員は、直接にはその授業を受ける機会はなかった浅若晃であった。浅若は、地理と英語を教えていた。愛知県の出身で、京都帝国大学で人文地理を学んだ。

教務課長を長く務め、また山岳部の発展にも貢献があった[33]。この浅若が、宮崎に「非常な確信をもって、歴史をやるなら、京都へ行って東洋史をやりなさい、京大の東洋史には内藤虎次郎、桑原隲蔵という世界的な大先生がいて、それももう老齢だからそう長くは在職されない。今が絶好のチャンスだ、自分は出来るなら今からでも出直して、教えを受けたいくらいなのだ[34]」と言ったのである。しかし浅若は、『アルペン颪』によれば、大正十一年四月に松本高校に赴任したことになっており[35]、一方、宮崎が松本高校を卒業するのは同年の三月二十八日であるので、この年月日だけを見ると、宮崎と浅若はすれ違っていたことになる。しかし宮崎の記憶がことこの点について間違っているとは考えられないので、浅若は正式に赴任する前に松本に来ていたと推測する他はないだろう。宮崎は、学校でではなく「下級生と一緒にその宿を訪ねて[36]」、浅若の話を聞いたと言っており、この証言は、その間の事情と関係しているのかもしれない。京都帝大への願書の提出は二月末日が締め切りであったので[37]、少なくともこの日よりも以前に浅若は何らかの形で松本高校に来ていたのであろう。

同級の友人たち

浅若を除けば、松本高校の教授陣は、宮崎にそれほど深い印象も影響も残さなかったようであり、むしろ同級の友人たちとの接触の方が、宮崎には刺激になった。「来し方の記」に「優れた友に刺激されて」と題された一節があるのは、そのことを端的に示している[38]。ここで注意しなければならないのは、宮崎は松本高校の一期生であったため、当然先輩はおらず、後輩が漸次できてくるという状態にあったということである。したがって、宮崎が影響を受けたのはもっぱら同級生であった。しかし同級生とはいえ、年上の者もおり、また「都会」の出身者もおり、宮崎よりも智慧の付いた者は多かった。英語に始まり、哲学や文学の知識に至るまで「何しろすべてが遅れているのだ」[39]というのが、「山出し」[40]の宮崎の実感であった。勉強とは次元が異なるが、宮崎は、飯山中学で校長からみかんは皮まで食べなければ効果がないと教えられていたため、ある高校の先生の家を訪ねた時、みかんを出されて皮まで食べたので、「飯山という山ン中」から出て来た者はみかんの食べ方も知らぬと驚かれたこともあった[41]。

宮崎は、同級生に追いつくべく、筑摩クラブという私設図書館や開智学校の図書室などを利用し、読書に励んだ。前者の図書館では白樺派などの小説を、後者の図書室ではトルストイやドストエフスキーなど西洋の小説を翻訳で読んだ。宮崎が当時、一番好きであった小説は有島武郎の作品であった。また宮崎が「ある友人にすすめられて読み、あとあとまで読んでよかったなと思った」[42]本は、レオナルド・ダ・ヴィンチの生涯を描いたメレジコウスキイの『先駆者』[43]であった。メレジコウスキイの作品は、宮崎に本当の先駆者とは何かを考えさせた。メレジコウスキイは、先駆者を常識的に露払い的な存在としていたが、宮崎はこの点に不満を抱き、「むしろ、先駆者こそは本当の意味の完成者というべきであり、いわゆる完成者と見られている者の多くは、実は単なる追随者にすぎぬのではあるまいか」[44]と疑問を投げかけている。宮崎は退官前に『京都新聞』の取材に応じた記事でも「一冊の本」としてメレジコウスキイの本を挙げ、「西洋文化は世界の文化になっているが、もとはといえばルネサンス。同書は小説だが、ルネサンス精神を歴史考証して書いている。いいかえれば、東洋に一番欠けているものをいい表わしている」[45]と答えていた。

　このような宮崎の読書、とりわけ西洋小説の翻訳書の読書に、旧制高校にあった教養主義の影響を見て取ることは容易であろう。当時の旧制高校の学生文化の中では「西欧の哲学・文学・歴史などの人文学の習得による人格の完成を目指す教養主義が支配」していたのであり[46]、とりわけ他の専門学校や師範学校に比べて、読書に占める翻訳書の割合が旧制高校では高かったことが指摘されている[47]。

学生生活

　大正九年、二十歳の宮崎は二年生に進み、その年の九月に新設の思誠寮に入った。寮ができる以前の松本高校の学生の生活については、「生徒は皆下宿、それも旅館か素人屋に陣取っていて、見に行くものも、食いに行く所もないので、無聊に苦しむことが夥しかった。カフェーと名のつく家もなく、松本ホテルの向かいにあったミルクホールへ行っても、コヒーと、隣の菓子屋からその時に買ってくるカステーラ位のもののほか無かった原始時代で、開運ウイスキーや美人座などの栄華は当時思いも浮かばぬ所であった。高校生が制帽をかぶり袴をはいて麗々しく松本座へ芝居を見に行ってたとて、町の人達が学生の観劇を一種の罪悪と思われていた時代であった。然しこの頃の学生は行く所もないので、よく先生の所を訪ねて、談論風発の元気を見せたもので、夜半近くに及ぶことも珍しくはなく、学校の将来を論じて夜を徹したこともあった。それだけに非常な親し味が個人的にあったように思う[48]」との回想が残っている。

宮崎が寮に入ったのは、九月三日から十五日までの間で、この期間には、二年生から成る第一回の入寮生三十四名が入っており、[49]宮崎はこのうちの一人であった。一学年百六十名であったので、寮に入ったのは少数派であった。松本高校の寮は、北寮、中寮、南寮の三つから成っていたが、九月に開寮されたのは北寮の一部みであったので、宮崎は北寮に入ったのであろう。ただし開寮したとはいえ、「押し入れに戸もなく、壁はなま乾きで土臭ふんぷん、井戸水さえなく、寮生はスキ川まで顔を洗いに出かけたが、不精な連中は顔も洗わないで寝たり起きたりという有様であった。もちろん風呂の設備もなく、寮生は切符で菊の湯まで入りに行った[50]」という状態であった。和室十二畳に四名入室が標準であった。ちなみに松本高校の寮は全寮あわせて百二十人の規模で、官立学校の寮としては最小であった[51]。

同年の十月二日から四日ごろまでに、さらに六十二名が入寮した。この六十二名は、宮崎らの一年下の学生であった[52]。彼らに対しては、十月二日には早々に二年生から歓迎ストームがなされた[53]。ストームとは、松本高校で宮崎の後輩になる北杜夫（昭和二十三年卒業）によれば、「やたらに騒々しい、単細胞の権化のごときデタラメのエネルギーの発露である。深夜、朴歯をはき、ホウキをふりまわし、せい一杯の声でデカンショをがなりたてながら、寮中の廊下をねって歩く。いや、とびはねていく。朴歯で廊下を蹴り、あるいは手に持って打ちあわせ、ホウキ、ボウ切れでそこらじゅうを叩き、いかにしてもっとも凄まじい音響を立て、惰眠をむさぼる奴輩を覚醒させるかという狂宴である[54]」。その後も、三日には、全寮茶話会、十七日には茸狩り、二十三日と二十四日には全寮運動会とコンパ、十一月七日は寮の記念祭と様々な行事が続いた[55]。

しかし宮崎の寮生活は極めて短かった。その年の十二月初めには宮崎は退寮したからである。「自訂年譜」には、「新寄宿舎に入りしも間もなく退舎す」とのみあり、その理由は記されていない。また一緒に退寮した工藤友恵への追悼文「工藤君との五十年」には、「思誠寮に入って寄宿生活を共にし、やがて一緒に一と騒動起こして退寮し[56]」とある。工藤は、後の大阪建物社長、関西経団連副会長である。宮崎の退寮については、礪波護が「松本高校時分でも演説して寮を追い出されたみたいなことがあって[57]」と発言している。一方思誠寮日記に基づく『旧制松本高校青春記』では宮崎の退寮経緯についてより詳しい説明がなされている[58]。同書によれば、十一月二十日頃から、寮生の間には、寮を静かな勉強の場にしたい一派と寮生活で青春を謳歌したいという一派との対立が起こり、その対立は次第に激化し、乱闘にまで及びかけたが、「結局両派の主立ちたる者が、何れも寮を退くと云う悲しい結果によって、問題は消滅して終わった」とされている。そして宮崎は、前者の一派の筆頭にその名が挙げられているのである。おそらく、礪波の発言は宮崎からの直話に拠っていると推測されるので、宮崎の側からみれば、「追い出された」ということになるのであろう。

問題の二派は「勉学派」と「青春派」と『旧制松本高校青春記』では呼ばれているが[59]、より広い旧制高校的な文化の中では、「教養主義」と「蛮カラ主義」の対立と呼ばれるものの一形態と見てよいであろう。「教養主義」についてはすでに言及した通りであるが、一方の「蛮カラ」を標榜する者は、弊衣破帽《へいいはぼう》で寮歌を放歌高吟《ほうかこうぎん》し、ストームや寮雨（階上から小便すること）を好んで行った。この「蛮カラ主義」と「教養主義」は、明治二十年代後半から各地の旧制高校で対立していたのであり、松本高校だけの問題ではなかった。宮崎は、いわば反蛮カラ派であったのである。

では宮崎は、教養主義であったのだろうか。明治三十六年に一高で蛮カラを批判した魚住影雄は、「ストームや寮歌の高吟を極端に嫌う。行軍演習などにも行かない。部屋ではゲーテの作品を読んでいる。風呂にきちんと入り、部屋の自分の場所をきれいに整理する。寮生からは「エゴイスト」「軟弱」「獅子身中の虫」などの烙印を押された」[61]とされ、一面では思誠寮の宮崎を彷彿とさせるが、しかし宮崎が教養主義から受けた影響はせいぜい翻訳物の読書に留まっており、教養主義者に多かった西洋偏重の風は完全に欠けていた。この点をよく示すのは、高校時代に書かれた「暑中休暇プログラム」と題されたメモである。[62]そこには次のような研究課題が挙げられている（研究議題に付された番号は一部混乱があるが、メモのままである）。

1、馬琴研究　仏教、儒教、国民性（鏡、玉、剣）、思想
2、水滸伝、三国志の稗史小説ニ及ボシタル影響
3、文芸投書、文章世界、文章倶楽部
4、大阪市青年団ニ歌応募
5、篆刻の研究
6、和歌の研究　万葉集
7、雑誌小説及新聞小説
8、渡辺崋山事蹟
9、独逸語　エルステリーベ、ユーデイット

8、英語
10、動物学講義
11、坪内博士、英文学史、英詩文評釈
12、一茶研究
13、孟子研究（安井息軒）
14、校歌応募
15、東川文集（文月）
16、断片録（去年以来紙片に書き集めたる）

一見して明らかであるのは、その研究課題に西洋に関するものがほとんどないことである。学科目の予習復習である英語と独逸語を除けば、「坪内博士、英文学史、英詩文評釈」が西洋に関わるぐらいで、宮崎の関心は圧倒的に東洋に向いている。宮崎の研究課題は、「西洋かぶれ」[63]「植民地的文化のにおいがつきまとう」[64]とされた教養主義とは、あまりに異なるのである。

宮崎は、蛮カラでもなく、教養主義でもなかったと言えるだろう。高校時代の宮崎の主たる関心は、和歌や文学から政治、そして歴史へと移っていったと考えられており——この点から考えるならば「暑気休暇プログラム」は高校時代の初期のものであろう、一年目の夏休みか[65]——、政治への関心から一時は政治家を志した宮崎にすれば、蛮カラにせよ、教養主義にせよ、現実社会から遊離したエリート主義とも言うべき両者は、肌に合わなかったのだろう。大正期には、社会主義思想が本格的に流入し始めており、宮崎だけではなく、多くの学生が現実社会の問題に目を向け始めていた。宮崎の友人の工藤友恵は国木田独歩の『武蔵野』の愛読者で、弁論部の大会では、松本の雑木林を伐採する「地主の非情さとエゴイズムを攻撃する大演説を、あの独特のソプラノでブッた」こともあった[66]。宮崎自身も、「運動部の連中が校友会費をつりあげたとき、たったひとり反対して演説をぶち、校長から〝アカだ〟ときめつけられて迷惑した[67]」こともあった。

退寮後、宮崎は、共に寮を出た工藤友恵と「同じ方角の郊外に下宿」した[68]。もっとも松本高校では「寮で一年、下宿で二年」と言われおり[69]、いずれにしても、二年生以後は寮を出る者が多かった。

和歌への関心

宮崎は、中学時代から継続して、高校時代にも和歌を作っていた。

宮崎家には、ガリ版の同人誌『歌集　鈴蘭』と自身の手作りの歌集二冊『歌集　と、せまへ』と『青虹集』が残されている。礪波護によると、『歌集　鈴蘭』は、「後に大阪建物の社長となる工藤友恵や、長野市長となる倉島至らの同級生数人」と一緒に発行したものである[70]。この両名は、英語が非常によく出来たようであり、学力が劣っていることを宮崎に痛感させた同級生でもあった[71]。

一方、『歌集　と、せまへ』は、「扉に「つたなきうたを　今は亡き弟にささぐ」と朱書きし、一九一九年の元旦以後の作歌二八四首を収める」。また『青虹集』は、「扉に「松本に寓居中の悪詩愚歌を此中に収む　宮崎藤仙」とした上で「藤仙詩集第一巻」」としていた[72]。礪波は、藤仙の号は、島崎藤村に因んだものに違いないと推測している[73]。

宮崎の和歌の一部は、平成十年に飯山で長野県立飯山北高等学校桂蔭会の主催で開かれた展覧会「〝素朴主義〟の風土が生んだ歴史家　宮崎市定の世界展〜先生所縁の資料とコレクション古地図で振り返る〜」の図録、四〜五頁に掲載されている。四頁には「歌集に記された家族や故郷への想い」とのキャプションの下、以下の八首が歌集の一部を写真で撮影して掲載されている。

七十路にあまる吾が祖母朝寒み飯がまけすとて起きて火焚くも
腰かけ蒲団ぬひ終わりて祖母は涙ぐみ終へりこれより腰の冷えずといひしに
祖母ははやいねたまへり吾ひとり電燈の下に荷物眺めて
前の晩ついたての上に半ば出ずる父の白髪の見れば哀しも
このまま吾学問すてて故郷に鍬とらんかと時々思ふ

淡雪粉雪　市定
月は日は年さへ忘れ果てにしか淡雪粉雪の降る日なりけり
日の出より暮るまで軒に喧ましや雪の故郷に雀多しな
故郷に居ざるいくとせ家人の心と吾の遠さかりゆく淋しさ

初めの五首と「淡雪粉雪」は、歌の書かれた紙の性質が異なるので、別々の歌集から引用されているると推測されるが、どれに当たるのかは図録には明示されていない。しかしおそらく初めの五首は『歌集　と、せまへ』に含まれた歌であろう。なぜなら初めの五首は、明らかに宮崎が郷里の飯山を離れ松本へ赴く前の夜を謳ったものであるので、これらの歌は、一九一九年からの歌を含む『歌集　と、せまへ』と考えられるからである。とするならば「淡雪粉雪」は、『青虹集』か『歌集鈴蘭』になるが、藤仙ではなく市定との署名があるので、後者の『歌集　鈴蘭』かもしれない。飯山を離れるに際しての、あるいは離れてからの宮崎の寂しさは、心に迫るものがある。

五頁には、「歌集に記された学生生活の一断面」とのキャプションの下、以下の九首が同じく歌集の一部を写真で撮影して掲載されている。

教壇をおりて超然とし給ひけり若いがさすが論理の先生
講義はや聞かずもあらなポケットに食いあましたる地豆てさぐる
（或時間先生の講義に転た悲哀を感じて十首を詠ず。今内一首を載す）
先生よおん顔青し外は春の風も暖か散歩はいかが
（八木先生の時間中につくる）
先生といふもの案外のん気なり授業つぶれて嬉しそうなる
いかめしき倫理の教授も今日の日は浮雲眺めにこゑみて居り

鶏のあくび
新しき校舎の棟を雲流る御真影迎う道より仰げば

ひげづらの一つもなけれつるつると先生みんな顔剃れりけり
いかめしき倫理の教授も今日の日は浮雲ながめにこゑみてをり
よそ行の帽子きる時先生の顔はすつかり見ちがふなりけり

初めの五首は、四頁目の初めの五首と同じ紙に書かれており、したがってこれは『歌集　と丶せまへ』に含まれていたものであろう。何度も歌に現れる論理あるいは倫理の教授は、おそらく善浪達童のこと。善浪教授は、「秀才教授」で定評があったが、在任期間は短く、大正八年十月から翌九年八月までの一年足らずであった。後に駒澤大学の教授になっている(74)。三首目に出てくる「八木先生」は、先に名を挙げた八木又三教授である。「鶏のあくび」は、「淡雪粉雪」と同じ紙に書かれているので、これは『歌集　鈴蘭』の一部であろう。「鶏のあくび」には、御真影《ごしんえい》が高校に到着した日の様子がユーモラスに描かれている。御真影の到着は、大正十年二月のことであった(75)。

なお礪波は、大正十年に宮崎が「盆前の歌」と題して詠んだ和歌の一部を『自跋集』「解説」で紹介している(76)。何れも幼き日に亡くした母を読んだ歌である。「吾死なんとも墓欲しからず思えども母に墓なくば何を拝まむ」。「その折の七つなりし子、墓地に来て、芝刈りをりと御霊知るらむか」。これらの和歌は、先に挙げた歌集とは別のノートに書かれていた。

宮崎が和歌についての関心を高校時代の一時期に失っていたことを示すメモも残されているが(77)、その正確な時期は分からない。恐らく政治への関心が強くなるに比例して、和歌への関心が薄れて行ったのではないかと推定されるが、あくまでも程度問題であり(78)、第一章で言及したように、大正十二年の京大の学生時代にも『アララギ』に和歌を投稿していることを思えば、和歌への関心は、一貫して宮崎にあったと考えるべきであろう。

政治から歴史へ

宮崎は、「早く亡くなった友人、原卓二君[79]に勧められて、雑誌『東方時論』を購読し、いたく中野正剛の論説に共鳴」し、政治家になることを夢見たこともあった[80]。宮崎がいたく共鳴したと言う中野正剛《せいごう》は、九州福岡出身のジャーナリストで、政治家である。中野は早稲田大学卒業後、新聞記者を経て、大正九年に衆議院議員に無所属で当選し、以後昭和十七年まで連続当選した。昭和十八年には東条内閣打倒を目指したが失敗し、割腹自殺を遂げた。

『東方時論』は大正五年に東則正《ひがしのりまさ》によって創刊され、六年以後は中野正剛が主筆を務め、さらに翌年からは経営も引き受けた月刊雑誌である。この雑誌は、植民地下にあえぐアジアの現状を憂い、アジアの諸民族を奮起させ、アジアの諸民族を欧米の奴隷ではなく、「親友たらしめる方法」を模索することを目指していた[81]。雑誌の後援組織として東方会が作られ、そこには内藤湖南も加わっていた[82]。宮崎の高校在学中の大正八年から十一年の間は、毎号、中野が『東方時論』に健筆をふるっていた時期であった。中野は、後に全体主義を唱導し、日本のヒトラーなどと呼ばれることになるが[83]、当時は、国内的には藩閥官僚政府を激しく批判し、議会中心の政治を要求する自由主義的な立場をとり、対外的には英米を初めとする列強に追従する弱腰、無定見な外交を批判していた。

高校時代の宮崎の政治や社会に対する考えを窺わせるメモが残っている。メモは、『宮崎市定の

世界展』の図録に「日本改造論」のタイトルが付けられて掲載されている。(84)

「いつまでも西洋人のすねかじりばかりしていないで、そろそろ独立した文明の生計をはじめてもいい時分だと思う。独立は必ずしも孤立を意味しない。お互いに援けあうのは結構だが、援けて貰ってばかりいるのは感心出来ない。

政治にしろ、哲学にしろ、文芸にしろ。

哲学だってある所まで目鼻がついたら退いて日本人の感情理性に適当するような哲学をデンケン出来ないものか。一時の退歩は免れまいが、その間に自国の内から発生した哲学が出来たら優に西洋哲学と先鋒を争うに足ろう。

小説などにしてもそうだ。ある自由な人生に対する態度を学び得たら、自己独創の筆をふるって貰いたい。或派の小説をよむと創作であり乍ら、翻訳のような気がする。もし之を外国語に訳したら、外国語でよんだ方が面白いだろう。そういう小説に限り、外国から訳した日本語きりしか使っていないから、翻訳は造作もないに違いない。真の日本の小説は極めて外国語に訳し難いものでなければならない。

○

ずい分な無理をして政体など改造したって今の日本人にどれ丈の幸福を贏《あま》し得るものか。

当分のうち人間は議会政治でも官僚政治でも生きて丈は居られそうだ。生きていられるうちに改良しておく可き事が山ほどある。第一に道徳心の改造、第二に体格の改造、これには頭脳の構造も入る。もっと数学的に改造する。第三に社会状態の改良である。その内でも生活法の改造、乃ち衣食住宅の改造、それから国語の改良である。政党などばかり改造しても国民自ら改造しなければ駄目なもんだ」。

メモは前半と後半に分かれており、前半では日本が西洋の文明から独立し、独自の文明を作り出す必要性が説かれており、後半では政治の改造以前に、国民の道徳、体格、生活、国語の改造をなすべきことが主張されている。前半と後半の関係は明瞭ではない。メモの後半では、しきりに「改造」という言葉が使われているが、まさに宮崎が高校に進んだ年に『改造』という雑誌が刊行されたことに象徴されるように、大正期には、社会のさまざまな面における、その方向性も区々な改造がさかんに叫ばれていたのであり、[85]宮崎もこの時期の思潮の影響を受けていたのである。内藤湖南も有名な「応仁の乱について」の講演で、「近ごろ改造という言葉がはやりますが、応仁の乱ほど大きな改造はありませぬ。この節の労働争議などは、あれが改造の緒論のようにいっておりますが、あんなことではとうていだめです。改造というからには応仁の乱のように徹底した騒動がなければ問題になりませぬ。それで改造ということが結構なら応仁の乱くらい徹底した騒動を起こすがよかろうと思います[86]」と述べているが、この講演がなされたのは、まさに宮崎が高校時代の大正十年であった。

宮崎が改造を主張した背景には、当然、日本社会の現状に対する不満があったが、その不満の具体的内容も、やはり『宮崎市定の世界展』の図録に載せられている「日本国民に寄す」と題されたメモからも知ることができる。[87]

「日本国民に寄す

千円ためて田を借り、万円ためて離れをつくり、碁をさし、茶をのんで得々たるもの、これ今日の商人である。入学試験を通りて、鬼の首を得たるかに思ひ、銀時計を得れば欣喜雀躍し、得ざれば悲観す、これ今日の学生である。猫の額にも満たざる痩地を掘りかへし掘りかへし、東端に寸を争い、西畝に尺を争う、これ今日の農夫である。己れ自ら為さんと欲するに人の顔色を窺い、その嘲笑を恐るること虎の如きもの、これ吾が民衆である。家や五年にして柱ゆがみ、十年にして傾き、二十年にして土台ゆらぎ、学生や世に出て妻子を蓄うるに至れば已に耄碌して往年の意気なきこと、博物館の剝製の鰐を見るが如し。まじろに人をして感慨に耐えざらしむるものあり。

自ら西洋人に比して廉潔なり、淡白なりといふ、疑獄事件や砂利食ひや軍艦かじりやそも何らの状ぞ。売官汚吏の輩道に横け《ママ》れども国民はなほ憤慨するを知らず、声をあげんとする者もまづ他の態度を気遣うこと盗人の如し。日本国民は畢竟斯く生まれたるにや。将又他に原因ありて然るか」。

メモの中で言及されている疑獄事件は、原敬内閣の時代に頻発したもので——宮崎の高校時代は、大正七年九月から大正十年十一月まで続いた原内閣の時代にほぼ相当する——、原首相自身、疑獄事件に憤慨した青年に暗殺されている(88)。宮崎が社会に対して抱いていた不満は、小市民的で、人の目を気にして、言うべきことを言わない日本人の生き方そのものにあった。こういったことを嫌う性格は父親譲りと言うべきであろう。

宮崎は、政治家として日本人の生き方そのものを正したかったようであるが、しかし結局のところ、「あらゆる幻想を振り切って現実に立ち帰ると、中野正剛の見識もなく、花井卓造《ママ》の才覚もなく、地盤も金脈もない自分が、政治などに志したところで成功の見込みは全くないことが、はっきり自分には分かってきた。自分に出来ることで、浮世の勢力関係に累《わずら》わされず、力量だけの仕事が出来る分野といえば、やはり学問をすることだ、と見極めがつくと、何か肩の荷がおりたように気が楽になった。それには自分が好きなこと、自分に向いたことを選ばなければならぬが、これも平心に考えるとその輪郭が朧気ながら浮かび上がってきた。どうやらそれは歴史の学問であるらしい」と考えるようになった。(89) 花井卓蔵（明治元年〜昭和六年）は、宮崎によれば「当時東大出の新人たちの間に最も信望もあった指導者の一人」(90) であった。花井は、弁護士から明治三十一年に衆議院議員に当選し、以後大正九年まで、一回の選挙を除き連続当選した。その間、大正四年には衆議院副議長を務め、大正十一年には貴族院勅選議員となった。

宮崎は、政治家となって日本人を変える以前に、そもそも政治家となること自体の困難さに気づき、自分の力量だけでできる学問、中でも「自分が好きなこと、自分に向いたこと」として歴史の研究に向かうことになったのである。『秋津村誌』には、より具体的に「小、中学校より高校時代を通じて歴史の成績が一番よかった為」という理由も挙げられている。(91) この『秋津村誌』の記述は伝聞の形を取っており、宮崎自身から聞き取ったものであろう。

歴史研究への決意を記したメモも残されている。このメモも同じく『宮崎市定の世界展』の図録に載っている。(92) メモの書かれた年代は分からない。

「現在の歴史は勝者の歴史である。現在の真理は勝者の真理である。現在の善は勝者の善である。後の二者は可なり。前者はいかん。

余もし劣者の歴史を作らんか。その劣者畢竟吾の中に於いて勝てるなり。結局勝者の歴史となる。

ああこれをいかん。

正成や、蜀漢や、皆精神上の大勝者なり。

勝者とは何ぞ。曰くより長く生命を維持するもの。

文化が人類にかつか、人類が文化に勝つか？これ大いなる問題である。

同時にこれを解決するのは歴史家の責任である。今文明人は野蛮人にかつ。野蛮人は文明にならんとしつつある。されど結局人は文化を征服して居うるや否や。

スペインは如何。仏ラ《ママ》ンスは如何。印度もまた文明の中毒期にあるなからんや？

　総じて一時文化は人を助け、やがて之を滅ぼすらしい。（之を大別して、文化啓発時代、利用時代、中毒時代となす）

　自分が歴史をやる。歴史は人生に効なきものと分かっても構わない。誰か誰かやがてこの結論に達するなら自分にそれが分かればいい。効あるかないか分からないものだと分かっても構はない。自分には到底分からないと分かってもいい。自分には分かるか分からんか、分からないと分かってもいい。他の人がみて自分を鑑とすることによってある労力を省き得るだろうから」。

　メモには、文明と野蛮の対立のテーマ見られるが、これは後の『東洋における素朴主義の民族と文明主義の社会』に通じるものがあり、興味深い。しかし、ここで着目しておきたいのは、歴史の研究を志した段階でも、未だ東洋史を専攻することまでは決まっていないように見受けられる点である。宮崎にとっては、まず学問をすることが先に決まり、次に歴史学、その上での東洋史専攻であったことになる。

東洋史専攻へ決定

宮崎が東洋史を専攻することに決めた重要な要因には、先に見たように「京大の東洋史には内藤虎次郎、桑原隲蔵という世界的な大先生」がいるという浅若の助言があったのであり、また浅若の赴任時期を考えると、その時期は相当に遅く、高校時代の最終盤になってからであったと推定される。もっとも、宮崎の東洋史への関心は、幼少期に『水滸伝』を読んだことに遡るのであるが[93]、これはあくまでも遠因に過ぎない。『秋津村誌』には、東洋史が「西洋史に比し研究の余地あること」も東洋史を選択した理由として宮崎は挙げている[94]。この理由を敷衍して説明するならば、西洋史は西洋人の手によって充分になされており、いまさら西洋史の研究をやったところで、結局は西洋人の研究の糟糠《そうこう》を嘗めるに過ぎなくなる可能性が高いが、これに対して東洋史は未開拓である上、漢文という西洋人には不得手なものが史料であり、日本人にも立つ瀬があるということである。この意味で、東洋史の研究は、宮崎の嫌った「西洋人のすねかじり」にならない分野であった。宮崎が日本史を選択しなかったのも、西洋人に勝って当然の日本史ではなく、東洋史という西洋人にとっても日本人にとっても外国史という同じ土俵で競うことを望んだからであろう。

大正十一年三月二十五日、宮崎は、松本高校を首席で卒業した[95]。なお宮崎の学年は、二年生の時に学年始まりが九月から四月に変更され、学年短縮がなされたため、大正十年四月に三年に進級していた。したがって高校の在学期間は、通常三年のところ、少し短くなり二年七ヶ月であった[96]。

第三章　優れた師の下で

——京都帝国大学文学部での学生時代（大正十一年〜大正十四年）

大正十三年、上海の写真館にて。中国服を借りて

京都帝大へ入学

大正十一年四月一日、宮崎は京都帝国大学文学部史学科に入学した。宮崎、二十二歳の時である。帝大の修学期間は三年。

宮崎の学年の入学者は、松本高校などが新設されたため増加し、文学部全体で百名となった。これは前年までの入学者が本科と選科を合わせても平均六十名程度であったことと比べれば、大幅に増えたことになる。(1)とはいえ、文学部は決して人気があったわけではない。大正期に旧制高校から文学部へ進学する者は、全体の十パーセント前後に過ぎなかったし、(2)その上、松本高校から京大へ進学する学生も少なかったので、宮崎の京大文学部行きは、かなりひねくれた選択だったと言えるだろう。宮崎は、その言葉の通り、「多くの学友に背を向け、西に走って京大の門をくぐった」(3)のである。なお、旧制高校から帝国大学への進学は、志望学部の定員を志願者が超過していない限り、無試験であったのであり、宮崎は京大の文学部へは無試験で入学している。

宮崎が実際に京都にいつ来たのかははっきりしないが、四月十二日以後であったと考えられる。

『自跋集』の解説で、礪波護は宮崎が京都に行ってからの研究課題などを綴ったノートを紹介しているが、そのノートには「大正十一年四月十二日、家ニテ書キ終ル」とあり、この「家」は京都の下宿ではなく、飯山の実家であろうし、そもそもノートの見出しの一つに「京都へ行つての仕事」とある以上、京都に来る以前に書いたものであることは疑いない。したがって、宮崎は四月十二日には飯山にいたと推定される。京都帝大の春季休暇は四月十日までであったから、授業の開始はさらに遅かったのであろう。なお、このノートの「研究項目（主ニ歴史）」と題されたページには、「人傑の分布（産地）統計」、「支那の統一されし時期と、分裂せし時期の年限比較」、「一日生計に対する銭の価に関し、鉱物質（貨幣）増加と、物価騰貴と、利子の関係」、など十四ヶ条の項目が挙げられている。一連の項目には、歴史の大局と具体的な経済生活の両方への関心が認められ、いかにも宮崎らしい。また「京都へ行つての仕事」の一つとして、「支那文学の特長」を勉強することが挙げられ、さらにその具体的な課題として「塞外民族の思想と支那」が記されているが、礪波護はここに歴史を素朴主義と文明主義の対立と見る宮崎の歴史観の萌芽を見て取っている。(4)

宮崎の下宿

京都に着いた宮崎が落ち着いた最初の下宿先は、松本高校時代の浅若の紹介によるもので、左京区浄土寺馬場町にあった。宮崎の終の棲家となった下馬場町四一五番地から南に百メートルも離れていなかった。(5)早朝に京都駅に着き、駅から人力車で向かった。(6)下宿から京大へは、徒歩で十五分くらいの場所である。翌「大正十二年ごろ一年間」(7)、宮崎は京大の北、左京区田中西樋ノ口町にある田中神社の東側に下宿していた。当時は、水田の小道を通って大学まで往復していたという。通学路には牧場と牛小屋すらあったというから、現在の状況からは想像できない。その後、宮崎は、三回生の時の大正十三年頃から下宿先を変え、平野神社の北側、北区平野宮北町三十七番地の吉田卯一郎宅に友人二人と一緒に住んだ(8)。松本高校の後輩で、後に東北大の東洋史教授となる曽我部静雄も宮崎を追って同じ下宿に入った。西樋ノ口町が下馬場町よりもさらに京大に近く、目と鼻の先であったことを思えば、平野神社の北側とは、宮崎は、ずいぶん京大から離れたところに引っ越したことになる。宮崎は、この下宿からも徒歩で通学し、「文学部の陳列館に着くと、早速地下室に降りて肌脱ぎになり汗を拭かれるのが常だったそうである(9)」。

陳列館

宮崎の入学時、史学科の学生総数は三十名に満たず、この年、新入生は多いとも言われたがその数は十名程度であった(10)。史学科は、吉田キャンパスの陳列館に入っていた。この建物は、その名の通り、文学部が集めた貴重品を収蔵、展示したが、同時に史学科の研究室や教官室、講義室を備えていた。大正四年に第一期工事が完了し、昭和四年の第四期工事を経て、今日の形態になった（図6）。現在の建物は、ロの字型で中庭を有するが、ロの字型になったのは第四期工事の結果であったので、宮崎在学時は北側が開いたコの字型をしていた。東洋史の教官室と研究室は陳列館一階にあった。後に京大の教官となった宮崎の研究室もこの陳列館にあった。史学科は、昭和四十年に考古学を除いて、新設の文学部東館に移った。陳列館の時代は、史学科の学生には、よほど思い出深

図６　現在の京都大学文学部陳列館

かったと見えて、多くの卒業生が陳列館時代のことを書き残している。[11] 宮崎も例外でなく、「陳列館地下室」の随筆を書いている。[12] 宮崎の時代、陳列館地下室は、史学科の教官、学生たちのサロンのようになっており、国史の喜田貞吉《さだきち》、考古学の濱田《はまだ》耕作、東洋史の内藤湖南といった面々がよく降りてきては、学生たちと歓談していたという。

建物ついでに述べれば、京大の象徴とも言える時計台が完成したのは、宮崎が卒業間近の大正十四年二月のことであった。

東洋史専攻へ

史学科では、一回生の間は、史学科共通の普通講義を聴き、二回生から国史、東洋史、西洋史、地理、考古学の中から専攻を選ぶことになっていたが、宮崎の場合は、「初めから東洋史志望を明言して入ってきた[13]」、あるいは「松桜の浅若先生から内報があったらしく、先輩の学生たちが新入生歓迎会を開いた時から、私はちゃんと東洋史の籍に分類されていた[14]」。宮崎と同じく一回生から東洋史専攻を標榜していた者には、台湾から来た寥温仁《りょうおんじん》がいた。寥は、東北大の医学部を出た後、さらに医学史を研究するため、京大に来ていた。後年、『支那中世医学史』を著した。[15]

当時、史学科の中でも、東洋史を専攻する学生は少なく、宮崎の回想では、一回生にいたのは寥のみで、二回生はおらず、三回生に杉本直治郎（明治二十三年～昭和四十八年）がいただけであった。[16] 杉本は、後に広島大学教授となり、『阿倍仲麻呂伝研究　朝衡伝考』や『真如親王伝研究　高丘親王伝考』の大著を著した。ちなみに『帝国大学史学科卒業生名簿』[17] によれば、宮崎の一年下で東洋史を専攻した者は三名、二年下は四名という状態であった。一年下には仏教史の塚本善隆がおり、二年下にいたのが曽我部静雄であった。

宮崎が一回生の時の大正十一年十二月十四日には、物理学者アインシュタインが京大に来校し、講演会が開かれた(18)。宮崎も、この講演会に参加し、「何やら賢くなったような気がして揚々と引き上げてきた一人であった(19)」。

東洋史講座の教授たち

二回生になった宮崎は、正式に東洋史を専攻することになった。史学科の東洋史学講座は、明治四十年、京都帝国大学文科大学に開講された。京都帝国大学文科大学は明治三十九年の創設で、後の京都帝国大学文学部の前身に当たり、京都帝国大学文科大学が京都帝国大学文学部と名称を変えるのは、大正八年のことである。京都帝大の文科大学では、東洋学に重点が置かれたのが特色であり、東洋史学講座の他にも、文学科には支那文学講座が、哲学科には支那哲学講座が置かれた。そして特に東洋史学講座には三つの講座が設置された。宮崎が入学した当時、三つの講座には、内藤湖南（第一講座）、桑原隲蔵（第二講座）、矢野仁一（第三講座）がそれぞれ教授として在職していた。また助教授として羽田亨《はねだとおる》がいたが、羽田は宮崎が一回生の時にはヨーロッパ留学中であり、二回生の時に帰国することになる。羽田は助教授時代は言語学講座に属していた。

内藤湖南、本名虎次郎は、慶応二（一八六六）年に現在の秋田県鹿角《かづの》市に生まれた(20)。秋田師範学校を卒業し、一時県内の小学校の教員を務めたが、この立場にあきたらず、上京し、『明教新誌』

や『大阪朝日新聞』などの数多くの雑誌、新聞に関係した。明治三十二年以後、中国問題を専門とするようになり、やがてその第一人者と目された。明治四十年、四十二歳の時に東洋史講座の創設に当たって講師として京大に招かれた。教授昇格は、二年後のことであった。帝大の卒業生でなかった湖南を京大に招くことは、「野に遺賢を求むる」精神で「諸種の困難を排して実行された」(21)。

湖南は、中国についてはもちろん歴史のみならず、文学、書画にも造詣が深く、美術の鑑定では定評があった。また日本史に関しても優れた業績を残した。生前に刊行された書物としては、『支那論』や『日本文化史研究』、『研幾小録』などがあり、講義録などを含むその膨大な業績は、『内藤湖南全集』全十四巻として昭和四十四年から五十一年に筑摩書房から刊行された。湖南には歴史の大局を摑む卓抜な能力があり、中国史に古代、中世、近世という時代区分の考えを導入し、特に唐宋の間に画期を見出して、宋以後を近世としたことは現在でも高く評価されている。日本史についても、「応仁の乱について」の中で、今日の日本を知るためには、「応仁の乱以後の歴史を知っておったらそれでたくさんです」と述べたことは有名である。大正十五年に京大を依願退官し、昭和二年からは京都府相楽《さがら》郡瓶原《みかのはら》の恭仁山荘に隠棲したが、政治家を含め、湖南の意見を求める人は後を絶たなかった。昭和九年、六十九歳で没した。

桑原隲蔵は、明治三年、福井県敦賀《つるが》市の生まれ(22)。東京帝国大学文科大学の漢学科、そして大学院を卒業後、第三高等学校教授と東京高等師範学校教授を経て、明治四十二年、京大に着任。教授として第二講座を担当した。東西交渉史の分野で特に大きな業績を上げたが、宦官《かんがん》や辮髪《べんぱつ》、あるいは人肉食など中国の「奇習」を研究したことでも知られる。主著は、南宋末のアラブ系商人を研究対象とした『宋末の提挙市舶西域人蒲寿庚の事蹟』である。昭和五年に停年退官。翌昭和六年に没した。その業績は、昭和四十三年に『桑原隲蔵全集』全五巻、別巻一として纏められ、岩波書店から刊行された。

矢野仁一は、明治五年生まれ(23)。山形県米沢《よねざわ》市の出身で、東京帝国大学文科大学西洋史学科、そして大学院を卒業した後、明治三十八年から清国で教鞭をとり、帰国後の明治四十五年に京大の助教授となり、大正九年に教授に昇進し、東洋史学第三講座を担当した。専門は、近代中国、特に清と西洋諸国との外交史であった。著作は多く、『近代支那論』、『アヘン戦争と香港』、『大東亜史の構想』など二十を超える。昭和七年に停年退官したが、国策遂行機関に深く関わったため、戦後、いわゆる公職追放に遭った。昭和四十五年、九十九歳で亡くなった。

助教授の羽田亨は、京都府峰山町の出身。明治十五年の生まれで、明治四十年に東京帝国大学文科大学史学科（支那史学専攻）を卒業し、大学院は京大で学んだ(24)。東大時代の指導教官は塞外史《さいがいし》の大家白鳥庫吉《しらとりくらきち》である。明治四十二年には京大の講師となり、大正十三年に教授になっている。昭和十三年から昭和二十年の間は、京大の総長も務めた。昭和二十八年に文化勲章受章。昭和三十年に没した。その専門領域は、間野英二によれば、北アジア史（満蒙史）、西域史・中央アジア史・敦煌学、東西交渉史、民俗学の四つに分けられ、それぞれの分野で優れた業績を残した。『西域文明史概論』『西域文化史』の著作があり、その他の主要な論考は、『羽田博士史学論文集』にまとめられている。

宮崎と湖南、桑原、矢野、羽田

宮崎は一般的には、内藤湖南の後継者とみなされている。確かに、宮崎は、内藤の時代区分を継承し、そのもっとも強力な擁護者であった。しかし、宮崎自身は「決してそういうことを意識していない心算である[25]」と述べ、「専ら客観的に事物を考察しようとし、史料を徹底的に読み抜くことを期する点では、私のやり方は寧ろ桑原博士に近いかも知れない[26]」としていた。桑原の研究法について宮崎は、内藤のそれと比較しつつ、次のようにも言っている。「桑原先生は史料を積み上げて行って、どこまでも理詰めで論を運ばれる。内藤先生は広く史料を集めてもそれが全部は表面に出ないで、必要な最小限をつかまえてすぐ結論に到達してしまう[27]」。前者の桑原流の宮崎の研究法であったことは言うまでもないし、宮崎は桑原が「歴史の研究とは、事実をきめていくことだ」と言っていたことにしばしば言及するが[28]、この桑原の言葉は歴史とは「事実の論理の学問」であると主張する宮崎と通じる。

桑原の歴史研究の方法は、東京帝大の外国人教師であったルートヴィヒ・リース（一八六一年～一九二八年）に負うところが大きかった。リースは、近代歴史学の基礎を築いたレオポルド・フォン・ランケ（一七九五年～一八八六年）の弟子である[29]。ランケは、史料を批判的に検討し、事実を明らかにしていけば、自ずと客観的な歴史が現れてくると考えていた。「それは実際にはどうだったのか」を明らかにするのがランケの歴史学であり、客観的な歴史の存在を前提としていた[30]。宮崎は、「歴史家は人類の過去を純客観的な対象として研究するのである。厳然たる客観的事実の存在ということを大前提としなければ、歴史学は存在せず、もし存在したならそれは全く無意味である[31]」と述べるが、歴史の「客観的事実」を前提とする点において、宮崎の歴史学はランケの歴史学と同じである。桑原は晩年まで書斎にランケの肖像を掲げ、尊敬していたとされており[32]、宮崎は、リース、桑原を介してランケの歴史学の影響を強く受けていたのである。

宮崎に学んだ島田虔次は、宮崎が中国史と西アジア史との「総合、もしくは結合をあくまでも目ざしていた」と指摘し、そしてこれこそが桑原が実践した「東洋史学」に他ならないことから、「宮崎に対する内藤の影響は従、桑原のそれが主」と断言する[33]。この島田の指摘は、言い方を換えれば、湖南の学問は、「支那学」であり、中国史は中国研究の一部に過ぎなかったが、桑原の学問は「東洋史学」であり、中国史を世界史の中に位置づけようとしていたということになる。桑原が東西交渉に強いこだわりを持ったのもそのためであった。宮崎自身、自分の学問が「東洋史学」であると自覚していたことは、『自跋集』の副題が「東洋史学七十年」となっていることを想起すれば十分であろう。そして宮崎の理解でも内藤は、あくまでも「シナ学者」であった。宮崎の文章で内藤を最も詳しく論じた文章のタイトルは「独創的なシナ学者内藤湖南博士[34]」であり、このタイトルは宮崎の内藤理解を端的に語っている。

要するに、宮崎は内藤の学説の支持者ではあったが、研究の方法もその学問も桑原のそれであって、内藤のそれではなかったのである。そもそも内藤の学問は、宮崎自身が「天才の学問[35]」と評価するように、余人のまねできるものではなかったとも言うことができるだろう。

学問の上でだけではなく、人間関係としても宮崎と内藤とは距離があり、桑原とは近かった。

宮崎は、内藤の講義を受ける機会があまりなかった。これには内藤が宮崎が学生であった大正十二年には胆石で入院し、大正十三年にはヨーロッパへ調査旅行に行っていたことが関係している。宮崎は、内藤の講義は大正十一年の普通講義「支那上古史」を聞いただけであったようである。それも戦国時代以後の部分を聞いたに過ぎなかった[36]。宮崎は、演習や講読で、漢文の読み方を内藤から習うこともなかった[37]。内藤は、毎週火曜日の晩は、時間にして二、三時間は、当時、左京区田中野神町にあった自宅に学生を招いて、学問から政治、古書、古美術まで様々な話をしていた。宮崎はこの火曜の会に一回生の時から先輩の杉本直治郎に連れられて出席していたが、しかし当然のことながら宮崎は並み居る先輩の末席に過ぎなかった。火曜の会は、内藤が昭和二年八月に恭仁山荘に隠棲するまで続いたと思われるが、書かれたものから判断する限りでは、宮崎が自身の大学卒業後に火曜の会に出た形跡はなく、また山荘に内藤を尋ねたこともなさそうである。興味深いことに、宮崎は、「初めのうちは仲々先生の学問の真価が分からなかった。正直に申せば、何だか古くさいような学風に見えて仕方なかったのである[38]」と回顧している。若い宮崎には、古書や古美術、あるいは政治の話の多い内藤よりも、ランケの学風を受け継ぐ桑原の科学的な歴史学の方が新鮮に映ったのであろう。それだけではない。宮崎は、後年自身がもっとも積極的な支持者になった宋代近世説すら分からなかった、それも「三高初期まで[39]」分からなかったというのである。

宮崎の後輩で、中公新書『宦官』の著者として知られる三田村泰助は、晩年の内藤に親炙《しんしゃ》し、同じく中公新書から『内藤湖南』を出したが、その三田村は宮崎とは逆に桑原に好感が持てなかった。「じつはいまにして告白すると、学生のころの私は、桑原先生の偉さは理解できなかった。入学早々に読んだ書物は、先生の東洋史説苑であったが、この書に私は少なからず失望させられた。というのは、そこに説かれてある「支那人の文弱と保守」あるいは「支那人の妥協性と猜疑心」などから、えがきだされたシナ人像は、いかに醜怪なかぎりであったか。ギリシアとかルネサンスなどという言葉のひびきから、かもしだされたヨーロッパ文化の香気に比べて、それはあまりに卑俗なものであった。いたく幻滅を感じたものである[40]」。

宮崎の内藤に関する文章の全体の調子も、桑原に対するものと比較すれば、客観的であり、内藤の欠点も「まずその領域があまりに広いために、ここぞという打ちこみ箇所への集中打が薄くなり、次に現実の政治に最後まで興味をもたれたことも、恐らく利害相半ばしたことであろうと思われる[41]」と書く。このような宮崎の内藤評については、内藤の伝記を著した青江舜二郎が「ある学者は「湖南は政治に深入りしすぎた。」といい、「それだけのエネルギイをもっと学問にそそいでもらいたかった。」などという。とんでもない。それは湖南の存在を全面的に否定するものだ。ひとり湖南だけでなく明治の学者、文人が大正、昭和の彼らよりもズバ抜けて高いのは、たえず、時務をおのれの憂いとしていたからではなかったか[42]」と激しく非難している。青江の言う「ある学者」が宮崎であることは明白である。青江は、内藤の伝記を書くに際しては、貝塚茂樹や三田村泰助、島田虔次らの話は聞きに行ったようであるが[43]、世間的には内藤の第一の後継者と目されていた宮崎の元には行かなかったようである。おそらく宮崎の内藤評価が気に食わなかったのであろう。また同じ内藤の伝記で、青江は、「湖南の直系の弟子では、東洋史の岡崎文夫、経学の武内義雄、文学の青木正児、支那美術の伊勢専一郎、敦煌学の神田喜一郎などがそれぞれの分野で後継者といわれた。ほかに富岡謙蔵、石浜純太郎という〝暴れん坊〟がいる。ほかにもう一人、森鹿三という傑物があり、学問の幅のひろさからいえばあるいはこのひとがいちばんではないかというひともある」[44]と述べ、宮崎の名は挙げていない。青江は宮崎を内藤の弟子とは認めたくなかったのであろうが、期せずして真実の一斑《いっぱん》は言い当てているのかもしれない。

これに対して、桑原について宮崎が書いた文章は、いずれも深い敬愛の念に満ち、その欠点を指摘するようなこともない。「桑原隲蔵博士について」の末尾などは、「筆者（宮崎）は博士晩期の弟子、誤って無比の愛顧を蒙った。いま占めている研究室はもと先生の室、いま筆を執っている窓際はもと先生の座であった。筆者の今日あるは一に先生教導の賜にあらざるはない」[45]と心打つものになっている。桑原と宮崎は一教員と受講生の関係を超えたものであったのである。宮崎は学生には、まず桑原の著作を読むように勧めていた。[46]桑原も、宮崎を非常に高く買っていた。宮崎が漏れ聞いたところでは、桑原は宮崎の卒論に「信ぜられぬほど高い点」を与えたとされており、[47]宮崎の六高への就職、さらには三高への異動も桑原の配慮によるものであった。[48]桑原の息子でフランス文学者となった桑原武夫は、宮崎を「父の最愛の弟子と申し上げてよい」と形容した。[49]なお、宮崎の在学中の桑原の特殊講義題目は、「アラブ人の記録に見えたる支那」（大正十二年）、「唐律の研究」（大正十三年）であり、演習（大正十一年、十三年）では『日知録』の講読がなされた。[50]宮崎が筆記した「アラブ人の記録に見えたる支那」の講義ノートは、桑原の全集の底本となった。[51]

宮崎が内藤の後継者とされながらも、その全集の編者には名を連ねておらず、一方で桑原の全集には、編者として積極的に関与し、五巻中二巻に重厚な解説を書いたことも、宮崎と内藤、桑原との関係を、この点についてはあくまでも象徴的にではあるが、示しているように思われる。[52]「自訂年譜」に没年が記されるのも、桑原だけである。

宮崎は一回生の時から三回生まで毎年、矢野の講義、演習に出席していた。この間の矢野の特殊講義の題目は、「支那近世の外国関係」、「支那史外国資料」、「英支外交関係」であり、演習の題目は「支那の対外関係」、「支那関係外交条約文」であった[53]。これらの授業を通して、宮崎は「清朝史についてのだいたいの概念を得、近世的な漢文に慣れることが出来た[54]」。矢野は学生時代の宮崎にとっては、桑原ほどの存在感や親近感のある教官ではなかったかもしれないが、時間と共に、矢野は宮崎の中で重要性を増していった。宮崎は、矢野に対する敬愛の情を折に触れて発言し、中公文庫版の『アヘン戦争と香港』、『アロー戦争と円明園』には実に力の入った解説を寄せている。『東方学』の「学問の思い出」のために、倉敷に隠退していた矢野の話を聞きに行ったのも宮崎であった[55]。宮崎が矢野を敬愛したのは、長命に恵まれながら研究を弛みなく続ける矢野の姿が宮崎の目標であり、憧れになっていったからであろう。矢野は、九十五歳の時に『中国人民革命論』を出版し、そして九十八歳の時には「理由《わけ》のわからぬ中共の文化革命—私の六つの疑問」なる長大な論文を書き、文化大革命が共産党内の権力闘争に他ならないことを指摘したが、宮崎はこの矢野の慧眼を絶賛し、矢野が「正しく、ダテに年を取ったのではなかった[56]」と感嘆する。宮崎は矢野のように長生きしたいと願い、それを実際に口にしていた[57]。宮崎は矢野の長寿の秘訣を聞きそびれてしまったが、矢野の回顧録『燕洛間記』を読んでいるときに、矢野が研究について「面白い」を連発していることに気づき、ここに長寿の秘訣を見出した[58]。

羽田は、宮崎にとっては、先生であると同時に、宮崎が昭和九年に京大に助教授として戻って以後は同僚にもなった。宮崎は、在学中の三年間、羽田の特殊講義を受講している。各年の講義題目は、「西域史」、「諸宗教東漸史」「西域出土文献解説」である。この他、宮崎は羽田の言語学の講義として「ウラル・アルタイ言語学」、「トルコ語」にも出席しており、「教室での先生の講義は割合によく聞いた方[59]」であった。一方、同僚としての期間は、羽田が昭和二十年に退官するまであったので、十一年間に及んだ。宮崎は、羽田については桑原や矢野に対するような親愛の情を吐露するような文章は残していない。羽田についてはその人柄を問題視する文章も残されているが[60]、しかし、昭和七年に上海に出征することになった宮崎のために同僚の小川琢治にわざわざ軍刀を借りに行ったのは羽田であり、羽田の没後『羽田博士史学論文集』刊行に尽力したのが宮崎であったことを思えば、両人が互いを思いやる関係にあったことは疑いないだろう。

宮崎と羽田については次のような微笑ましいエピソードも残されている。昭和二十五年に羽田の頌寿を記念した献呈論文集『東洋史論叢』が刊行されたが、出版作業に手こずっている間に、羽田が入院し、それも容体が思わしくないという事態になった。刊行が急がれ、何とか出来上がった本を宮崎と藤枝晃が羽田の病室にもっていった時、藤枝の回想では、宮崎は「何とか間に合いました」と言った。このとき羽田の眼から大粒の涙がこぼれ出したが、すぐに拳で拭って、「おかげで冥土へのよい土産ができた」と言って、また目を拭った。宮崎は「でも、どうやら間に合いました」と繰り返した。藤枝が宮崎を病室から連れ出し、「先生、〝間に合いました〟には困りましたぜ」と言ったが、宮崎は「エッ?」とけげんな顔つきであった。幸い羽田は持ち直し、論文集の献呈式の時には、「あの時は病気で気が滅入っていて、宮崎たちの前でツイ不覚の涙を見せてしまった」と悔しがった[61]。藤枝は、明治四十四年生まれで、昭和二十三年以後、京大の人文科学研究所に務めた。敦煌《とんこう》文書の世界的権威として知られる。

様々な講義を渡り歩く

宮崎は二回生になり、普通講義の必修科目が減り、時間的な余裕ができると、専攻の東洋史以外の講義も熱心に受講した。「来し方の記」には、狩野直喜《かのなおき》（中国文学）、西田幾多郎《きたろう》（哲学）、河上肇（経済学）、米田庄太郎（社会学）の講義に出たと記されている。他にも、宮崎は新村出《しんむらいずる》（言語学）、ニコライ・ネフスキー（民俗学）、波多野精一（宗教学）、石橋五郎（地理学）、小川琢治（地理学）、上田寿蔵（美学美術史）、三浦周行《ひろゆき》（日本史）、原勝郎（西洋史）、喜田貞吉（日本史）、天沼俊一（日本建築史）の講義に出席したことが分かり[62]、うち新村出、河上肇、波多野精一については受講記を残している。中国語は、『日清英露四語合壁』をテキストに徐講師から習った。受講生には、中国文学の吉川幸次郎、斯波六郎がいた[63]。宮崎の学生時代には、法隆寺の再建・非再建論争が盛んであった時期であり、天沼俊一の講義では奈良まで実地見学に連れていかれた[64]。天沼は非再建論者で、これに対して文献史料に基づきながら再建論を唱えていたのが喜田貞吉であった。後に再建論が正しいことが分かったが、宮崎はこの論争を通じて、実物に対する文献史料の優位を確信するようになった。「総じて古代史の研究において、記録を主とする文献派と実物実地を主とする考古派、建築派との間に意見の齟齬が来すことが屢々起こる。そういう際には大局論においては、多くは文献派の所説が正しい。それは実物といわれる物だけでは体系を構成することが不可能に近く、考古学といっても、その出発点においては文献の助けを借りなければ見当のつかぬことが多いからである」[65]。

狩野直喜

東洋史の教員を除いて、宮崎に最も大きな影響を及ぼしたのは、狩野直喜であった[66]。狩野の授業のことを宮崎は「いちばん為になった」と言い、「時間の許す限り出席するに努めた」としている[67]。狩野は、明治元年、熊本の生まれ。明治二十八年、東京帝国大学文科大学漢学科を卒業し、清国留学を経て、明治三十九年に京都帝大に文科大学が開設されると共にその教授となった。留学中には義和団《ぎわだん》の変に遭い、北京に籠城した経験を持つ。京大では支那語学支那文学を担当し、内藤、桑原と共に京大東洋学の基礎を築いた。その研究は、春秋《しゅんじゅう》の学から元《げん》の戯曲まで広く、かつ深かったが、著作は少ない。昭和三年に停年退官。昭和十九年には文化勲章を受章し、昭和二十二年に没した。

宮崎は、大正十二年、二回生の時、狩野の特殊講義「清朝の制度と文学」を受講した。宮崎はこの講義が「本当に面白かった」と回顧し、制度史研究の必要性を「一層切実に」教えられたという[68]。狩野は、京大着任以前に、『清国行政法』の編纂に携わっており、清国の制度に精通していた。翌大正十三年の狩野の特殊講義の題目は、「両漢学術考」であり、この講義も宮崎は受講した。ただし、途中までしか受講していない[69]。他にも宮崎は、狩野の元曲選の講義にも出たと記している[70]。最初のテキストは「風光好雑劇」で、狩野は風流や風光などの風字の付く言葉は、色事に関わると説いた[71]。宮崎は、講義だけではなく、「副科目の〔漢詩文の〕作文にも欠かさず出席」した[72]。吉川幸次郎は、弟子の清水茂に「東洋史の学生で、ずっと〔作文の授業に〕出ていたのは、宮崎さんだけやった。あれは、偉い人やぜ」と何度も言っていた[73]。吉川は明治三十七年の生まれで、宮崎より三つ年下。戦後日本を代表する中国文学者であり、宮崎とも因縁浅からざる人物である。島田虔次によれば、狩野は漢文の「一字一句、助字の一つ一つまで、煩わしいまでに正確に読むことを要求した」とされている[74]。大学院進学後も宮崎は狩野の授業に出、演習では儀礼疏《ぎらいそ》を講読した[75]。青江舜二郎によれば、当時、狩野の支那文学と内藤の支那史学は「まっこうから対立し一方が「支那史学のような粗雑な読み方をしてはいかん。」と学生をたしなめれば、一方は、〝支那文学のようにことばの一つ一つにこだわっていて、文学がわかるか。〟と終始いがみ合っていたという[76]」が、宮崎はそのようなことは気にしなかったのであろう。

狩野の宮崎への影響として見逃してはならないのは、狩野が宮崎に西域《さいいき》研究へ手を出すことを戒めたことである。当時は、西域に各国が探検隊を派遣していた時代で、とりわけ一九〇七年にイギリスのオーレル・スタインとフランスのポール・ペリオによって相次いで発見された敦煌文書の研究は、内藤湖南らを中心に京都でも盛行を極めていた[77]。狩野自身も敦煌文書の研究に携わった一人であったが[78]、若い者が流行の学問に走ることには否定的であった。そもそも狩野は、「普通の人間は先ずは中国本部から入って行くのが本筋で、余力があったら塞外にも及ぶがよい」というのが持論であった[79]。青江は、狩野が一〝文化の低い蛮族の記録、伝説など虚妄に過ぎない。〟とし、あくまで、支那歴代の学者の文章、字句の解釈を〝学〟の根底とした[80]」と指摘している。狩野は、宮崎がフランスに留学に行くときにも、「敦煌文書はもういい加減に切り上げたがよかろう。日本人は敦煌にしか興味を持たぬと西洋の学者が思うかも知れぬから」と忠告し[81]、この忠告を受けた宮崎はパリでも敦煌文書には近づかなかった。敦煌文書に対しては、宮崎は後年、否定的な態度すらとるようになっていた。昭和五十年に書かれた「敦煌学」というコラムで宮崎は、敦煌文書は「決して高級品ではない」上に、「断片的なものが多い」と指摘した上で、画家の橋本関雪《かんせつ》が「近ごろ（大正末から昭和の初め）の学者は紙屑屋のようなことをする、と悪態をついた」エピソードを「面白い」として紹介して、このコラムを閉じており[82]、敦煌学に対して含むところがあったようである。

ついでながら、敦煌文書と同じ頃、京都で関心を呼んでいたのは、やはり新出史料の甲骨文字で、内藤湖南はこの甲骨についてもいち早く着目していたが[83]、甲骨についても宮崎は終始冷淡であり、その史料的価値を疑い、自身の古代史研究においては全く利用しなかった。実は、甲骨に対するこのような宮崎の態度は、当時においては特殊なものではなく、東大の白鳥庫吉もその真偽を疑問視していたのであり[84]、むしろ東京の学風に近かったのである。晩年の『自跋集』では「日本の（中国）古代史研究者にも少なからず、郭（沫若）氏への追従者が現れ、甲骨文字の読解に浮き身を窶す者も多かったが、私は近寄らなかった。私の見る所では、甲骨なるものの素性がはっきり摑めず、その語る所も瑣屑である。五等爵の名号が親戚の呼称であると分かっても、だからどうということはない[85]」とまで宮崎は発言するに至っている。宮崎がそもそも新出史料に冷たかったのは、考古学の濱田耕作の影響もあった。宮崎が濱田から受けた教訓の中で深く印象に刻まれたのは、「新しい資料が手に入らぬから新しい研究ができないということをよくいう人があるが、そんな理由は成りたたぬ。研究資料は今までにもう無限にあるのだから、見方をかえて新しい考えを出せばいくらでも研究できるものだ」という談話であった。さらに続けて宮崎は、「考えてみると私がこれまで発表してきた殆んど凡ての研究は博士の言われた通りを墨守して、ありふれた旧資料の再検討になるものばかりであって、誰も知らない秘密兵器のようなものを使って論文を書いたことは一度もない[86]」と言っている。新出史料は、その発見者が独占的にそれに基づいて研究をするようなことが多いので、宮崎はそういった新出史料にまつわる特権性を毛嫌いしたところもあったのだろう。内藤は、宮崎とは異なり、新出史料の探索に貪欲であったが[87]、この点でも宮崎とは気性が違っていたのである。日比野丈夫は宮崎が「新史料を追及することはあまり熱心ではなく、古代の甲骨金文はもとより、敦煌文書の類も傍証として利用されるに過ぎず、満蒙言語の研究もお得意でなかったらしい[88]」と書いている。

原勝郎

宮崎が敬愛した教員として、西洋史の教授原勝郎の名も忘れてはならないだろう。原は、明治四年、旧南部藩士原勝多の長男として盛岡市に生まれた。盛岡中学、第一高等学校を経て、明治二十九年に東京帝国大学文科大学史学科を卒業。卒業後の大学院在学中に、一年志願兵として軍務に服した。その後、第一高等学校教授となり、一高教授時代には、日露戦争に出征している。明治四十二年、京大の文科大学教授に就任。京大では、ヨーロッパの最近世史を講じ[89]、『欧米最近世史十講』[90]、『世界大戦史』[91]などを著したが、原の名を後世に残したのは日本中世史の研究であった。未完に終わった『日本中世史』[92]、公家の三条西実隆《さねたか》の生涯を描いた『東山時代に於ける一縉紳の生活』[93]は名著の誉れ高い。原は、大正十三年に五十四歳で没しているので、宮崎は最晩年の原の受講生であったことになる。原は大正九年以後は、第一次大戦史について専ら講じていたので[94]、宮崎も大戦史を講義で聞いたのであろう。

宮崎は、昭和十年代に独自の世界史の体系を構築することになるが、その際、宮崎の研究を大きく後押ししたのは、原の研究であった。原には、「東西の宗教改革」なる論文があり、ここでは鎌倉時代の新仏教の出現が宗教改革として捉えられている。原は、西洋史の概念である宗教改革を用いて日本の歴史事象を説明したのである。宮崎は、その世界史の体系で、やはり都市国家、宗教改革、ルネサンスといった西洋史の概念を東洋史に用いたが、それは原の姿勢を受け継いだものであった。しかし、宮崎がルネサンスの概念を東洋史に用いた時、西洋史のある若手研究者は、ルネサンスは西洋史上に一度だけ起こった固有な歴史的現象であるので、この概念を他地域に用いることは不適当であると批判した。また宮崎は西洋のルネサンスには東洋のルネサンスからの影響があったことも論じたが、この点についてもまた別の若い西洋史の研究者から西洋のルネサンスは西洋史の現象として説明すべきであり、他地域からの影響関係を持ち込んで説明すべきではないとも言われた[95]。これらの批判に対して、宮崎は「おおらかに西洋史学が東方に風穴を開いていた時代から、三十年ほどすると若手の西洋史学者はルネサンスなる語を西洋史の独占物として、他の世界に使用することを拒否しようとする」として憤り、「原博士以後の三十年間は西洋史学にとって何であったかと深く考えさせられた」としている[96]。ちなみに、後者の論点で宮崎のルネサンス論を批判した西洋史の研究者はS氏とされているが[97]、おそらく『マキァヴェリの歴史的研究序説』[98]の著作のある柴山英一（昭和六年卒業）であろう。

また宮崎は、昭和二十一年に刊行された秋田屋版『科挙』の末尾で、科挙の功罪について論じた際、原の随筆「貢院の春」に書かれた科挙の功罪論を四頁に渡って長く引用し[99]、この議論を「学東西に通じたる博士にして始めて為し得るところ」と高く評価し、『科挙』の最後の一文を「余は科挙を説き、かたわら科挙に関する限りにおいて中国社会の大要に触れんと試みたが、なお説いて詳ならず、論じて尽さざる所の多かったことを恨む。さらに宇内の大勢に関しては始めよりその任でないことを自覚している。恩師原勝郎博士の一篇を抄節して結末とするゆえんである」として結んだ。『科挙』は、宮崎が昭和二十年の出征前に遺著として書いていたものであり、遺著となる覚悟の書物を他人の文章で締めくくるのには、その人物に対して相当の敬愛がなければすることではないだろう。

原は短気で、怒りっぽく、その耳をつんざくような怒声は有名であった。誰彼となく議論を吹っ掛け閉口させた。京都の風土と人間を嫌い、同僚の西洋史家坂口昂は原を「東国武士」と評した。西田幾多郎は、坂口については「坂口は常識家だな、まあ穏健で間違いはないだろうが……」とあまり気のなさそうな口ぶりで話したが、原については「原という男は……」と笑いながら語り、その口調と表情には深い親しみと一種の敬意が含まれていたという[100]。問題はあったが、一面愛すべき人物であったようである。

学生時代の読書

宮崎は一回生の時の夏休みには、出版されたばかりの三浦周行の『日本史の研究』を読み、「その真価を理解する学力はまだなかったが、何かしらずっしりとした学問の重みを感じ取ることはできた」(101)。また津田左右吉《そうきち》の「記紀、上代思想に関する著述を読み、その大胆な発想と忌憚ない行文に、目を瞠る思いがした」(102)という。しかし、津田については後年、宮崎は必ずしも評価していなかったようで、津田の『論語と孔子の思想』には厳しい批判を浴びせ(103)、『自跋集』では津田と湖南を同列に扱おうとする東京方面での見方に対して、両者の全集の古書価格を持ち出して、津田は湖南に人気の点でも及ばないと指摘している(104)。

台湾行

大正十二年、宮崎は、十月に兄の市平の病気見舞いに、台湾に行き、台北病院で一ヶ月余り寝泊まりし、その間、台湾南部の高雄まで旅行した。小学校の教員をしていた市平がなぜこの時台湾にいたのか、分からない。「自訂年譜」には、「台北に近き角板山の蕃社を訪ねる」ともある。角板山は、現在の桃園県復興郷にあり、蕃社《ばんしゃ》というのは先住民の集落のことで、角板山の場合はタイヤル族の集落があった。ちょうど大正十二年に刊行された台湾総督府鉄道部『鉄道旅行案内』によれば、角板山は、「縦貫線の三」の桃園駅からの遊覧地の一つとして挙げられている。台北から桃園駅まで当時一時間ほどかかった(105)。角板山へは桃園からさらに車で三十分ほど要した。角板山については、「蕃界に在り、登攀すれば親しく蕃情を視察し得るべし」と『鉄道旅行案内』にある。山上には貴賓館や蕃童教育所などがあり、また風光明媚な場所でもあったようである。

初めての中国旅行

翌大正十三年十二月、宮崎は外務省が主催した[106]学生南支視察団に加わって、初めて中国の地を踏んだ。二十四歳の時である。この中国旅行の概要は、「自訂年譜」と『自跋集』から知られるが、詳細は「上海から広東まで」にユーモアを交えつつ、実に生き生きと描かれている。[107]この旅行記は若書きで短いものであるが、宮崎の文才を感じさせるもので、中東旅行記『菩薩蛮記』に劣らない面白さがある。「上海から広東まで」は、『京都帝国大学新聞』に四回に分けて大正十四年に掲載されたもので、これが宮崎の最初の活字になった文章である。宮崎は、最晩年に刊行された随筆集『遊心譜』の自序において、「大正、昭和、平成三代を通じての数少ない文筆家の一員と自ら名乗り、こよなき名誉としているのである」と誇った。[108]

学生南支視察団の団長は、東京美術学校長の正木直彦、副団長は重原慶信、鈴木美雄の二人で、重原は松本高校時代の恩師であった。鈴木は東京高等養蚕専門学校（現東京農工大学）教授。参加者は、総数二十一名。[109]十二月二十一日に長崎に集合し、[110]海路、上海に向かった。

宮崎らが訪れた時の中国は、清が滅んで既に十三年経っており、中華民国の時代であったが、安定とは程遠い状態にあった。北方には北京政府があり、南方の広州には孫文率いる軍政府があって、二つの政府が対立しており、北京政府内では安徽派、直隷派、奉天派の軍閥が政治の主導権を巡って抗争を繰り広げていた。ほんの三ヶ月前にも（一九二四年九月）、奉天派と直隷派が衝突し、第二次奉直戦争が起こったところであった。第二次奉直戦争の最中に起こったクーデターの結果、清の廃帝溥儀《ふぎ》が紫禁城を追い出されたのも、同じ年の十一月のことであった。

中国はこのような状態であったので、宮崎らは、上海を見学した後、杭州に向かう予定であったが、情勢不安ということで中止となり、南京まで行って、再び上海に戻っている。南京では、科挙の一段階である郷試の行われた建物、貢院に宮崎は足を運んだ。この時の話は、昭和三十八年に『朝日新聞』の記者の取材に応じて、「フラワー・ボートの集まる色町がその付近にある秦淮という運河の北側に貢院の建物のごく一部分だけが残っていたのを見たのですが、それでも実に陰惨な感じでしたね。科挙の制度が廃止になってから二十年ほど後のことだけれど、この制度が行われていた当時でも、三年に一度しか使わないのだから、屋根の上にはペンペン草もはえて、やはり荒れはてた感じにには変わりなかったと思いますね」と回顧している。(111) 宮崎らが南京を去った数日後には南京で軍人による略奪騒ぎがあり、日本人の家も二、三軒焼かれるという事態になった。一方、上海は、外国租界があったため、当時の中国で最も安全な場所とされていた。

上海では、当地に滞在していた東大文学部東洋史学科教授市村瓚次郎（元治元年〔一八六四〕～昭和二十二年）を訪ねる重原に願って同道した。市村は当時、文部省によって中国出張を命じられ、外務省からは対外文化事業交換講義を委嘱されて、中国各地を回っていた。(112) また宮崎は、市村が上海のイギリス租界に隠棲していた康有為を訪ねる計画があることを知り、これにも「強いて請うて」(113) 付いていった。康有為（一八五八年～一九二七年）は、清末に光緒帝の下で、立憲君主制を目指して変法運動を行ったが、西太后らに阻まれ、失脚し、一時、日本に亡命したこともある人物である。そして、これが宮崎が「史上に名を留むる大物に直接面晤した最初の経験[114]」であった。しかし宮崎は中国語が分からなかったため、「実際の所、見物以上に出なかった[115]」。康有為は、「血色よく肥満した好々爺」であり、談論風発であったが、宮崎らを案内した西本白川は帰りの車の中で「初対面の人にあんな立ち入ったことまで話すのは少し軽率だ。あんな風だから、せっかく天下を取りそうになってもすぐに失敗した」のだと康有為の悪口を言ったのが印象的であったという[116]。宮崎自身も康有為にはあまり感銘を受けなかった。

上海では、商務印書館と中華書局を訪ね、中華書局では『竹簡斎本二十四史』二百冊を八十円で購入している。宮崎はこの買い物のため、この後、「絶えず重い二包みの荷物を引きずって、一同と行動を共に[117]」した。

上海を離れた宮崎らは、日清汽船嵩山丸に乗って南下し、厦門、汕頭、香港に寄港し、広東に至った。広東は当時、孫文の軍政府が支配していた。しかし孫文自身は北京政府との折衝のため、その場にはおらず、北方にいた。孫文は、十二月四日には天津、大晦日には北京に移っていたが、この間に発病し、翌一九二五年三月には北京で没することになる。

広東で宮崎らは広東大学長鄒魯の主宰する歓迎会に出席した。この歓迎会には、孫科、胡漢民、伍朝枢などの広東政府の要人も参加した。学生の歓迎会にこれだけの面々が参加したのは、天羽英二総領事の肝いりであり、広東政府が日本政府の支援を期待していたからであった。歓迎会の翌日には、宮崎は同行者に誘われて蛇料理を食べに行っている[118]。

宮崎らは、広東から香港を経て帰途に就き、途中台湾の高雄に上陸し、鉄道で基隆まで行き、再び、日本郵船信濃丸に乗り、翌大正十四年の一月二十六日に下関に到着した。三十七日間の大旅行であった。『自跋集』では、この旅行が「私が始めて外国文物に直接触れた旅行であって、其の後の私の世界観に大きな影響を及ぼしたことが感ぜられる、思い出深い経験であった[119]」と回顧した。下関では、ふぐ料理で名高い春帆楼に一泊し、解散となった。

卒業論文

帰国した宮崎を待ち受けていたのは、卒論の口頭試問であった。卒論の提出締め切りは大正十四年一月十五日で、提出日の前後、宮崎は学生南支視察団に入って中国旅行の最中であった。このような事態になったのは、学生南支視察団は、大学、高専から希望者を募り、参加できるのは各校一名であったので、宮崎は、まさか自身の希望が通るとは思っていなかったからである。参加可能の通知が来たのが十月末であったので、宮崎は卒論を急ぎ仕上げ、提出した上で、学生南支視察団に参加していたのであった。

卒論の題目は、「南宋末の宰相賈似道」。この卒論自体は見ることは出来ないが、その内容は、二つに分けられて発表されている。一つは、昭和五年に内藤湖南の頌寿記念として出された『史学論叢』に寄稿された「鄂州之役前後」であり、これは「卒論の一部を取り出し[120]」たものである。湖南は、寄稿を謝して宮崎に七言律詩を送った[121]。もう一つは、昭和十六年に『東洋史研究』に掲載された「賈似道略伝─支那古今人物略伝」である。こちらは、「卒論の大要を短く纏め[122]」たものである。なお、宮崎は、昭和五十二年刊行の『中国史』の「参考文献解説」において、賈似道の「詳伝を公にしたいと思っている」[123]との希望を述べていたが、実現しなかった。

宮崎が卒論で取り挙げた賈似道は十三世紀の南宋の政治家で、当時、南宋はモンゴル帝国の攻撃を受けていた。賈似道は、一二五八年のモンゴル帝国の侵攻を湖北省の鄂州に防いで功があり（鄂州の役）、宰相に任じられ、十五年間、専権を振るったが、モンゴル帝国の再度の侵攻を防ぐことは出来ず、失脚。流罪となって配流先で殺害されている。そしてその死の翌年、一二七六年に南宋はモンゴル帝国に滅ぼされた。

公刊された二つの論文から推測すると、宮崎の卒論は、この賈似道の生涯を自身の見解を交えつつ辿ったもののようである。卒論の中で、宮崎が「多少でも従来の研究の上に寄与する点があった」[124]と考えていたのは、モンゴル帝国のウリヤンハタイ率いる軍の侵攻経路の復元であった。一二五八年の南宋侵攻の際、モンゴル軍は三方向から進み、そのうちの一方面軍を率いていたのがウリヤンハタイであった。ウリヤンハタイは、安南方面から侵攻し、鄂州を目指したが、その途中、「半開の蛮地なる」[125]辰州と沅州を通ったとする通説に宮崎は異議を唱え、その軍は「交通の大道」[126]である湘水に沿って進んだはずであると主張したのである。ここには、「大軍は交通の幹線に沿うて進む」、あるいは「天下の大道は昔から定まっている。大軍は必ず天下の大道を進む」という宮崎の基本的な考え方の一つが早くも見て取れる。宮崎はこの考えに基き、後に「条支と大秦と西海」といった優れた考証の論文をものにすることになる。京大で宮崎の同僚となったチベット史の佐藤長は、この宮崎の考えに倣って、吐蕃と唐を結ぶ入吐蕃道のルートの解明に成功したと、宮崎の全集に寄せた月報で書いている[127]。

宮崎が卒論に賈似道という、ややマイナーとも思われるテーマを選んだのは、大きくはその背後にあった「文化の古い漢民族と、原始に近い北方の遊牧民族との関係史に興味をもっていた」[128]からであったが、内藤に「そういう時は誰か一人の人物に焦点をあてると、ひとりでに纏まるものだ」[129]と教えられたのも大きかった。ただし、桑原には「山のない論文になりそうだ」[130]と言われた。

卒論の試問に当たったのは、内藤湖南、桑原隲蔵、矢野仁一、羽田亨の四教授と狩野直喜であった。「自訂年譜」は試問に当たった顔ぶれを「蓋し空前絶後の陣容たり」と表現する。京大の文学部では、卒論の試問は専攻の教員と卒論のテーマに関係する他専攻の教員が加わることになっている。筆者の時代でもそうで、筆者は大学院から京大に入ったが、大学院入試に卒論の口頭試問が含まれており、やはり専攻の西洋史教員、当時は服部春彦、服部良久、南川高志の三教授に加えて、東洋史の永田英正教授が加わっていた。宮崎の場合は、狩野が他専攻の教員である。

宮崎の試問は、予定の三十分を超えて、一時間以上続いた[131]。内藤からは、卒論に引用した白話文の訳を求められ、また姚勉『雪坡舎人集』を引用した点を褒められた。このことは、宮崎には「些か意外な感がした」が、その理由は文学部の書庫に入ったばかりの『雪坡舎人集』を「誰より先に利用した点がお気に召したらしい」と後年推測している[132]。宮崎が一番自信のあったウリヤンハタイの行軍経路については、「他の先生と同様、この点にはあまり触れられず[133]」であった。ウリヤンハタイの行軍経路の復元は、宮崎は相当に自信があったようであるが、「鄂州之役前後」でもそれほど強調されているようには見えず、もしそれが卒論でも同様であれば、当時、この点が特に評価されなかったとしても仕方がなかったのかもしれない。しかし、宮崎の卒論の評価は、大変良く、とりわけ桑原が高い点を付けたことは、先に言及した通りである。

宮崎の学生時代

宮崎が京大の学部学生として過ごしたのは、大正十一年から大正十四年までであったが、この間、社会の情勢は次第に厳しくなっていった。

第一世界大戦によってもたらされた好景気は、大戦が終結した翌大正九年には、早くも終息の兆しを見せ、深刻な不況へと転じた。宮崎が入学する前年（大正十年）の就職率は、前年の百パーセントに対して四十パーセントまで落ち込み、その後も目ざましい回復はなかった。一方で授業料は、大正十一年には五十円から七十五円に値上げされ、さらに大正十四年には百円になっている。経済的な理由で大学を中退する者は、当時、十パーセントに及び、アルバイトを余儀なくされた学生は半数以上を占めていたとされている。[134]

不景気の中、全国的に労働運動が盛んになり、大学学内でも学生運動が盛り上がっていた。[135] 宮崎の在学中にも、大正十一年には学生連合会が、翌十二年には社会科学研究会が結成されるなどし、特に後者の組織は戦前の学生運動の中核組織として活動し、十三年には会員百四十名を擁するまでになった。京大の学生の総数が三千名であった時代であるから、社会科学研究会は相当な規模の組織であった。一方で、政府による弾圧も本格化し、これは宮崎の学部卒業後のことであるが、大正十四年九月にはレプセ事件[136]、十二月には京都学連事件[137]が起こり、いずれの事件でも社会科学研究会のメンバーが検挙された。

しかし、宮崎は、経済的に困っていた様子もアルバイトをしていた形跡もなく、また学生運動とも関わっていない。時代とは超然として、勉学に勤しんでいたように見受けられる。友人に京都の繁華街である京極のカフェやバーに連れて行かれるのは、宮崎には迷惑であった[138]。

史学科の中では、歴史哲学や文化史学、あるいは唯物史観などが流行していたが、宮崎はいずれからも距離を取っていた。特に歴史哲学や唯物史観のように歴史的事実よりも理論を優先させる立場には、否定的であった[139]。後年、宮崎は「大正時代の社会の実相は、歴史学の趨勢からも推測されるように、甚だ浮薄な、単なる新しがりやの合奏に過ぎぬように思われる」と、当時の歴史学の状況だけではなく、いわゆる大正デモクラシーの時代そのものを含めて、否定的な見方を示している[140]。しかし「大学生活は最高であった[141]」というのが宮崎の学生時代の実感であった[142]。

大正十四年三月三十一日、宮崎は京大を「卒業」した。京大では、卒業式は大正八年から昭和二年まで行われていなかった[143]。これは当時、「学術の蘊奥を極める大学において、修行年限を設け、一定の課程を強いるのは不可であるとして『卒業』の語を廃し[144]」、卒業制度そのものが廃止されていた結果であった。卒業の代わりに、学部に三年以上在学し、一定の試験を受けて合格した者に学士と称することが認められたのであり、卒業証書ではなく、合格証書が渡されたのであった[145]。

第四章　ごく上々な門出
——大学院から旧制高校の教授（大正十四年～昭和九年）

昭和五年頃、第三高等学校での西洋史の授業風景

経済的自立

大正十四年三月に学部を卒業した宮崎は、四月一日には、東洋史研究室の副手《ふくしゅ》に任じられた。しかし副手の給料は僅かであったので、おそらく桑原隲蔵の配慮で、京都府立第一中学校で三年生の東洋史を教えることになった。授業は週三時間、一学年は四組あった。(1) 宮崎は、これによって経済的に自立し、親からの仕送りを受けずとも済むようになった。(2) 府立一中は、現在の京大の総合人間学部の南側にあった。桑原武夫の回想によれば、一中には、当時、新進気鋭の教師が多くおり、「その多くは、京都大学を卒業し、あるいは大学院に残り、将来学界に名をなすべき秀才たちが、やがて他に就職するまで、二、三年、一時しのぎに教鞭をとる場合が多く、これが生徒たちに強い影響を与えていた」。桑原は、このような教師の一人として宮崎の名を挙げている。(3)

副手としての宮崎の主な仕事は、桑原が購入予定の洋書が京大の図書館に所蔵されているかどうかをチェックするというものであった。副手時代に宮崎は内藤湖南の「書架を検し」たこともあり、この時、自分が学生時代に内藤の「支那上古史」の講義で提出したレポート課題の点数を知った。

課題は、「史記の遊俠伝、貨殖伝などに現れた漢代の社会状態」で、レポートの点数は八十点であったが、一度七十五点と付けた痕があり、思い直して八十点とされていた。[4] 宮崎は、学生時代のレポートの出来が相当に意に満たなかったようで、昭和九年には「遊俠に就いて」を、昭和三十一年には「史記貨殖伝物価考証」を書いて、内藤の課題に応えようとした。「遊俠に就いて」の補記には、副手時代に自らのレポートの点数を知った経緯を記した後、「知らず、先生在して採点し給わば果して幾何を贏《か》ち得可きか[5]」と結んだ。

大学院進学

五月七日には大学院に入った。旧制の大学院は、講義を聞く義務もなく、単位を取る必要もない。修学年限もなく、大学院の席を離れれば、退学で処理された。[6]

『菩薩蛮記』によれば、大学院進学後、宮崎が今後の研究について桑原に相談したところ、アラビアの研究を勧められたが、この段階ではアラビアの重要性を理解できず、また興味もなかったので「何か他人のまだ気のつかないところに問題があるように思って、取り敢えず大学院の研究題目には、南北朝時代史としておいてもらった[7]」という。南北朝時代とは、四三九年から五八九年までの時代で、この間、中国は南北に分裂しており、北方では北魏、東魏、西魏、北斉、北周が、南方では宋、斉、梁、陳の諸王朝が興亡を繰り返した。最終的に北周から興った隋によって中国は統一され、南北朝時代は終わる。宮崎の卒業論文が十三世紀の南宋末を扱っていたことを思い起こすならば、研究の対象とする時代がずいぶん遡ったことになる。普通であれば、大学院では、卒業論文からの発展で、そのまま宋、あるいは元を研究対象とすると思われるが、宮崎がなぜあえて研究テーマを変えたのかは分からない。宮崎自身も、「取り敢えず」と言っているのでそれほど深い意味はなかったのだろう。強いて理由を考えるならば、宮崎がかねてから関心のあった素朴民族と文明主義の関係が最も明瞭に見える可能性のある一時期が南北朝時代であったからということなのかもしれない。

一方、『自跋集』には、「私は大学での卒業論文に宋代を扱ったので、それから後暫くの間は、もっぱら宋代史を研究対象とし、大学院での題目もそのように届け出ていた[8]」とあり、『菩薩蛮記』の記述と矛盾するが、『菩薩蛮記』のほうが書かれた年代が古く、また「六朝時代華北の都市」（昭和三十六年）でも、「私は大学卒業後、一時五胡時代に興味を持ったことがあり、民族移動の記事を拾い出して整理しようと試みたが、遂には匙を投げざるを得なかった[9]」と述べている所から考えても、『自跋集』の方を記憶違いとみなすべきであろう。

最初の仕事

宮崎の大学院時代の唯一の学問的な仕事は、ゲオルグ・ヤーコプ（Georg Jacob、一八六二年～一九三七年）の『西洋に於ける東洋の影響―特に中古期に於ける[10]』の翻訳であった。原文はドイツ語で、桑原に訳すようにと言われたものであった。ヤーコプは、ドイツの東洋学者で、『イスラム以前のベドウィンの生活』や『西洋と東洋における影絵芝居の歴史』などの著作がある。宮崎の訳した作品は、一九二四年に刊行されたものであるので、今風に言えば新刊紹介であった。ヤーコプの作品は僅か九十八頁の小品であり、宮崎の翻訳はさらにそれを抄訳したものである。その内容は、西洋に対しては、ギリシア・ローマの文明よりも西アジアや東アジアの文明が及ぼした影響のほうが広範で深いことを数多くの実例を挙げつつ論じ、ドイツの教育・研究におけるギリシア・ローマ学偏重と東洋軽視を批判するというもので、今読んでも大変面白いものである。

翻訳であるため、宮崎の仕事としては軽視してしまうところがあるが、宮崎の研究に与えた影響は甚大であった。宮崎自身もこの点は自覚的であり、この作品が「私の生涯の学風に大なる影響を及ぼした原動力ともなった[11]」と述べている。ここで言われている「学風」は東西交渉史のことである。宮崎は、ヤーコプの翻訳を通して東西交渉史の重要性に気づき、これを「生涯の研究題目」とし、この方面で顕著な業績を上げ、さらに宮崎は、独自の世界史を構想することになるが、その世界史は壮大な東西交渉史に他ならなかった。また宮崎は、ヤーコプの作品の冒頭に「古典学者はギリシア・ローマを専攻しただけで独自の世界観を打ち立てるが、それはもっと広い範囲での研究から批判されると、到底維持できない場合が多い」という一文にも感銘を受け、「それからずっと私は成るべく狭い範囲に閉じこもらないようにと心掛けてきたつもりである[12]」とも述べている。この翻訳一つをとっても、宮崎に対する桑原の影響は大きかったと言わねばならないだろう。

高校時代の宮崎は、ドイツ語を第二外国語としていたが、「一番苦手とするドイツ語なので、辞書と首引きで苦心惨憺やっとのことで訳し終え[13]」、その翻訳は大正十五年に『史林』に三回にわたって掲載された。

一年志願兵

大学院に進学した大正十四年の十二月一日、宮崎は一年志願兵として宇都宮輜重兵《しちょうへい》第十四大隊に入隊した。

一年志願兵の制度は、府県立中等学校卒業者で、服役中にかかる食料、被服などの費用を自弁する者には、服役期間を一年とし、最終試験に合格した者は下士官として予備役に編入、その後の勤務演習に出て合格すると将校になれるというものであった。[14]この制度は、予備役後備役の幹部を養成することを目的としていた。[15]予備役は一年、後備役は十年服務期間があった。しかし、この制度の有資格者は限られていた上に、一般の兵士に比べて、現役服務期間は短く、終了後には、予備役とはいえ将校になれたため、一年志願兵の制度は有産者のための特権として非難されたものでもあった。制度面だけでなく、実際の兵営の生活でも優遇されたようで、吉野作造は大正十二年に「志願兵はなぐらる、ことは絶対にないが、普通兵はどんな人でも一度もなぐられたことのないといふ者は絶無だらうと思ふ」、「一年志願兵は神様のやうに取扱はれて居る。兵営生活の悲惨苦悩は普通兵でなくては味はれるものではない」としている。[16]「一年志願兵室」という特別の部屋がある場合もあった。[17]

宮崎は満二十歳の時に、徴兵検査を受け、甲種合格となっていた。[18]甲種合格者というのは、身長百五十五センチ以上で身体強壮、つまりもっともよいランクでの徴兵検査合格者で、例えば昭和十年の甲種合格者は二十九・七パーセントに過ぎなかった。[19]宮崎の場合は、就学中であったため、直ちに徴集されることはなかったが、大学を卒業すれば、一般兵士として徴集されることになっていた。そして一般兵として徴集されたならば、兵営での待遇が厳しい上、現役服務期間は三年、予備役は四年四ヶ月、後備役は五年あった。宮崎が志願して軍に入ったのは、一般兵士として徴集されることを避けるための処置であり、志願兵ではあったが、入営は「余儀なくされた」[20]というのが実情であった。

入営する宮崎のために考古学の濱田耕作が壮行会を開いてくれた。その写真が『自跋集』に載せられている。[21]また宮崎が、入営に際して狩野直喜に挨拶に行き、「「一年後には嘸《さぞ》馬鹿になって帰ることでしょう」と口をすべらせると、「それがいい。人間は馬鹿になるに限る」と言われた」[22]。宮崎は、この狩野の言葉を、歴史をする者にはいろいろな体験が必要であることを言われたものであろうと解釈した。

宮崎の入った輜重兵隊というのは、軍需品の輸送補給を担当する兵科であるが、「陸軍の中で最も軽視された兵科」[23]であった。「輜重輸卒が兵隊ならば蝶々もトンボも鳥のうち」と馬鹿にされていた。[24]宮崎が輜重兵隊に配属になったのは、身長が低かったためであろうと、礪波は推測している。宮崎の身長は「大日本帝国旅券」（京都大学附属図書館蔵）によれば、百六十一センチであった。

宮崎は、自身の軍営生活を大正十五年の『京都帝国大学新聞』で学生に報告している。[25]そこでは、もっぱら乗馬教練について語られている。入営三日目から、乗馬教練が始まり、宮崎には福辺《ふくべ》と名のついた馬があてがわれた。副辺は、「西洋婦人のように真ん丸に肥えている」、特務曹長より古参だと言われている老馬で、「足の短い宮崎志願兵にはとても脚がしまらないのです」とユーモアたっぷりに書いている。礪波によれば、「若き日に軍務に服した宮崎は、馬についての知識が豊富で、しばしば馬を話題にし、中国の四頭立ての馬車の起源が西アジアにあることを強調」していた[26]。

宮崎は『京都帝国大学新聞』の中では「兵営、軍隊生活、そこには確かに一種の時代錯誤的な面白味があります」としているものの、一方で、『アジア史研究』第一巻の「はしがき」では、「何といっても青白いインテリには、それは耐え難い困苦な生活であった[27]」と記している。

これは一年志願兵には概ね共通することであるらしいが[28]、宮崎は志願兵の経験からは軍隊について悪い感情はもたなかったようである。むしろ好意的ですらあった。例えば、繰り返し述べてきたように、宮崎は素朴民族と文明主義の社会の対立で歴史を把握しようとし、素朴民族に対して明らかな親近感を示したが、その素朴民族に付与された性格は「行動的」、「意志的」、「直截簡明」、「男性的」、「全体統制主義的」であり[29]、これらは軍隊の性格そのものと言ってよい。戦時中の大学の軍事演習でも宮崎は、軍刀は垂直に下げて吊るのが普通であるのに、鎧武者のように水平につけていたとの証言もあり[30]、軍人であることに誇りをもっていたことが窺われる。宮崎の教え子たちの印象も同様である。寺田隆信は「軍隊のことはあまりお嫌いではなかったという印象をもっています」と発言しており、島田虔次も「あの先生はやっぱり生活的にも、そういう軍隊の生活というものには好感をもっておられたのじゃないかな」と言い、礪波護もこれを受けて、素朴主義的なものとして軍隊に宮崎が好感をもっていた旨の発言をしている[31]。また寺田と島田は、宮崎が「さむらい」という意識を持っていたとも感じていた[32]。

宮崎が軍に好意的であったのは、軍隊のもつ素朴主義的なものを本来的に好んだことに加えて、宮崎が志願兵として過ごしたころの軍隊には、「明治以来の良い伝統も残っていた[33]」ということもあったのであろう。ただし、宮崎もさすがに大戦末期の軍隊については、「言語に絶する軍規の頽廃[34]」があったと厳しく非難している。

祖母の死

宮崎が軍営生活を送っていた大正十五年の六月一日、祖母千代が亡くなった。宮崎は五月末には祖母が危篤との報を受け、中隊から一週間の休暇をとって飯山に戻った。帰宅した段階では意外に元気であったというが、父も兄も不在の時に容体が急変し、宮崎の手を握ったまま亡くなった。早くに母を亡くした宮崎には、母代わりの祖母であった。千代は、嘉永二（一八四九）年の生まれで、旧姓は坪井。十六歳で祖父市兵衛に嫁いだが、市兵衛は早くに亡くなり、子供は宮崎の父市蔵だけであった。千代は熱心な西本願寺の門徒で、東海道線しか汽車のなかった時代から本願寺に参るために二回も京都に行ったことがあったという[35]。

その後の軍歴

十一月三十日、丸一年の志願兵生活が終わり、宮崎は軍曹に任じられ、予備役に入った。翌昭和二年七月一日には、宮崎は勤務演習に召集されたが、途中で腸チフスにかかり、宇都宮衛戍《えいじゅ》病院に入院した。宮崎にあてがわれたのは不吉な四号室であった[36]。この入院のため勤務演習自体は十月二十五日に終わったものの、終末試験を受けられず、翌年の七月一日に再度勤務演習のために宇都宮に召集され、十月二十四日の終末試験に合格し、曹長に任じられて、ようやく一年志願兵に課された勤務演習を終えた。宮崎は、一旦入隊した以上、「良い軍人になろうと志し」、「そして終末試験には相当優秀な成績で通過したらしい」[37]と言っている。翌年の昭和三年三月三十日、宮崎は陸軍輜重兵少尉に昇進した。以後、宮崎は終戦まで陸軍少尉のまま軍籍にあった。

第六高等学校教授

一年志願兵の現役期間が終わると、宮崎は大学院生活に戻り、そのまま大学院で研究を続ける気でいたところ、昭和二年の三月に桑原から岡山の第六高等学校の教授に推薦され、急遽四月から赴任することになった。

宮崎は、最初、この桑原の推薦を受けるかどうか悩んだようである。確かに、六高に行けば、経済的な問題はなくなるが、しかし京都を離れれば、史料や研究文献へのアクセスが悪くなり、研究の遂行に支障が出る。この意味で六高赴任は一長一短であったからである。しかし、結局は松本高校時代のある友人に岡山行を勧められて、六高に行くことに決心した。

急な赴任であったため、教員免状が間に合わず、そのため二ヶ月ほどは講師の身分で過ごしたが、五月二十五日に教授に昇格した。

唐代古代説の授業

六高で、宮崎は二年生の東洋史概説を担当した。意外なことに、当時の宮崎は唐までを古代とする時代区分に基づいて東洋史を講じていた[38]。唐代古代説は、昭和二十三年に前田直典《なおのり》が、宋近世説を唱える内藤説に対する異論として主張し、これを支持する「歴研派」と内藤説に拠る、それこそ宮崎を中心とする「京都学派」との間で論争になったことで知られる学説であるが、もちろん宮崎が基づいた唐代古代説は、この前田の主張とは関係がない。宮崎は、六高での初年度に行った「東洋史概説」のノートに、「唐の帝国は多くの点において、西洋のローマ帝国に比較すべきものである。ローマ帝国が崩壊してそのあとに諸の新民族が勃興して国を建て、それが今日の欧州列国の起源となったように、東洋においても唐が亡びてその大版図が瓦解すると、そのあとに清新な活動力を有する野蛮民族が勃興して国をたて、これが次第に今日見るような東洋諸民族の分布の基礎となった[39]」と書いている。つまり、ローマ帝国と唐帝国はよく似たところがあり、特にこれらの帝国の崩壊後の状況はよく似ており、ローマ帝国は西洋の古代帝国であるので、唐はそれに対応する東洋の古代帝国になるというのが、宮崎の唐代古代説であった。先に言及したように、宮崎がこのような立場をとった背景には、六高時代には内藤の宋代近世説がよく理解できなかったことに一因があるが、より重要なことは、宮崎が既に世界史的な視野の中で中国を理解しようとしていることである。「波多野宗教学受講記」によれば、宮崎は大学二回生の時からすでに「私は私なりに世界史の構想を暗中模索していた折なので[40]」とあるので、世界史の中での中国史は早くからの宮崎の問題意識なのであった。内藤の中国史が中国学の枠内で考えられていたのとは大きく異なるのである。そして、この辺りの内藤説に対する違和感が、宮崎が若いころに宋近世説を理解できなかったことに関係しているのかもしれない。

講義では、マルクス主義の歴史観にも言及し、それが中国にはそのまま当てはまらないことを指摘しながらも、「強いて比較を求めれば、古代には奴隷はあったが奴隷制度の時代と称すべきでなく、農奴制時代と類似するのは漢代から唐代までであり、宋以後は新しい時代に入った」[41]とも話していた。マルクス主義の歴史観では、農奴制時代は中世に当たる。したがって、宮崎は、当時、唐を古代帝国としながらも、社会経済的には中世的な農奴制時代であると言っていたことになり、ちぐはぐな印象を持たざるを得ない。

古代史研究の始まり

六高で東洋史概説を行っていて宮崎が一番困ったのは、「信頼すべき東洋古代史の著書がないことであった」[42]。当時、林泰輔《たいすけ》の『周公とその時代』やヒルトの『支那古代史』、あるいは郭沫若《かくまつじゃく》の研究があったが、いずれも宮崎には疑問の多いもので、「結局古代史は人を当てにせず、自分自身で作り上げていくより外ない、という結論になった」[43]。既にみたように、宮崎は内藤の古代史の講義も戦国時代以後は聞いており、またそれ以前の部分は先輩にノートを借りて筆写していたが[44]、内藤の『支那上古史』が講義録を整理して刊行されるのは昭和十九年のことであったので、宮崎が内藤の古代史の全貌を知ることは、当時はできなかった。しかし、その古代史研究については、後年、宮崎は内藤が時代区分において漢を古代史に含めたことを「非常な卓見」と認めつつも、「博士のいうところの上古史とは、いかなる時代であるのかについて、単にそれが中国文化形成の時代という以外、内容的な説明がなされていない」と述べており[45]、たとえその全貌に六高時代に接していたとしても宮崎を満足させるものではなかったであろう。

こうして宮崎は「極めて徐々に、自然に古代史の中に足を踏み入れて溶け込んでいった」[46]。その成果が発表されるのは、三高に移ったあとの昭和八年のことである。

その他の講義

東洋史概説の他にも、宮崎は漢文の講読や地理の授業も担当した。宮崎が地理を担当したのは、本来の担当者であった松本彦次郎が内地留学をしたためであった[47]。受講生の一人であった佐伯富（明治四十三年〜平成十八年）は、漢文の授業では、『史記抄』や「琵琶行」などの詩文を習った[48]。「先生の訳は非常に簡単明瞭といいますか、日本語でそれに適するような訳をされるので感心したことを覚えています」と佐伯は回顧している[49]。佐伯は、後に京大に進み、宮崎の薫陶を受け、宮崎の同僚ともなる人物である。中国の塩政の研究で知られる。佐伯は、宮崎の地理の講義にも出ており、講義で宮崎は日本の人文地理について話した。宮崎の講義内容は主に、京大時代に習った石橋五郎のそれを受けたものであった。礪波護によると、六高時代のノートには、「西域・インド」と題されたものがあるが、佐伯は西域やインドの話は聞かなかったという[50]。

短かった六高時代

宮崎は、着任後わずか二年で六高を去り、昭和四年四月、京都の第三高等学校に移った。二年のうち毎年四ヶ月は一年志願兵に伴う勤務演習に宇都宮に駆り出されていたので、宮崎が岡山にいた期間は、実質は一年四ヶ月に過ぎなかった。三高行きも桑原の配慮によるもので、校長の小松倍一《ばいいち》に話をつけていたので諸事滞りなかった。小松は昭和三年九月に水戸高等学校の校長として異動するので、[51]宮崎の三高行きは、それ以前に決まっていたのだろう。桑原は定年が迫っていたが、「自分の定年前にこれだけはやっておかねばならぬと思ってやったので、最後の人事になるだろう[52]」と言っていたという。桑原は三高に宮崎を呼んでおけば、あとは自然に京大の教官になるだろうと考えていたのであろう。また宮崎にもっと研究環境のいいところで勉強させたいという気持ちも働いていたに違いない。三高出でもなく、まだ若かった宮崎は、桑原に抜擢されたと言える。公刊された研究業績としても、当時の宮崎にはヤーコプの翻訳以外にはなかったことを思えば、桑原には優れた先見の明があったのである。

小西謙

六高時代は非常に短かったが、宮崎の人生には重要な出会い、より正確には再会があった。それは国文担当の小西謙との再会である。おそらく、この時の再会が縁となり、宮崎は、小西の妹松枝と昭和五年十月に結婚することになる。

小西は宮崎と同年の生まれで、松本高校で同級生であった。ただし、宮崎の松本高校時代の回想には、小西の名は出てこない。親族であったために、敢えて言及しなかったのか、あるいは当時はあまり親しくなかったのかもしれないが、同じ文科の学生であったから――小西は文科乙類――、顔は知っていたに違いない。小西は、大学は東大に進み、国文学を専攻し、宮崎とは岡山で再会することになったのである。小西は、宮崎よりも早く大正十四年に六高に赴任し、宮崎よりも長く十五年間、六高に務めた後、東大学生主事、松本中学校長、松本深志高校長、長野県教育長、学習院女子短大次長、さらに作新学院女子短期大学教授などを歴任した。[53]専門は、森鷗外などを対象とした近代日本文学で、また長野県の教育史、特に占領期の教育行政に関する著作[54]もある。昭和六十年に八十五歳で没した。

小西の父親吉太郎（慶応二（一八六六）年～昭和二十年）は、本籍は金沢市で、加賀藩士小西家の養子である。明治十八年に長野県警察官となり、上諏訪や松本の警察署長を経て、伊奈郡長、北佐久郡長となり、大正七年には飯田町長に当選。四期、これを務め、昭和十二年の飯田市の誕生に尽力した。最後の飯田町長であり、飯田市の初代市長が選出されるまでは、臨時市長も務めた。[55]飯田市誕生時の吉太郎の写真は、『飯田市の七十年』[56]に載せられている。吉太郎の妻は、ひでと言い、長谷川昭道の孫であった。長谷川昭道《あきみち》（文化十二（一八一五）年～明治三十年）は、信州松代藩士で、幕末に藩内で尊王攘夷を主張し、佐幕開国を唱えた佐久間象山と対立した人物である。小西謙の母方の叔父は、東洋史家で学習院大学教授を務めた飯島忠夫であったが、飯島も松代藩士の家柄であった。

宮崎はこの小西家との縁で、昭和三十九年に雑誌『信濃教育』第九三五号に「幕末の攘夷論と開国論――佐久間象山暗殺の背景――」を書いた。[57]この論考の中で、宮崎は開国論を説いた象山を高く評価する一方で、「きたない攘夷論」で動いていた薩長の勢力を厳しく批判している。宮崎は、薩長は、鎖国体制下で密貿易によって巨利をむさぼっていたがために、攘夷鎖国を激しく主張したとし、この薩長の攘夷論を「きたない攘夷」と呼ぶのである。宮崎は、「われわれは明治時代の空気のなかで、幕末維新当時、薩長には英傑雲のごとく起こったことが歴史事実であるかのように暗示をかけられて育ってきた。今から考えれば、それはたいてい彼らのあいだの仲間ぼめで、その思想なり行動なりをあらためて冷静に検討してみると、本当に偉い人は甚だ少なくて、つまらない人のほうが多い。長生きしていたなら、日本の進歩の妨害になったであろうと思われるような人たちばかりである。そういうものを賛美した、明治政府の神がかり教育が、ずっと続いてきて、今度の戦争にも、一つの役割を演じていたことは否定できない事実であろう」と述べ、薩長の勢力に対する批判は実に手厳しい。この『信濃教育』第九三五号は佐久間象山の特集号となっており、宮崎の論文はその巻頭に載せられ、同巻には小西も「佐久間象山と長谷川昭道」の論考を寄せている。宮崎の小伝を書いた溝上瑛は、佐久間には「理想主義、合理主義で学問も趣味も広かったが、自我が強く、むやみに敵をつくる傾向があった」とし、この性格が「宮崎にもかなり当てはまる」としている[58]。

六高時代の同僚には、秋月胤継もいた。秋月胤継は、幕末の会津藩士秋月悌次郎の養子であり、漢学者であった。宮崎は秋月の家で篠崎小竹の書を見たことがあった[59]。

第三高等学校の東洋史の講義

宮崎は、当然のことながら、三高でも東洋史を担当した。東洋史の授業は、週に三時間あった。宮崎が赴任した一年目、昭和四年の授業を受けた宮川尚志は、三時間のうち、一時間は清末以後を扱い、残りの二時間は古代から順を追って講義がなされたと回想している[60]。同じ年には、北山茂夫も宮崎の講義を受けており、「一年間の講義は古伝説批判から、民国の白話文学運動まで、それは及んでいる。通史の内容をもつ。しかも、構想は雄大で、世界史の中の東洋（印度を含む）であった[61]」と書き残している。礪波の言及していた六高時代の「西域・インド」と題されたノートは、北山が受講した年には少なくとも使われたのであろう。

翌昭和五年の東洋史の講義に出た荒木敏一によれば、講義の前半は現代史で、清朝政治の腐敗に始まり民国の諸文化と社会運動で終わり、後半は古代中世史で、古代の伝説の批判に始まり六朝時代の文明で終わった。そして、これらの時代の中間に当たる宋代の講義はなかった[62]。荒木は宋代しか言及していないが、唐代についても講義はなされなかったのであろう。一方、同じ年に宮崎の講義を受講した愛宕松男は、宮崎の講義は「中国古代史」の授業で、宮崎が諸子百家の学説を富永仲《なか》基《もと》の加上説に基づきながら説明したことが印象に残ったとしている[63]。愛宕は印象に残った部分だけを語っているためか、荒木と講義内容が違ったように聞こえるが、愛宕と荒木は、同じ授業に出たはずである。昭和四年と五年は、宮崎はほぼ同じ内容の講義、つまり清末から始まる現代史と古代から中世までの歴史の講義を行っていたのであろう。宮崎自身は、「三高の初期まで」唐古代説に基づく講義をしていたと回顧しているが、受講生はこの点には言及していない。荒木は、古代中世史として六朝までの時代が講義されていたとしているので、昭和五年には唐代古代説はすでに放棄していたのかもしれない。とするならば、宮崎の言う「三高初期」は昭和四年までということになろう。

昭和六年の受講生である青山光二は、宮崎の講義は「一年間の半分ぐらいは、科挙に関する研究からピックアップされた興味深い内容のお話しであった」、あるいは「科挙のディテイルゆたかな講義にとどまらず、中国のずっと古い時代の歴史に関するユニークな視点からする論考など、傾聴を誘う内容のものであった」としており[64]、授業内容が少し変わったように見えるが、一方で同じ年に宮崎の講義を受けた日比野丈夫は、宮崎が講義にはノートを二冊用意せよと言い、「毎週二時間のうち一時間は秦漢の中国統一、インドと中国の文化の比較などという大きな問題、他の一時間は中国革命史で、いずれも高等学校の授業としてはすこぶる高度な内容であった[65]」という。

林屋辰三郎は、昭和八年の宮崎の東洋史の講義に出ていたが、「その時先生は三十二歳のお若さだが、生徒の私たちにはすでに老成された今と変わらぬ厳粛な存在であった。しかし教場は講義の筆記の間に時々もらされるユーモアに魅せられ、親密にうちとけた感じで、同級生の一人が不遜にも黒板に、鳥羽殿の野分《のわき》の句をもじって〈禿殿が二三行急ぐ年の暮〉などと落書したこと」もあったと回想している[66]。宮崎の頭髪は早くから薄くなっていたようである。

西洋史も担当

宮崎は、三高では東洋史だけではなく、「一番苦手な[67]」西洋史も担当した。西洋史は週に二時間あった。昭和九年、宮崎の三高時代最後の年に、後の筑摩書房社長竹之内静雄が宮崎の西洋史の授業を受講している。四クラス合同の授業で、受講生は百数十人いた。授業内容については、何も竹之内は記録していないが、宮崎が出席を取ったときに代返者が出て、その時、宮崎は「突如、声をきびしくして、「十目の見るところ、十指の指すところ、今の生徒は、二度まで欺わりの返事をした。立ちなさい！」」と言ったという。[68]当時、代返は普通のことであったようだが、宮崎は厳しく対応していたことが窺われる。宮崎が授業に厳格であったことは、六高時代にも、宮崎は雑談で授業時間をつぶそうとする学生の手には乗ることはなかったという佐伯の回想からも知られる。[69]

宮崎が西洋史の専門ではないと知っていた意地の悪い生徒が無茶苦茶な質問をしかけて宮崎を困らせたこともあった。[70]

世界史の体系を考える契機

三高で西洋史の授業を担当させられたことは、宮崎のその後の研究に大きな影響を及ぼした。この経験を通して、宮崎は、東洋史と西洋史の関係を真剣に考えるようになったからである。当時の状況を宮崎は『菩薩蛮記』の「はしがき」で「縦に書く文字と横に書く文字の間に挟まれて、私は随分苦悶した、一体、東洋史と西洋史とはどういう関係にあるのか、生徒に教えながら自分で分らなかった。幸い教師も生徒も、二冊のノートを持っていて、時間割に従って別々に持ち出していたから、互いに混同さえしなければそれでよかった[71]」と記している。

先にみたように、宮崎は着任二年目の昭和五年からは、湖南流の漢末までを古代、魏晋南北朝と隋唐を中世、宋以後を近世とみなす史観による時代区分を採用して講義をしていたようであり、一方で、西洋史については、おそらく伝統的な三つの時代区分に基づく西洋史、すなわちオリエントの歴史に始まりローマ帝国の滅亡で終わる古代とそれに続く中世ヨーロッパ、そしてルネサンスに始まる近世史を講じていたのではないかと想像される。このような東洋史と西洋史は、それぞれの時代区分の年代一つを取ってみても、西洋史は五世紀のローマ帝国の滅亡までを古代史、十四世紀にルネサンスが始まって以降を近世、その中間を中世としていたのに対して、中国の古代は西洋史より早く三世紀の後漢の滅亡に終わり、近世も同じく西洋より早く十世紀の宋に始まると考えられていたのであり、ずいぶん異なっている。さらに、それぞれの時代区分の内実についても、これを湖南は中国文化の発展段階に対応させていたし、そもそも湖南の考えでは、中国の文化は、外国の文化の影響をあまり受けず、標準的で自律的な発展を遂げてきたのであり、西洋とは本質的に異なる歴史を歩んだのであった。[72]この考えでは、西洋と中国の歴史を体系的に捉えることは困難であったろう。一方の西洋史を見ても、各時代の内実は、都市国家、ルネサンス、宗教改革と言った東洋史上では確認されていなかった歴史的現象を中心に構成されていた。宮崎が両者の関係に悩んだのは不思議ではない。

普通の教師であれば、東洋史と西洋史は割り切ってしまうのだが、そこが宮崎の違うところで、この関係を追及することでやがて宮崎は独自の世界史の体系を打ち立てることになる。

夏季満鮮見学旅行団

三高に着任した初年度の昭和四年、宮崎は、配属将校小玉与一中佐の企画した三高生の「夏季満鮮見学旅行団」に加わり、再び大陸の地を踏んだ。参加学生は三十八名。[73]小玉少佐は、後、陸軍少将まで進み、日中戦争で歩兵第三十一旅団の指揮をとったのを最後に退役した。

宮崎らは、七月二十四日に神戸港を出港。門司を経て、二十七日には大連に到着した。大連からのルートは、金州、旅順、鞍山、遼陽、奉天、撫順、長春、公主嶺、五龍背と満州を巡った後、八月五日には朝鮮に入って平壌、京城、大邱、釜山を経て、下関に帰り、下関からは夜行列車で京都に戻るというものであった。京都に着いたのは、八月十日。

宮崎ら一行は、各地で三高の卒業生や将校クラスの軍人の歓迎を受け、満州では、日露戦争の戦跡や炭鉱、工場などの産業施設を主として巡り、朝鮮では楽浪の古墳や慶州といった古跡を多く訪問している。宮崎が旅行中最も印象深かったとしているのは、関東軍参謀の石原莞爾《かんじ》中佐から二百三高地で、ここで行われた戦闘の説明を受けたことであった。二百三高地は、日露戦争最大の激戦地の一つである。石原は、宮崎らに「世間ではよく二百三高地を要塞戦だと考えているが、そうではない。陣地戦である。只堅固なる防備を施した陣地を攻撃した迄である。もし此処に、今見て来た東鶏山や二龍山の十分の一もの施設があったら、日本がいくら犠牲を払っても此処は取れなかったかも知れない。日本は此処を取るのに非常に苦心した。よく日本人は戦争に強い強いというが自分はそうは思わない。戦争に強いことといったら何といっても毛唐だ。毛唐は強い。攻撃する時は獣のように強い。それに比べると日本人などはてんで駄目だ。それがどうして日露戦争に勝ったか。それは斯うだ。日本人は攻撃するのは弱い。弱いけれども一度進んだら決して退かない。取った所は死んでも離さぬ。〔中略〕そうすると、いつも敵の方で怖くなって逃げた」云々と語った。石原が首謀者となって満州事変を起こすのは、この二年後、昭和六年のことであり、この余波で起こった上海事変に宮崎自身が出征することになるとは、この時の宮崎には思いもよらなかったであろう。しかし、宮崎は、石原に悪い印象は戦後になってももっていなかった。(74)

三高ストライキ事件

昭和五年七月、三高で学生による大規模なストライキ（同盟休校）が起こった。三高の正史である神陵史編集委員会編『神陵史　第三高等学校八十年史』によれば[75]、事件のあらましは次の通り。

事件の直接のきっかけは、四月に三高の自由寮に学校当局が門限を定めるなどの規制を行ったことであった。背景には寮生の左傾化に対して規制を強めていこうとする学校当局の意図があった。寮生らは反対したが、学校当局は聞き入れず、一方で、寮生以外の学生も同調し、七月二日の生徒大会は、一、寮の非自由化絶対反対、一、生徒代表会議の徹底的自主化、一、佐藤（秀堂）生徒主事の辞職要求、一、保証教授制度の撤廃を求めるに至った。学校当局は、これを受け入れなかったため、同日より学生たちはストライキに入った。五百名を超える学生が寮に籠城した。しかし学校当局は全く妥協せず、結局、ストライキは七月九日に終わった。ストライキの処罰は厳しく、除名二十六名、停学十五名、謹慎三百九十三名に及んだ。しかし、後に温情処置がとられた。翌昭和六年一月には、事件の責任を取って校長の森外三郎が辞任した。

ストライキ事件については、宮崎は「北山君と三高ストライキ」を著して、その詳細を書き残している[76]。それによれば、宮崎はこのストライキの帰趨に重要な役割を果たした。ストが始まって一週間ほど経ったころ[77]、スト対応を話し合う教官会議で、副校長格の折竹錫《たまう》（仏文）教授が警察の力を借りるべきだと言い出し、この主張が通りそうになったとき、宮崎は、最年少の教員で、まだ新米であったにもかかわらず、ただ一人、この提案に反対し、籠城している生徒を自分たち教官の手で引っ張り出そうではないかと言ったのである。折竹教授と議論になったが、森校長が一旦引き取り、その日の会議はお開きとなった。翌日、森校長は宮崎の意見を採用し、教授たちが生徒たちを引っ張り出すことで、ストライキ事件は終わりを迎えたのであった。

宮崎がこのストライキ事件についてわざわざ書いたのは、この事件が「途方もなく誤り伝えられているらしい[78]」ことを知ったからであった。宮崎が主に誤伝としているのは、ストライキで処分された学生の人数で、「関係者三十数人が放校されたというような噂[79]」についてである。先に挙げたように三高の校史には「除名二十六名、停学十五名、謹慎三百九十三名」という数字が挙げられており、宮崎の言う「三十数人」はこの数字に基づくと思われるが、しかし宮崎は、実際に処分された学生の数自体が全体で「三十ほど」であったとし、うち除名になったのは二、三名としており[80]、処分された学生の数が一桁違うのである。なぜそこまで違いが生じているのか分からないが、宮崎は「学校側の立場からの観点が全く欠けていて、生徒たちだけで記憶を持ち寄って、暗中に模索する結果[81]」、そうなったのであろうと推測している。確かに、当時の学生であった土屋祝郎と青山光二は、共に除名だけで二十六名という数字を挙げている。ちなみに土屋は「除名二十六名、停学十五名、謹慎三百九十三という開校以来の大量処分者を出した[82]」としており、青山は「生徒側は除名（退学）二十六名、停学十五名という、監督官庁の文部省も、あっと愕く態の処分で、盟休団の負った傷の深さは計り知れなかった[83]」としている。しかし当時、三高の講師であった桑原武夫も学生側の証言と同様、「五十数名の生徒が一挙に放校されたのには皆驚いた[84]」としており、土屋や青山とは数字は異なるが、処分された人数が多かったことを書き残している。ただし、桑原は教師側とはいえ当時の職階は講師であり、宮崎のように教授会には出ていなかったのかもしれない。その意味では桑原の証言は学生側の証言に近いのだろう。

処分された学生の人数以外にも、宮崎の証言と学生の証言が食い違う点がある。それは警察の介入の有無である。土屋は、七月九日に「警官隊が突如校門を破って一斉に学生の籠城している自由寮に乱入してきた。警官隊は多くの教授と一体となり、各部屋ごとに学生に怒号を浴びせながら解散を命じた[85]」と宮崎とまったく異なることを書いているのである。

青山も警察が突入して来たことを伝えている[86]。桑原も「しびれを切らせた強硬派の教授たちの主導で、警官が入り、学生を解散させ、校舎を取り戻した[87]」とするが、一方で、三高の校史や『新編自由寮史』[88]は、宮崎と同じく、警察の介入について言及しておらず、土屋や青山の記録とは大きくずれている。しかし、『大阪朝日新聞』の七月九日の号外では、「盟休対策の三高教授会の決議により九日後二時四〇分教授十数名は警察官数名と共に盟休籠城中の寄宿舎に入り即刻退去を命じ校門の管理を撤廃すべく厳命を下した結果生徒約四百五十名は午後三時三高校歌を合唱しつつ雨中を正門から退去した[89]」とあり、「数名」の警察官が教授と共に自由寮に突入したことになっている。

北山茂夫

このストで学生側の委員を務めた一人に北山茂夫がいた。北山については既に言及したが、ここで改めて取り上げておきたい。北山は、明治四十二年、和歌山県の生まれで、三高のストライキ事件で七月十五日に無期停学となったが、十二月十三日に停学解除された。卒業後は、東大の文学部国史学科に進み、日本史を専攻。立命館大学の教授などを務めた。羽仁五郎の影響を受けて、マルクス主義の立場に立った歴史研究を行い、『王朝政治史論』、『柿本人麻呂』、『天武朝』など、古代日本史に関する数多くの著作を残した。宮崎に先立って、昭和五十九年に没した。

宮崎と北山は、歴史観の違いや学生と教師の立場を超えた深い絆で結ばれていた。宮崎は、北山のことを「北山君はよく私の著書を読んでくれた。そして最も良き理解者であった」[90]と述べ、自分の死後のことを北山に託そうとしていたほどであった。学生時代の北山は、しばしば宮崎の下宿に出入りし、同好者を募って、放課後、週一回、宮崎から孫文の『孫中山倫敦被難記』と上海の新聞の講読をしてもらっている[91]。前者は、*Kidnapped in London* の中国語訳であり、後者は『申報』のことである。宮崎は、『申報』を上海から直接取り寄せて購読していたが、これは「極めて珍し」[92]いことであった。宮崎は『申報』に載る古書店の広告を見ては目録を取り寄せ、上海から書籍を購入していた。京都の研究者は、北京の古書店から買うのが普通であったが、宮崎は値段の安い上海の古書店と取引していたのである[93]。なお、当時の宮崎の下宿先は、「平野神社裏の農家」[94]であった。学生時代と同じ地域に戻っているが、下宿先が全く同じであったかどうかは、この北山の表現からは分からない。北山に羽仁五郎の『転換期の歴史』を紹介したのも宮崎であった。宮崎が昭和三十三年に『九品官人法の研究』で日本学士院賞を取ったときに、北山は宮崎の学士院賞祝賀会に出席している[95]。北山は、三高教授の中では、漢文担当の湯浅廉孫も尊敬していたが[96]、宮崎は湯浅の『初学漢文解釈における連文の利用』を推奨していたという[97]。湯浅は、ストライキ事件の時、学生側を全面的に支持し、教授会の内容を学生に漏らしたため、森校長から辞職を要求され、三高を去っている[98]。

小西松枝との結婚、恩師桑原の死と娘の誕生

同昭和五年十月三十日、先に言及したように、宮崎は小西謙の妹松枝と結婚した。式は長野市で挙げられ、伊勢を経て京都に戻った。松枝は、明治三十九年十二月十一日の生まれで、宮崎の五歳年下であった。この年、宮崎三十歳、松枝二十五歳。

昭和六年三月、宮崎は盲腸になり、一ヶ月余り錦林病院に入院した。手遅れであったため、死にそうになったという[99]。やせ我慢していたのであろう。この三月からは京大の文学部非常勤講師を委嘱され、三年後に京大に異動するまで続いた。京大では、「宋代の党争[100]」「中国古代賦役制度[101]」などの題で特殊講義を行い、また昭和八年からは地理学教室の「支那地理書講読」も担当した[102]。受講生であった日比野丈夫は「「禹貢」から始まっていろいろなものを読んでいただいたが、「東京夢華録」などの難解なる名物に接し、歴史地理の難しさにたじろいだものだ」と書き残している[103]。

五月二十四日に、恩師の桑原隲蔵が京都市上京区塔ノ段藪ノ下町の自宅で亡くなった。享年六十二。京大退官の翌年のことであった[104]。退官の一年前に京大の夏期講習会で「支那の古代法律」の題で連続講演を行い、講演が終わった直後に吐血して以来、病床に臥せっていたのであった。退官の年には『桑原博士還暦記念東洋史論叢』が刊行されたが、祝賀会は桑原の体調不良のゆえに開かれなかった。

九月五日、長女の一枝が生まれた。桑原の墓は、京都の黒谷の常光院にある。

上海事変と出征

昭和七年一月十八日、前年に起こった満州事変を受けて、反日感情が広まる中、上海において日蓮宗の僧侶が中国人に襲われて死傷する事件が起こり、これがきっかけとなり、二十八日には日中両軍は武力衝突に至った。これが第一次上海事変である。現地駐留の日本軍は苦戦したため、二月二日に犬養内閣は、第九師団と混成第二十四旅団を派兵したが、これらの部隊も苦戦した。そのため、犬養内閣はさらに二月二十三日に第十一師団と第十四師団を増派することに決めた。そして、この十四師団こそ宮崎の属する宇都宮師団に他ならなかった。

増派の決定がなされた翌二十四日に、宮崎には電報で召集がかかった。軍服をはじめ軍装一式の準備がなかった宮崎は、その日のうちに急ぎ調達に京都市内南部の伏見に行った。翌二十五日の早朝には、父市蔵が召集令状をもって京都に来た。宮崎は、同日午後一時には京都を出立。まだ満一歳にならない娘を残しての出征である。東京の上野駅では、飯島忠夫とその女婿窪田潔夫妻が宮崎を見送った。

宮崎は、深夜十二時ごろに宇都宮に着いた。雪が降っていた。翌朝、二尺ほど積もった雪の中を輜重大隊の兵営に出勤し、馬廠《ばしょう》長に任じられた。馬廠とは、軍馬の管理をするところである。しかし、実際には、時代は既に自動車の時代となっており、物資を輸送する馬はなく、将校用の馬しかなかった。馬廠には六十名の隊員がおり、宮崎はその指揮官になった。六十名の隊員は、「多く群馬、栃木、長野県下の農民が始めて狩り出された者で、素朴で忍耐強い。この部隊を率いてなら、一戦争戦えそうだという頼母しさがあった」[105]。なお、輜重大隊は、五個中隊と馬廠からなっており、中隊は人員百二十名で、馬廠の倍であったが、馬廠は中隊と同格に扱われ、馬廠長は幹部会議に中隊長と共に出席することになっていた。三月六日、十四師団は盛大な市民の見送りの中、宇都宮を出立した。

八日、京都駅を通過。ここで宮崎は、同僚や三高生の見送りを受けた。京大の羽田亨、矢野仁一も来ていた。この時、前章で述べたように羽田は、小川琢治から軍刀を借りて来て宮崎に手渡した[106]。これは市上に軍刀が払底《ふってい》して手にはいらなかったためである。小川は、古刀剣の研究でも有名で、宮崎に貸し与えられた軍刀も宗正の銘をもつ備前刀の名刀であった。軍刀には、「従軍行　送宮崎文学士応召従軍」と題する次のような漢詩も添えられていた[107]。

江南飛雪未催春　江南雪を飛して未だ春を催さず
浪雑鼓声圧滬浜　浪は鼓声を雑えて滬浜を圧す
投筆従軍吾老矣　筆を投じて軍に従うには吾老いたり
羨君徇国欲忘身　羨む君が国に徇《したが》いて身を忘れんと欲するを

なお、小川の次男は中国古代史の貝塚茂樹、三男はあのノーベル賞をとった湯川秀樹である。
三高生の一人としてこの場にいた青山光二は、この時の様子を次のように記録している[108]。
「確か昭和七年、私が三年生のとき、宮崎教授に召集令状がきた。第一次上海事変が始まった年であり、満州事変は前年九月すでに火蓋を切っていた。宮崎教授が現役訓練をうけた陸軍将校であるのを私たちは知らなかった。というより、知って意外に思った。まったくの学者肌で、陸軍軍人といった風格はどこにもなかったからである。

誰が云いだしたのか、宮崎教授が原隊へ向けて出発される日、生徒一同が京都駅に集まって歓送しようということになった。

当日、京都駅下りホームは、手に手に赤い旗を持った三百人を超える三高生で文字通り埋まった。赤い旗は応援団の備品で、夏の対一高戦のとき全校生による応援団が用いたもの。野球やボートレースの応援に、一高は白、三高は赤の幟や応援旗をそろえて威勢を張った。

「宮崎教授、ばんざい」

の声が、駅のホームをどよもし、下り列車のブリッジに立った軍装の宮崎教授は、挙手の礼を返している。

宮崎教授、当時三十一歳。陸軍尉官の軍服に革長靴、革のベルトに軍刀を吊った姿はいかにも凜々しいが、平素おとなしすぎて、どことなくジジムサイ感じさえする風貌が、凜々しい軍装で一変するというわけには行かず、むしろ軍装がイタにつかぬおもむきさえ見てとれるのが気の毒、というより、こういう人物を戦場へ引っ張りだす国家というものが、そのとき理不尽に思えてならなかった。

〝紅萌ゆる〟を合唱する声が起こっている。召集されて戦場へおもむく教授の、たしか第一号ということもあったかもしれないが、やはり、学生のあいだで宮崎教授は人気があったのだろう。京都駅に三百人もの生徒が集まって見送るというのは、かなり異常なことだった。レジスタンスというほどの気分はなかったが、集まった学生のあいだに、

――宮崎さん、むだ死にせずに、生きて帰ってきてください。

という、声にならない声がわだかまっていたのは、たぶん事実だった。そんなことを宮崎教授にじっさいに云った学生もいたような気がする。

発車のベルが鳴り、学生たちは旗を振って〝紅萌ゆる〟を合唱していた。

間もなく、動き出した列車のデッキに立った宮崎さんの挙手の礼をした姿が、学生たちの前をゆっくり通過していく。

列車が遠ざかって行ってしまうと、学生たちは憑きものが落ちたように静かになり、赤旗をかついで改札口の方へ動き出した。

そのときだった、ホームの太い柱の蔭に隠れるようにして立っていた、まだ若い女性が、その場を立ち去ろうともせずに立ちつくしているのに私は気づいた。

(奥さんだ)

と私は直感した。何という心ない、よけいなことを学生たちはしたのだろう。今生の別れとなるかも知れない若い夫婦の最後の時を、みんなでぶち毀してしまったのだ」。

学生であった日比野丈夫も見送りに来ており、日比野は宮崎の父親に会った。日比野は、「立派な顎髭を蓄えられた謹厳な方であった」[109]との印象を受けた。

京都駅を過ぎた宮崎は、大阪港より海路、大陸に向かい、三月十四日、上海近郊の呉淞に上陸し

た。宮崎にとって幸運であったのは、先立つ三月三日に、上海派遣軍の司令官白川義則が戦闘中止を声明し、停戦に向けての話し合いが進み始めていたことであった。結果から見れば、宮崎は戦闘に参加することはなく、専ら上海周辺の治安維持に当たっただけで済んだが、予断は許さなかったはずであり、相当な緊張を強いられたであろうことは想像に難くない。上海事変では激戦が続き、戦闘が行われていた三月三日までの三十六日間の間に、日本側の戦死者七百六十九名、戦傷者二千三百二十二名に及び、中国側に至っては、戦死者四千八十六名、戦傷者九千四百八十四名に上っていたことを思えば[110]、いざ戦闘再開となれば命を失う可能性は低くはなかったのである。

現地に着いて宮崎が驚いたのは、「軍部には何ひとつ戦争の準備ができていなかったことである。上海附近の地図には一番大事な呉淞から上海までの新築軍工路が書きこんでなかった。江蘇省の概要を記した小冊子には、南京に「督軍」がいると書いてあった」のである[111]。督軍とは、一九一六年に設置された省の軍政長官のことで、上海事変に先立つ一九二八年には廃止されていた。宮崎は後年、「いやしくも人を戦場に送りこもうというのにこの怠慢さは何たることか[112]」と憤りを露にしている。

三月二十八日に、宮崎は上海近郊の都市大場鎮に置かれていた兵站の支部長に任じられた。これは馬廠の仕事が事実上なかったからであろう。宮崎はこの役職にあったとき、水に濡れてしまった米を近隣の貧民に施したり、あるいは上海市内を見学に行ったりしていた。またこの間、東亜同文書院教授の小竹文夫の案内で、上海近郊の都市の民家を調査し、これらの民家と『水滸伝』の舞台となる家屋の構造が同じであることに気づいた。調査の成果は、ずっと後の昭和五十六年の「水滸伝と江南民屋」で生かされた[113]。

四月十四日に兵站支部の業務を歩兵第五十連隊第三中隊に引き継ぎ、宮崎は任務を無事果たした。この日には停戦協定がなされたとの報道が伝わった。正式に上海停戦協定が成立するのは、五月五日であるが、宮崎は馬廠の任務に戻った後、四月二十日には帰国の途に就き、二十三日には広島の宇品港に到着した。翌日、上陸し、宇品から列車で宇都宮へ向かった。二十六日に宇都宮到着。残務処理を五月十六日まで行い、故郷飯山で数日過ごした後、金沢から京都に帰着した。帰着日は、五月二十八日である。帰って来た時の宮崎は、「日焼けして真黒い顔はひげもじゃで、それに体格までいかつくみえた[114]」という。口ひげはその後も暫くはやしていた。

北京

昭和八年八月、宮崎は再び大陸の地を踏んだ。今度は戦争ではなく、京大文学部の「中国学専攻」の学生十五名の引率のためであった[115]。「中国学専攻」というのは存在しないが、東洋史と支那文学、支那哲学の専攻の学生をまとめて「中国学専攻」と呼んでいるのであろう。この旅行は、外務省の対支文化事業委員会の援助によるものであった[116]。旅行に参加した中谷英雄は、「中国研究生」と呼んでおり、その人数も十六名としているが[117]、人数についてはどちらが正しいのか分からない。参加者には、北山康夫、西田太一郎、森三樹三郎、鹿内健三、入矢義高などがいた。北京に帰省する林屋辰三郎も同行した[118]。

宮崎らは京都を八月二日に出発、三宮から乗船し、十日には北京に着いた。中谷の思い出では、宮崎は北京に着くと学生らにまず「北平〔北京〕滞在中は、私は不必要な指示はいたしません。一緒に行動する日を除いては、自由行動をしてください。すべての指導は、一年いてこちらに慣れている山本守君におまかせします」と言った。宮崎らは、北京では中華公寓に泊まり、一ヶ月の滞在予定で、中国語を学んだ。中国語の講師は、胡玉沢（東堂）で、この人は旗人《きじん》であり、挙人《きょじん》であった。旗人は、清朝の軍事組織八旗《はっき》に属した人のことで、日本で言えば幕府の旗本に当たるが、清朝が滅んだ後は、没落し、中国語の教師などをして糊口をしのぐものが多かった。旗人は武家貴族であったから、きれいな中国語を話したのであろう。昭和三年に北京に留学した吉川幸次郎も、旗人に中国語を学んでおり、『紅楼夢』を読んでもらっている。旗人は、『紅楼夢』に描かれた満州貴族の生活をよく知っていたという。[119] 一方、挙人というのは、中国の官吏登用試験である科挙の一段階、郷試に合格した者のことで、これは相当な知識人であることを意味する。旗人にして挙人というのは、中国語を習うには最適の人であった。

宮崎は、北京滞在中、「市中及び郊外を見学、文学部講師傳芸子の弟、惜華を訪い、また西山に遊」んだ。傳芸子は、やはり旗人で、前年の昭和七年より京大の東方文化研究所の講師として招かれ、文学部では中国文学の講義を受け持っていた。[120] この後、十年ほど日本に滞在し、『正倉院考古記』や『支那語会話篇』などの著作を著した。前者の『正倉院考古記』については、宮崎が『史林』に紹介文を書いている。[121] 宮崎が遊んだ西山は、字義通り、北京の西郊に広がる山地で、景勝の地として知られ、西太后の離宮頤和園もここにある。林屋辰三郎も同道した。再び中谷の思い出によれば、当時「北平市の西の地区」は治安が悪かったが、宮崎は構わなかったのであろう。

北京の東安市場では、端渓の硯を買った[122]。

九月九日に、現地で旅行団は解散した。最後の夜に、宮崎は学生らを北京料理に招待した。解散後、宮崎は一人で北京から列車に乗り、山東省の泰安に向かった。北京から泰安へのルートは記録されていないが、おそらく北京から京奉線に乗って天津に出て、天津で津浦鉄道に乗り換え、泰安に至ったのであろう[123]。宮崎は、「孔子廟を訪ね、十二日には泰山に登[124]」った。孔子廟は曲阜にあり、泰山は泰安にあるので、宮崎は泰安に着いた後、すぐに泰山には登らず、先に曲阜に行ったことになる。曲阜は、津浦鉄道で泰安の次の駅である。

大正九年に発行された青島守備軍民生部鉄道部編纂『山東鉄道旅行案内』によれば、曲阜は「孔子廟と孔子墓を除いては他に見所の無い貧城[125]」とされている。曲阜駅から曲阜の町までは馬車で二時間もかかった。宮崎の訪ねた孔子廟は、孔子の旧宅跡に建てられた孔子を祀る廟で、歴代皇帝の庇護を受け、孔子直系の子孫により二千年以上にわたり守られてきた。曲阜の町の北には、孔子の墓所もある。宮崎は、孔子廟で林立する元代白話碑を見た[126]。

孔子廟の後で宮崎が訪れた泰山は、霊山として古くから信仰されてきた山で、秦の始皇帝や漢の武帝など歴代皇帝が訪れ、天と地を祀る封禅《ほうぜん》の儀式を行ったことで名高い。道教の霊場でもある。標高は、千五百三十二メートルで、頂上は玉皇頂と呼ばれ、ここには玉帝観があり、道教の神玉帝が祀られている。麓から頂上への道は、すべて石で舗装されており、急所には階段が設けられているが、旅行案内は山嶠を雇うことを勧めている。山嶠は、担架の上に椅子が付いたようなもので、二人の人間がこれを担ぐ。これに乗って泰山は登り六時間、下り三時間かかるが、「登降を了えて格段疲れを感ぜぬくらいである」[127]とされている。明治四十一年、桑原隲蔵が泰山を訪ねているが、桑原はこの山嶠を雇っている。[128]宮崎は、健脚であったので、自分で歩いたに違いない。泰山の登山道には、途中随所に道教や仏教の施設があり、また岩壁には歴代の皇帝などの手による碑が刻まれており、見所は多く、やはり旅行案内によれば、「泰山を精密に見物しようとすれば山中に四五泊以上を要する」[129]としている。

泰山見学を終えた宮崎は、津浦鉄道で斉南に行き、ここから山東鉄道に乗り換え、青島に向かい、青島から船で日本に戻った。青島からは、当時、大阪、神戸、門司などへ定期連絡航路があった。おそらく大阪か、神戸に向かったのであろう。帰国は、十九日であった。

三高時代の研究――王安石と都市国家論

宮崎は、昭和九年十二月に京都帝国大学文学部助教授に任じられ、三高を離れる。ここで三高時代の宮崎の研究を振り返っておこう。

三高時代の宮崎の勉強場所は、三高図書館の教官閲覧室であった。ここには仏文の伊吹武彦、独文の小松貞一、地理の藤田元春なども陣取って勉強しており、昼には部屋の中央の丸テーブルを囲んで雑談しながら、昼食をとっていた。宮崎が最も仲のよかったのは、藤田元春であった。藤田は宮崎よりも二十二歳年上で、「世の中の酸いも甘いもかみわけた経験談は、中でも大へん有益であった」[130]という。藤田には、『上代日支交通史の研究』や『日本民家史』など多くの著作がある。藤田も出征する宮崎の見送りに京都駅まで来た一人であった。

三高時代に最初に刊行された論文は、昭和五年の『史学論叢』に寄せられた「鄂州之役前後」であるが、この論文については前章で述べたように、「卒論の一部を取り出し」たものである。同じ年には、『桑原博士還暦記念東洋史論叢』も出版され、宮崎はここには「王安石の吏士合一策―倉法を中心として」を寄稿した。[131]この論文は、北宋の宰相王安石（一〇二一年〜一〇八六年）によってなされた胥吏《しょり》の改革について論じたものである。胥吏というのは、下級役人のことで、彼らには官位もなく、官位を得て正規の官僚になる道も閉ざされており、無報酬で役所の事務を行い、またその地位を世襲したので、正規の官僚と人民のあいだに立つ独特の階層を旧中国で形成していた。しかし、無報酬であったために、役所に手続きに来る人民から手数料を取り、しばしば賄賂までむさぼったため、その害は歴朝で甚だしかった。王安石は、この胥吏に給料を与える一方で、不正を犯した者には厳罰で臨むことで（倉法）、胥吏の害をなくし、さらには胥吏にも官僚になる道を開き、胥吏と官僚（士）との区別をなくそうと図ったのである。この論文は、宮崎の主要な研究テーマとなる王安石についての初めての研究であるだけでなく、胥吏という、これも宮崎が終生のテーマとした中国の官僚制度の研究にもなっているという点で、注目すべきものであった。胥吏の研究は、この後、科挙と九品官人法という中国の官吏登用制度の研究へと繋がっていく。

宮崎は、王安石を中国の政治家の中では、清の雍正帝と並んで、最も高く評価しており、「やがて王安石伝を大著として世に問いたい希望をもっていた」。[132]七十代になってから書かれた『政治論集』においても宮崎は、王安石の「上皇帝万言書」を取り上げ、これが一千年後の今日でも「立派な政治論として傾聴すべき問題を提起し、生々として人に迫るものを持っている」とし、その理由は「単に現象を追いまわしたものではなく、現象の背後に匿れている真実を把握しているからだ」とし、さらに続けて「王安石は政治家などをさせるには惜しい人物であった。彼自身も恐らく間違って政治家になった、と思ったかもしれない。いったい政治とは、自分自身の時間をもつこと少なく、最も独創を発揮する余地の少ない職業だ。彼の目ざすものはもっと永遠の価値あるものであった」と王安石について語った。そして王安石は「政治よりも、学者として、詩人として、さらに教育者としての方により多くの自信を持っていたと思われる」とし、「それは何れも永遠の理想を追うものである」からであると結んだ。

宮崎が王安石を好んだことは、自他ともに認めるところで、吉川幸次郎は、昭和五十年に「宮崎市定教授などは、これはもう王安石の無二の親友のように思います。彼は王安石のことは非常によく調べておりまして、きのう王安石に会ってきたように彼の政策の良さを私に申します[133]」と語った。一方、王安石と対立した司馬光や蘇東坡については、宮崎はよく言わなかった。「宮崎君にいたしますと彼らは大地主であって、それぞれの地位を利用して悪いことをしておった。たとえば蘇東坡は、当時は専売で禁制品であった茶を転任のたびごとに船に積んで運び出して、税関は公用旅券で通りますから、その茶を着任すると売ってもうけておった[134]」。宮崎が宋代に生まれていたならば、きっと科挙に合格し、新法党の政治家になっていたことであろう。

宮崎は翌昭和六年にも宋代に関する論文を発表している。それは雑誌『史林』に掲載された「宋代の太学生生活」である[135]。宋代には、今日の学校とあまり変わらないものができたが、これが太学であり、この論文はその沿革を明らかにしたものである。太学の確立にも王安石が深く関わっており、王安石は太学に、外舎、内舎、上舎の三つの過程を設け、試験によって上級の舎に進級させ、成績のよい者は、科挙によらずして、官僚として登用した。これは三舎法と呼ばれ、南宋が滅びるまで維持されたとしている。この論文のエッセンスは、論文に先立って、前年の十月五日の『京都帝国大学新聞』に同じタイトルで発表された。

昭和八年、宮崎は宋代史から一転して、古代史に関する論文を立て続けに二本発表した。「古代支那賦税制度」と「支那城郭の起源異説」である[136]。この両論文は、西洋のギリシア・ローマと同じような都市国家が古代中国にも存在したことを研究史上初めて指摘した画期的な論文である[137]。「古代支那賦税制度」は、賦と税という言葉の意味を考察することで、古代中国の税制度を解明した論文であるが、この問題を明らかにするに際して、宮崎は古代中国の社会状態にまで説き及んだ。そして、その社会では、貴族と平民の二階級が存在したこと、貴族は戦士階級で戦争を職務とし、大土地と奴隷を保有しており、武装は自弁であったこと、また一方で平民は自作農で従軍の義務はなかったことなどを明らかにし、「斯ういう社会状態は西洋の歴史に於ても古代に屢々現れる所である[138]」とする。さらに宮崎は、春秋時代には、戦争が頻繁に行われたことから、平民も軍事的な義務を負うようになり、これが彼らの地位向上につながったとも述べるが、この状況もまたギリシア・ローマ史を彷彿とさせる。なお、論文注記の一つで、宮崎は、貴族は姓と氏と名の三つの名前を持ち、男性は氏を称し、女性は姓を称したことを指摘し[139]、ここにも古代ローマとの類似点を見出した。

一方の「支那城郭の起源異説」は、前近代の中国の都市を特徴づける、市域全体を囲む城壁の形成過程を論じたもので、宮崎によれば、当初、城壁は小高い丘の上に営まれた君主の住居やその宗廟のみを囲っていたが、やがて丘下にあった人民の居住区も囲むようになり、二重の城壁をもつようになった。しかし戦国時代に入ると人民の居住区を囲む郭と呼ばれる外壁のほうが専ら強化され、内城はその存在価値を失うことで、中国風の一重の城郭都市の成立に至ったとされる。論文の最後に、宮崎は「この結論にして幸いに大過なくんば、吾人は之を希臘・羅馬など西洋の城郭の発達に比較して非常に共通な点の多い所に無限の興味を感じる」[140]と書く。そして、その具体例としてアテナイとローマを挙げる。すなわち、アテナイも、当初はアクロポリスのみ城壁で囲まれていたが、後に町全体が市壁で囲まれるようになったこと、またローマもガリア人の侵入を受けた際にはカピトリウムの丘に立てこもったのであり、市壁が築かれたのはより後代であったとしている[141]。文献に確認できる城壁のパターンを五つ抽出し、これを年代順に配列することで、城郭の形成過程に迫ったこの論考は、宮崎自ら「紙上考古学」と呼んだユニークな発想に基づいており、発表当時、考古学の教授であった濱田耕作に褒められたという[142]。

宮崎はこれら二本の論考を通して古代中国の都市が外形的形態のみならず、その内実においてもギリシア・ローマのそれとよく似ていたことを指摘した。しかし、この段階では、宮崎自身、「春秋時代の独立国を都市国家と言い切る決心がつきかねていた」[143]のであり、「はっきりそれを公言したのは、その翌年、一九三四年に発表した「游俠に就て」なる論文においてである」[144]としている。確かに、先の二本の論考では、都市国家という表現は用いられておらず、一方で「游俠に就いて」を開いてみると、「余の意見では、中国の古代は小なる都市国家、乃至は部落国家の対立せる社会であった」[145]との発言を見ることができるのである。この論文自体は、春秋時代から漢代までの遊俠の歴史を辿ったものであるが、やはり必然的に当時の社会状態について言及がなされている。着目しておきたい点は、都市国家の支配者層である士族[146]が、その都市の「市民権」を有していたとされることと遊俠の社交の場としての「市」についての発言、この二つが初めて見られることである。「市民権」については後の論文でさらに詳細になっていくが、ここでは「市」についての宮崎の説明を引用しておこう。「遊俠は一種の社交界である。古代の社交の中心は都市国家の市であったであろう。市を以て経済的機関としての重要性を認むる者は多いが、実は士族の娯楽場として、集会場として、社交場として同様に重要なる意義を有せし事を忘れてはならぬ[147]」。宮崎は、市をあたかもギリシアのアゴラ、あるいはローマのフォルムのごときものとみなしていたのである。

宮崎はこうして独自の都市国家論にたどり着いたのであり、都市国家論は宮崎の古代史理解の核心となった。都市国家論は昭和十五年に刊行された『東洋における素朴主義の民族と文明主義の社会』においては、歴史叙述の中に全面的に取り入れられ、生かされることになる[148]。宮崎は、『支那上代の都市国家』なる著作も企画していたが、残念ながら実現しなかった[149]。

礪波護も強調するように、都市国家論は宮崎の最も独創的な見解の一つであり、東大系の濱口重國も「春秋初期および其れ以前の或る時期を都市国家の時代として把握しようとする試みは、勿論博士をもって嚆矢とする[150]」と指摘している。にもかかわらず、宮崎の同僚の中国古代史家であった貝塚茂樹（明治三十七年〜昭和六十二年）は、この点を認めていなかった[151]。貝塚は、昭和二十七年刊行の『中国の古代国家』において、中江丑吉（明治二十二年〜昭和十七年）がギリシア・ローマ的な都市国家として夏と殷の時代の国家を邑土《ゆうど》国家と把握していたと指摘する一方で、宮崎については「封建的都市国家」という概念を『アジヤ史概説』で提唱したとして紹介しており[152]、三高時代の二論文を無視し、宮崎の独創性を全く認めていないのである。貝塚が都市国家論の先駆者として位置づける中江丑吉は、民権運動家中江兆民の息子で、東大卒業後、長く中国に滞在し、中国研究を行った[153]。主著は『中国古代政治思想』で、邑土国家についてもこの書物で説かれている。しかし、中江の言う邑土国家は、その命名自体からして、宮崎の都市国家とは異なるものである。貝塚は、昭和二十六年の『孔子』以後、中国の古代が都市国家の時代であったと主張するようになるが[154]、戦後の一時期は、貝塚の知名度が高かったため、都市国家論自体もまるで貝塚自身の説であるかのような状況になったことについては、宮崎は晩年になってからははっきりと不満を漏らし、『自跋集』では、「私の都市国家論が世に広まるにつれ、一部史家の間から、私が恰も協力者を持っていて、相率いてこの説を唱えたが如く、論評される向きもあり、私としては甚だ迷惑である[155]」と述べ、暗に貝塚のことを批判した。宮崎は、前章でも述べたように、貝塚が専門とした甲骨文字の史料的価値をほとんど認めていなかったので、両者の関係は相当に微妙なものであったに違いない。礪波は宮崎が「貝塚に不信感を抱き続けたのは間違いない[156]」と断言する。

第五章　鼻息の荒い時代
——京都帝大の助教授、フランス留学（昭和九年〜昭和十三年）

昭和十一年、パリのリュクサンブール公園にて

那波利貞

昭和九年十二月十日、宮崎は京都帝国大学文学部助教授に任じられた。東洋史研究室の同僚は、羽田亨と那波利貞《なばとしさだ》であった。

那波は明治二十三年の生まれで、宮崎より十一歳年上であったが、同じく助教授であった。徳島藩の儒者の家柄で、いつも羽織袴を着て、漢詩文をよくする人物であった(1)。三高の出で、京大で東洋史学を専攻し、宮崎と同じく三高の教授を経て、昭和四年四月に京大文学部に移っている。宮崎の三高着任も昭和四年四月であるので、三高の宮崎の前任者は那波であったことになる。那波の専門は唐代史で、特に敦煌文書の研究で知られる。昭和六年八月からヨーロッパに留学し、その間、パリではペリオが収集した敦煌文書の全てに目を通し、主要なものの写しを作成した。那波の研究の特徴は、敦煌文書を社会経済史の史料として本格的に用いたことにあった。生涯に二百本以上の論文を書いたが、著書『唐代社会文化史研究』としてまとめられたのは没後であった。京大退官後は、京都女子大学に勤め、昭和四十五年に没した。宮崎は、那波とは十九年間同僚として時間を共にしたが、那波についてはほとんど何も書き残しておらず、両者の関係を知る手掛かりはない。

フランス留学を命じられる

京大は、宮崎には「まさに地上の極楽のように[2]」ありがたい場所であった。三高では授業は週に十八時間もあったが[3]、京大の授業は週一科目二時間しかなかったからである。時間的余裕がたっぷりできたところで――京大に移って給料も六高就職以来初めて微増した――、宮崎がいよいよ研究に本腰を入れようと思った矢先の翌昭和十年十月十五日、文部省より満二年の在外研究を命じられた。在外研究は、当時、博士論文と並んで教授昇格に必須とされていた。主任教授であった羽田亨からは「西洋を見てこいと言われ、フランス、北アメリカ、中国を滞留地に定めた[4]」。しかし、中国へは「いろいろな都合で」行かず仕舞いで終わった[5]。主要な滞在先となったフランスは、当時、ヨーロッパにおける東洋学の中心地の一つであった。

「晋武帝の戸調式に就いて」

フランス留学以前の京大時代は、したがって一年少々しかなかったが、この間に宮崎は論文「晋武帝の戸調式に就いて」（昭和十年）を書いている[6]。戸調式とは、晋の武帝が呉を滅ぼして天下を統一した後、二八〇年に発布した税法のことで、この税法に現れる占田、課田という言葉の意味するところについて定まった解釈がなかった。宮崎は論文の中で、占田とは人民が私有した田土であり、税金は比較的安く、一方の課田は政府が人民に給付した田土で、その分、税金は重いことを明らかにした。さらに宮崎は、後者の課田は、曹操の行った屯田に起源を有し、魏以来のこのような二本立ての土地制度が、北魏の均田制を経て、唐の班田法にまで繫がるという見通しを示したのである。この論文について、宮崎は「私の三国六朝史の理解に根底を与えたもの(7)」と自らの研究の中で重要な位置づけを与えた。

しかし東京帝大の東洋史の教授加藤繁（明治十三年～昭和二十一年）はこの論文で提示された宮崎の考えを認めなかった。濱口重國は「宮崎氏の議論は従前の説と甚しく違い、其の影響する所も大である為め今なお賛否交々であり、筆者も亦その是非を判定することを止めにするが、支那の古代中世に対する鋭い見通しの下に執筆された此の論文が、近来の名論文であることは何人も認める所であろう(8)」と評した。濱口がこの評価を下したのは、昭和十六年のことで、濱口は当時、加藤の下で助教授を務めていた。濱口は宮崎と同年の生まれ。先に見た都市国家論の評価を含めて、東大系にあって宮崎のよき理解者であったが、「私生活上の問題が破局に達し、それが東洋史学科教官の間の不和に波及したため(9)」、昭和十八年には東大を辞職することになる。戦後、山梨大学教授となった。

ここでフランス留学以前の宮崎の研究歴を振り返って見るならば、卒論では宋元の交代期を扱っていたが、大学院の研究題目は「南北朝時代」、しかし最初に学界に問うたのは――卒論を書き直した「鄂州之役前後」を除けば――北宋の時代を扱った論文、その後は一転して古代史の論文を書き、次にその中間の六朝時代の研究を行っており、実に自由に気の向くままに時代を行き来している。確かに、「古代支那賦税制度」と「晋武帝の戸調式に就いて」は、対象の時代は異なるが、いずれも社会経済史の研究であり、関係がないわけではもちろんない。しかし、宮崎は、「原来私の研究方法は、何よりも自分の興味と関心に重きをおくやり方である。興味に乗じてやれば、余所目にはどんなに苦労そうに見えても、自分には少しも負担にならず、それでいて十分の結果をあげることができる。だから私の研究の対象は絶えず移動する。併しどんなに移動しようと、それで業績が上がりさえすれば、それがそのまま学問のためになることだ。いくら学問の中で自分の領分だと縄張りを張りめぐらしたところで、只張りめぐらしただけでは何にもならない。これが私の理窟なのである」と述べており[10]、この研究方法が実践されていると見るべきであろう。

箱根丸の航路

昭和十一年二月二十日午後三時、宮崎は日本郵船の箱根丸に乗り、神戸の三宮港より欧州航路でフランスに向けて出立した。南仏マルセイユまで三十五日間の船旅の始まりである。妻と六歳の娘を残しての出発であった。先立つ二月十日には、羽田亨が中心になって宮崎の送別会が開かれ、京都駅では学部総出の見送りを受け、総長まで姿を現した[11]。ただし、これは当時の慣例であり、宮崎が特別であったわけではない。

箱根丸は、三宮港から瀬戸内海を通り、二十二日正午には玄界灘へ出た[12]。二十四日に上海に着き、その後東シナ海を南下中、台湾海峡を過ぎたころに、東京で二・二六事件が起こったことを無電で知った[13]。宮崎らは香港（二月二十八日）、シンガポール（三月四日）など主要な寄港地には短期間上陸しつつ、インド洋に入り、スリランカのコロンボ（三月十日）、アラビア半島西南のアデン（三月十七日）などにも寄港した後、やがて箱根丸は紅海に進入。三月二十一日にはスエズ運河に到着した。翌二十二日には、宮崎らはカイロとその近郊のギザのピラミッドを見学。スエズ運河を超えれば、地中海であり、三月二十七日、マルセイユに到着した。途中の寄港地は、地中海に入るまでは上海を除いて、すべて英領であったのであり、英国人の支配下で呻吟するアジア人の姿を目にして、欧州航路を辿る過程で反英感情を抱く日本人は少なくなかった[14]。宮崎が旧制高校の時代に共鳴していた中野正剛などはまさにそのような人物であったが、しかし、宮崎が、反英感情を留学時に抱いていた形跡はない。

箱根丸は、大規模な改造を受けた後の処女航海で、船内の設備は一新されていた[15]。船内の生活自体も、至れり尽くせりであったようで、食事一日三回は当然としても、お目覚めのコーヒー、昼少し前にスープ、午後にお茶、さらに夜食まで出た[16]。食事については、昭和六年の日本郵船の『渡欧案内』は、「船の食事には其の調理に細心の注意を払って、永年欧米一流のホテルで研究して来た教師数名に依り育成せられた熟練な料理人を配乗せしめて出来得る限り船客の御満足を買うに努めて居ります。殊に常に食卓を飾る熱帯各地の珍しい果物は船客より非常に珍重されます[17]」と案内している。『渡欧案内』は、国内にいる時以上の快適な設備と生活を謳っており、実際、「欧州航路のマルセイユまで行く船中生活ほど、この世の楽土はまたとないと人々はよく口にする[18]」ほどであったという。

乗客には、俳人高浜虚子《きょし》や小説家横光利一《りいち》といった文学者や宮崎と同じ助教授クラスの学者である増本量（東北大教授）、成瀬政男（東北大助教授）、落合驥一郎（東大助教授）、松本雅男（彦根高商教授）[19]などがいた。満州事変で活躍した長谷部照伍少将（明治十四年〜昭和二十八年）[20]も乗っていた。宮崎ら助教授グループは二等船客であり、虚子や横光、長谷部などは一等船客であった。箱根丸の広い上甲板はすべて一等船室にあてられており、上甲板に上がる階段には「一等船客以外の通行を禁ず」と制札がかかっていたが、虚子が句会を開くことになり、宮崎らは機関長の上ノ畑楠窓に招かれ、以後、「準一等待遇を受けることが認められ、禁止の制札を無視して自由に上甲板に上り、そこでデッキゴルフに興ずることもできるようになった[21]」。上ノ畑は、虚子の弟子で、虚子を旅行に誘ったのも彼であった。

洋上句会は、五回行われた[22]。第一回の洋上句会は、二月二十九日に行われたが、宮崎は参加していない。宮崎が参加するのは、第二回目からで、それは三月三日に行われた。兼題は雛と更衣《こうい》。

父はいま船の旅路や雛祭

日本に残してきた娘を思った歌である。第三回は、三月九日。兼題は、寄港地嘱目（新嘉坡、波南）と洋上嘱目。

浴衣着て甲板客に混ざりけり

第四回は三月十三日、兼題は熱帯季語。

支那客の涼み将棋や印度洋

そして最後の五回目は三月二十日。兼題は亜丁《アデン》嘱目と洋上雑。

英人が砂漠に築きしアデンかな

アデンは、すでに言及したように、アラビア半島西南にある港町。現在はイエメン共和国に属する。

横光利一『旅愁』

乗客の中にいた横光利一（明治三十一年〜昭和二十二年）は、当時「文学の神様」と呼ばれていた流行作家で、『東京日日新聞』と『大阪毎日新聞』の特派員として、八月一日から開催されるベルリン・オリンピックの取材に向かっていた。横光は、マルセイユ上陸後、パリを拠点にイギリス、ドイツ、スイス、ハンガリー、イタリアを回り、ベルリンでオリンピックを観戦した後、モスクワからシベリア鉄道で、八月二十五日に帰国する。(23)

宮崎と横光は、それなりに話をする間柄になっていた。エジプト観光の折にはギザのピラミッドの前でラクダに乗って一緒に記念写真を撮っている（図7）。三月二十六日には、船上でお別れの夕食会が開かれたが、その時、宮崎が横光にサイン帳を出して一筆求めたところ、「春の夜の桜にかかる投げテープ　箱根丸最終の夜　横光利一」と書いてくれた。虚子の『渡佛日記』にはその日、サヨナラ・ディナーが開かれ、「食卓にクラッカーが置いてあって、皆がパンパンとそれを鳴らしたり、食事半ばに投げテープをしたりして、一同は陽気に食事した」[24]。一方、宮崎は虚子とは、横光ほどは気さくに口を利かなかったようで、宮崎は虚子との関係には言及しておらず、また虚子も宮崎については日記の中でその名前を一度だけ、三月三日の洋上句会の参加者として挙げているだけである[25]。下船後、宮崎と横光は、パリのオデオン座の裏で偶然に出会い、立ち話をしたが、これが下船後に二人が話をした最初で最後であった。

横光は、帰国後の翌昭和十二年から長編小説『旅愁』を『東京日日新聞』と『大阪毎日新聞』に連載を始め、連載誌を変えつつ、昭和二十二年まで書き継がれたが、横光自身の死によって未完となった。『旅愁』は、ヨーロッパ行の船中で出会った男女四人の関係を軸に、日本と西洋の文明の相克《そうこく》を描いているが、四人の一人矢代耕一郎はヨーロッパへ「歴史の実習かたがた近代文化の様相の視察にきた」[26]という設定になっている。宮崎は、七十歳を超えてから、「『旅愁』の発端が箱根丸の航海を借景としていることを知」[27]り、これを読んだところ、矢代は自分をモデルにしているのではないかと思い当たった。『旅愁』には、箱根丸で同船した人たちがそれとなくモデルにされており、箱根丸に乗っていた歴史家は宮崎一人であったからである。しかし、宮崎はここでちょっと立

図７　昭和十一年、カイロのピラミッドの前にて。ラクダに乗って、二列目左から高浜虚子、一人おいて宮崎、横光利一

ち止まり、「もし横光さんが生きていて、矢代はお前なんだよ、と言い出したら、私は真っ平御免だ、と抵抗するだろう」と書いている。[28] というのも、宮崎に言わせれば、矢代には「歴史屋の体臭」が感じられないからである。「歴史屋の体臭」とは、歴史家が古本屋や蚤の市で史料を漁るじじむさい習性から発するもので、そういうことをしない矢代はスマートすぎるのである。

『明史』を読む

宮崎は、箱根丸の中で俳句を詠んでいただけではない。行李の中には、四部備要《しぶびよう》本の『明史』を入れており、船中ではこれを読んでいた。[29] しかし、『明史』を読む作業は遅々として進まなかった。「この難行はパリに到着してからも暫く続き、結局半分ほど読了した」[30]。もともと『明史』を持ってきたのは、明の研究はつまらないという評判があったので、その評判を試すべく、時間のある時に『明史』を覗いてみようと思ったからであった。そして実際『明史』はつまらなかったが、「これが機縁となって明史拒否症候を脱し、気軽に付合うことが出来るようになった」[31]。宮崎が「自分ながら面白く思いつつ書いた最初の明代史研究の原稿」[32] は、「明代蘇松地方の士大夫と民衆」[33] であり、それは戦後の昭和二十九年になってからのことであった。

パリ到着

マルセイユに着いた宮崎は、横光らと別れ、列車でパリに向かった。所要時間は十三時間。[34] パリには、三月二十八日の昼に到着した。駅では、先輩の神田喜一郎の出迎えを受けた。神田は明治三十年の生まれで、京大の支那史学専攻の卒業である。[35]当時は、台北帝大教授であった。[36]一年前から、台湾総督府在外研究員として敦煌文書の研究のためにパリに滞在していた。神田は、出迎えの際以外にも宮崎を案内していたようで、『西アジア遊記』には「先輩の神田喜一郎学士に案内されて、早春の朝まだき靄に煙るパリでブールヴァールの舗道を踏んだ靴先の感触は未だに忘れられない[37]」とあり、この案内は「朝」と書いてあるので、到着した日ではないことが分かる。筆者は、『西アジア遊記』のこの言葉がなぜか好きで、初めてパリに行き、それこそオペラ座の前のブールヴァール（大通り）の舗道を踏んだ時に、この言葉をかみしめたのを覚えている。

ちなみに昭和十一年当時のパリ在住の日本人は、三百四十二人であった。翌年は四百三十八人。[38]当時のパリには、芸術家の岡本太郎、仏文学者の朝吹《あさぶき》三吉、美術史家の吉川逸治《いつじ》、作家の今日出海《こんひでみ》などがいた。

パリの下宿

神田に案内されて、宮崎はボワロー街四十八番地の下宿に到着した。ボワロー街は、十六区にある。十六区はパリ市西部にあり、高級住宅街として有名なエリアである。横光の『旅愁』にも「とかく紳士を気取りがちな十六区の日本人[39]」という表現が出てくる。日本大使館も十六区にあった(24. Rue Greuze)。下宿は、仏文の教授太宰施門によって紹介されたもので、太宰は大正九年から十一年にかけてこの下宿に滞在していた。太宰にこの下宿を紹介したのは作家で、日本滞在経験もあったアンドレ・ベレソール（一八六六年～一九四二年）である。太宰によれば、下宿の「場所は巴里市の西南隅、一番閑寂で落ちついた、また風雅な一区割オートウイユの中にある。十七世紀古典時代の大批評家ボワローが住んだ家のまわり、詩人の名をしるす、全然田舎風の小路ボワロー街の四十八番地が我々の住居であった。庭園風の空き地と往来との角に立つ三階建ての一軒家で、べレッソール氏はその二階へ、私は三階へ陣取っていた。地下電車が巴里は蜘蛛の網のように通じているので、そこから都の中央へも羅甸区の学校町へも三十分足らずの行程である」[40]。宮崎は、南向きの大きな部屋をあてがわれ、部屋からは庭へ降りることができた。家主は、ボングラン夫人。宮崎は「上品な老婦人」[41]と形容している。

先ほど述べたように、宮崎は横光とパリで一度だけ再開したが、その時の会話にこの下宿が出てくる。「やァやァと声をかけながら近付き、互いに近況を尋ねあったが、私の下宿はボアの近くで、「お仲間のSさんが前にとまっていた所だそうです」と言うと、横光さんは目を丸くして、「ほう、えらく豪勢な所じゃないか。あれは君、大ブルジョワなんだよ」と驚いた振りをして見せた。その実、私の宿はいわゆるパンション（素人下宿）で、横光さんのホテル、牡丹屋よりはずっと安くついていたのだった」[42]。会話に出てくるボアは日本語では森を意味し、パリ西郊のブーローニュの森のことを指し、Sさんというのは、小説家の芹沢光治《せりざわこうじ》良《ろう》（明治二十九年〜平成五年）のことである。芹沢は父親が天理教に入信し、全財産を捧げたため、貧窮の中に育ったが、苦学して東京帝大を出、農商務省に入り、愛知電鉄社長藍川清成の娘と結婚していた[43]。横光が芹沢を「大ブルジョワ」と呼んだのは、義父の財力を指して言ったのだろう。芹沢は大正十四年から昭和三年までパリに滞在した。やはり太宰に勧められてボワロー街の下宿に入ったのである。芹沢にはパリを舞台にした小説

『巴里に死す』[44]、『孤絶』[45]などがある。芹沢は、ボングラン夫人について「ボングランさんはアルサスの人であるということ以外に、殆ど知りませんが、人格の立派なこと、教養の豊かなことには驚きます」[46]と述べ、また下宿では「特に夕食は賑やかで、一時間半から二時間かかります。文芸、政治、経済と議論がとんで、それを聞いていれば、二三種類の新聞を読むよりも、時事に通じます。時には、夕食後、詩の暗誦をしたり、時には、ベレソール先生の友人や後輩が招待されて、小さい文芸サロンのようになります。この食卓の議論がうるさくて、この下宿を出た日本人もあるそうですが、私には、中堅のフランス人がどんなことを考えているか、どんな生き方をしているか、知るのによいことだと喜んでいます。或いはこれは十九世紀的なアリストクラシックな雰囲気かも知れませんが、暫くは安らかな心で暮らすのにこの上ないよい巣です」[47]とその様子を記録している。宮崎の滞在時にもベレソールはおり――宮崎は「ベレソール老人」と呼んでいる――、下宿人が一緒に食事をとる昼食と夕食の時には、飛び入り客まで入ってきて、議論が交される風景も変わらなかった。[48]横光の泊まっていたホテル牡丹屋もボワロー街の下宿と同じく十六区にあった（30.Rue Vineuse）。牡丹屋の日本料理はよかったようである。[49]

安くついていたとはいえ、やはり留学生には贅沢すぎるとフランス人の仲間に諭されて、宮崎はその年の七月にはボワロー街を離れ、アッサス街の下宿に移った。アッサス街（Rue d'Assas）は、リュクサンブール公園の北西に位置する。宮崎は自分の下宿が「ルクサンブール公園前」にあったと言っている。[50]区で言うと六区で、セーヌ川左岸のカルチェ・ラタン（ラテン区）と呼ばれる学生街にあり、十六区とは違い、庶民的な町である。同宿人も高等学校高学年の学生や女子大生がいた。

近所のリュクサンブール公園の噴水に腰掛ける宮崎の写真が残されているが、この写真を宮崎は遺影に使おうとしていた[51]。パリは宮崎にとって思い入れの深い町で、北京よりもパリが好きと宮崎は口にしていた。

フランス人民戦線の時代

ボワロー街でもアッサス街でも、下宿人たちの話題の中心となっていたのは、人民戦線政府であった。人民戦線の政府は、一九三六年四月から五月にかけて行われた総選挙の結果を受けて、六月四日に誕生した、レオン・ブルムを首班とする左派の連合政権である。人民戦線の政府は、一九三八年十一月十日に最終的に解体するので、宮崎の二年間のフランス留学期間は、ほぼこの人民戦線の時代に相当した。

人民戦線政府は、折からの世界恐慌に起因する不況から脱出するため、労働者の待遇改善を行うことで、購買力の向上を図った。そのため、週四十時間労働の導入や年二週間の有給休暇を制度化した。これらの政策は「ブルムの実験」と呼ばれた。しかし、結果は、生産力の減退、物価の上昇、国際収支の悪化を招いた。宮崎のフランス滞在中にも物価は二倍以上に跳ね上がり、通貨価値は英ポンドに対して半分にまで落ち込んだ。

人民戦線政府の下では、ストライキが頻発した。『旅愁』にも当時のストライキを受けて、「今日はどこもパンを売らないそうですよ。ほんとかどうか、これから見て来てやろうじゃないですか。お腹が空いてきたし[52]」という科白もある。『欧洲紀行』によれば、実際に、横光はストライキに直面して、食事もままならなかったことがあった。例えば、一九三六年六月十一日には、「ほとんど巴里の中心を廻ってみたのだが、ホテルとカフェーとレストランは、どこも閉じて罷業である。夕食をとるのに困った挙句五六里も歩いたわけだが、頼みにして来たカルチェルラタンのイタリアの食事場も、主婦がにっこり笑って駄目だと云う。空腹だが仕方ない[53]」とある。しかし、宮崎はこのような苦労をしたことを書き残していない。

宮崎は、後年、人民戦線の政策が「それなりに社会の進歩に貢献した点は認めなければならないが、しかし当時の世界情勢の中で、フランス一国だけが先走って実行できるような状態であったかどうか、となるとこれは疑問である[54]」とし、フランスの落ち目がナチス・ドイツの興隆につながり、「フランスが弱みを見せたことが、実は第二次世界大戦の一つの重要な原因になった[55]」と指摘している。フランスからドイツへ行くと、フランスが沈滞した空気の中にあったのに、ドイツには第一次大戦後の復興景気があった。

フランス語の語学学校

宮崎は、滞欧中、二ヶ月は西アジア旅行に費やし、ベルリン・オリンピック観戦やイタリア観光でパリを離れることが併せて一ヶ月程度あったが、残りの時間のほとんどはパリで過ごしていた。この間、宮崎はパリでいったい何をして過していたのだろうか。

宮崎がパリでまずやらねばならなかったことはアリアン・フランセーズへ通い、フランス語を一からやり直すことであった[56]。宮崎はフランス語は松本高校時代にセスラン神父から習っており、また留学が決まってからは京都の九条山に当時あった日仏会館に通い、ロマン・ロランの研究者宮本正清からフランス語を習っていたが、「日本で片手間に習ったくらいのフランス語」[57]では通用しなかったからである。宮本の妻は、宮崎の妻松枝の同級生であった[58]。

宮崎の通ったアリアン・フランセーズは、一八八三年に外国人へのフランス語普及のために設立された全国協会で、フランス語を学びたい外国人がまず赴く場所であった。場所は、リュクサンブール公園のすぐ近くにあった（101. Boulevard Raspail）[59]。ボワロー街の下宿からは三十分程度、アッサス街の下宿からであれば徒歩数分であったと思われる。宮崎がアッサス街に下宿を移したのは、おそらくアリアン・フランセーズに通っているうちにこの辺りに馴染んだからであろう。宮崎がどれくらいの期間、アリアン・フランセーズに通ったのかは分からない。

コレジ・ド・フランスでの聴講

また宮崎は、「何よりもフランス学界の当世の流行と、欧州にあって日本にないものは何かを探り当てたいと思」[60]い、この目的に沿って、コレジ・ド・フランスにも通った。

コレジ・ド・フランス（Collège de France）は、一五三〇年にフランソワ一世によって創設されたフランスの最高の学院である。この学院は、五十の講座からなる。講座は学科名によって固定されておらず、任命された教授の専門によって講座名が変わることもある。分野が何であれ、優れた教授を任命することに重きが置かれているのである。フランスの学士院の会員が二百名であるので、コレジ・ド・フランスの五十名の教授は、それよりも厳選されている。コレジ・ド・フランスの教授は俸給も普通の大学教授よりも高く、停年も七十歳である。その上、定まった学生もいないので、試験や学位審査などの仕事もない。ただし、教授は現役の研究者でなければならず、毎年、自身の研究成果を披露する公開講義を行い、学院年報に掲載する義務がある。講義は週に一回で、十二月から始まり翌年の六月には終わるというものであった。[61] 以上のコレジ・ド・フランスの説明は昭和三十六年に宮崎がこの学院で講演を行った時の状況であるので、戦前の状況とは多少は異なることはあるかもしれないが、本質的な性格は変わっていないと見てよいだろう。福井文雅は、コレジ・ド・フランスは、「しいてたとえるならば、学士院か芸術院が一般公開の授業をしているようなもの」と説明している。[62] コレジ・ド・フランスは五区にあり（11.Place Marcelin Berthelot）、宮崎の下宿からはリュクサンブール公園を挟んで反対側にあった。コレジ・ド・フランスで宮崎は、ペリオのマルコ・ポーロに関する講義やマスペロの中国仏教史の講義を聞き、フランスで東西交渉史が流行しているのを知った。

宮崎は、フランス語を勉強したり、コレジ・ド・フランスで授業を聴講したものの、本音を言えば、「本当のところこれという目当てが何もなかった。ただ教室の主任教授の羽田亨先生が、「勉強なんぞせんでもいい。よくヨーロッパを見てこい」といわれた言いつけに従ったまでである」[63] という状態でパリに来たようで、滞在当初は何をすればいいか困っていたようである。ただし、表向きの在外研究の目的は、「支那南海交通史」であった。[64]

アラビア語を学ぶ——居城基の謎

そのような折、宮崎は居城基なる人物に勧められてパリの東洋語学校でアラビア語を学ぶことになった。そして、「新学期が始まるとともにその聴講生になった」。東洋語学校の新学期が何月から始まったのかは分からないが、おそらく昭和十一年九月からであろう。どれくらいの期間、東洋語学校に通ったのかも分からない。

居城は、既に数年間アラビア語を同校で学んでおり、帰国の途に就こうとしているところであった。居城について宮崎は、「居城基学士」[65]と呼び、また「東京方面から来ていた」[66]、あるいは「当時恐らく日本に只一人の本格的なアラビア学者」[67]と記し、大戦中には「イスラム教徒の多い南方ならまだしも、中国の前線に駆り出されて長い間転戦を続けたと聞いている」[68]としている。宮崎の記述では居城は、アラビア学者であったが、戦争に駆り出され、「せっかくのアラビア学者を台無しにされてしまった」[69]人物であるが、居城が昭和十三年に書いた『回教概論―其教義ト歴史』なる小冊子によれば、当時の居城の肩書は陸軍主計大尉であり、蓮沼部隊参謀部に所属していたことになっており、居城は職業軍人であったようである。そして蓮沼部隊とは、中国の河北省の張家口に駐屯した駐蒙軍のことである。居城は、大陸の回教対策に携わるべく、軍の任務の一環としてアラビア語をパリに学びに来ていたのかもしれない。

アラビア語の学習について、宮崎は「フランス語がろくろく分らないのに、そのもう一つ奥にある外国語、しかも一番面倒なアラビア語をやろうというのであるから、随分無謀でもあるし、事実珍妙な図であったに違いない、はたしてアラビア語はいっこうに物にならないで終わってしまった」[70]と自嘲気味に言うが、イスラム学者の藤本勝次は、戦時中に宮崎から三ヶ月ほど火曜日の三時から週一回、アラビア語の手ほどきを受けており[71]、宮崎が一通りのアラビア語を習得していたことは疑いない。宮崎家にはアラビア語を学習したときのノートが残っており、そこには動詞の変化形や『千夜一夜物語』の一節が書かれており、間野英二は、「宮崎がパリで本気でアラビア語を学んでいたことは明らかである[72]」とするが、しかし同時に「宮崎がアラビア語史料を自在に扱えるようなレヴェルに達していなかったことだけは事実であろう[73]」とも指摘している。

古書店巡りの効用

宮崎がアラビア語の学習やコレジ・ド・フランスでの聴講以上にパリで最も多くの時間を費やしたのは、実は古書店巡りであった。宮崎自身の言葉では、「コレジ・ド・フランスにおいてペリオ、マスペロ両碩学の講席に列し、また東洋語学校において近東語の習得に志した外は、パリ市内の書肆を訪ねて古書を物色し、手当り次第に乱読するのを日課とした[74]」ということになる。あるいは、「私が昭和十一年から十二年にかけ、仏京パリに滞在中、毎日の日課のように、河岸《ケイ》やボナパール通りの古本屋を漁って歩いたことがあった。あまり上手でもないフランス語で、そこらの研究室を訪ねてえらい先生に会うよりも、古本屋を渡り歩いた方がよほど利巧になる[75]」とも言っている。河岸とはセーヌ川畔のことで、そこにはブキニストと呼ばれる露店の屋台売りの古書店が連なっていた。この風景は現在でも変わらない。一方、ボナパール通りは、パリの六区にあり、アッサス街の宮崎の下宿の近くであるが、古書街になっているわけではないので、宮崎にはどこか特定のお気に入りの店があったのだろう。パリの古本屋は学者、物知りが多く、本のことだけではなく、フランス語も教えてくれた。Voyages à Inde（インドへの航海）と何度言っても通じないことがあったが、そういう時はインドを複数形にして、Voyages aux Indes と言えば通じると教えてくれたりした(76)。宮崎は、「古本屋こそ我が師であった(77)」とまで言っている。先ほど引いた横光の小説の主人公矢代が歴史家らしくないとのくだりには、「パリに居ては、ただ遊んで暮らすのが何より勉強になることは本当だが、但し歴史屋には歴史屋の怠け方があるものだ(78)」という言葉もある。これも筆者の好きな言葉であるが、「歴史屋の怠け方」とはまさにこのような古本屋巡りを意味するのである。

宮崎は、フランスでは institut や institution という言葉の入った書名を多く見かけ、フランスの歴史学の特徴をここに見出した。これらの言葉は、普通は「制度」と訳されるが、宮崎は「併しそれは単なる規則や、又は官制など表面に現れた形式ばかりを言うのではなく、もっと奥底にあるもの、すなわち人間が自ら造った組織の中で行動する時に、知らず知らず実践する準則というようなものを指すらしい(79)」と理解し、自身もこのような意味での「制度史」の研究、すなわち「アンスチチューションの学(80)」を志した。

パリで宮崎が収集した古書については、京都大学附属図書館に『滞欧採蒐書目』、昭和十一年九月十六日と表書きされた宮崎自筆のノートが残されている。このノートによれば、宮崎が九月十六日に調査した段階で、約八十部、百六十余冊の書籍があった。値段は総額でおよそ五千フランであった。その後、十月九日までには約四十部増加し、十月二十二日までにはさらに三十部増加したことが記録されている。宮崎がパリに着いたのが、昭和十一年の三月二十八日であったことを思い起こすならば、約半年の間に、百五十部ほどの書籍を購入したことになる。購入された書籍は、当時の新刊本ではなく、十八、十九世紀のものが多く、宮崎がいかに精力的に古書店を巡っていたかが窺われる。

『滞欧採蒐書目』には購入された書籍が支那、航海、耶蘇教、日本、アラビア、中亜、地理、史学、西洋史、印度南海、語学、美術、北亜満蒙、宗教、雑誌、考古学に分類されており、支那と航海とアラビアについてはさらに特大、菊版、四六、極小とサイズごとに細分されている。分量的には支那が一番多く四十二部、次いで西洋史と印度南海が二十一部、中亜が十七部、耶蘇教が十四部となっており、意外にもアラビアに関する書籍は十冊に留まっている。先にみたように、宮崎がアラビア語を九月になってから学び始めたとするならば、アラビアの書籍がまだそれほどなかったのも納得ができる。宮崎が最終的に購入したアラビア関係の書籍には、『千夜一夜物語』のエジプトで出版されたアラビア語原本やタバリーの『諸預言者と諸王の歴史』の仏訳、シャラフッ・ディーン・アリー・ヤズディーの『勝利の書』の仏訳[81]、あるいはイブン・ハルドゥーンの史書のアラビア語の原典など[82]があった。これらの書籍のいくつかには、「イスラム文化研究所」の四角い印が押されており、宮崎のイスラム研究にかけた意気込みが伝わってくる[83]。

一方、古地図についてはこのようなノートは残されていないので、収集の詳細は知りえないが、宮崎は「地図の種類というものは、そう無限にあるものではないので、代表的な主だったものは私でも大ていは入手できたと思っている[84]」としている。宮崎は、後にこれらの古地図を用いて、「南洋を東西洋に分つ根拠に就いて[85]」や「マルコ・ポーロが残した亡霊―カタイ国が消滅するまで[86]」など古地図を活用した論文も著すことになる。

地図の収集で宮崎の競争相手となったのは朝日新聞のパリ支局長であった渡辺紳一郎（明治三十三年～昭和五十三年）であった。宮崎は渡辺の月給は自分の「何層倍も」[87]あったので、かなわなかったと言っているが、それどころか渡辺は「その時は金は沢山ありました。大日本帝国時代の支局長ですから、朝日新聞の準備金というのが横浜正金銀行のパリ支店にうんと置いてある。小切手で書けば何でも使える。全部清算しないうちにその証拠書類が爆撃されたり、イギリス軍に差し押さえられたりで決算報告しておりませんからはっきり申せませんが、何億使ったか今の金にすると十億円位になるんではないかと思いますが、ともかくそういう訳で二度目に行った時は盛んに日本及び日本を含む外国製の地図を買いまくったんです」[88]という状態であった。昭和二十七年に、日本橋丸善本店で「渡辺紳一郎氏コレクション　欧版日本古地図展覧会」が開かれたが、この時出品された日本とその周辺の地図は、百六十五点あった。[89]

礪波護によれば、宮崎がパリで収集した洋書と地図類のうち、「宮崎氏滞欧採蒐書印」の印が押された宮崎ご自慢のものは、宮崎の死後、長女の一枝によって京都大学附属図書館に寄贈され、「宮崎市定コレクション」として別置された。[90]『京都大学附属図書館概要』は、「宮崎市定コレクション」について「宮崎市定名誉教授旧蔵の西洋刊地理書百七十七冊と古地図九十点。一五六一年刊行のヴェネチア版『プトレミー地図帖』、一五五〇年に木版筆彩された『ミュンスターの新世界地図』などが含まれている」と解説している。『京都大学附属図書館概要』では、古地図関係のもののみを「宮崎コレクション」としているようであるが、京都大学附属図書館には、請求記号に「宮崎」の付く洋書や地図があり、これが「宮崎コレクション」であるとすると、礪波が述べるように、「宮崎コレクション」には地図類だけではなく、それ以外の洋書も含まれていると考えるべきであろう。その総数は洋書と古地図の両方を合せて二百五点である。二百五点のうち『滞欧採蒐書目』と大日本帝国外国旅券の二点を除く、残りが洋書と地図類となっている。平成十三年には、京都大学附属図書館と総合博物館の開館記念協賛企画展「近世の京都図と世界図─大塚京都図コレクションと宮崎市定氏旧蔵地図─」が開かれ、宮崎収集の地図類が展覧に供された。図録も刊行され、図録には「宮崎市定氏旧蔵地図」として、単体のもの（四十七）と冊子体のもの（六十）を合わせて百七点がリストにされ、解説が施された[91]。

宮崎はパリ滞在中には「欧洲各地の美術館を訪ねたり、時々催される展覧会、例えば一九三六年の「ルーベンスとその時代展」などを見学」していた。昭和十二年にはリヨン美術館を訪ね、ピルマン（Jean Pillement）の「雪景画」の写真をわざわざ撮影してもらい、これを発表する許可を館長からもらった。ピルマンは十八世紀末の人で、中国の影響を受けた絵画を描いた[92]。

シムノンの探偵小説

パリで宮崎がおぼえた楽しみに、ジョルジュ・シムノンの探偵小説メグレ警視シリーズを読むことがあった。フランス語の勉強にシムノンを読むように勧めてくれたのも古本屋の店主である。帰国までに、宮崎は『囚人の頭』から始まって十何冊読んだとしている[93]。ちなみに『囚人の頭』の原題は、*La tête d'homme* で、創元推理文庫に入っている訳では『男の首』となっているものである。シムノンのメグレ物は、当時、十九作出ていたので[94]、宮崎は結構読んでいたことになる。メグレ物は百二作まで書き続けられたので、宮崎の読んでいたのは比較的初期の作品であった。宮崎がシムノンの作品を好んだのは、「シムノンの小説は文章が平明でわかりやすく、適度に色気があり、適度に感傷があり、適度に冒険があり、さらに適度のヒューマニズムと庶民性がある。裏町にすむ貧乏な学生や、外国移民や、街の女などの哀歓が同情をもってよく描かれている。しかし何よりも探偵小説として、明快になぞ解きをする天才的な頭の良さがあって、それがたまらない魅力になる。これはもう単なる娯楽物をもって目すべきではない[95]」からであった。宮崎と同じ時期にフランスに留学していたフランス文学者の桑原武夫は、宮崎は留学中に柴田錬三郎の小説のようなものばかり下宿で寝転んで読んでいたと、宮崎の退官パーティーの時に暴露したそうである[96]。桑原の言っている柴田錬三郎の小説のようなものとは、シムノンの小説に他ならない。桑原武夫は、昭和十二年から十四年まで宮崎より一年遅れでパリに留まり、宮崎と同じくリュクサンブール公園の近くに下宿していた。その留学中体験記に『フランス印象記[97]』がある。ただし、宮崎は登場しない。

宮崎がメグレ警視張りに疑惑の真相に迫った論文に「宋の太祖被弑説について」（昭和二十年）がある[98]。宋の太宗には、兄の太祖趙匡胤を殺害したのではないかという疑惑が古くからあるが、宮崎はこの疑惑を伝える最古の史料に「何か只事でない奇怪な事件が遂行されたらしい探偵小説的な雰囲気[99]」を感じていた。

ベルリン・オリンピック

一九三六年八月一日から十六日にかけて、ドイツでベルリン・オリンピックが開かれた。宮崎は、わざわざパリから見物に行った。京大史学科の先輩である菅原憲台北大学教授がベルリンに丁度滞在していたので、これを頼って行ったのである。菅原は、西洋近代史が専門で、『猶太建国運動史』[100]や『独逸に於ける猶太人問題の研究』[101]などの著作がある。宮崎は、十五日の水泳決勝と十六日の馬術と閉会式を見た。水泳決勝と言えば、あの前畑秀子の金メダルをすぐに思い出すが、前畑がメダルを取ったのは十一日であったので、宮崎は見ていないことになる。菅原は宮崎が馬術に関心があるのを知っており――宮崎は三高時代には乗馬部の部長を務めていた――、わざわざ人気のあった馬術のチケットを取ってくれた。馬術競技には、前回のロサンゼルス・オリンピックで金メダルを取った西竹一中佐が名馬ウラノスとともに登場したが、メダルには届かなかった。[102]西は後に硫黄島の戦いで戦死することになる。

古代都市ポンペイ

宮崎は翌一九三七年三月二十日から十二日間、モン・ボアヤージ社の主催するツアーで、イタリアを巡った。正確なルートは分からないが、フィレンツェに立ち寄り、大理石彫刻を売る土産物屋に行っている。[103]また古代都市ポンペイの遺跡も見学した。ポンペイの印象記はカバヤ児童文庫の一冊『地獄の決闘』昭和二十八年刊の「はしがき」に書かれている。カバヤ児童文庫はキャラメルの景品として昭和二十七年から週刊で百三十一冊刊行されたが、その「はしがき」の書き手には伊吹武彦、吉川幸次郎、野間光辰《こうしん》、桑原武夫、泉井《いずい》久之助、藤枝晃といった京大系の錚々たる学者が名前を連ねており、宮崎もその一人であった。[104]『地獄の決闘』は、ブルワー・リットンの『ポンペイ最後の日』を児童向けに書き直したものである。「はしがき」の文章は全集未収録であり、かつ短いものなので、そのまま引用しておこう。

「今から十五・六年前に、フランス留学中の私は春の休みにイタリアを訪れ、ナポリに近いポンペイの遺跡を見学しました。この町はローマ帝国が盛んであった頃、貴族や金持ちの別荘のあった所で、人口が三万近くもあったといいます。それが突然、ヴェスヴィオス火山の爆発にあい、降ってきた火山灰のためにすっかり埋められてしまったのです。その時逃げおくれた二千人あまりの人が、六・七メートルもある厚さの灰をかぶって、生き埋めにされてしまいました。今から百年ほど前から、イタリア政府は、灰をかきのけて、二千年も前の町を掘りおこしました。私が行った時、灰を他処に運んだあとに現れた町の様子を見て、その悲惨な有様に強く心をうたれたものでした。これから行く人はきっと原爆でやられた町のあとかと思うことでしょう。私はそれからヴェスヴィオス火山へ上って噴火口をのぞきこみ、帰り途にまた高い所から、ポンペイの荒れ果てた街並みを見わたして、この「地獄の決闘」原名「ポンペイ最後の日」の物語を心の中に描きながら、一層感慨深くしたものでした。今も私の机の引き出しの中に、ポンペイの町で拾ってきた彩色をした瓦のかけらが転がっています」。

フランス大統領との握手

イタリア旅行と同じ年の六月、宮崎はエリゼ宮（大統領官邸）で開かれるフランスの在郷将校会に出席するよう大使館から依頼を受けた。大使館には日本からも在郷軍人を送ってもらいたいとの依頼がフランス側からあったが、日本とフランスの関係は既に悪くなっており、本国に依頼するのも難しく、大使館は在郷軍人を現地で調達しようとし、たまたまパリにいた宮崎に依頼が来たのであった。宮崎は、十九日朝九時にオペラ通りの軍人将校会館に集合。その後エリゼ宮に移った。宮崎は、大使館の指示でモーニングを着て出席したが、他の国の代表はみな軍服を着ていたので、一緒に来ていた二人と共に浮いてしまったという。[105] そして、この会に巡閲のために来た大統領ルブランと握手したのであった。ルブランは一九三二年から大統領を務めており、ナチスのフランス侵攻時の大統領もルブランで、戦時中はドイツ軍に拘束された。宮崎はルブランについて、「長身白皙、温和で上品、申し分のないフランス紳士[106]」であったとしている。

エリゼ宮殿で大統領の巡閲を受けた後、宮崎らはサン・オーグスタンの軍人会館で歓迎の宴に出、さらに凱旋門下の無名戦士の墓に詣でて、式典に参加。その後、シャンゼリゼ通りを、群衆が歓呼する中、行軍したのであった。夜には、ソルボンヌ大学の講堂で集会があって後、式典は終わった。

ヒトラーと握手する

八月一日、宮崎はルーマニアの首都ブカレストで九月一日から開かれる国際人類学先史考古学会に日本代表として出席するべく、パリを離れた。学会への出席は羽田亨からの指示であった。ブカレストまでは、往復の旅費を支給されたので、ついでに宮崎は足を延ばしてかねてから興味のあった西アジアに行くことを計画した。

宮崎は、まずドイツ、チェコを巡った。この間、八月十九日にミュンヘンに法学部助教授の西本顕を訪ね、ナチスゆかりのカフェで昼食をとっていたところ、総統ヒトラー一行が入ってきた。エヴァ・ブラウンも交じっていた。ヒトラーが退店する際に、宮崎が右手を挙げるナチス式の敬礼をして見送ったところ、ヒトラーは声をかけて、握手してくれた。ヒトラーの手は、「予想に反して、柔らかで温かい掌であった[107]」。宮崎はこの時のことを記した「ヒトラーとのめぐりあい」の中で「敗戦後ヒトラーの評判は極度に悪い。しかし弁護人ぬきの欠席裁判では、そこに誇張や雷同が生ずるのを免れぬではないか。古代中国の殷の紂王のように、すべての悪がこれに帰した結果ではないか。日本の場合も、戦時中に軍隊が東南アジアで、悪いことばかりしたように語られるが、私が歴史を著すならば、決してそのようには書かぬ。善をも悪をも必ず書く、と言うのが『春秋』の筆法だからである[108]」と述べ、ヒトラーに同情的である。「来し方の記」においても、やはり「近頃ではヒトラーはあたかも極悪非道の地獄の使者のように言われるが、私はそうは思わない。彼は歴史の流れに乗って出現したので、必然的に流れの向きに従って顚落せざるを得なかったに過ぎない。ドイツ人のユダヤ人に対する反感にも、彼らに言わせれば、それなりの理由があった。ヒトラー自身が悪魔だったのではなく、彼は悪い時期に悪魔に魅入られ、利用されて、最後に見放された犠牲者であったのだ[109]」と述べている。

なお、ヒトラーと握手した時期について、「来し方の記」では、前年のベルリン・オリンピックの年の出来事であったように書いてあるが[110]、これは宮崎の記憶違いであろう。

宮崎は、この一九三七年か、あるいは前年のドイツ滞在中にワールシュタットの見学にも行ったようである。ワールシュタットは、一二四一年にバトゥ率いるモンゴル軍がドイツ・ポーランド連合軍を破った古戦場である。大正四年に刊行された中山久四郎の『蒙古研究　白人の世界か、黄人の世界か』[111]を読んで、ワールシュタット行きを思い立ったという。中山は東京高等師範学校の教授などを務めた東洋史学者である。『蒙古研究　白人の世界か、黄人の世界か』は世界の歴史がアジアとヨーロッパの東西の勢力の対抗によって展開してきたと見、題名に「蒙古研究」とあるように、この歴史観に基づきながらモンゴルの征西について特に多くの頁数を割いて論述している。当該の書物には、明治三十八年の中山自身のワールシュタット訪問記が含まれている。中山はワールシュタットについて「四方浩々漠々として、平野遠く連なり、遥に独墺二国を界せる連山を南方に望み、近くリーグニッツ市等の都邑を北方に眺め、而してカッバッハ河等の平野に流るるを観た[112]」と書いている。宮崎は、ワールシュタットへの経路ははっきり書いていないが、「汽車の便がなく、特有の郵便馬車というものに便乗して到着した」という。ワールシュタットは「山間の稀に見る平らな大地で、成るほどこんな所で蒙古騎兵と遭遇したならば、欧州勢が敗けるに定っているものと、当時の戦史を読みながら感心した」と宮崎は言っている。『自跋集』では、ワールシュタットが「当時西ドイツ領であった」と書いてあるので[113]、戦後になってから行ったかのように見えるが、ワールシュタットは第二次大戦後にドイツ領からポーランド領になっているので、「西ドイツ領」というのは誤っている。したがって、戦前に宮崎はワールシュタットに行っているはずであるので、この一九三七年か、あるいは前年のベルリン・オリンピックの時か、いずれかの機会に行ったと考えられるのである。

バルカン半島の旅

ヒトラーと握手した翌日、宮崎はドイツを離れ、国際人類学先史考古学会が開かれるブカレストへ向かった。途中、ウィーンでは西瓜を食べ、南京虫に食われ始めた。瓜と南京虫をもたらしたのは、オスマン帝国であると宮崎は睨み、「瓜は古き近東文明を代表し、南京虫は文明の弊害を代表する。世界中、文明の古くしてその弊害の積もった所、必ず南京虫がいる」[114]と指摘している。

ブダペスト、ベオグラードを観光し、ベオグラードからはドナウ川を汽船で下り九月一日にブカレストに到着した。学会には顔を出したものの、来ていたのは医者ばかりで、研究報告も専ら骨や血液に関するものであったので仕方なかったが、五日までは学会に顔を出し、六日にはブカレストを汽車で離れ、黒海沿岸のコンスタンツァに行き、ここからルーマニアの汽船でイスタンブールへ向かった。黒海の波は高く、最難関の航路であった。宮崎の二ヶ月にわたる西アジア旅行の始まりである。西アジア旅行の顚末は、昭和十九年に刊行された『菩薩蛮記』に詳しい。『菩薩蛮記』は、『西アジア遊記』と改題されて、昭和六十一年に中公文庫に入った。ちなみに菩薩蛮とは、イスラム教徒を意味するムスリムの中国音訳である。

トルコ共和国

トルコ共和国のイスタンブールに到着したのは、九月七ヨの夜であった。「翌朝猥を覚して窓から覗くと、何と素晴らしい見晴しであろう。もう少し窓が広ければ金角湾を中心にしてボスフォラス海峡とマルモラ湖に跨るイスタンブールの全市街が一望の下に眺められそうだ。嬉しくなって大急ぎで部屋をとび出した」[115]。西アジアに来た宮崎の喜びが伝わってくるような文章である。筆者自身も、二〇〇六年に『西アジア遊記』を片手にシリア、ヨルダンを訪ねたことがあったが、やはりシリアのダマスカスに着いたのは夜で、その翌朝、ホテルの窓から見た景色は忘れられない。ダマスカスの場合は、禿げたカシオン山と土色をした世界が見えたが、アラビアンナイトの世界に迷い込んだような何とも言えない感動を味わった。宮崎は、「現今、吾人は中国に遊んでもヨーロッパに旅しても、ほとんど異郷に入りたる感じがしない。真に外国風《エキゾチック》なる感触を覚ゆるは西アジアである[116]」と言うが、まさにその通りであると思う。

宮崎は、イスタンブール北部の新市街であるペラ地区に宿を取り、近くのタクシム広場から電車で旧市街に通って、各所を観光した。歴史的な建造物は、旧市街にあったからである。宮崎はイスタンブールをずいぶん気に入り、一週間ぐらいの滞留予定であったが、結局十二日間滞在した。その間、「青モスク」と通称されるアフメッド寺院やソフィア寺院、故宮博物館（トプカプ宮殿）、七塔城《イエディクレ》などの名所を訪ねるとともに、まず人の行かないモグリチッサ寺院にも足を運んだ。モグリチッサ寺院は、ソクラテスという名の老人にたまたま話しかけられてその存在を知ったイスラム教の寺院で、もとは東ローマ皇帝に嫁いだモンゴル人の妃のために建てられたキリスト教の教会であったという。フェネル埠頭の近くにあったが、なかなかたどり着けず、地元のアフメッド少年によって案内された。

イスタンブールからは汽車で、アンカラ、カイゼリー（カイセリ）を経て、シリアのアレッポに向かった。首都アンカラでは、一四〇二年に起こったティムールとオスマン帝国のバヤジット一世との戦いに思いを馳せ、カイゼリーではその城門の立派さに感嘆し、「トルコの城門を見ようと思ったらばカイゼリーへ来ることだ」[117]と宮崎は読者にアドバイスしている。カイゼリーというマイナーな町にわざわざ立ち寄ったのは、アンカラからアレッポへ直行すると夜間を走ることになり、途中の景色が見られないからであった。カイゼリーは、トルコ中部、アンカラとアレッポのほぼ中間点にある。

シリア・レバノン共和国

北部シリアの中心地アレッポでは、宮崎はシタデルと呼ばれる城塞や市場スークを訪ね、国民博物館（アレッポ博物館）では中国の観音像と思しきものを見つけた。宮崎はこの観音像は十三世紀にモンゴル軍が持ち込んだものであろうと推測し、博物館の売店で、観音像のレプリカを見つけて購入した。筆者も、半ばこの観音像目当てに博物館に行ったが、現物はおろか、レプリカも見当たらなかった。七十一年後のことであるから仕方がない。宮崎は、アレッポの崩れかけた城壁に上り、そこで陶片の採集を行った。

イラク王国

アレッポから宮崎は、再び汽車に乗り、イラク北部の都市モスールへ向かった。アレッポからモスールへの路線は、バグダッド鉄道の一部である。当時は、モスールの手前のニシビンまでしか開通しておらず、ニシビンからは乗り合い自動車でモスールへ行った。自動車の中では三人のアラブ人女性と一緒になり、車中で君が代を一緒に歌った。モスールの町の東部には「土砂捨て場か、高い土山があって地層が露出している所」があり、その地層には陶器の破片が無数にあったので、近所の子供たちの手を借りて、拾い集めた。モスールの近郊には、アッシリア帝国の都ニネベの遺跡があり、宮崎はこれも訪ねている。

モスール滞在は五日で、ここから再び乗り合い自動車で、イラク南部の都市バグダッドへ向かった。自動車は、貨物自動車を改造したもので、宮崎は、クッションのない板のままの席に座らされ、三十人ほどの鮨詰め状態で、一睡もできず、途中で小休止を入れながら、丸一日近く走らされた。「砂漠に貨物自動車という拷問台があろうとはこれまで考えてみたこともなかった(118)」というほどの大変さであった。到着したバグダッドでは、モード・ホテルという英国系の一流ホテルに泊まり、一息入れることができた。

バグダッドでは、市内西部のアッバース朝時代の宮殿を見学した。これはイラクの国王ファイサルが戴冠式を挙げたアルマムーン宮殿であるが、大したことはなく、「音に聞くアッバス朝の君主ハルナラシッド〔ハールーン・アッラシード〕の豪奢も、恐らくこんな程度のものであったろうと思われる(119)」との感想を宮崎は漏らしている。市内では、知らずに治安の悪いユダヤ人地区にも入り込み、宮崎は悪童たちに絡まれた。旅行中、宮崎は、紺の背広に白いヘルメットといういでたちであったが、悪童に棒切れでヘルメットを叩かれて、ヘルメットが落ちて転がって泥水に半分浸かってしまった。宮崎がヘルメットを着用していたのは、日射病予防のためであったようである。大正期に東南アジアを見て回った原勝郎は、現地に入る前に香港の日本総領事に「日射病を避くるに欠くべからざる準備品」として、「カルカッタ製のヘルメット」を買うことを勧められたとしており[120]、ヘルメットは日射病を予防する効果があると考えられていたのである。

宮崎は、バグダッド近郊のバビロンとクテシフォンの遺跡にも車を雇って赴いている。バビロンは実際に行ってみるとつまらないと評判であったが、宮崎も「なるほどつまらぬ代物だと軽蔑しながら[121]」戻った。クテシフォンは、ペルシア帝国の都の遺跡であるが、特段の感想は抱かなかったようである。

宮崎は、十月七日の朝にバグダッドを去り、再びシリア共和国の、今度は中部のダマスカスへ向かった。

再びシリア・レバノン共和国

宮崎は、またも懲りずに「ボロ乗合自動車」に乗って、一晩揺られ、翌日の夜明け頃にダマスカスに到着した。ダマスカスには三日間滞在し、オムヤマド大寺院（ウマイヤド・モスク）などを訪れた。ダマスカスからは再び、乗合自動車でレバノンのベイルートに行った。ベイルートでは、近郊のビブロスとシドンを見に行った。いずれも海沿いのフェニキア人の古代都市の遺跡である。

レバノンでは、バールベック神殿を見学した。バールベック神殿は、バール神を祀った巨大な神殿であるが、この遺跡を見て宮崎は、シリア地方では「至るところ巨大な石造の建築物や遺跡が残っている[122]」ことに改めて気づき、「どうも世界の歴史において、シリアこそ物質文明の中心であった時代が相当長く続いていたに違いない[123]」と思い至り、西アジアにおけるシリアの重要性を確信した。『菩薩蛮記』には、「西アジア史の展望」が付けられているが、ここではシリア地方を中心に展開する宮崎独自の西アジア史が構築されている。宮崎は地中海と瀬戸内海を比較し、シリアは日本では大阪平野に当たることを指摘し、その重要性を強調する。さらに『自跋集』では、メソポタミアとエジプトの都市文明の発祥の地すらシリアにあったのではないかとの大胆な推測を披露することになる。(124)

パレスチナ委任統治領

十月十五日早朝、宮崎はベイルートからパレスチナ委任統治領のハイファに向けて乗合自動車で出発。パレスチナでは、反英運動が激しくなっており、治安が良くなかったため、レバノンの領事館からは心配されたが、西洋人と一緒にいなければ局外者であるから大丈夫と宮崎は判断した。ハイファへは日の高いうちに到着し、翌日にはナザレへ行った。二時間足らずでナザレに到着し、受胎告知寺院やヨセフの家を見学。いずれも洞窟を伴う薄暗い所であった。翌日にはイェルサレムに向かった。イェルサレムでは、聖墳墓教会やオマルの岩窟寺院、嘆きの壁といった名所を見て歩いた。宮崎は、薄暗く地下施設を伴う聖墳墓教会と明るいオマルの岩窟寺院を対比し、「キリスト教の陰鬱な気分」と「イスラム教の明朗さ」が対照的であったとしている。(125) そして、西アジアでは「キリスト教は地下洞窟の宗教であり、イスラム教は地上殿堂の宗教なのである」(126)と結論付けている。

イェルサレムから、宮崎はベツレヘム、ヨルダン川、そして死海へも足を延ばした。ベツレヘムでは、イエスの生まれた誕生寺へ行ったが、「惜しいことにはここにもキリスト教につきものの洞窟がある。キリスト教は何でこんなに洞窟が好きなのだろう[127]」と半ば呆れている。ヨルダン川と死海は、行ってはみたものの、特段見るものもなかった。

エジプト王国

十月二十日朝九時、宮崎はイェルサレムから汽車に乗り、エジプトに移動を開始し、スエズ運河で汽車を乗り換え、夜更けにカイロに到着した。カイロでは、アラブ博物館でアラビア陶器や中国陶器を見、出土地のフォスタート（フスタート）遺跡まで見学に行くが、「あまりに曠漠たる土砂の山を見て次第に退屈して来た[128]」ので途中から引き返した。

フォスタートに行った日の午後には、城塞《シタデル》も見に行っている。この城塞は、アイユーブ朝のサラディンが十二世紀に建造したもので、渡欧の途上で一度見ているが、宮崎はわざわざ二度行くほど城塞というものが好きなのである。「城塞というものはたとえそこに現今何がなくても、その頑丈な荘厳な遺構が私にはたまらなく嬉しいのである。そこには繊細な美しさや華麗な装飾はないかも知れないが、実用一点張りの強さ逞しさがあって、軍艦や戦車を見るような頼もしさを感ぜしめる[129]」と書いている。満月の夜のピラミッドがいいと聞いていた宮崎は、同日の夜には、汽車でピラミッドのあるギザにも行った。夜も更けており、ピラミッドの周りには誰もいなかった。月は結局現れなかった。あきらめて「帰りかけると何やら知らず、急にぞっとするほどの恐怖がこみ上げて来た。スフィンクスの足許に眠っている廃墟の町から、亡霊どもが浮び上ってなせる業でもあろうか[130]」と、豪胆な宮崎には珍しい感想を残している。

宮崎は、ピラミッド見学の翌日に訪れたカイロのハサン寺院（ガーマ・スルタン・ハサン）が、西アジアのモスクの中で一番好きだとしている。その理由は、その壁の石組みの堅牢さと高い回廊の気宇の広大さにあった。宮崎は、旅行中一貫して、イスラムの蒼穹建築の賛美者であった。一方で、ヨーロッパの北欧式（ゴシック建築）は好みではなかった。「北欧式教会堂の尖った屋根の、尖り放しが気に喰わぬのである。天は円く地は四角ということが建築の原則で、屋根にはどうしても曲線を入れねばならぬ[131]」からである。加えて、ゴシック様式の教会が、「もっともいけないことは、壁に聖徒などの石像を貼りつけたり、ぶら下げたりしていることである[132]」。宮崎に言わせれば、人間の像は、屋根の下に置くもので、野ざらしにするものではないということになる。

カイロでも宮崎は、陶片の収集に余念がなく、特に収穫は多かった。風車山では、「大きな編み籠にギッシリ二杯[133]」の中国陶磁の陶片を拾い集めた。宮崎が風車山と呼ぶのは、カイロ東郊の死者の町の近くにあった丘のことである。三上次男はその『陶磁の道』の中で、カイロで中国陶磁が拾える場所として、「テル・カット・エル・マラ（Tel Qat el Mara）」の丘を挙げている[134]。「この人工の丘はカイロ市街の東端にあって、有名なアズハールのモスクからそんなに遠くない」としているので、宮崎が陶片を拾った場所と同じ場所であろう。三上によれば、この丘の一部には、「おびただしい良質の中国陶磁器片が散らばっている。そのなかには、南宋・元・明時代の景徳鎮青白磁、元・明・清時代の赤絵がたくさんふくまれている」という。宮崎の陶片拾いは、子供ころからの石集めの趣味の単なる延長ともいえるが、一方で改めて東西交渉史に目を開かせることになったに違いなく、後に東西交渉史を軸にした『アジア史概説』へと結実することになる。三上の書物が出た昭和四十年代以後、日本ではいわゆる海のシルクロードがにわかに注目を浴びるようになったが、宮崎は早くからその重要性に気づいていたのであり、その先見の明は高く評価されねばならないだろう。宮崎は、集めた陶片を、同じくカイロで購入したアラビア音楽のレコード三十一枚と共に、日本公使館の好意で日本に送り返した。その後、宮崎は、カイロを拠点にエジプト中部のルクソールや王家の谷などにも見学に行っている。

宮崎はカイロからアレクサンドリアへ汽車で移動し、博物館や地下墓地、ポンペイの柱を見た後、アレクサンドリアからルーマニアの汽船に乗り、西アジアを離れた。十一月二日のことであった。アレクサンドリア滞在は二日である。

西アジアの政治情勢についての感想

西アジア旅行中に宮崎が訪れた国々は、当時、トルコ以外は、いずれもイギリス、あるいはフランスの事実上の植民地下にあったが、渡欧途上と同様、宮崎は英仏の植民地支配を批判するような言葉を書き残していない。逆に、何かにつけて心づけを要求する現地住民の「奴隷根性」のほうに問題があることを冷静に見出していた。『菩薩蛮記』が出版されたのが戦争中の昭和十九年であることを思うならば、不思議なほどである。ただし、アメリカについては「驕慢なアメリカ人が、石油も鉄も費い果して、先住の銅色人種のように退化していったら痛快なことであるが、しかしそれと一緒に撫順の炭礦からも石炭が出なくなっては困る」(135)と書いていた。ちなみに、この一文は、

『菩薩蛮記』が『アジア史論考』に収録された時に削られ、『西アジア遊記』でも削られたままで、全集では元に戻された。

宮崎の眼は、半植民地下の諸国ではなく、むしろトルコとサウジアラビアという独立国に向いており、彼らに西アジアの現状打破を期待していた。宮崎は、遅くともこの頃には、史上における素朴民族の意義を重視する歴史観を抱いており、トルコはアナトリアの農民を、サウジアラビアは砂漠のアラブ遊牧民を核として成立していたため、彼ら素朴な民族が西アジアに新風を吹き込み、これを再生させると考えていたのである。宮崎は、イスタンブールからアンカラへ向かう途中、アナトリア高原を通った際、「現今トルコ政府の実権者たるケマル・アタ・チュルク一派の国民党が、海岸地方の商工階級を相手とせず、この山間のアナトリア農民に将来の発展を期待しているのはさすがに見識が高いというべきであろう[136]」と、アタチュルクらを称賛していた。宮崎は、入国は出来なかったが、サウジアラビアについては特に期待を寄せ、彼らがその「アラブ的な王道」を大切にし、「世界から新知識を吸収し、国政革新を断行し、政教分離に踏みきり、婦人を解放し、教育を普及し、土地を改良し、貧富の懸隔を縮め、素朴民族の潑剌たる意気で都市の文明アラブを指導し、マホメットの偉業を再現すること[137]」を期待した。しかし、実際には、宮崎の期待したようにはならず、石油に頼るサウジアラビアに後々失望することになった。

ギリシアとイタリア

アレクサンドリアを出た宮崎は、ギリシアのアテネの港ピレウスに一旦上陸。アテネのパルテノン神殿を訪ねた。建物は「天は円く、地は四角」の原則に則らねばならないとする宮崎からすれば、四角いパルテノン神殿も高く評価できるものではなく、ギリシアの神殿は鳥かごのようだとする悪口にも一理ありとするが、しかし一方で神殿の格天井の古典美は認めて、「確かにこういう点では、ギリシャ人はそれ以前の古代東方の芸術家が到達し得なかった一線を見事に踏み越えたと言い得よう[138]」としている。その日のうちに再び船に戻り、コリントス地峡を通り、コルフ島を経て、十一月八日にイタリア半島南部のアドリア海に面したブリンディシの港に到着した。ここからナポリ行の汽車に乗った。ナポリからの旅程は分からないが、十一月十八日、パリに無事帰り着いた。パリは、ちょうど万国博覧会の開催中で、混雑していた。

帰国

翌一九三八年六月半ば、宮崎は満二年のフランス留学を終えて、帰国の途に就いた。パリからは一旦ドイツに入り、ドイツでイギリス船籍のアキタニア号に乗った。帰りは大西洋周りである。アキタニア号は、イギリスに寄港した後、大西洋を横断し、アメリカのニューヨークに到着。その後宮崎は、南方路線の鉄道でテキサス州を経てアメリカ大陸を横断し、八月五日にサンフランシスコから秩父丸に乗り、八月十九日早期に横浜港に入り、同日、京都に帰った[139]。

宮崎は、アメリカではナイアガラの滝を訪れ、遊覧船「霞姫」に乗り、滝つぼの近くまで行って見学している。この体験については、昭和二十八年の『華道』十五巻に掲載された随筆「大きな静けさ」に書かれているが、この随筆は全集からは漏れている。随筆の中で、宮崎は、世界には日本人の想像を超えた、本当に大きな音や静けさがあると述べ、前者の具体例としてナイアガラの滝の音を挙げるのである。

ナイアガラの滝の音は「雷鳴のような」「轟音」であり、「それは決して高い音ではないが実に大きな音である。強い音である。峡谷で雷が落ちた時の、耳を劈くような鋭い音ではない。前後左右上下から、身体全体を振動させて、滝壺へ引っぱりこもうとするような不気味な轟音である。時には猛獣の吼えるような、時には大砲が発射されたような、時には噴火口の唸りのような、耳を聾する地響きである」。「あれは大砲の音、あれは雷の音という風に正体のつきとめられる中は、まだ本当の大きい音ではない。またそれが何処から出たとつきとめられるようでは、やはり本当の大きな音ではない。何処からとも知れず、何の音とも知れず、四方八方から人を包んで、単に耳を聾にさすばかりでなく、あらゆる感覚を奪い去って人を叩きのめすのが本当の大きな音である。ナイヤガラの瀑布は、赤毛布の私にそうした貴重な体験を与えてくれた」。

後者の大きな静けさの例として宮崎が挙げるのは、西アジア旅行の際、モスールからバグダッドへの移動中に体験した砂漠の夜である。「人家が戸をしめて灯を消すと、地上はまっ暗になる。そして真闇になると同時に、雄大な静けさが四方から迫ってくるのだ。地上には風がない。風が吹いても動くものがない。地平線はどこまでのびているか暗くて見えない。暗くなくても恐らく見極めがつくまい。地平線の果てると思わしい所から空が始まる。空には一片の雲もない。一面に星を鏤めた大きな半穹が地上を蔽っている。ただそれだけだ。どこまでも果てしなく続く天と地とだけであとは何もない。何という静寂さであろう。星が時々チラチラと瞬く。その瞬きの音が聞こえてくるような気がする。これは偉大な静けさである。破ろうと思っても破れない偉大な静けさである。生きとし生ける物が悉くこの世から立ち去ってしまったあとに残る、死のような静けさである。何という不気味さ、何という恐ろしさであろう。もし耳元で誰かが大砲をぶち放したとしても、その音はきっと粉のようにとび散ってそのまま大地に吸い取られてしまって、ゴム風船が割れた位にしか聞こえぬであろう」。この「絶対の静寂」に宮崎の耳は、「針先のように鋭敏になって」しまい、結局眠れなかったという。

さて帰国早々、宮崎は八月二十一日には、濱田耕作の葬儀に参列した。濱田は、昭和十二年六月以来、京大総長を務めていたが、在職中の七月二十五日に腎萎縮に伴う尿毒症で死去したのであった。濱田に代わって、十月二十五日には、東洋史の主任教授であった羽田亨が総長に選出され、そのため那波利貞が教室主任になったが、那波は事務的な仕事は不得手であったようであり、東洋史研究室の運営は宮崎の双肩にかかってくることになる。

十月十五日には、陳列館で宮崎の帰朝報告会が行われ、各地で収集した陶片や写真などを披露した。シリア砂漠の日没前の写真は、「吾ながら巧く撮った」写真で、言語学の新村出教授に褒められ、後で拡大したコピーまで届けた[140]。この写真は、生活社版の『菩薩蛮記』では「クテシフォン途上―砂漠の夕陽」として巻頭を飾っている。帰国後の宮崎は、太いステッキをついて、赤いネクタイを締めていたという[141]。

生涯の傑作

帰国の翌昭和十四年の一月、宮崎は『史林』に「条支と大秦と西海」の論文を発表した[142]。留学の最初の成果であり、意外なことに、宮崎自身が「生涯の傑作」と位置付ける論文である。『自跋集』には、「若し世間の人が、私の書いたものの中に優れたものがあることを認めて下さるならば、私自身の立場としてはこの小論文を、生涯の傑作として持ち出したい[143]」と書かれている。

『史記』、『漢書』、『後漢書』といった中国の史書には、西方の地名として条支、大秦、西海、阿蛮、斯賓、斯羅などの言葉が現れるが、これらの地名が実際にはどこにあたるのか、論文「条支と大秦と西海」はその比定を行ったものである。地名比定の核心となるのは、条支、大秦、西海であり、その他の地名はこれら三つの地名の比定によって左右される。宮崎がこの論文を発表した当時、ドイツの中国学者フリードリヒ・ヒルトとその学説に多少の修正を加えながら、これを概ね支持する白鳥庫吉の比定が有力視されていた。ヒルトは、要《かなめ》となる条支をイラク南部に、大秦をシリアのアンティオキアに、西海をペルシア湾にそれぞれ比定していた。白鳥は、大秦をエジプトのアレクサンドリアとしたが、条支と西海はヒルトと同じである。これらの説に対して、宮崎は真っ向から異を唱え、条支はシリア、大秦はイタリア半島のローマ、西海は地中海と主張したのである。

問題の地名が、安息から大秦に至るルートの上に並んでいることは確かであり、安息がイランのパルティアであり、大秦が正確にはどこであれ地中海の沿岸とすることにも誰も異論はない。とするならば、交通の幹線が最短で通っていたシリアを通ったに違いないというのが宮崎の比定の前提となった。宮崎は言う。「安息より地中海への通路はシリアを経由するのが正道である。嘗て波斯王カムビセスの埃及を討つやこの道により、後にアレクサンデル大王が埃及より波斯に侵入するや、亦この道によった。大軍は交通の幹線に沿うて進む」。シリア重視は、宮崎が西アジア旅行で得た確信である。仮にヒルトや白鳥の説に従うならば、一旦安息まで来た人や品物は、そのまま最短で地中海に出ずに、わざわざペルシア湾に出て、その上アラビア半島を大迂回して、紅海より地中海に入らなければならなくなる。そのような大回りをしたはずがないとも宮崎は考えるのである。条支がシリアであるならば、当然、条支の西にあるとされる海、西海は地中海にほかならず、大秦はローマとするのが素直な比定となる。そして、この比定を基に、その他の阿蛮、斯賓、斯羅といったそのほかの地名も、宮崎はすらすらと比定していったのである。

実を言えば、条支をシリア、西海を地中海とする見方は、那珂通世が『支那通史』において明治二十年代に既に指摘していたことであり、[144]後にヒルト、白鳥らの説が出るに及んで、那珂の説は顧みられなくなったという事情があったのであり、宮崎は那珂の説を根拠を新たに再主張したに過ぎないと見られなくはない。宮崎はこの点自覚していたが、[145]それでも宮崎が生涯の傑作とこの論文を呼ぶのは、やはり当時東大東洋史の名誉教授で、それも西域の地名比定にかけては世界一を誇った白鳥の説を完全に論破したことへの素直な喜びがあったのであろう。宮崎は、論文発表当時も鼻を高くしていたようで、羽田亨からは、あまり調子に乗らないようにと忠告された。[146]五井直弘は、白鳥の死後でも「白鳥先生を直接知っている者には、白鳥批判をすることはむつかしいのだ」と聞かされたというほどであるから、[147]まだ白鳥が生きていた時代にその説を真正面から批判することは、相当に勇気のいることであった。宮崎は、『自跋集』でも「『白鳥庫吉全集』のうち、第七巻『西域史研究（下）』の大半は無用の長物に帰するのだ」と誇った。[148]

独自の世界史観の提示

フランス留学に関係する成果として挙げておかなければならない重要な論文は、もう一本ある。それは時代はやや先に進むが、昭和十五年から十六年にかけて『史林』に掲載された「東洋のルネッサンスと西洋のルネッサンス」である。[149] この論文は、西洋のルネサンスに先がけて、東洋でも十一世紀の宋代にルネサンスと呼びうる現象が起こっており、東洋のルネサンスが西洋のルネサンスに対して、絵画の面において影響を及ぼしたことを論じたものであるが、同時に宮崎の世界史観の確立とその提示という側面ももっていた。

論文の冒頭「緒論」には「三個の世界と三個の時代」という副題が与えられ、最初に宮崎の考える世界史の全体像が提示される。

宮崎は、世界史を理解するに当たって、まず世界を三つの地域に区分する。それはペルシャ・イスラム世界、東洋、西洋である。そして、この三つの地域が、それぞれその内実を同じくする古代、中世、近世の三つの段階を経て来たとする。なお、宮崎は後に書かれた「世界史序説」では、このペルシャ・イスラム世界を「西アジア」と言い換えるが、[150] この段階では、東洋、西洋との不均衡を顧みず、あえてペルシャ・イスラム世界という言葉が使われているのは「従来の歴史家があまりこの地方を重視せず、折角新しい名称を製造しても、その内容が不明に思われる虞があるので、此土地には嘗て波斯の大帝国が繁栄して其の文明が広くは東西に、遠くは後世に迄光被したる後、イスラム教が現われて其の衣鉢を伝え、現今もイスラム宗教圏を形造っている事実を想起して貰いたいが為に外ならぬ(151)」からであった。

古代とは、「人類が原始的な部族生活より脱して、都市国家を形造り、それが発達して数十個、数百個の都市国家を含む一領域を支配する大帝国に至る迄の時代」とされ、ペルシャ・イスラム世界でその大帝国に当たるのがアケメネス朝ペルシアである。アケメネス朝は前五五〇年頃に成立し、前三三〇年にアレクサンドロス大王によって滅ぼされた。東洋の大帝国は、始皇帝の秦とこれに続いた漢であり、前二二一年の始皇帝の天下統一から二二〇年の後漢の滅亡まで続く。西洋では、紀元前後にローマ帝国が成立し、これがアケメネス朝ペルシアと秦漢帝国に当たる存在である。ローマ帝国は、四世紀後半にゲルマン民族の大移動を受けて、「その覇権を完全に失墜した(152)」。古代的な発展は、ペルシャ・イスラム世界が最も早く、東洋がこれに次ぎ、西洋が最も遅れたことになる。

続く中世を特徴づけるのは、第一に地方分権の傾向である。「之が西洋では封建制度となり、ペルシャ・イスラム世界に於いては封建的貴族政治となり、東洋に於いては官僚的貴族制となった(153)」。この時期には、宗教が大きな力をもったことも特徴であり、西洋ではキリスト教、ペルシャ・イスラム世界では拝火教（ゾロアスター教）、東洋では仏教が流行した。また地方分権となったことで、辺境の防備が薄弱となり、これに乗じた「夷狄」の侵入がしばしば起こったこともこの時期の特徴とされる。

近世は、宗教改革とルネサンスによって始まる。これが最も早く起こったのもやはりペルシャ・イスラム世界である。ペルシャ・イスラム世界では、七世紀のイスラム教の成立が宗教改革に当たるとされ、アッバース朝の時代にバグダッドで「波斯の文化、希臘の古典が復興された」[154]ことをもってルネサンスとされる。一方、西洋のルネサンスは十四・五世紀に起こったのであり、ペルシャ・イスラム世界に遅れること、七世紀でようやく西洋は近世に入ったのである。東洋におけるルネサンスについては、ペルシャ・イスラム世界と西洋のルネサンスほど自明ではないため、宮崎は「緒論」に続いて、西洋のルネサンスに見られた哲学、文体、印刷術、科学（羅針盤と火薬）、芸術（特に絵画）の面における革新が、十一世紀の宋代にも同様に認められることを「東洋におけるルネッサンスの存在」の章で詳細に論じている。宮崎は、東洋にもルネサンス現象が生じていたことを示すことで、ペルシャ・イスラム世界、東洋、そして西洋の三つの地域の社会が、ほぼ同様の社会的発展を、それもペルシャ・イスラム世界が先頭を切り、次いで東洋、そして西洋が最も遅れる形で遂げていったことを明らかにしたのである。

論文の三つ目の章は、「最も遅れたる西洋の文化」となっており、その章題は挑発的ですらある。そのため西洋史家の樺山紘一は、『ルネサンスと地中海』において日本人のルネサンス論の代表として、花田清輝の『復興期の精神』と並べて宮崎の「東洋のルネッサンスと西洋のルネッサンス」を挙げ、「この論文をはじめて読んだとき、あまりの中国贔屓ぶりに、率直にいって辟易したものである。すべての源泉は中国にありとの議論は、すべてが西洋にあるというのとおなじく、ただの独断にすぎまい[155]」と書いているほどである。しかし、宮崎は決して全ての源泉が中国にあると言っているのではないことは明らかであり、樺山の読みには問題があるように思われる。樺山はさらに続けて、「だが、ここで宮崎の立場を考えてみよう。日中戦争のさなか、日本人が中国にたいして、不当なまでの優越感情をあらわにしていたとき、あえて中国への敬愛をとなえたかったのだろう[156]」と述べて、宮崎を弁護するが、これは贔屓の引き倒しであろう。宮崎の論文を素直に読めば、宮崎にあったのは東洋人としてのナショナリズムである。宮崎に中国への敬愛の念がなかったとは言わないが、しかし宮崎が中国に対して非常な愛着をもったいわゆる支那学者とは一線を常に画していたことは疑いない。

宮崎の設定した三つの世界は、互いに無関係に同様の発展を辿ったのではない。三つの世界は相互に影響を与えながら、とりわけ進んだ社会が遅れた社会に影響を与えることで世界史は進展していったのであり、このような考え方こそ宮崎の世界史の真骨頂である。宮崎は東洋と西洋における古代の大帝国の成立には、ペルシャ・イスラム世界のアケメネス朝ペルシアの影響、具体的にはその最盛期をもたらしたダレイオス一世の統治法の影響があったことを指摘し、「東洋及び西洋に於ける古代史的発展は、ペルシャ世界に指導されて来たのである[157]」と断言する。この論文では、「東洋画がイスラム絵画に及ぼせる影響」、「東洋画が西洋学芸復興期絵画に及ぼしたる影響」の部分で、宮崎は多くの実例を挙げながら、東洋のルネサンス期の絵画が、ペルシャ・イスラム世界の絵画に影響を与えることで間接に、あるいは直接に西洋のルネサンスの絵画に影響を及ぼしたことを縷々《るる》論じているが、この議論は、三つのそれぞれの地域が相互に影響を与えながら進展してきたとする宮崎の世界史観の証明にもなっていたのである。

「結語」において、宮崎は、「概して言えば時代の遅れて起りたる学芸復興運動程、それ丈より完全に近い。即ち東洋の学芸復興はイスラム世界のそれに勝り、西洋の学芸復興は東洋のそれを凌駕している」[158]とする。それゆえに、西洋は最も遅れたにもかかわらず、逆にもっとも完全な学芸復興を成し遂げて、他の世界に先がけて産業革命を成し遂げたのであり、そしてこの産業革命によって、西洋は「他の先進二世界を蹴落して、全世界的覇権を確立[159]」させることができたと見る。そして産業革命以後を最近世と名付けるならば、最近世は、西洋、東洋、ペルシャ・イスラム世界の順に始まったのである。宮崎は、さらに西洋では、「第二段の産業革命が漸くその緒につかんとする気配さえ見えている。吾人東洋人たるもの甚だ晏如たり得ないのが現代である[160]」と論文の終盤で述べて、危機感を示している。

世界史観の形成——榊亮三郎とフランス留学の影響

こうして宮崎は「東洋のルネッサンスと西洋のルネッサンス」において独自の世界史観を確立させたわけであるが、この世界史観は一朝一夕に出来上がったのではない。先に見たように、宮崎は、学部学生の時代から世界史について考えており、三高時代には東洋史と西洋史の両方を教えるようになって、両者の関係を考えざるを得なくなっていたのである。

この問題の解決に糸口を与えたのは、昭和六年に京都大学の夏期講座として開かれた榊亮三郎（明治五年〜昭和二十一年）の講義「上世波斯と古代印度、中世波斯と支那日本」であった。榊は梵文学梵語学講座の教授であったが、イランにも関心が深く、宮崎によれば榊には「イランを世界史の中心に据えた独特の史観[161]」があった。問題の講義では、史上最初に全人類の統一を謳った世界帝国の理想を実現させたのはアケメネス朝ペルシアのダレイオス一世であり、ダレイオス一世の行った中央集権や街道の整備などの国内統治策が、その後、東西に伝わり、インドのアショカ王、秦の始皇帝、ローマ帝国のアウグストゥスによって模倣されたとの見方が示されたのである[162]。宮崎は、「この講義を拝聴して、言い知れぬ感動を覚えた。私が年来抱いていた疑問（西洋史と東洋史の関係）がこれによっていっぺんに解消したからである[163]」とまで書き残している。つまり、榊の見方に従えば、一見無関係に見えた東洋と西洋、さらにはインドの古代帝国が、実は先進の西アジアの影響を受けて並行進化を遂げていたことになるのである。東洋史と西洋史は、歴史的に無関係にあったわけではなく、西アジアを介して繋がっていたのである。榊の講義は、これまで世界史を東洋史と西洋史との関係でしか捉えていなかった宮崎に、西アジアの重要性を知らしめると共に、その西アジアを中心とする世界史像を提供したという点で、宮崎の世界史観構築に決定的な影響を及ぼしたと評価できるのであり、榊の宮崎に対する影響はいくら強調してもし過ぎということにはならないであろう。ちなみに榊の『弘法大師とその時代』は宮崎の推奨本であった[164]。後に宮崎はフランス留学中に西アジア旅行を行うことで、榊の指摘していた西アジアの先進性を肌でもって感じることができた。宮崎は、『アジア史研究』第三の「はしがき」において、西アジア旅行を通して「イスラム世界の驚くべき先進性と其後の停滞性とについて、印象を強めて帰ったのである[165]」としているが、ここであくまでも「印象を強め」たとの表現がなされていることは、榊を通して西アジアの先進性についての認識を得ていたからに他ならない。

榊の講義から二年後の昭和八年に、この点も既にみたように、宮崎は都市国家論を発表した。これによって古代の各地域においては、榊の指摘した大帝国だけでなく、都市国家すら共通して存在したことを宮崎は指摘し、独自の古代史観をまずは作り上げることができた。見方によっては、中国における都市国家の存在も、榊の考えを応用すれば、必然的に導き出せるものであったとも言えるだろう。西アジアにあるものは、東洋にも西洋にも存在するのである。

こうしてフランス留学以前に、宮崎の頭の中では、古代史の部分に関しては、西アジア、東洋、西洋の順で、それぞれの社会が、先進の西アジアの影響下で、同じ社会的発展を並行して遂げたと見る、その世界史観は出来上がっていたのである。そして、この古代史の部分こそが世界史の体系構築の最初にして最大の山場であったと言えるだろう。極端に言えば、続く中世、近世については、古代史と同様に、西アジア、東洋、西洋の三つの世界で同様の社会的発展が西アジアの影響下で起こっていると想定し、これを証明していけばよかったからである。この想定の下、宮崎が古代史の次に行ったのが、ルネサンスの研究であった。

宮崎がルネサンスの研究に向かう契機となったのは、フランス留学中にプウジナ（I. V. Pouzyna）の『中国と伊太利、特にルネサンスの黎明 *La Chine, l'Italie et les débuts de la Renaissance*』[166]に出会ったことであった。[167]プウジナは、十四世紀のルネサンス期にイタリアで新しい画風が始まったのには、先進の中国からの影響があったことを指摘していた。宮崎はこの著作を労としながらも、しかし、プウジナの所論が中国とイタリアの直接的影響関係を説くことに急で、中間にあった西アジアの存在を軽視しているところに問題を感じ、西アジアとの関係を考慮に入れながら、「プウジナの著作を書き直そうとし[168]」て著されたのが、「東洋のルネッサンスと西洋のルネッサンス」であったのである。

しかし、宮崎はこのプウジナの説を紹介した際に、「これこそ正に私が言わんとしていた所[169]」とも述べており、このことは宮崎がプウジナの研究に出会って初めて、中国の文化の西洋に比しての先進性に気付いたのではなく、それ以前から感じていたということを示している。実際、宮崎は、やはり『自跋集』において「宋代ルネサンスとは内藤湖南先生の「近世支那の文化生活」の後を受けて発展させた[170]」としているのであり、内藤の教えを受けた者としてはプウジナの見方は決して革新的には映らなかったに違いない。この意味では、宮崎のルネサンス論は、宋代に確認される新文化にルネサンスという概念を与え、世界史の中での比較を可能にしたということにあるのだろう。

したがって東洋のルネサンスの研究は、古代史に比べれば、容易であったように思われる。そもそも「北宋時代を以て東洋に於ける学芸復興期とすることは屢〻漠然と称えられ来たったこと[171]」であったので[172]、一からルネサンスに相当する現象を東アジアで探す必要はなかった。一方、これらの中間の西アジアのルネサンスについては、それがハールーン・アッラシードの時代に当たることがあたかも自明のように論じられていたことから考えて、やはりそれほど苦労なく、宮崎はその比定を行うことができたと想像できる。「東洋のルネッサンスと西洋のルネッサンス」の内容の大半が、各世界におけるルネサンス現象の存在証明ではなく、その相互関係の具体的分析に割かれていたのは、このような事情があったからであろう。

フランス留学が機縁となったルネサンスの研究は、結果的に古代史と併せることで、世界史全体の体系化に繋がることになった。古代的発展と近世的発展の部分が出来上がれば、中間の中世は自ずとその体系の中での位置が定まって来るからである。現に、宮崎の世界史の体系にとって、古代史とルネサンス論こそが核心であったことは、「東洋のルネッサンスと西洋のルネッサンス」に、附表として「三個の学芸復興比較年表」と「三個の古代帝国比較年表」が載せられていることから明らかである。

近年、わが国では世界史を問題にした書物が多く出ているが、[173]宮崎の世界史の体系については言及はなされていない。古い所で昭和五十二年に成瀬治がその『世界史の意識と理論』の中で宮崎の世界史の体系をごく簡単に紹介して、「ユニークな史論」としたのが、管見の限りでの唯一の評である。

ところで、宮崎が「東洋のルネッサンスと西洋のルネッサンス」を書いた背景には、当時、哲学者西田幾多郎門下の京都学派の学者たちの間で、世界史や世界史の哲学が熱心に語られるようになっていたことも関わっていたのかもしれない。彼らはヨーロッパ中心主義的な世界史ではなく、日本を中心とするアジアが主体的な役割を担う世界史とそれを成り立たせる哲学を模索していた。例えば、西田門下の四天王の一人、西洋史学者鈴木成高《しげたか》は、昭和十四年に出版された『ランケと世界史学』において、「吾々は之までの欧羅巴中心主義の世界史が最早や成立し得ないという未曽有の段階に立たされている」と認識し、「明日の世界史は必ず新しき世界像をもたねばならない」と主張して、[174]新しい世界像を要求していた。[175]そして、次章で見るように、宮崎はこの鈴木と親しくしていた。宮崎がこのような思想的潮流の中にあったことを考えることで、なぜ宮崎が、自らの世界史の体系を――おそらくフランス留学中には出来上がっており、かつ筆も早かったにもかかわらず――、フランスからの帰国後すぐにではなく、二年後の昭和十五年になってから書いたのか説明がつくように思われる。

世界史研究会

戦後の昭和二十四年、新制高校の新科目として世界史が登場した。これを受けて、新科目世界史の諸問題について高校の現場の教育者と大学の研究者が共同で考えるための世界史研究会が、藤枝晃を代表発起人としてつくられた。本部は京大の史学科陳列館内に置かれ、宮崎はこの研究会の代表者として藤枝に担ぎ出された。宮崎の世界史への意欲は誰もが認めるところであった。

世界史研究会の機関誌『世界史』の予告号に宮崎は、「世界史の構想」なる一文を寄せた。全集未収録の文章であり、また宮崎の世界史観が短く端的にまとめられているので、煩をいとわず、引用しておきたい。

「世界史の体系とは、具体的に言えば、如何に地域区分と時代区分を立てるかにある。従来は漠然と西洋と東洋（アジヤ）とに分けていたが、文化の系統を異にする西亜と東亜とを強いて一つに纏めて東洋とし、之を西洋に対立させるのは無理である。アジヤは地形によって少なくも三地域、即ち埃及、メソポタミヤを含めた西亜、中国を中心とした東亜、及び印度、南洋に跨る南亜とに分ける必要がある。

時代区分に対する一試案。最初人類の文化は即ち分化であった。最古の文化は西亜に発足するが、そこから欧州と印度とが分離した。遠隔の中国は特殊な文化を創造したが、絶えず西亜から影響されている。各地域は夫々の内部に於いて凡そ三時期を経過する。先ず分散状態から集中に向かい大統一を形成する古代史的発展の時期、次に中世的な分裂、停滞の時期、最後に再び新たな大統合に向かう近代的な時期である。西亜は最も早く、波斯王朝が古代史的発展の頂上であり、アラビヤ人の勃興と共に近代的な発展を踏み出している。西洋は少し宛遅れ羅馬帝国が古代の極点であり、文芸復興から近世が始まる。東亜の進行は西亜より遅れ、西洋より早い。所が西洋の産業革命と資本主義とは、長い間分化して来た四つの地域を再び一つに統合する傾向を見せて来た。分化と統合の織り成す綾が世界史である。さあれ地域区分も時代区分も、その効用には自ら限界があることを知らねばならぬ」。

世界史研究会の『世界史』は、第三号（昭和二十四年十月）まで刊行され、この間、この研究会が編集した『新制世界史』四冊が刊行されたが、最後に号外が昭和二十五年二月に出たのを最後に終刊した。世界史研究会は、同年の四月には『新制日本史』二冊を出し、この中に宮崎は「日本史と世界史との関連」を寄稿した[176]。しかし、世界史研究会自体は、その後間もなく自然消滅してしまったようである。

第六章　国策に従事して

——京都帝大の助教授から教授へ（昭和十三年〜昭和二十年）

昭和十四年、秋津村の宮崎家にて。前列左から娘の一枝、妻の松枝、中央は父の市蔵。後列左から二番目は兄の市平、市定

東亜研究所の委託事業

宮崎がフランスに留学していた昭和十二年七月七日、盧溝橋事件を機に日中は全面戦争に突入した。日本軍は十二月には首都南京を攻略したが、国民党政府は武漢、さらに重慶まで退き、戦争は長期化していた。

日中戦争さなかの昭和十三年九月、「帝国ノ海外発展ニ資スル為東亜ニ於ケル人文自然ニ関スル科学的調査研究ヲ行フ」べく、東亜研究所が設立された。総裁は首相の近衛文麿で、企画院の下に置かれた。研究所は五部門に分かれていた(1)。外部へも多くの研究が委託され、東亜研究所に関係した研究者は、昭和十八年の段階で、研究所員二百五十名を含めて、千名を超えたとされる(2)。

研究所の第二部長の原敢次郎中将(3)は、京大西洋史の教授であった原勝郎の実弟であり、総長の羽田亨とは旧知の仲であったこともあり、京大には真っ先に委託事業が降りかかってきた。その年の十二月には、東方文化研究所が、東亜研究所より「遼、金、元、清各朝の異民族統治事例の研究」の委託を受けた(4)。研究期間は、翌十四年一月一日から二年の予定であった。委託を受けた東方文化研究所は、外務省対支文化事業部によって中国研究を目的として昭和四年に開設された研究所であり[5]、昭和十四年当時は外務省の所管であったが、その所員は京大の関係者がほとんどであり、事実上、京大の一部局のような存在で、宮崎もその所員を兼ねていたため、この委託事業を受けた研究をしなければならなくなったのである。それも、宮崎は、若手の助教授であったから、先頭に立って働く立場にあった。そして、「最もむつかしい清朝の部分に当たることになった[6]」。具体的に宮崎が研究を委託されたのは、「清の官制と官吏登用法の研究」であった。

宮崎は最終的に「清朝の官制及び官吏登用法」の報告論文を東亜研究所に提出した。この委託事業は、東京の東方文化研究所にも同時に委託されており、京都のものと併せて十九本の論文が提出された。十九本の論文は、総計百余万字に上る膨大なものとなったが[7]、結局刊行されないままで、一部を除いて戦後焼却処分されたようである[8]。宮崎の報告論文も失われた。しかしその概要が、東亜研究所所員沼田鞆雄と中村治兵衛の手によって『異民族の支那統治概説』として昭和十八年に刊行されている。清朝の部分の概要を作成したのは沼田で[9]、宮崎の論文は清朝の「官制」と「軍制」の部分で利用された。宮崎は、この論文のために「全国の文官の出身地の一覧」と「駐防八旗の配置図」を作成して論文に添付したが、前者は失われてしまい、後者は『異民族の支那統治概説』に「創設年代より見たる各省駐防八旗分布図」、「各省駐防八旗布置完成図」として利用された[10]。駐防八旗というのは、中国内地に配備された八旗兵のことであるが、宮崎はその配置を「具体的に図示して見ると、普通に八旗兵は殆ど無用化したとの通説とは裏腹に、太平天国の際などには意外に役に立っていたことが読み取られ[11]」たとしており、実際、『異民族の支那統治概説』には、その旨の記述がみられる。[12]

東亜研究所からは、続いて「中国の辺境統治対策」の研究が委託された。宮崎はやはり「外に誰も引受手のない、清朝の西蔵統治策を引き受けた[13]」。その成果は、戦後になってから「大戦前チベット外交論」として『アジア史研究』第三に収録された。さらに昭和十六年三月三十一日には、「支那に於ける列国の勢力扶植史調査（支那文献にもとづく）」の研究委託も東方文化研究所が受け[14]、宮崎はアロー戦争期（一八五六年～一八六〇年）の清側の外交事情を明らかにする研究を行った。また昭和十八年二月六日には東亜研究所主催の東西合同の研究発表会があり、宮崎は愛宕松男と共に京都側の代表として参加し、「支那側史料より見たる英仏連合軍の北京侵入事件―特に主戦論と和平論」と題する報告を行った[15]。委託事業の一環で、宮崎は『欧米列強対支勢力浸透史支那側文献目録』も作成している[16]。

史学会大会での公開講演――羨不足論

昭和十四年五月、史学会創立五十年記念の第四十回大会で、宮崎は「羨不足論」の題目で講演を行った[17]。題目の「羨」は有り余る、「不足」は貧困を意味し、あわせて贅沢論という意味になるらしいが、宮崎自身、「これは甚だ分かりにくい、いささか意地の悪い外題であるが、そういう鬼面を掲げて世人を驚かそうというのは、後から思えばまこと笑止な、若気の至りである[18]」としており、史学会の関係者も説明されるまで、「羨不足論」の題目の意味は分からなかったという。

史学会は、東大文学部に本部を置く、明治二十二年に創設された歴史学研究のための学会で、現在も活動中である。大会は、五月十三日（土曜）と十四日（日曜）の両日にわたって開かれ、宮崎の講演は十三日の午後に行われた。当日の十時から十五時までは、五反田にあった島津侯爵家本邸で小雨の中「島津侯爵家什宝展観」が開かれ、講演会は十八時から東大の法文経第二号館第三十六番教室で開かれた。講演者は三名おり、最初に市村讃次郎の「支那史上の和戦問題—時に宋金和戦の批判を主として」、続いて行われたのが宮崎の「羨不足論」、最後に「古典の伝来」と題して宮地直一が講演した。三つの講演が終わったのは二十二時頃であった。

学会二日目には、上野の帝室博物館の見学が午前中にあり、午後からは国史、西洋史、東洋史の部会別の研究発表が行われ、夕刻十七時より上野の精養軒で総会。散会の際には、宮崎がカイロで購入したアラビア音楽とエジプト国歌のレコードが流された。

宮崎の講演内容は、翌年に刊行された史学会の雑誌『史学雑誌』に、「羨不足論—支那に於ける奢侈の変遷」と副題を付けて発表された[19]。

宮崎が「羨不足論」の中で説くところによれば、古代の奢侈は、量と珍奇さだけを誇っていたが、中世になると奢侈に質が求められるようになる。例えば、食べ物にしても、素材の珍しさや量より、美味しいものを求めるようになる。しかし、豚を人間の乳で育てたり、奴隷に甕を抱かせて酒を醸したりと、中世の人間は非科学的なやり方で奢侈をしていた。しかし、宋代以後、奢侈のやり方は科学的合理的に行われるようになった。米を炊くには、火力の強い石炭を用いるようになり、石炭は一度焼いてから用いることで、その煙が米に移るのを防ぐといった具合である。宮崎は、このような科学化、合理化の背景に宋代における科学的知識の普及と社会の分業化が関係していたと指摘する。

論考の最後に置かれた「余論」で宮崎は、一民族が奢侈になると奢侈でない民族の圧迫を被るので、奢侈は避けたほうがよいが、しかし奢侈は一面では文明化であり、文明がなければ他民族は支配できないとし、現在の「激烈な民族競争裏にあって、常に先頭に立って進まんとすればどうすればよいか」と時局を意識しながら自問し、「それは結局昨日の奢侈は今日の奢侈でなくなるというプロセスをどんどん将来に向かって満遍なく繰り返して行って常に他を率いて進めばよい。自分一人だけの奢侈は、よしんばその生活態度が飛躍的な向上を遂げても、直ちにそれがために衰えるということはない。その奢侈が他人から孤立して先進するとか、あるいは奢侈のために他から孤立するようになると滅亡するのである。そうすると奢侈は結局、昨日の生活に比べての奢侈は許容されるが、他に対しての奢侈は差し控えねばならぬということになります」と自答する。宮崎は、奢侈が社会全体の文明化という形で進めば問題なく、特定の国や民族、あるいは階層の奢侈だけに陥らないことが肝要だと説いているのである。

奢侈の変遷というのは、一見、好事家的な研究テーマであるが、最後の「余論」の部分を読めば明らかなように、宮崎の中では、奢侈は歴史全体を動かす重要な要素と見られていたことが了解されるだろう。丁度この時、宮崎は、贅沢論を重要な片輪《かたりん》にした東洋の歴史を俯瞰する書物を執筆中であった。

『東洋における素朴主義の民族と文明主義の社会』

それが昭和十五年四月に刊行された、宮崎最初の著書『東洋における素朴主義の民族と文明主義の社会』である。この長々しいタイトルの著書は、冨山房から出されていた羽田亨監修の「支那歴史地理叢書」のシリーズの一冊として刊行されたものであった。羽田の「支那歴史地理叢書の刊行に就いて」によれば、このシリーズは「我が東洋史研究室関係諸士の間に、時局下に於ける学問奉公の念願から」企画され、「支那に関する歴史的知識を特に堅苦しい歴史の学問としてではなしに、一般的読物として読む間に、自ずから領得せしむ」ことを目指して刊行されたものであった。

『東洋における素朴主義の民族と文明主義の社会』は、文明の発生以来の長い中国の歴史を漢民族の文明主義社会とそれに対抗した周辺の素朴主義民族との対抗関係で読み解こうとしたものである。対抗する文明主義社会の人間と素朴主義の人間を、宮崎は極めて対照的に捉える。すなわち、「文明人に文明主義の教養あれば、素朴人には素朴人の訓練がある。文明人が思索すれば、素朴人は行動する。前者は理智的、後者は意志的、一は情緒纏綿、他は直截簡明、彼は女性的、此は男性的。更に彼は個人自由主義、此は全体統制主義、凡そあらゆる方面において相反せる特徴の対立を見るであろう。単に社会と民族とを全般的に観察したる上のみでなく、その個人と個人とを比較したるときにおいても、そのまま右のごとき特色が明らかに認めらるることを余は特に強調する[20]」と。この言葉だけでは分かりにくいかもしれないが、冨山房版の『東洋における素朴主義の民族と文明主義の社会』に付けられている二枚の口絵をみれば、宮崎のイメージする文明主義の社会と素朴主義の社会は一目瞭然である（図8）。一枚の口絵は、「第一図　文明生活」と題され、立派な中国風の屋敷の一室に仲睦まじく、文机の前に座る男女の姿を描いた絵が載せられており、もう一枚の口絵

第一圖　文明生活（著者藏清氏畫帖より）

第二圖　素朴生活（東亞考古學會蒙古調査團寫眞）

図8　「文明生活」と「素朴生活」（『東洋における素朴主義の民族と文明主義の社会』より）

の題は「第二図　素朴生活」とされ、広漠たる平原を背景とした遊牧民の天幕と家畜の写真が載せられているのである。これらの口絵は、東洋文庫版でも全集版でも省かれてしまっている。

宮崎の考えでは、「文明社会の外観は、咲ききそう花の香えるが如く美しい。しかもその裏面には常に醜怪唾棄すべき秘密のからくりがある」[21]のであり、このような文明社会は時間が経てば経つほど堕落腐敗し、やがては混乱してくるが、その時に素朴民族が外部から入ってくることによって、文明の害毒が一掃され、社会が再び活力を取り戻し、繁栄に向かうとされる。しかし、素朴主義の民族も、一時は文明主義の社会を矯正するが、やがて文明主義に侵され自ら堕落する。そうすると、また新たな素朴民族が入ってくる、といったことが繰り返されて来たのが東洋の歴史だと宮崎は言うのである。典型的な事例として宮崎が挙げるのは、明末に社会が乱れた時に、清朝の勢力が入って来ることによって、中国の社会が再び活力を取り戻したことである。宮崎の言葉では、「明人が自ら治め得ざりし文明社会は、数万の満州軍なる新要素を注入することによりて、不思議にもよく治まった。蒙古人の侵攻が熄み、日本との関係も改善されたのみならず、清朝の威令は西は葱嶺を越え、南はヒマラヤ山中にまで及んだ。文明病を医するには、ただ素朴主義の注入あるのみだ」[22]ということになる[23]。

宮崎は、日本人も素朴主義の民族に分類し、明らかに素朴主義の民族に共鳴している。しかし、この考えを当時の日中関係の中に置いてみるならば、清末以後、安定を得ず混乱を続ける文明主義社会の中国に素朴民族である日本が進出することで、中国社会の活力を取り戻させることができるということに繋がるのであり、日本の大陸進出を理論的に後押しする側面があったことは否めない。

この点は、宮崎自身も戦後になってから「この私の叙述が、先頃の満州国成立の頃の時局に対して全く無関係であったとは私も言わない[24]」と正直に告白しているが、一方で宮崎はこの書物が全くの時局向きの書物とみられることには不満を呈し「私のこのような分析の仕方は、東亜の場合に限らず、世界の至る所の歴史を読む時の理解を助ける有効な指針になると信ずる[25]」と発言し、この書物に対する並々ならぬ自信を示している。また「私はこの書が私の処女作であるだけに、今もって大きな執着を抱いている。そして東洋の歴史をこれだけ鮮明に陰翳をつけて描いた著作は、私の後のものをも含めて、これに勝るものがないと言いたいくらいである[26]」とも述べ、自画自賛も辞さない。

この書物で展開された素朴主義と文明社会の歴史観は、その世界史観が頭で考えられたものであるのに対して、信州の飯山という素朴な風土に生まれ、京都、パリという文明主義の社会を体験した宮崎ならではの実体験からにじみ出たものと言えるだろう。その分、宮崎自身の愛着も強く、傍から見るならば、もっとも宮崎らしい作品となっている。座談会「先学を語る—宮崎市定博士」には、「私の好きな宮崎市定先生の著作三点」が参加者の佐伯富、岩見宏、寺田隆信、間野英二、礪波護によって挙げられているが、佐伯富、岩見宏、寺田隆信はこの『東洋における素朴主義の民族と文明主義の社会』を三点の一つに挙げており、最多得票であることも頷けよう。ちなみに二位は、同点で二名が挙げる『中国史』と『菩薩蛮記』で、以下は散票となっている。

紀元二千六百年

昭和十五年は、全国で皇紀二千六百年が盛大に祝われた年でもあった。皇紀とは神武天皇の即位を元年と数える紀年法である。この年には、正月から様々な奉祝行事が各地で始まり、延べ五千万人近くの人々が何らかの奉祝行事に参加したとされている。[27]そのクライマックスになったのが十一月十日に宮城（皇居）前広場で行われた「紀元二千六百年式典及び奉祝会」であった。

会場となった宮城前広場の前方中央には、天皇、皇后のために神殿風の建物が建てられ、その前には、五万五千人分の席が準備された。周囲は紅白の幕で囲まれた。この列席者の中に、宮崎もいたのである。「自訂年譜」によれば、「当日の式典のため前夜、先輩の諸教授と共に鈍行夜行列車にて東上したり」とある。式典は、晴天の中、十一時過ぎより始まり、近衛文麿首相による「寿詞」とこれに応える天皇の勅語が発せられ、続く「紀元二千六百年頌歌」の演奏の後、近衛首相の発声で全員が「天皇陛下万歳」を三唱して、十一時半過ぎに式典は終了した。参加者には、「紀元二千六百年記念章」が配られた。

翌日には、奉祝会が開かれた。言及はないが、宮崎はこの奉祝会にも参加したはずである。奉祝会には前日の参加者は基本的に全員参加したからである。奉祝会は十四時前に始まり、この日は高松宮とグルー駐日アメリカ大使が「奉祝詞」を読み上げ、天皇が宣旨を述べ、その後宴席となった。五万人近くの人間が宮城前の広場で、天皇と食を共にした。メニューは、軍隊の携帯食料に準じたものであった。宴席終了後、今度は高松宮の発声で、万歳三唱がなされ、十五時前に終了した。記念品として『列聖珠藻』と『聖徳余光』が配布された。前者は歴代天皇の歌集、後者は宸翰《しんかん》などを集めたものであった。

ちなみに宮崎は、同年の生まれであったこともあり、昭和天皇に親近感を抱いていた。随筆「天子古希」で宮崎は、自身が古希の年にパリの蚤の市で清の乾隆帝のものと思われる天子古希の字の入ったエナメルのブローチを奇《く》しくも見つけたエピソードを語り、最後に「古希を迎えられた日本の天皇は、ヨーロッパ諸国訪問に旅立たれた。これは大へんよいことだ。こういう機会をめったにもたれないものであるならば、なおさらのことせめてパリには一週間ぐらい滞在されて、その間に蚤の市でもご案内できぬものであろうかとつくづく思う(28)」と書いている。宮崎の同僚には昭和天皇の学習院時代のご学友であった足利淳氏がいた。その名から一目で分かるように、足利尊氏の末裔であり、梵語梵文学講座の教授であった。榊亮三郎の後任である。宮崎には「足利さんに兄事して(29)」の随想もある。

毘沙門天はミトラ神

京大の史学科では皇紀二千六百年を祝して、昭和十六年に『皇紀二千六百年記念史学論文集』を刊行した。この論文集には、日本史論文十七本、東洋史論文十四本、西洋史論文十本、地理学論文八本、考古学論文六本の計五十五本の論文が寄せられ、総千百九十五頁に及ぶ大冊となった。

宮崎がこの論文集に寄せたのは、「毘沙門天信仰の東漸に就いて」であった。これは宮崎の最もユニークな論文と言ってもよいだろう。そして筆者の最も好きな宮崎論文の一つでもある。思い起こしてみれば、私の買った『宮崎市定全集』の最初の巻は、第十九巻の東西交渉で、それはこの論文を読むためであった。

中国では、唐の玄宗の頃から毘沙門天の信仰が盛んになった。そして続く宋代には、『水滸伝』

にみられるように、各地に毘沙門天を祀る天王堂が建てられた。しかし、毘沙門天は本来、四天王の一人にすぎないはずである。では、毘沙門天はいつ、どこで四天王から独立したのか。宮崎は、このような問いかけをし、それが中央アジアで起こったものであり、独立毘沙門天崇拝の中心地は于闐《ホータン》にあり、于闐の毘沙門天崇拝が唐代の中国に伝わったと論じる。

では、なぜ毘沙門天は、四天王から独立したのか。

仏教は、インドから中国へ入る時に中央アジアを通ったが、その当時の中央アジアはイラン系の人々の住む世界であり、ゾロアスター教が広まっていた。仏教は、そのため途中でゾロアスター教の神々をその信仰の中に取り込んだ。ミトラ神はその一人である。しかし、ミトラ神は非常に強力な神であったため、仏教に取り込むに際しては、ミトラ神の属性を四つに分けて、多聞天（毘沙門天）、広目天、持国天、増長天の四天王とした。四天王の名称に体現される多門、広目、持国、増長の性格は、ミトラ神の性格に見事に対応する。ミトラ神は、千の耳を持ち、万の目を持ち、国家を護持し、生命を育む神であったからである。宮崎は、毘沙門天の原語 Vaisravana は、イラン系の言語であり、Vaisra は Mithra が、vana は mano が変化したもので、元は「ミトラの精神を有する者」という意味であろうとまで解釈する。仏教はこうしてミトラ神を取り入れたものの、ミトラ神の威力は衰えることなく、毘沙門天がその力を代表する者として独立してきたのである。

唐代において、毘沙門天は次第に福神、財宝神としての性格も強めるが、宮崎はこの性格もミトラ神に由来すると説く。ミトラ神は勝利の神でもあったが、戦争に勝利することは略奪などを通して富をもたらす。したがって、ミトラ神は福神、財宝神の性格を持っていたのであり、その化身たる毘沙門天も同様の性格を持っていた。また毘沙門天の中国における性格の変化に先立って、その本拠地于闐において勝利の神から福神への変化が起こっていたことを指摘し、毘沙門天信仰には于闐からの影響が続いていたと考える。毘沙門天信仰は、中国では、元代以後衰退し、これに代わるものとして三国志の英雄の一人である関羽に対する信仰が流行したと論じ、関羽が福神としての性格を備えたのは、毘沙門天信仰を乗っ取ったからであろうと推測している。

論考の考察は、日本における毘沙門天信仰にまで及び、宮崎は、京都の鞍馬山には毘沙門天が祀られるが、この山の天狗は、本当は毘沙門天の配下の神兵であった天供《てんぐ》のことではなかったか、あるいは祇園寺（八坂神社）の本尊である牛頭天王も毘沙門天のことで、毘沙門天と牛が結びつけられているのは、古代ローマ帝国で流行したミトラス教と関係するのではないか、など実に興味深い指摘を次々とするのである。

イラン人の神であったミトラ神が中央アジアで四天王として仏教に取り入れられ、やがて毘沙門天のみ独立し、中国で流行し、さらには日本にまで伝わったと説く宮崎のこの論考について、毘沙門天像の起源を研究した田辺勝美は、「奇想天外な論文[30]」と言い、「宮崎市定氏の「ミスラ＝多聞天説」は根本的に間違っているが、ただし同氏が多聞天（ヴァイシュラヴァナ）の語源はサンスクリット語ではなく、中央アジアのイラン語方言（ホータン地方の言語）に由来すると推定しているのは、卓見であったと筆者は思う。むろん、同氏が想定していたホータン地方の言語というのは間違いであるが、少なくともサンスクリット語起源でないと喝破したのは肯定的に考える価値があると思う[31]」と評価した。

なおこの論文の初版ともいうべきものは、礪波護によれば、昭和七年二月には「天王堂考—毘沙門天信仰の東漸に就いて」として出来上がっており、これが「大幅に改訂増補」されて『皇紀二千六百年記念史学論文集』に寄稿されたのであった。(32)「毘沙門天信仰の東漸に就いて」は、昭和六年の榊亮三郎の講義に「触発されて成立した」(33)と宮崎は『自跋集』で言及していたが、礪波の言と照らし合わせるならば、「天王堂考」は榊の講義を受けて後間もなく書き始められたものであることが分かる。

松本清張と宮崎

小説家の松本清張（明治四十二年〜平成四年）は、『火の路』の中で、宮崎の「毘沙門天信仰の東漸に就いて」を引用し、(34)『清張通史六　寧楽』では「宮崎氏のこの論文はたいへん興味深く、また示唆に富んだもので、筆者などは大いに教えられている」とし、「卓見」であると評した。(35)『火の路』は、昭和四十八年六月十六日から昭和四十九年十月十三日にかけて『火の回路』のタイトルで『朝日新聞』に連載された小説で、飛鳥時代にゾロアスター教徒が来日し、酒船石や猿石など謎の石造建築物と深く関わっていたことを推理小説の体裁をとりながら主張したものである。一方の『清張通史六　寧楽』は、昭和五十八年に刊行された松本流日本古代史の一冊である。松本は、イランの文明が古代の日本に影響を与えていたことを当時、盛んに主張していた。

松本が宮崎の論考を知ったのは、藪田嘉一郎（明治三十八年〜昭和五十一年）を通してであった。(35)藪田は、京都で綜芸舎《そうげいしゃ》という出版社を営んでいたが、若い頃には京大文学部史学科の選科生として内藤湖南や三浦周行などの教えを受けたことのある在野の学者であった。(37) 藪田には、『日本上代金石叢考』や『日本古代文化と宗教』などの著書があり、後者に収録されている「四天王信仰の東漸と四天王寺」は宮崎の「毘沙門天信仰の東漸に就いて」に刺激を受けて書かれたもので、藪田は宮崎の信奉者であった。松本は、考古学者の末永雅雄を介して藪田と知り合い、(38) 藪田から『火の路』執筆に際しては、「藪田ゼミナールに入ったような心境」というほど、様々な教えを受けていた。藪田の最晩年に、その論考の散逸を恐れて、『日本古代文化と宗教』が平凡社から出版できるように取り計らったのは、松本であった。

この藪田が、松本に宮崎の論考を読むように勧めたのであった。松本は、宮崎の論考に「大変啓発され」たので、宮崎を紹介してくれるように頼んだが、藪田自身が宮崎と面識がなかった。そこで松本は、宮崎に直接手紙を書き、教えを乞うた。宮崎は、松本にまず『アジア史概説』を読めと言った。松本は、自分の東洋史の知識の貧弱さに宮崎が驚いたためであろうと推測している。そして実際に、松本が『アジア史概説』を手に取っていたことは、平成十六年に北九州の小倉にある松本清張記念館で行われた企画展「松本清張『火の路』誕生秘話―古代史家との往復書簡を中心に」に、松本が「めずらしく、付せんをつけ傍線を引き書き込みをしている」本の一冊として宮崎の『アジア史概説』が出品されていたことから分かる。(39) 松本は、学生社版の『アジア史概説』第三章第二節「ペルシア文化の東方への波及」の百四十三頁などに付せんを付け、百四十四頁の「聖徳太子御影像が太子を中心として前後に脇侍を控えた三体立像画法はペルシアのタキブスタンの彫刻像と同じ意匠であり」に傍線を引いている。

後に、松本は、宮崎の自宅を訪れる機会を持ち、「美しい奥さまといっしょに歓迎してくださって」、「一時間ばかりの「講義」を受けることができた。おそらくこれは『火の路』が連載された昭和四十八年前後のことであろう。松本は、この後も宮崎と手紙のやり取りをし、さまざまな教えを受けていたようである。松本から宮崎に宛てられた手紙の一つが、「宮崎市定の世界展」に出品されていた。この手紙からは、松本が遣唐使僧玄昉を主人公にした小説『眩人』を執筆していた時、すなわち昭和五十二年から昭和五十五年に、宮崎から「唐の制度風俗等」について教えを受けていたことが知られる。また『清張日記』には、昭和五十六年の一月二十二日に宮崎から受け取った手紙の全文が引用されている(40)。

「新年おめでとうございます。御懇書拝見いたしました。

唐の天子蒙塵の蜀地方は蕃地ではありますが、秦以来開発が進み、中国移民の流入もあって、都市を中心として漢人世界が成立していったものと思われます。私共は後漢頃から中世として把握しますが、その特徴は貴族政治で、中央にも地方にも貴族が勢力を張り、官位を盥回しにして寡占していた事実があります。

中央と地方とは相互依存の形で密着し、地方長官は中央から派遣しますが、州の刺史、郡の太守は任地の貴族を属僚に任じ、その力を借りて地方を治め、蓄財もして帰ります。地方貴族は中央と連絡を密にすることによって地方に幅をきかせ、家格の上昇を計り、あわよくば中央に進出して他の地方へ長官として派遣される僥倖を期待します。

そこで天子が蒙塵という時には地方長官はこれを機に功名を立てようと奮起し、地方貴族も中央と直結の好機として歓迎します。もちろんこれは最善の状況下のことで、中央の動乱が地方に波及する虞のある時などは、地方の貴族が長官の野心を利用して独立政権の樹立を図るという動きも出てきます。

蜀地方の異民族は平野の中心を漢民族に押えられると、山地に後退して散在するために団結を欠き、むしろ軍隊などに徴集されて漢人に利用される場合が多かったようであります。

『中央公論』に誘われて「榊亮三郎・イラン学の祖」という短文を草しました。こんなことで御返事が遅延に及びました」。(一月十八日付)

この宮崎の手紙は、唐の天子である玄宗と僖宗がそれぞれ安禄山の乱と黄巣の乱を受けて逃避した当時の蜀の状況について松本が問い合わせたことへの返答であった。松本は、「唐の二帝をうけ入れてこれを保護した当時の蜀とはどういう国だったのか。いかなる勢力といかなる物資を擁していたのか。類書にはあまり説明がなく」、そのため宮崎に質問の手紙を送ったのである。

なお藪田と宮崎は直接の面識を得る機会はなかったようであるが、藪田の『日本古代文化と宗教』に、宮崎は「藪田さんの学風」の一文を寄せている。(41) おそらく松本の依頼があったためであろう。

塩を抑えよ

「毘沙門天信仰の東漸に就いて」が発表されたのは昭和十六年であり、当時、日中戦争は泥沼化しており、この年の十二月八日に日本軍は、ハワイの真珠湾を攻撃し、太平洋戦争が始まった。

「毘沙門天信仰の東漸に就いて」の世界に浸っていると、宮崎は時局から超然としていたようにみえるが、『東洋における素朴主義の民族と文明主義の社会』でも確認できたように、宮崎が時局に関わる発言をしていなかったわけではない。今谷明は、宮崎が戦前、戦後も変わらずに「一種強靭な、政治との距離のとり方」をしていたと高く評価し、それゆえに宮崎は「早くから中国の文化大革命を批判し、ソ連の崩壊も予言し得ていた」[42]とするが、実際には政治との距離は微妙であり、宮崎は目まぐるしく変わる時局を、歴史家としてどうとらえるべきか、積極的に考え続け、且つ様々な機会に発言していたのである。同じ昭和十六年に書かれた論考「事変と塩、歴史と塩」は、その一つである。

「事変と塩、歴史と塩」は、『東亜問題』に昭和十六年十月に発表された。宮崎は、この論考の中で、長江上流の都市重慶に拠った蔣介石の政権を屈服させるには、塩を抑えることが肝要であると説いている。というのも、清初の呉三桂、五代十国の南唐、三国時代の関羽の荊州といった、かつて長江中・下流域に拠った勢力は、いずれもその勢力範囲では塩が採れず、その供給を江蘇省の海岸地帯に仰いでいたにもかかわらず、江蘇省の海岸地帯を確保できなかった、あるいは敵に奪われたために、短期間で、具体的には五、六年で崩壊しているからである。宮崎の考えでは、塩の流通の面から判断して「揚子江口の江蘇省海岸を確実に領有する者は、容易に中流以下の湖南・湖北・江西・安徽等の沿江各省を支配し得る」が、「逆に言えば、四川・雲南を根拠として湖南・湖北を占領しても永続しない」のである。蔣介石は、四川、雲南を根拠にして、湖南・湖北・江西・安徽等を支配する一方、昭和十六年段階で日本軍は、問題の江蘇省の海岸地帯を占領して五年目に入るので、宮崎は「従来の例で言うと江西・湖南の抗日戦線は、没落の一歩手前に到着したわけである」との現状認識を示す。そして、その情勢を確実にするためには、塩の管理を徹底し、「能う可くんば、福建・広東海岸地方の塩場も占領するがよく、若し海岸地帯全体を確保すれば、実に塩産額の八十五%を利用し得る立場に立てる」とし、蔣介石の政権を塩攻めにして倒すことを提言するのである。

宮崎が塩についての関心を示したのは、この時が初めてではない。昭和九年に宮崎は、「西夏の興起と青白塩問題」を発表して、北宋がタングート族の商っていた青白塩の領内への輸入を禁じたことが、タングート族の自立と彼らによる西夏の建国に繋がったと論じ[43]、また『東洋における素朴主義の民族と文明主義の社会』では、山西省の解州の塩池から得られた富が中国における最初の文明主義社会を生み出し、当時の天下の意味する範囲は、解州の塩の行き渡る地方と同義であったと主張していたのである[44]。ちなみに、冨山房版の『東洋における素朴主義の民族と文明主義の社会』には、「第三図　古代史を支配する解州の塩池（前線某部隊写真）」として、塩池廟と塩田の写真が載せられている（図9）。この写真は宮崎の教え子であった中谷英雄が撮って来たものであり、後に宮崎は中谷が『上等兵と支那人』[45]を出版した際、序文を寄せている。この宮崎の序文は、全集未収録であるので、ここで紹介しておこう。

「他人の本に序文など書く柄でもないが、今度中谷君に頼まれると断ることの出来ない訳がある。中谷君は京都帝大文学部東洋史科を卒業すると直ぐ長野県飯山中学校に奉職した。飯山中学校は余の母校であり、同君を推薦したのも実は自分であった。其後中谷君は支那事変の為に応召し大陸に奮戦したが、自分も亦第一次上海事変の際に戦争するつもりで出陣した経験がある。尤も余等が呉淞へ上陸した時はもう停戦協定が出来上がった後で、つい煙硝の香を嗅がないで了ったが、中谷君は北支の野に転戦すること一年有余、死線を越えての戦闘も度々であったろう。そんなことで戦陣中の心持は余にも十分に同情出来るのである。中谷君は山西省南部に駐屯中、有名な解州の塩池の

第三圖　古代史を支配する解州の鹽池（前線某部隊寫眞）

（鹽　池　廟）

（鹽　田）

図9　塩池廟と塩田（『東洋における素朴主義の民族と文明主義の社会』より）

写真を送って呉れた。丁度余は『東洋における素朴主義の民族と文明主義の社会』を執筆中であったので、早速この写真を借りて巻頭を飾ることが出来た。筆まめな中谷君は絶えず身辺の出来事を筆にしたり写真にとって保存した。その纏まったものが本書である。独り異郷で経験した出来事というものは、帰国して雰囲気がすっかり変わって了うと、滅多に人に話す機会がないものである。それが斯うして一部の書に纏められると、之を読む者は自ら戦場の雰囲気に浸って、中谷君の親兄弟でも初耳だというような珍しい話に接することも出来るだろうと期待する」。

中国は広大であるにもかかわらず、海岸地帯を除けば、生活必需品である塩の採れる場所は内陸では非常に限られている。そのため塩は富を生むのであり、漢の武帝（在位前一四一年〜前八七年）の時代以来、塩を専売して課税することで歴代の中国王朝は収入を確保してきたのであった。一方で、政府が塩を専売すれば、塩の密売を行う者が出てくるのも当然の成り行きであり、これを取り締まるために政府は厳罰をもって臨み、密売人は秘密結社を作ってこれに対抗する。王朝の力が弱まっているときに下手に秘密結社を弾圧すると、これを核に全土に反乱の火の手が上がるのである。

宮崎は「ある時期の中国社会が健康状態にあるか否かは、最もよく塩法の上に現われる。私は嘗て戯れに「唯塩史観」なる言葉を製造したことがあったが、蓋し国家の盛衰は最も鋭敏に塩法の上に投影されるという意味である」[46]と述べている。塩は中国の歴史を理解するための鍵なのであり、宮崎は塩に長らく多大な関心を寄せていたのである。歴史学を実学と考える宮崎からすれば、「事変と塩、歴史と塩」はこれまでの塩研究の実学化であったと言えるだろう。

「王安石の黄河治水対策」

一見時局とは関係ないように見えるが、しかしそうでもなかった論文に昭和十七年の『東亜問題』に掲載された「王安石の黄河治水対策」がある[47]。

黄河の治水は、歴代王朝の悩みの種であった。黄河はその水に多くの泥を含んでおり、泥は下流に沈殿し、川床を高くし、洪水をしばしば引き起こしたからである。そして洪水を起こす度に黄河は、河道を変え、華北の地をのたうち回る。北宋の宰相王安石は、このような黄河治水のため、濬川爪という器具を用いた。濬川爪は、熊手のような形をしており、これで川床を攪拌することで、黄河の底に沈殿する泥を下流に流し、浚渫を行おうとしたのである。王安石の政治には、とかく反対者が多く、濬川爪の効果を巡っても論争となったが、王安石は科学的に実験を行い、濬川爪の効果を確かめた。宮崎はこの間の経緯を丁寧に跡付けている。濬川爪は結果的に十分な効果を上げなかったが、宮崎は王安石を「科学者ではなかったが、科学的政治家であった」として称賛を惜しまない。

この「王安石の黄河治水対策」は、宮崎の王安石研究の一環を成す、純然たる学術論文のように見えるが、しかし、昭和十七年当時、黄河の治水問題は、華北を占領していた日本にとっては、他国の話ではなかった。東亜研究所は、開設された昭和十三年から特別調査として「黄河の治水、利水問題及黄土に関する調査」を始めており[48]、これは「北支再建の聖業達成に寄与するために」[49]行われていたのであった。宮崎が昭和十七年という段階で王安石の黄河治水対策を取り上げたのは、やはり当時の時局を意識してのことで、王安石の濬川爪も何か参考になるかも知れないということであったのは間違いないであろう。

海軍の秘密会合

昭和十六年五月末頃、海軍調査課の高木惣吉大佐と天川勇嘱託は京大文学部を訪問し、陸軍の暴走を抑え、対米戦争を回避するための協力を求めた。この求めに応じて、文学部の関係者から成る「秘密な組織」が生まれた。[50] 組織の中核メンバーとなったのは、高山岩男（哲学）、高坂正顕《こうさかまさあき》（哲学）、西谷啓治（東洋哲学）、木村素衛《もともり》（教育学）、鈴木成高（西洋史）であった。彼らは、いずれも西田幾多郎の教えを受けたいわゆる京都学派の面々であった。西田と高木との関係は昭和十四年二月に始まっており、既に退官していた西田と京大文学部の間を取り持ったのは田辺元《はじめ》（哲学）であった。[51] 組織の会合には、五人の他にも日高第四郎（教育学）が常連として出席し、田辺元自身も時に顔を出した。ゲストとして、湯川秀樹や柳田謙十郎、谷川徹三、大熊信行が出席したこともあった。[52] そして、宮崎もこの会合の常連のメンバーであったのである。

おそらく宮崎は、親しかった鈴木に誘われて、この会合に加わったのであろう。鈴木は、明治四十年高知県の生まれで、宮崎より六つ年下。会合発足当時、鈴木は正確にはまだ三高の教授であった。昭和十七年の九月から京大西洋史の助教授となる。宮崎の『菩薩蛮記』が昭和十九年に刊行された時、鈴木が「先ず最大の賛辞を呈し」、「本の出来も傑作だが、それ以前に旅行そのものが傑作だったと、賞めてくれた」と宮崎は『自跋集』に特記している。[53] 鈴木は、終戦後、高山、高坂、西谷らとともに公職追放を受けて京大を離れ、昭和二十九年に早稲田大学教授となり、昭和六十三年に没した[54]。

この組織の連絡役を務め、また会合の内容のメモを作り、海軍調査課に送ったのは助手の大島康正（哲学）であった。大島の回想によれば、会合では「ごくはじめのころ」は、いかに対米戦争を回避させるかが話し合われたが、間もなく真珠湾攻撃が行われたため、その後は「いかにして陸軍をも理性的になっとくさせながら、戦争を一日も早く有利に終結させることができるかが基本テーマ」となった。そのためには、東条内閣の打倒とこれに代わる海軍の米内《よない》内閣の実現の方途まで論じられたという。そして昭和十九年の暮れからは、海軍の情報によって敗戦は必至と知らされ、以後は終戦直前まで、戦後処理の問題が話し合われた[55]。田辺は、この会合で戦後の天皇制の存続についてもこれを重大な問題として取り上げ、「田辺の考えでは、天皇は絶対無の象徴たるべきで、それには占領軍がくる前にまず率先して皇室財産を一切放棄し、国民の困窮生活の救済にあてるべきである、そういう誠意を示すことによってはじめて天皇制の存続が可能になるかもしれないというのであって、このグループはだいたいそれに賛成であった[56]」という。

会合の具体的な内容が明らかになったのは、平成十二年に大橋良介が「大島メモ」を大島の子孫の家で発見したことによる[57]。「Navy」と表書きされた茶色の封筒に入っていたこの「大島メモ」を、大橋は内容的に三つに分類している。すなわち、「第一類」は、会合メモで、討議内容を記録したものである。「第二類」は、「種々の問題についての整理ないし見解の覚書」で、会合の討議内容をまとめたもの。「第三類」は、討議資料の類である。

「大島メモ」によれば、第一回目の会合は、昭和十七年二月十二日に行われている。この日付は、大戦前にこの会合が始まったとする先に挙げた大島自身の回想と矛盾するが、正式に始まったのがこの時と考えるべきであろう。大橋は、それ以前に「準備会ないし予備会合」のようなものがあったと想定している。(58) その後、会合は昭和二十年七月まで続き、この間、月に一、二度、少なくとも十八回の会合がもたれた。会合の場所となったのは、円山公園の左阿彌、岡崎のつるやといった料亭や京都ホテル、あるいは京大の施設である楽友会館など様々であった。昭和十八年十月二十三日から二十四日にかけて、会合メンバーは「吉野山参拝見学旅行」を行っているが、この時、参加者が宿泊した奈良県下市《しもいち》の願行寺は宮崎の妻松枝の親族が坊守《ぼうもり》を務めていた。昭和十九年に宮崎が講義ノート類を疎開させたのもこの願行寺であった。(59)

「大島メモ」は、これも大島自身の回想とは異なり、東条内閣打倒や米内内閣の実現といった生々しい政治の話題はほとんど記録しておらず、大東亜共栄圏の理念や国内外の思想戦の問題など哲学的な内容が多くを占めている。高木大佐は、「特に京都学派などに期待したのは、アジア十五億の有色人種の先頭に立ったと自負する日本は、この複雑な各種民族に対して思想、政治の理念に何を提示し、何をかかげうるか。八紘一宇とか、東亜共栄圏などという中身のからっぽな標語で、昔わが国に文化を提供し、宗教を伝えてくれた民族が、心から協力できると考えられようか。西欧の科学文化も、東洋の宗教哲学も抱擁できる何ものかがほしかったのである」(60)と述べており、「大島メモ」の内容自体はむしろ高木が期待したものに近いように感じられる。しかし、大島は、会合の中で、「東条批判や陸軍批判」が「しじゅう議論されていた」としており、(61)これを否定する理由はない。おそらく後難を恐れて、メモとしては残されなかったのであろう。当時、東条を批判することは、逮捕投獄に繋がる行為であったのであり、宮崎は命を賭してこの会合に臨んでいたのである。
　宮崎は、自身の過去について様々な機会に発言してきたが、この秘密の会合については最期まで誰にも語らなかった。晩年の宮崎に最も親しく接した礪波護ですら、会合の内容はおろか、宮崎がこのような会合に参加していたことすら知らされていなかった。宮崎はこの件についての不用意な発言が関係者の迷惑になることを恐れて一切口をつぐんでいたのであろうと、礪波は推測していた。

秘密会合における宮崎の発言

　宮崎は、十八回数えられる会合のうち、欠席したのは四回に過ぎず、欠席のうち一回は上洛した高木大佐の歓迎会であったので、事実上欠席は三回に過ぎない。なお第十五回は出席者不明で、第十四回は宮崎は早退している。宮崎の出席率は高かったが、「大島メモ」に残る宮崎の発言は少ない。大橋によって翻刻された「第一類」のメモには、参加者各人の発言が発言者の名前を明記して記録されており、その総量は頁数にして百二十頁に及ぶが、宮崎の発言をすべて拾っても以下のような分量にしかならない[62]。

　第二回会合（昭和十七年三月二日午後五時より　於・左阿彌）
　一財界に大東亜戦争の歴史的理念を与へる事」の話題で、宮崎は「国民全体は今後どうなるかといふ将来の希望の面を知る事を欲してゐる故、大東亜共栄圏の将来の希望の面（ユートピア的面）を説く事も必要、即ち現在一時不振でも結局は発展する見込みを与へる必要」と発言。

「対支那問題」の「支那の排外運動の検討」の話題で、宮崎は「中華意識は必ずしも一貫したものではなく、嘗て日本を尊敬した事もある。その時は日本は欧米文明をとり入れたからと彼等は結論したのだが、その欧米を今日、日本がやっつけたのだから、この戦争は支那人の心理に大きな影響を与えた筈。故にこの機会に支那から真に尊敬を得るためには日本の国内を立派に改革するのが先決問題」と発言

「対南方政策」の「B．具体政策」の「c．宗教政策」の話題で宮崎は、「現在支那では一時やった道教弾圧、儒教弾圧に失敗し、宗教政策は後退」と発言。

第四回会合（昭和十七年四月十一日、於・楽友会館）

「高山先生のプリントの検討」の話題で、宮崎は「主権を直接主権、間接主権に分け、前者は在来通り各国家、後者は共栄圏に属せしむ」、「主権とか等の言葉は旧来の法概念である。それを以て新しき構想に規定する事は無理ではないか」と発言。なお、高山のプリントは残されていない。

第七回会合（昭和十七年七月十二日、於・京都ホテル）

「東亜共栄圏を考へるにそれのみでは薄弱。世界に於けるその位置、それは最終的か中間的か、中間的ならば最後は何か、他も共栄圏を作るのかはっきりせねばならぬ」、「民族といっても真に分からぬ。言語が判断。又我々の今日依存するのは西洋人のたてた民族別」と宮崎は発言。

第十回会合（昭和十七年十一月四日、於・左阿彌）

「三、世界全体の戦争の趨勢」の話題で、宮崎は「ドイツの工場は戦前より遥かにふえてゐる。ヨーロッパ大陸の各占領地に工場が出来てゐる」、「他方ドイツはソ聯をスパイで知り調べ尽して、ソ聯の将来を恐れて今の中にと思って立向かったとも考えられる」、「ドイツには誤算もあったが、のっぴきならなかったとも云えよう」、「ソ聯下層民は実質的に帝政時代の農奴よりうんと引上げられた」と発言。

「四、日本の問題」の話題で、宮崎は「今の右翼の思想は本質的に支那思想、支那の歴史にあれと同じ派があった。日本の真の神道は万葉精神であって、大義名分、皇道は支那より伝来せるもの」と発言。

第十一回会合（昭和十七年十二月九日、於・左阿彌）

「支那問題検討会」の話題で、宮崎は「元や清の支那全土平定策をみるに、先ず蒙古は極端な恐怖政治を施いて従わねば殺すといふ政策をとった。又清朝は全支那平定に実に多年月を費やしたのであって、五年や十年では旨くゆかす、始めは物資不足で困らされた。清朝への反感も始めは非常なものであって、完全平定には三、四十年はかかった。そして降った者は凡て弁髪にされ、然らざる者は攻むという風に服従を形にも出させた。一体支那の政治にはスパイ政策が必要で、日本は今日スパイを巧みに使へる人、亦スパイの弊を防げる人が少ない。清朝の雍正帝はスパイ使いの非常な名人で、この時に始めて清朝の基礎が確立した。既に支那人一般の信仰たる道教がスパイ的な要素を含んでゐるのであって、支那人は陰徳に対する陽報という事を非常に重んずるのであるから常にスパイによって陰徳を知ることが必要である」、「所で今の日本の力では支那的意味でガンと抑へる事も出来ぬし、亦王道も実現してゐない」、「日本は支那の物や事を調査する。所が支那のスパイは個人個人の急所を調べそれによって人が動くのである。このやうに支那では凡ての政治が人と人の結付きの上で運用されているので、日本の大使や司令官が始終変わるのは絶対によくない。結局支那では誰かに呉れて了って委せるといふやり方が一番成功してゐる」、「官僚試験などでも表面は形式主義的規則が立てられていて実際は人と人、親分子分の関係で動いてゐる。又日本では学なき人が幅を利かすが、支那では学あり字の旨い事が絶対に必要だ。それに支那人は支那の事で感心させねば駄目だ。礼記や書経でも引用すると彼等は忽ち感心する。次に目下の問題として日本人が支那文化を壊すつもりはなく育てる方針だという事を示す必要がある。所がそれには今の軍部のやり方の如き旧蹟保存といふやうな物を捉むのは駄目であって、人間を捉まへねばならぬ。重慶へ逃げた学者でも内心は元の棲家の上海や南京に帰りたがっている筈であるからこれ等の学者が日本の占領地に帰り落着いて学問するやうに仕向けた時始めて人心がついてくる」と発言。

第十四回?・会合（昭和十八年六月四日、於・楽友会館）

「「対英米思想戦方策」（鈴木成高）の検討会」の話題で、宮崎は「支那に対して思想戦が全然不必要だとは云へぬ。効果はさして期待出来なく共、とも角支那に於て日本に協力する派に思想的根拠を与へることが大切。①支那は大東亜から離れて生きられぬこと、②民族主義のみでは近代はとも角、現代では通用せぬこと、③華僑のこと」、「漢民族の異民族による易姓革命がモラリッシュ・エネルギー。福禄寿の根源」、「重慶に直接働きかける思想戦はないのではないか」「メキシコに対する過去のアメリカの武力政策をつくること」と発言。

発言の中で宮崎が口にしているモラリッシュ・エネルギーという言葉は、ランケが用いた言葉であり、道徳的エネルギー、道義的エネルギーなどと訳される。民族や国家の内に含まれる、世界史を動かすような力のことを意味する。この言葉は、小山哲によれば、戦時中に京都学派の哲学者らによって「「大日本帝国」の過去と現在を説明するマジック・ワードとして活用」されたものであった(63)。

第十六回会合（昭和十八年九月二十六日、於・愛国堂）

「都市分散について」の話題で、宮崎は「支那の都市」について発言。

「都市分散について―ヨーロッパ都市の歴史的特殊性（鈴木）と支那の都市（宮崎）」

再び塩の話

宮崎はこの会合で、二度、「塩の話」と題するレクチャーを行っている。すなわち第十回会合（昭和十七年十一月四日）と第十八回（昭和十八年十一月二日）の二回である。後者の会合のメモは翻刻されているが、前者の会合のメモは翻刻されていないので、内容の違いは分からない。翻刻されているメモから判断する限りでは、会合での「塩の話」は、先に紹介した「事変と塩、歴史と塩」

とほぼ変わらないものであった。ただし、宮崎は「一昨年〔昭和十六年〕、八月、日本陸軍が四川の塩井戸付近を爆ゲキした。この爆ゲキを有効に継続すれば、重慶爆撃より遥かに有効の筈。全国の十二％たる四川省を徹底的に爆ゲキし他の各地散在の塩井戸を爆ゲキせば、経済動揺を起こさせる重因。然も塩の問題は支那社会特殊性を捉へるキイポイント」と述べており、「事変と塩、歴史と塩」以後の状況を踏まえた積極的な発言をしていることが注目される。

大東亜史概説の編纂

昭和十七年一月十二日、『大東亜史概説』の編纂事業が始まった[64]。『大東亜史概説』は、大東亜共栄圏の歴史であり、その編纂要綱の趣旨によれば、「大東亜戦争ノ意義ニ鑑ミ、日本世界観ニ基ク大東亜一体観ノ立場ヨリ、大東亜ノ歴史ト其意義トヲ明カニシ、ソノ文化ノ特質ト諸民族隆替ノ様相トヲ尋ネ、特ニ我国トノ関係及欧米諸国ノアジヤ経略ノ実情ヲ明確ニシ、以テ我国民ノ自覚トアジヤ諸民族ノ奮起トヲ促シ、大東亜新秩序建設ニ資センガ為、大東亜史ヲ編纂セントス」ということを目指していた。編纂要綱に「アジヤ諸民族ノ奮起トヲ促シ」とあるように、『大東亜史概説』は、完成の暁には各国語に翻訳されて、大東亜共栄圏の人々にも読ませる予定であった。分量は「菊版千頁内外」で、完成は二年後が目指された。

『大東亜史概説』編纂のために、五月二十六日に文部省教学局には「大東亜史編纂部」が設けられ、調査嘱託三十三名、編纂嘱託四名が七月二十日までに選ばれた。調査嘱託には、東洋史は言うまでもなく、日本史の辻善之助、仏教学の宇井伯寿、建築学の伊藤忠太、国語学の橋本増吉といった各界を代表する研究者が名を連ね、編纂嘱託によって作られた原稿を審議する役割を果たした。実働部隊となったのは編纂嘱託四名で、調査嘱託であった東大の池内宏と京大の羽田亨によって選ばれた。この四名の一人が宮崎であった。宮崎が正式に編纂嘱託となったのは、昭和十七年七月七日であった。宮崎の他に、鈴木俊、山本達郎、安部健夫が編纂嘱託となった。四名はいずれも助教授クラスの東洋史家で、鈴木、山本が東大系、安部、宮崎が京大系であった。最初に選ばれたのは鈴木で、鈴木が編纂嘱託の主任を務めた。編纂嘱託は、『大東亜史概説』全体の構成を決定し、外部に委託された原稿を整理、修正するなどして、調査嘱託に見せるための第一次原稿を作成することをその任務とした。

宮崎ら編纂嘱託四名が文部省に行って話を聞くと、文部省側からは、「大東亜史の内容は、世界で最も古い歴史をもつ日本の文化が、朝鮮、支那からアジア各地へ伝わって行く歴史でなければならず、その光被する範囲は、ビルマ以東ということであった[65]」。しかし、「日本の文明が大陸を感化したというような歴史は、歴史学の常識に外れるから造れない[66]」ので、まずその対象範囲を西アジアまで広げ、「最古の文明は先ず西アジアに発祥し、それが次第に東へ移り、最後の終着点である日本において最高度の文化を築きあげたという風にならば、書けぬでもない、というような答申をした[67]」。

文部省側はこの案に同意したため、四人で原案を考えることになった。『大東亜史概説』は、全体を年代順に四編に分け、四人が各一編を担当し、各編は十章構成とすることにし、各章は外部のそれぞれの専門家に第一次草稿として書いてもらうことになった。各章の原稿の委託者について、山本は「当時のアジア研究の一流の学者が殆ど総動員されて分担執筆した」[68]とし、宮崎は、外部委託者の名として、辻直四郎（インド学）と江上波夫（考古学）の名前を挙げている[69]。

宮崎は、第一編に当たる「古代から十世紀、唐末に当たる時代まで」[70]の編纂を担当した。編纂者としての宮崎の仕事は、外部から上がってきた十章分の「依頼原稿に手を加えて、第二次草稿を作成すること」[71]にあった。しかし、「集った原稿は殆んど役に立たぬ場合が多かった」[72]。とはいえ、辻と江上の原稿は流石に「すぐれていたという記憶がある」[73]という。宮崎は第一次草稿を「何とか利用できぬものかと工夫しながら、別に自分で調べ直したりして私自身の第二次草稿を作成して文部省に」[74]提出した。

宮崎の担当部分が完成したのが昭和十九年であった。そして、この宮崎の第二次草稿はタイプされ、調査嘱託に送られた。「『アジア歴史研究入門』序」によれば、この後、調査嘱託からの意見を聞いて、更に手を加えて完成させる予定であったが、結局、戦争が終結したことで、『大東亜史概説』の企画自体が消滅したとされている[75]。一方、「『アジア史研究』第二　はしがき」では、「最後の段階は私には任されず、別の方が加筆に当たられることになった。私の原稿はこうして中間原稿として後方へ押しやられることになり、その中に私の嘱託も解かれてしまった」[76]とされている。後者の「『アジア史研究』第二　はしがき」のほうが正確な経緯を語っていると見てよいであろう。後というのも、「安部健夫君遺著の序　その二」には、さらに最終稿を作成する作業が宮崎に任されなかった事情についての記述があり、そこでは「会議があるたびに、西暦を併用するかどうかで大議論が闘わされた。われわれが作成した第一次草稿〔＝第二次草稿〕はそんなことで文部省のお気に召さず、われわれを解任したあと、別の人をつれてきて書き直させることになった[77]」とされているからである。宮崎は言及していないが、昭和十九年六月には鈴木俊が治安維持法違反容疑で検挙され、編纂事業から手を引くという事態が起こったことも、『大東亜史概説』が未完成に終わった要因の一つであったと考えられる[78]。

宮崎らが解任されたのがいつであったのかは、これもはっきりしないが、昭和十八年の十二月段階ではまだ編纂嘱託に名前を連ねているので、それ以後で、また「別の人」とは、新たに編集嘱託となった、市古宙三、松崎壽和、高橋泰郎のことであろう。要するに宮崎は、『大東亜史概説』の第一編の「第二次草稿」を手にしたまま、編纂嘱託を解任され、終戦を迎えたのである。終戦後、文部省からは大東亜史関係の資料は適当に処分してほしいとの内示を受けたが、宮崎は「この原稿は非常に執着のあるものであり、また学問的にもきっと役立つものであると信じていたから、そのまま大切に仕舞い続けた[79]」。

『大東亜史概説』と『アジヤ史概説正編』——宮崎への疑惑

戦後になってから、編纂嘱託を共に務めた安部健夫が「人文書林という本屋をつれてきて、お前の原稿はもう出来ているのだから、すぐアジア史の前編として出版できる、後半はまだ殆んど出来ていないので、新しく考え直そう。本来の大東亜史の構想では近い時代に分量をあまりに多く取りすぎているので、これを三分の一程度に縮めて、その分は自分が書く[80]」と提案して来た。宮崎は安部の誘いに乗って、『大東亜史概説』第一編の「第二次草稿」を『アジヤ史概説正編』として人文書林から昭和二十二年十二月に出版した。宮崎は『アジヤ史概説正編』は「大東亜史の原稿をあらかたそのまま活字にしたので、殆んど手を入れていない[81]」と言っている。

しかし、この『大東亜史概説』の「第二次草稿」を出版したことは、関係者に大きな波紋を起こした。共に編纂嘱託を務めた山本達郎は、「唯当時の関係者の某氏がこの文部省の原稿の一部を自分の名前にして発表したものがある[82]」と書いており、宮崎が盗用を行ったと見ていたのである。先に見たように『大東亜史概説』には、第一次草稿の著者とそれを手直しした宮崎との複数の著者があったことになるが、宮崎は第一次草稿の著者に断ることなく第二次草稿を出版したという経緯があったからである。宮崎はその事情についても自身で説明をしている。その説明によれば、昭和二十二年当時、日本はまだ占領軍の支配下にあり、そのためこの出版は問題を引き起こす可能性があった。だから、安部と相談の上、誰にも迷惑をかけないよう、独断専行で行った、と言うのである[83]。第一次草稿の著者に出版許可を求めた場合、許可を出した方にも類が及ぶことが恐れたのであろう。これは宮崎らなりの配慮であったかもしれないが、またそれが学問のためであったとはいえ、第一次草稿の著者たちからすれば、廃棄されていたはずの第二次草稿の独断専行での、それも宮崎の名前単独での刊行は確かに驚きであったであろうことは想像に難くない。宮崎らに非があったことは否めない。

ただし宮崎は『アジヤ史概説正編』には、「本書の成立に対して機縁を与へられ、又は貴重なる資料を提供せられたる羽田亨、池内宏、和田清、那波利貞、近藤寿治、藤野靖、安部健夫、鈴木俊、山本達郎、江上波夫、三品彰英、足利惇氏、辻直四郎、濱口重國、小林元、杉本直治郎、内田吟風、塚本善隆、内藤雋輔の諸氏に、深甚なる謝意を表する」と明記し、断りを入れていたことも確かである。このうち、羽田亨、池内宏、和田清、那波利貞は調査嘱託、近藤寿治は文部省教学局指導部長、次の藤野靖も文部省教学官、安部健夫、鈴木俊、山本達郎は編纂嘱託であったので、江上波夫以下が第一次草稿の著者であったのであろう。このうち辻と江上については宮崎が第一次草稿の著者としてその名前を挙げていたことは先に見た通りであり、江上以下がちょうど十名となっている のは、『大東亜史概説』の各編が十章から成る計画であったとする宮崎の回想と対応している。したがって、宮崎は第一次草稿の著者への謝辞はしっかりと書いているのである。しかし、第一次草稿の著者の一部、具体的には東大系の著者たちは、全員ではなかったかもしれないが、簡単な謝辞で済む問題ではないと考えていたのであろう。山本は、編纂嘱託であったので、第一次草稿の著者ではないが、彼らの意見を代弁していると見てよい。

またそこには単に著作権の問題だけではなく、戦時中の国策に関わっていたことを勝手に公表されたも同然であったことへの憤りを感じた者もいたかもしれない。この点については宮崎も問題を感じたのか、昭和四十八年に刊行された学生社版の『アジア史概説』の謝辞では文言を少し書き換えている。人文書林の謝辞では、「又は貴重なる資料を提供せられたる」となっていた部分が、学生社版では「または学恩を蒙りたる」となっているのである。学生社版であえて具体性を無くした表現に宮崎がしたのは、謝辞に名を挙げた者たちが『大東亜史概説』に関与したことをぼかす必要を感じたからであろう。『アジヤ史概説正編』の出版は、学問的なレベルではない、アンチ宮崎を東京で生み出す原因となったようである。

平成二十八年になってから、『アジヤ史概説正編』には、もう一つの問題が投げかけられている。それは宮崎が完成させた『大東亜史概説』の「第二次草稿」が発見されたことに起因する。[84] 京都大学文書館には、京大の地理学の教授を務めた小牧実繁の資料が遺族から寄託されたが、その中に『大東亜史概説』の「第二次草稿」が含まれていたのである。小牧は『大東亜史概説』の調査嘱託を務めていた。小牧の手元にあったのは、『大東亜史概説』の「第二次草稿」の序論から前編後期第一章までであった。この「第二次草稿」を調査した富永望によれば、「前編前期第一章から第三章二節までが、まさに『アジヤ史概説正編』と一致する。支那を中国と改め、年号を西暦に直したくらいで、文章も小見出しもほぼそのまま」であり、宮崎の「大東亜史の原稿をあらかたそのまま活字にしたので、殆ど手を入れていない」という昭和五十八年の発言が確認されたとしている。[85] 次にそれぞれの目次を挙げる。

『大東亜史概説』初稿目次

序論　大東亜史の理念
第一節　大東亜史の意義
第二節　大東亜の地理
一　地形
二　風土
第三節　大東亜の民族

『アジヤ史概説正編』目次

緒論

一　民族・国家
二　乾燥地帯の諸民族
三　湿潤地帯の諸民族
第四節　大東亜の文化
一　文化圏の意義
二　未開文化圏
三　印度文化圏
四　支那文化圏
五　アラビヤ文化圏
第五節　大東亜の時代
第六節　日本の使命

〔前編タイトルは欠落〕
〔前期タイトルは欠落〕
第一章　アジヤ諸文化の成立とその推移
第一節　アジヤ諸文化の繁明
（1）考古学上より見たるアジヤ
（2）アジヤ諸民族の開国説話
第二節　古代ペルシャ及びその傍近諸国の文化
第三節　古代印度とその文化
第四節　古代支那とその文化

第一章　アジヤ諸文化の成立とその推移
第一節　アジヤ諸文化の繁明
（1）考古学上より見たるアジヤ
（2）アジヤ諸民族の開国説話
第二節　古代ペルシャ及びその傍近諸国の文化
第三節　古代印度とその文化
第四節　古代中国とその文化

（1）支那社会の発展
（2）支那文化の発達
第五節　古代日本の国家とその比隣
第二章　アジヤ諸民族の相互的交渉
第一節　イランの形勢とアラビヤ帝国の盛衰
第二節　印度及び印度支那諸民族の盛衰
第三節　北方諸民族の活動と支那への影響
第四節　支那民族の更張とその隆昌
〔第五節は欠落〕
〔第三章　タイトルは欠落〕
第一節　海陸通商の発展と大東亜循環交通の形成
第二節　イラン文化の東方への波及
〔第三節〜第五節は欠落〕
〔後期タイトルは欠落〕
第一章　アジヤ諸民族の国家的対立
第一節　支那文化の浸透による諸民族の覚醒
第二節　支那民族と周辺諸民族との抗争

（1）中国社会の発達
（2）中国文化の発達
第二章　アジヤ諸民族の相互的交渉
第一節　イランの形勢とアラビヤ帝国の盛衰
第二節　印度及び印度支那民族の盛衰
第三節　北方諸民族の活動と中国への影響
第四節　漢民族の更張とその隆昌
第三章　アジヤ諸文化の興隆とその展開
第一節　海陸通商の発展とアジヤ循環交通の形成
第二節　ペルシャ文化の東方への波及
第三節　印度文化の流伝
第四節　中国文化の更生とその隆昌

第三節　満洲民族の進出と支那民族の後退
第四節　トルコ民族の西南移動
〔以下欠落〕

しかし一方で、富永は、宮崎が『大東亜史概説』にあった「前編前期第一章第五節　古代日本の国家とその比隣」の部分を『アジヤ史概説正編』には採録しなかったことを指摘し、この部分が皇国史観に基づいていたことから、「宮崎は戦争に協力した。その事実を伏せようという意図から、証拠となる文章を削除した上で『アジヤ史概説正編』を刊行したのではないか、その疑いを禁じ得ない」[86]と宮崎に疑惑の目を向けている。

確かに富永の指摘するように、『アジヤ史概説正編』では、『大東亜史概説』にあった「古代日本の国家とその比隣」の部分はない。代わりに宮崎は、『アジヤ史概説続編』に第七章として「アジヤ史上に於ける日本」の章を書いている。しかし、この宮崎の行為に、「戦争に協力した。その事実を伏せようという意図」があったとは思われない。むしろ戦後になってから、戦前の皇国史観で書かれた日本史の部分をそのまま出すことは、戦争協力云々以前に、学問的に見て不自然であったために、現下の情勢に合わせて、新たに日本史の部分を書き下ろしたに過ぎないのであろう。

むしろ「戦争に協力した。その事実を伏せようという意図」があったと勘繰《かんぐ》られても仕方がないのは、先に見た「事変と塩、歴史と塩」と次に見る『日出づる国と日暮るる処』所収の「中国の開国と日本——中国的体制と日本的体制」の場合である。前者の論考は、論文集『アジア史研究』第二に昭和三十八年に収録される際、蔣介石政権の打倒に関わる部分が宮崎自身の手で削除され、論考のタイトルも「歴史と塩」と変えられたのであり、後者の論考では、やはり時局と密接に関わる部分が、朝日出版社の『アジア史論考』に昭和五十一年に再録された時に、宮崎と編集担当の山田新之輔との「阿吽の呼吸で」削除されたからである。[87]さらに、宮崎は、昭和十九年に書かれた「支那・南洋関係史」の最後で、華僑の後援が辛亥革命の成就に一役買ったことを述べた後、「幸か不幸かこの事実は華僑をして自己の力量に対して過大の自信を感得せしめた。以後日中間に外交事件の起る毎に彼等は愛国を口にして排日運動に走ること屢々であったが、これ実に中国の存立そのものが日本の健在を前提として初めて可能なることを忘れたる妄動に外ならなかった。今や日本軍の南洋制圧によって、華僑も再び本来の面目に立ち返り、純経済的の存在を続けることが、尤も幸福にして且つ合理的な途なることを覚ったことであろう[88]」と結んでいたが、「支那・南洋関係史」を昭和三十八年に『アジア史研究』第二に収録する際には、ここに引用した部分を削除していたのである。

しかし一方で、『アジア史研究』第一の「はしがき」で宮崎は「戦争が始まった以上、私は日本が敗けては困ると思った。本当に戦力増強になるなら、どんなことでもしたいと思った[89]」と昭和三十二年に公然と書き、また『アジア史論考』上巻の「はしがき」でも『日出づる国と日暮るる処』に「皇威発揚の意味が多分にあったことは否定できない[90]」と正直に告白していることを想起するならば、やはり宮崎に「戦争に協力した。その事実を伏せようという意図」があったとは考えられない。時局に関わる部分の削除は、学問的に見て不必要な部分があることで、余計な批判を招き、論文そのものの学問的内容が正当に評価されないことを恐れた、その結果であったのだろう。

なお、『アジヤ史概説正編』と『大東亜史概説』との関係については、実は、早く昭和二十六年に調査嘱託であった和田清がその『中国史概説』の「文献解題」の中で、『アジヤ史概説』正編と続編は「戦時中文部省が編纂した稿本に基づき、著者独特の見解から改竄したもので、広くアジヤの全体に渡り、専ら中国史ではないが、その新奇独創の見解が面白く、著者の別著『東洋における素朴主義の民族と文明主義の社会』（支那歴史地理叢書）と共に併せ読むべきである[91]」と言及しており、『アジヤ史概説正編』は『大東亜史概説』を「著者独自の見解から改竄したもの」との認識を示していた。

『アジヤ史概説続編』

宮崎は、『アジヤ史概説正編』に続いて、『アジヤ史概説続編』を、昭和二十三年九月に同じく人文書林から刊行した。続編は安部健夫が書く予定であったが、病気でなかなか書けないので、結局、宮崎が一人で一気呵成に書き上げたのであった。先に見たように『大東亜史概説』の後半はまだ殆ど出来ていなかったので、続編は『大東亜史概説』とは全く関係はなく、宮崎自身の手になるものである。

続編は四章に分けられ、正編がアジアの古代中世を扱っていたのに対して、近世以後が対象となっている。宮崎は、アジアの近世の特徴をナショナリズム（第四章「近世的ナショナリズムの潮流」）と文化（第五章「近世文化の展開」）の観点から論じ、近世のアジアが産業革命以後の最近世文化を持ったヨーロッパの勢力に屈するまでの歴史（第六章「最近世文化の東漸」）を描いている。続編の最後には、「アジア史上における於ける日本」の章が置かれた。

これに対して、正編の項目は、「緒論」に続いて、第一章「アジヤ諸文化の成立とその推移」、第二章「アジヤ諸民族の相互的交渉」、第三章「アジヤ諸文化の興隆とその展開」となっており、第一章以下は、節の題目まで含めて『大東亜史概説』とほぼ同じであるため、[92]続編の章立てとは非対称となっている。しかし内容的には、アジアの諸地域が太古の昔から相互に交渉し、影響を相互に与えあって進展してきたとの交通を重視する観点から、その古代中世史が書かれており、ここに宮崎の史観を見てとることができる。『大東亜史概説』の段階で、既に宮崎の史観が反映されていたのであろう。とはいえ、正編は何といっても、第一次草稿を加工しているため、文章に全く勢いがないのは、続編と読み比べれば一目瞭然である。こうして、礪波護も指摘するように、続編は正編とは「項目の長さも文体・語気も異なる[93]」ものとなった。宮崎自身、続編の「はしがき」に、「正編は取扱った年代が甚だ長いというだけで、持ち合わせの原稿を転用した為に十分に意を尽さぬ憾みがあり、著者の本音は寧ろ続編にある」としている。

『アジヤ史概説正編』と『アジヤ史概説続編』は、昭和二十三年十一月には合本され、『アジア史概説』とされ、さらに昭和四十八年には、新たに第八章「現代アジア史」が付け加えられて、学生社から出版された。

こうして『大東亜史概説』が機縁となって『アジア史概説』が生まれたのだが、この点も礪波が指摘するように、宮崎が『アジア史概説』に伝統的な「東洋史概説」の名称を用いなかったことには「並々ならぬ意欲[94]」があったのである。伝統的な東洋史は、中国を中心とした東アジア史に偏るきらいがあり、西アジアを等閑視しがちであった。宮崎は、西アジアを含めたアジア史の必要性を痛感していたのである。さらに宮崎は、このアジア史をヨーロッパ史と同程度まで引き上げなければならないと考えていた。宮崎の認識では「ヨーロッパの歴史はあらゆる方面から検討されて、おそらくそのままで世界史の一部分として通用できると見られるが、アジア史の研究ははるかに立ち遅れて、まだ世界史上に自分の占めるべき適当な位置すら発見できずに停迷しているような状態[95]」にあったからである。アジア史という言葉には、アジア史を少なくともヨーロッパ史と同レベルの世界史の一部分として構築したいという意図が込められていたのである。ただし、このアジア史とヨーロッパ史を単純に合わせれば世界史が出来上がるとは宮崎は考えてはおらず、「世界史を造ろうと思えば、もう一度すべてを破算した上で出直さなければならない[96]」としていた。アジア史は、世界史への足掛かりに過ぎないのである。

宮崎は、このような積極的な意味を含むアジア史という言葉を好んで用い、後に刊行される自身の論文集を『アジア史研究』、『アジア史論考』と銘打つことになる。

南方文化研究会

昭和十七年四月に、宮崎は学部長の成瀬清に依頼されて、言語学の泉井久之助（明治三十八年〜昭和五十八年）と共に南方文化研究会を組織した[97]。泉井は、当時、京大助教授で、印欧語の比較言語学研究を得意としたが、昭和十三年、十四年、十六年の三度に渡って南洋の委任統治領でマライ・ポリネシア語を調査し、また十七年には日本占領下の仏領インドシナの言語調査にも当たって

は人文科学研究所のような大きな機関に育てようと考えていたという[99]。いた[98]。この研究会は、言うまでもなく日本の南進との関わりで組織されたもので、学部長は後々に

宮崎はこの前後に「東西洋と南洋」（昭和十七年三月）、「南洋を東西洋に分つ根拠について」（昭和十七年八月）、「真如法親王の御逸事」（昭和十八年三月）、「南洋及印度支那」（昭和十八年十二月）、「支那・南洋関係史」（昭和十九年五月）、「真如親王虎害に遭ひ給う説」（昭和十九年十月）といった南洋に関する論考を著している。

一連の論考の題目の一つに上がっている真如親王（高岳親王）は、平安時代に仏法を求めてインドに赴く途中、シンガポールの辺りで亡くなった高僧であるが、日本の南方進出、とりわけ昭和十七年二月に日本軍がシンガポールを占領して以後、南進の先駆者としてにわかに持ち上げられ、国定教科書にも登場するようになっていた。この間の事情については、佐伯有清の『高岳親王入唐記』に詳しい[100]。ちなみに、佐伯は宮崎と交流があった。宮崎は、中華民国から送られて来たハトロン紙の封筒を再利用した封筒に「書禁と禁書」の掲載された『東亜問題』を入れて佐伯に贈ったが、佐伯はその封筒を大切にとっておいたエピソードを『悲運の遣唐僧』の「あとがき」に書いている[101]。『悲運の遣唐僧』は平安時代の留学僧円載の伝記であるが、佐伯が円載に関心を抱いたのも、宮崎による円載の伝記「留唐外史」を読んだことにあった。「留唐外史」について宮崎は、「事実の上に大ぶん想像を加えて書き上げたが、歴史家が史上人物の心理現象にまで立ち入って、事象を復元して見ようとして悪いとは思っていない」[102]としている。唐の国清寺にいた円載の所に、弟弟子の円珍が尋ねて来た時の件で、宮崎はその時の円載の心境を「円載にはそもそもこの男の、ビリケン様み

たいに尖った頭の恰好からして気に喰わないのだ。風采を見ればいかにも見すぼらしい昔の儘の田舎風丸出しである。こんな男が同国人だなどといって国清寺へ乗り込んで来たかと思うと、覚えずぞっとして脇の下から冷汗が流れるのである」[103]と復元するが、このところなど心理描写の復元として傑作であろう。筆者は、園城寺蔵の円珍の木像と田舎者を自認する宮崎の姿を思い起こし、思わず吹き出しそうになった。

「東西洋と南洋」は、昭和十七年三月に京都市の文化課が主催して岡崎公園の市の公会堂で開いた南方講座における講演の記録である。[104]この講演で宮崎は、南洋、すなわち東南アジアに入った東西の諸勢力、諸文化の隆替を古代から現代まで概観し、関連して時局についても発言している。宮崎は、東南アジアにおけるヨーロッパの勢力がポルトガル、スペインからオランダ、イギリス、フランスへと移り変わっていったその原因は、「国の富力とか軍備とかいうような物質的なことばかり」[105]だけではなく、「精神的な方面が非常に重要性をもっています」[106]と述べ、具体的には国が豊かになると国民が安逸に流れ、軍艦を建造するにしても、大砲や砲弾の置き場は二の次で、居住性、艦内の快適さを求めるようになる。そうすると、東南アジアの支配というのは、海上覇権の問題であるので、軍備を二の次にした軍艦を建造していた国の海上覇権は失われると説く。宮崎は、この考えに続けて「現今日本の海軍が赫々たる武勲を挙げておりますが、これは作戦の点、技術の点、訓練の点、あらゆる方面において優秀な結果ですが、同時に軍艦そのものが第一優秀であるということを聞いております。それはなぜかというと、日本では今言った居住性、住むことは第二として、とにかく大砲を積む、砲弾を積むということを第一とする、そういう戦闘第一主義の設計に従って日本の軍艦が出来ていることが性能の優秀な原因なのであるということを聞いております。これも煎じ詰めるとそれに乗る人間の精神力から出ておると言えるのであります。単に戦争のことばかりではありません。私はよく今後南洋というものを経営する上において、日本の国は貧乏であるから経営がむつかしいというようなことを聞きますけれども、私の意見はむしろ反対であって、日本人、日本国の貧乏なうちは、多少障碍はありましょうけれども南洋の経営は悲観するに及ばない。若しも日本が持てる国になりきって、段々日常生活の安易にばかり執着し、贅沢を第一にしようということを考えるようになったならばむしろ問題である。国が貧乏であることは却って植民地の経営ということにはむしろ好適の条件ではないか、という風に考えているのであります。尤も私は技術的に経済のことやその他の細かいことを知りませぬので、或は見当外れかもしれませぬが、長い歴史の眼から見た上では、おそらく私の見当があまり外れておるまいと存ずる次第であります[107]」と論じ、いわば日本が素朴民族である限り、その南洋支配は成功すると見ていたのである。

『日出づる国と日暮るる処』

昭和十八年八月、宮崎は『日出づる国と日暮るる処』を京都の星野書店から刊行した。十七年の十月二十日から十一月六日にかけて『京都新聞』に「倭寇の本質と日本の南進」という記事を連載したところ、これが星野書店の店主の目に留まり、この記事を含む『日出づる国と日暮るる処』の刊行に至ったという。題字を揮毫したのは、宮崎の父市蔵であった（図10）[108]。星野書店の店主星野敬一は、京都府の小藩の元藩士で、「ちょっと商売気を離れたところ[109]」のある人であった。店は京都市中京区丸太町烏丸西入にあった。当時、京大の東洋史関係者の著作の出版を一手に引き受けていた観があったのは、弘文堂であったが、宮崎はなぜかこの弘文堂を嫌っていたので(110)、星野からの出版の申し出は、ありがたいことであっただろう。

同じ年には、この星野書店から宮崎は『五代宋初の通貨問題』を刊行し、さらに『五代宋初の通貨問題』のカバーに載せられた広告によれば、『支那上代の都市国家』と『支那思想史』が刊行される予定であったが、実現しなかった。後者の『支那思想史』はＡ６判で三百頁、定価約三円とされているので、刊行は間近であったことが分かる。予定の二冊が未刊に終わったことについて宮崎は「これは私の怠慢のせいであって、誠にお恥ずかしい限りである(111)」と自らの責任としているが、理由はそれだけではなく、星野書店主が『五代宋初の通貨問題』刊行後間もなく死亡し(112)、店が無くなったことも多分に関係していた。

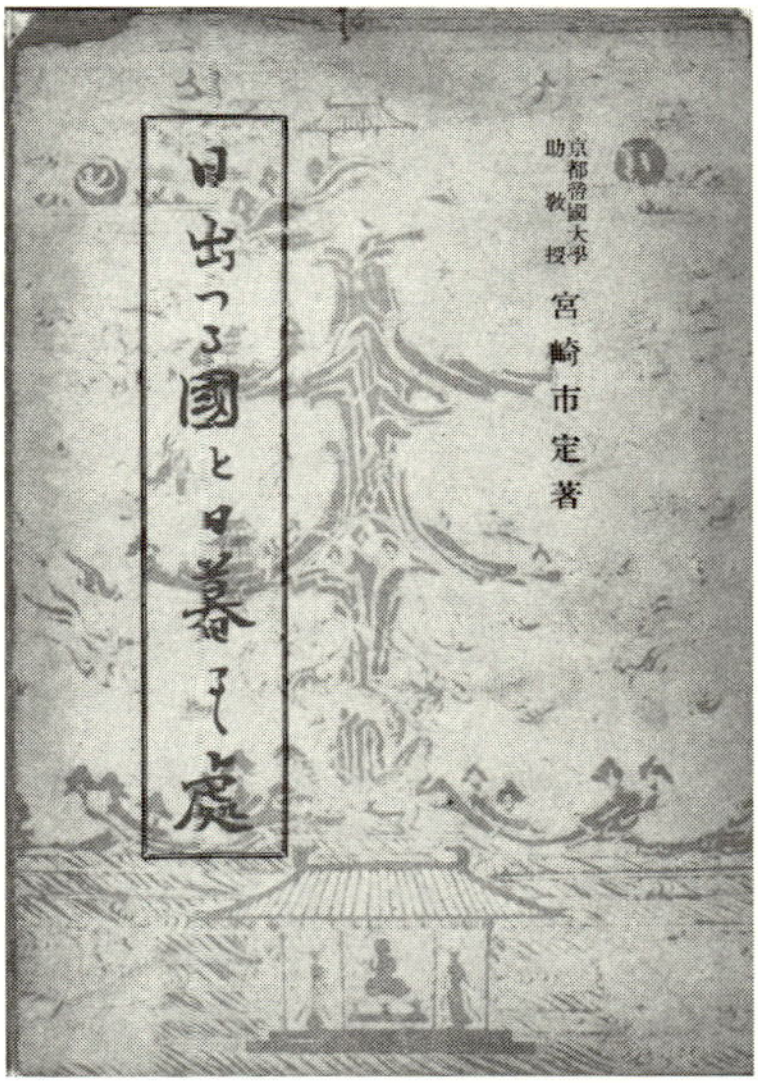

図10　市蔵が揮毫した題字

『日出づる国と日暮るる処』は、日中交渉史に関わる「随筆的論文」六本、すなわち「倭寇の本質と日本の南進」に加えて、「留唐外史」、「江戸時代におけるシナ趣味」、「雷を天神ということ」、「パリで刊行された北京版の日本小説その他」、「中国の開国と日本―中国的体制と日本的体制」から成っている。「随筆的論文」とは、宮崎の定義では「随筆のやうに散漫でなく、さりとて論文のやうに満腹感を与へないで、丁度この中間を行かうと覗ったもの[113]」である。

宮崎はそもそも「中国史その他の外国史を研究し、興味を持つのは、それが結局最後には日本の国史に対する関心に維がれるべきであり、自国のことについては専門外などと言って逃げるわけにはいかない[114]」との考えを持っていたが、しかしこの段階で、宮崎が日中交渉史に関心を向けたのには、やはり当時の日中戦争、さらには太平洋戦争という時局が関係したことは間違いないであろう。「倭寇の本質と日本の南進」は、当時、蔣介石の政権が倭寇の名を出して、抗日思想を鼓舞しているのを聞き、倭寇を物取り強盗のようにみなす説に対して反論したものである。宮崎は、倭寇というのは、日中の密貿易業者が、密貿易を弾圧する中国官憲に対して共同で報復に出たものであり、日本人はあくまでも中国の密貿易業者の要請に義俠心から手助けしたに過ぎず、平和裏の交易を望んでいたとし、「中国の国情、官民の対立、民衆の日本に対する援助要請という点から新しく倭寇を見直す必要がある」と述べる。宮崎は、さらに続けて「而して日中の衝突が日本人の南洋発展の一契機となりしこと、日清戦争後の台湾の領有、今次シナ事変より大東亜戦争への発展に見らるる如く、古今軌を一にすることも亦注意すべき現象たるを失わない[115]」としている。

『日出づる国と日暮るる処』に納められた論考の中でも、とりわけ当時の時局に関係し、宮崎の考えを知る上で興味深い「随筆的論文」は、「中国の開国と日本」である。この論考は、眼前で展開しつつあった太平洋戦争とその結果としての大東亜共栄圏の確立を歴史的に位置付けるべく書かれたものだからである。

宮崎は、太平洋戦争と大東亜共栄圏を「日本的体制の成長」の必然の結果と位置付けている。宮崎の言う日本的体制とは、「互いに相手国の国体を尊重しつつこれと対等の礼をもって国交を結び、且つ相互に有無相通じて相利益すること」[116]を意味し、この論考では、日本的体制と相容れない体制を取ってきた中国——中国は皇帝を中心とする独尊体制を取り、対等な外国の存在すら認めなかった——との、聖徳太子の時代以来の確執が専ら跡付けられているのであるが、最後の段になって唐突に、宮崎は「思うに日本的体制の真精神は、それが外部に対する時、御詔勅にある如く、万邦をして各々その所を得しむと仰せられたる一語に尽きると思われる」[117]と述べ、「而して各々その所を得しむとは、諸国にして猶所を得ざるものあるを予想する。事実近世欧米諸国の東亜侵略以後、如何に多くの所を得ざる近隣の国家民族が、欧米搾取の下に呻吟し来ったことか、而して斯る不合理なる西洋的体制を打破するものは、日本的体制を措いて外にないとは、東亜諸国民の期せずして一致する所であったのである。此処に於いて日本的体制は飛躍した。日本的体制では止まらず、それが東亜的新体制とならざるを得なかった。日本自らが欲したるにあらず、東亜の、否世界の情勢が然らしめたる、世界的必然であったのである。それが東亜新秩序であり、東亜共栄圏の理想なのである」[118]と論じたのである。ちなみに、『アジア史論考』で削除されたのは、この「思うに」以後の、全集版で二ページ分である[119]。

宮崎の太平洋戦争観

日本的体制云々はともかくも、太平洋戦争が欧米の植民地からのアジア解放戦争であったとの見方を、宮崎は戦後になってからも変えることはなかった。むしろ、日本は戦争に負けたが、戦後、アジアの諸国が欧米から独立したことを目にし、この点に太平洋戦争の世界史的な意義があったことを確信していた。

『自跋集』では、「大戦前のアジアは殆ど総ての地域が欧米の植民地乃至は半植民地であった。それが大戦により、一夜にして各地の住民が争って独立を復し、夫々の独立国を造り上げた」とし、「この大変革の原動力は、突き詰めれば日本にあり、この点では実に偉大な事業を成し遂げたものである。近代文明の実力を以て構築された堅固な植民地帝国が一夜にして跡かたなく消え去ったのである」、「日本はこのような大事業を完成しながら、戦後、日本軍部の復活を懸念してか、適当な評価を下されていない。併し既に終戦直後のような心配が払しょくされた今日、歴史事実に基づいて正当な判断を下すべき時が来たのではあるまいか」と述べている[120]。

宮崎は大戦の「真の原因」が「資源と市場との極度の偏在」にあったと見ていた[121]。「第二次大戦前の世界はじつに不自由な世界であった。イギリス、フランス、アメリカ、オランダが世界中のほとんどすべての土地を属領、ないし半植民地にして押さえ、その土地の原住民が日本から物を買おうとしても、日本へ売ろうとしてもできない仕組みになっていた[122]」からである。これは大戦前に世界を見て歩いた宮崎の実感であったと言ってよいであろう。フランス留学時、日本を出れば、香港に始まりスエズに至るまでその航路の寄港地はすべてイギリスの植民地であったし、旅行先の西アジアの委任統治領でも、日本商品の排斥は、「手をかえ品をかえて実施され[123]」ていたのである。宮崎の考えでは、折しも日本は「民族的な興隆期にあたっていた」が、しかし英、仏、米はこれを封じ込めようとして、「あらゆる手段を用いて既得の権利を擁護しようとし」たために[124]、大戦へと至ったのである。特に「イギリスの貪欲」の責任は大きいと考えていた[125]。宮崎に言わせれば、「イギリスは、植民国家としてこれほど悪事を働いた国はなく、第一次世界大戦後は世界の大部分を植民地や半植民地にしたが、よほどの悪事を働かねばこんなことはできるはずがない[126]」のである。

一方で、太平洋戦争勃発の直接の原因を宮崎は、アメリカの執拗な日本敵視政策に求めている。アメリカは日露戦争までは日本に好意を示してきたが、戦後、アメリカの提案した満州鉄道中立案に日本が反対し、アメリカの満州進出を阻んだことから、アメリカの政策は日本敵視へと一転し、第一次大戦後は「戦時成金の日本を屈服すべく全力を傾倒してきた[127]」のであり、排日移民法（一九二四年）は言うまでもなく、軍備縮小を目指したワシントン会議（一九二一年〜一九二二年）もロンドン会議（一九三〇年）もすべて日本を圧迫するためのものであった。そして、宮崎は、戦争に至った「非はいったい日米何れにあるのだろうか」と問い、「私は強い方のアメリカに六分の非があるものと信じている」と答えるのである[128]。戦争は、強い方に六分の非があり、弱い方にも四分の非があるとする宮崎の見方は、歴史を貫く真実であろう。

『五代宋初の通貨問題』

『日出づる国と日暮るる処』の刊行と同じ昭和十八年に世に問われた『五代宋初の通貨問題』は、

宮崎の学位請求論文である。

五代とは、九〇七年の唐の滅亡に続いた時代で、この時代には華北に後梁、後唐、後晋、後漢、後周が次々と起こり、その他の地域には南唐、閩、前蜀、後蜀、呉越、南漢などの諸国が乱立した。五代の分裂は、後周の後を継いだ宋によって統一された。『五代宋初の通貨問題』は、この五代から宋の仁宗までの時代（九〇七年〜一〇六三年）の通貨の歴史を跡付けたものである。

五代の時代、華北の歴代政権は、中国の伝統的な銅本位制を維持したが、その他の地域の諸政権は財政不振の克服や貿易振興を狙って、鉛銭、あるいは鉄銭を自国内に流通させていた。各国で通貨体系が異なるようになった結果、国際通貨として銀が広く流通するようになった。宋は天下を平定した後、全土を銅銭によって統一することを目指した。宋はまず江南の銅銭化に着手し、江南において銅銭を鋳造するとともに、その銅銭が華北に流入するのを防ぐことで、江南の銅銭化を真宗（在位九九七年〜一〇二二年）の時に成し遂げた。しかし、その分、華北では銅銭が不足したため、銀の使用の風《ふう》はいよいよ強まった。宋政府の銅銭化政策は蜀地方では失敗し、また陝西河東両路においては西夏戦争の結果、その地の軍隊に給する銅銭が不足したため鉄銭を用い、これが原因となって新たに鉄銭使用地域が出現した。結局、宋一代を通じて、国内の完全な銅銭化は出来なかったのであり、その結果、銀使用が一般化したのである。一方、鉄銭地区として残った蜀では、鉄銭が重く運搬に不便であったため、交子と呼ばれる紙幣が出現した。銀と紙幣は続く時代の中国の通貨として重要な役割を果たすが、五代宋初はその端緒となった時代なのであり、通貨史上の転換期であったのである。

『五代宋初の通貨問題』はこのような内容であるため宮崎自身、「本書が取扱った問題は一般世間には一向に耳慣れぬ、極めて特殊な題目のように響くであろう[129]」と言うほどであり、実際、宮崎の著書の中で一、二を争う専門的な内容をもっている。多くの漢文史料が読み下し文なく引用されているることも、門外漢を近づきにくくさせている。もっとも、宮崎に言わせれば、引用されている漢文自体は「漢文と言っても概ね型の定まった吏文であって、さまで難解なものではない[130]」そうである。『五代宋初の通貨問題』が宮崎の単行本の中で、唯一文庫化されていないのも分からなくはないが、経済や財政により多くの関心のある現代の日本人であるならば、銅銭化を図って通貨対策にあの手この手で臨む宋政府の姿などは、官僚制を扱った『九品官人法の研究』よりも、むしろ面白く感じられるのではないかと思われる。敬遠せずに一度手に取ってみるべき作品であろう。

本書の中では、当時の銅銭の供給量との関係で、現在の銅銭の古物市場における価格についても言及がある。例えば、宮崎は、太宗時代の至道元宝、真宗時代の咸平元宝、景徳元宝などは当時多く鋳造されたため、「現今でも夥しく存在し、我国においても容易に安価に手にすることが出来る[131]」が、一方で皇祐元宝は『大正古銭価格図鑑』によれば、五十円し、最も高価な古銭の一つであると指摘し、その鋳造量が少なかったことを推察している[132]。ここには宮崎の古物趣味が顔を覗かせている。

『自跋集』によれば、「この書が出版されると間もなく、東京で発行され、全国学界を代表する学術専門誌に取上げられて紹介された。担当した筆者も相当名の通った若手研究者であったが、その文章を見て唖然とした。学術的見地からの批判は殆どなくて、専ら娑婆的な通則を無視した出版だと言う点を突くのである。著者はこれまで学界に宋代通貨を取扱った論文を出したことがなく、従って名前も知られなかった者が、突然単行本を出版するのは不都合だ、と言った調子なのである」とあり、(133)晩年まで宮崎が憤る書評が出された。ここで言われている「東京で発行され、全国学界を代表する学術専門誌」とは『歴史学研究』のことで、書評を書いた「相当名の通った若手研究者」とは中村治兵衛のことである。(134)中村は、先にも名を挙げたが、当時は東亜研究所の第三部支那政治班に勤務していた。大正五年生まれであるので、確かに二十代の若手研究者であった。中村は後に九州大学教授を経て、中央大学教授となる。

中村の書評は僅か三頁弱の短いものであるが、宮崎が憤ったのは、中村が「北宋時代に於ける貨幣の研究は既に〔加藤繁や日野開三郎らの〕先人によって、開拓されたところであり、その間宮崎氏はなんら貨幣に関する研究論文も発表されることなく、今回公刊された本書『五代宋初の通貨問題』も大学の講義案に手を加えたものであり、従って従来の研究を一応纏めたものである」とした部分である。宮崎が憤ったのも無理はない。宮崎は、『五代宋初の通貨問題』の「弁言」で、このテーマは十年来の関心であったこと、また特殊講義でこの内容を講じたことを書いているが、(135)中村はまさにこの「弁言」を逆手に取ったような批判を加えたのであるから、宮崎の憤りはなおさらであったのだろう。しかし「学術的見地からの批判は殆どなくて、専ら娑婆的な通則を無視した出版だと言う点を突くのである」という宮崎の書き方は、書評を冷静に読むならば、行き過ぎである。中村の全体の論調は、宮崎の研究には新味もあるが、しかし先行する研究に比して甚だ見劣りがするというものであった。問題の書評を中村は、「本書は上述の如く宋代貨幣の専攻者にとってはくいたらぬであろうし、一般の人々にとっては考證論文に対するとつつきにくさをもつであろうし、云はば中間的な存在である」と締めくくった。

昭和四十一年に刊行された河上光一の『宋代の経済生活』においても、宋代の貨幣研究の先達として加藤繁や日野開三郎、あるいは中島敏、曽我部静雄の名が本文中に特記されているものの、この問題を真正面から扱った宮崎の名は挙げられていない[136]。河上は東大の出身者であり、東大系の学者の間では、中村的な評価が引き継がれていたのであろう。

宮崎は『五代宋初の通貨問題』を増補し、北宋末までを含める意図があったようであり、またその準備も出来ていたが、果たさずに終わった[137]。

教授昇格

昭和十九年五月十三日、宮崎は京都帝国大学文学部教授（東洋史学第二講座、中世担当[138]）となった。教授昇格には内規として外国留学と学位論文が必要であったが、宮崎の場合、外国留学は、フランスへの留学で済ませていたものの、学位は正式にはなかったため、特例での昇格であった[139]。特例となったのは、学位請求論文「五代宋初の通貨問題」自体は提出済みであったからである。なお宮崎がこの論文によって正式に文学博士の学位を得るのは、戦後の昭和二十二年四月十日のことであった[140]。審査に当たったのは、那波利貞、中国文学の倉石武四郎、西洋史の原随園であった。

再度の召集と『科挙史』

昭和十九年の冬、宮崎は出版社秋田屋から科挙についての書籍の出版を勧められた。この秋田屋の『科挙』は、後に宮崎の名を広めることになった中公新書の『科挙』とは別物で、現在平凡社の東洋文庫に補訂されて『科挙史』のタイトルで入っているものである。秋田屋の『科挙』は、科挙制度の沿革を、特に清代に重点を置きながら辿ったものである。戦時中に書かれたものであるが、一切時局に関する言及はなく、客観的かつ冷静な筆致で綴られている。

当時、海軍からの情報を得ていた宮崎は、日本の敗戦は必至であることは認識していたに違いなく、また軍籍に身を置く者として召集令状を遠からず受け取ることは予期していたため、「学問に携わる者として、多少なりとも従来の研究を纏めて後世に残したき本能に駆られ(141)」、「他のいっさいを抛擲し、妻子自身の飢をよそ事に(142)」、遮二無二秋田屋から依頼された原稿を書いた。宮崎は『科挙』が「生前の遺稿になるものと覚悟(143)」していたという。そして何とか脱稿したときに、召集令状が来た。時に昭和二十年二月二十五日のことであった。

わずか数ケ月の間に、『科挙』を完成させることができたのには、宮崎の尋常ではない執念に加えて、他にも理由があった。宮崎は昭和十三年に東亜研究所からの委託で「清の法制と官吏登用法の研究」を行い、その最終的な報告論文を「清朝の官制及び官吏登用法」として提出していたが、実はこれに先立って「科挙を中心とする清朝の官吏登用制度」の原稿を書いていた。しかし、この原稿はあまりに学術的に書いたため「東亜研究所の要求するところに不適当なるものであること(144)」に気づき、研究所には別稿として簡明な「清朝の官制及び官吏登用法」を書いて、提出していたのである。結局、「科挙を中心とする清朝の官吏登用制度」の原稿は、日の目を見ないままになっていたのであり、『科挙』の元になる原稿が既に存在していたのであった。秋田屋はこの原稿があることを嗅ぎつけて来たようである。

秋田屋に渡された『科挙』の原稿は、三月十三日の大阪大空襲を受けたが、「秋田屋の自慢の一号金庫」に入れてあったため、奇しくも焼失を免れた。[145]

三月二十二日、陳列館貴賓室において、史学科教官による宮崎の壮行会が開かれた。壮行会は夕刻四時半に始まり、八時前に散会した。参加者は、西田直次郎（日本史）、那波利貞（東洋史）、中村直勝（日本史）、梅原末治（考古学）、藤直幹（日本史）、田村実造（東洋史）、村田数之亮（考古学）らであった。食事に加えて、千道雄が茶を点てた。[146] 驚くべきことに宮崎は、この壮行会の日まで論文「清朝における国語問題の一面」[147]を書いていた。論文末尾には、「昭和二十年三月二十二日、応召を前に控えて擱筆」とあるのである。「清朝における国語問題の一面」は、満州語という中国語と異質な言語を国語とする清朝が、中国を統治するに際して、どのように漢人と意思疎通を図ったのかを解明した論文である。明日の命すら分からない非常時に宮崎がこのような内容の論文を書いていたのは、「清朝の中国支配の本質に触れ、遡りては遼金元の遺制を尋ね、さらに今後の世界に起り得べき異民族統治と国語問題に就いて参考資料を提供したく思」[148]ったからであった。日本の敗戦必至の段階で「今後の世界に起り得べき異民族統治」とは、あるいは連合軍による日本占領を予想しての言葉であったのかもしれない。

壮行会の後、宮崎が集合先に指定されていた富山に向かった日がいつであったのかは正確には分からないが、昭和七年の上海事変の時とは異なり、宮崎は出征を誰にも知らせることはなく、雨中一人で京都を離れた。この「雨中」という表現は「自訂年譜」に拠ったが、「来し方の記」では「雪の降りしきる中を」となっている。[149]宮崎の京都出発が三月半ば過ぎであったとするならば、「自訂年譜」の言う「雨中」のほうがおそらく正しいのであろう。宮崎は当時四十五歳、普通ならばもう召集される年齢ではなかったが、戦局の悪化に伴い、服役義務の年限が延長されていた。

富山は単なる集合地にすぎなかったようで、すぐに愛知県の犬山に移動。犬山では地下工事を見学し、続いて豊橋にあった中部第百部隊教育部で四月いっぱい[150]地下工事の訓練を受けた。この移動経路については「自訂年譜」に拠ったが、「来し方の記」では、「将校だけがまず豊川に赴いて、土木工事の速成訓練を受け、岐阜県下犬山で本隊に合流し[151]」たことになっており、「自訂年譜」の記述と異なっている。なお「来し方の記」の「豊川」は「豊橋」の誤りで、「岐阜県下犬山」も「愛知県下犬山」が正しいと思われる。

十三年ぶりの軍は、すっかり変わっており、「荒廃の極に達していた[152]」。宮崎ら予備役将校は応召将校と言って本職の将校軍人から差別され、下士と兵卒の関係も険悪であった。とても一丸になって戦える状態ではなかった。将官級の軍人の腐敗も目に余った。豊橋にいる間、妻松枝の父小西吉太郎が疎開先の長野県松本で危篤、やがて死去の報を受けたが、離隊を許されなかった。

最終的に宮崎は、千葉県市川の東部一九、〇九七部隊に配属された。市川では、市の北部の国府台（鴻之台）の小山を掘って、航空隊の格納庫を造る作業の監督に当たった。国府台は、明治期より軍が駐屯し、野戦重砲兵第三旅団司令部が置かれており、東京防空の拠点の一つとなっていた。[153]

土地は砂交じりで脆く、孔を掘るたびに崩落し、格納庫は結局終戦までに完成しなかった。この間、宮崎は「東京の夜間大空襲を望見」[154]した。宮崎が市川にいた時期から考えて、これは三月十日の東京大空襲ではなく、五月二十四日か二十五日のいわゆる山の手大空襲のことであろう。また焼夷弾が近くに落ちて来たこともあったとされているが、宮崎が市川にいた五月から八月十五日の間には、空襲はなかった。六月十日に機銃掃射が真間山付近で一度行われたに過ぎない[155]。焼夷弾の話も「来し方の記」に出てくるのであるが[156]、「来し方の記」はやや記憶違いが多いようである。

宮崎は、八月に最後の決戦を前に家族との別れをせよと休暇を与えられ、実家の飯山に向かったが、汽車の中で終戦の報を聞いた。飯山を経て京都に向かう予定であったが、終戦になったため、飯山に数日滞在した後、一旦、市川に戻り、九月の末に無事除隊され、京都に戻った。十月、宮崎は久しぶりに大学に行ったが、学生の姿はほとんどなく、学内は荒廃し、研究室に置いてあった『漱石全集』や『石川啄木全集』などはごっそり盗まれていた。

第七章　地味な宮崎

――京大教授時代（昭和二十年～昭和四十年）

昭和三十七年、京大文学部陳列館の中庭にて

地理学教室の再建

昭和二十一年一月十三日、史学科の教授の打合せ会で、宮崎が地理学教室の主任となり、その再建を担うことが決まった[1]。地理学教室の主任であった小牧実繁教授は、戦時中に地政学に著しく傾倒し、大東亜戦争を正当化した責任をとって前年の十二月に辞職しており、助教授の室賀信夫、講師の野間三郎も同様の理由で辞職する方向にあり[2]、地理学教室は事実上、崩壊していたからである。室賀と野間は昭和二十一年三月に辞職した。

室賀は辞職後も、年賀状や論文の抜き刷りのやり取りを通して宮崎と交流があった。京都大学文書館には、室賀信夫関係資料があり、その中には宮崎から室賀に宛てられた年賀状三通（昭和十一年、二十五年、五十年）と葉書二通（一通は、昭和十七年三月のもので南方文化研究会幹事会への出席を要請したもの、もう一通は昭和三十二年に『地理学史研究』第一集を送られたことへの礼状である）、そして宮崎の論文の抜き刷りが二本（「中国における聚落形体の変遷について」と「妙心寺麟祥院蔵混一歴代国都疆理地図について」）が残されている。室賀は明治四十年の生まれで、宮崎よりも後輩であるが、内藤湖南の息子戊申と第三高等学校で友人であり、湖南とも交流があった。『内藤湖南全集』月報には、「れんげ咲く瓶原」の一文を寄せている。

宮崎に地理学教室再建の白羽の矢が立ったのは、宮崎が地理に造詣が深いことが教授連の間で知られていたからである。宮崎は、三高時代の昭和八年から三年間、文学部の講師として、地理学教室の「支那地理書講読」の授業を担当しており、フランスでは古地図の収集に余念なく、関係する論文もあった。

宮崎は自ら中国地誌を講じるとともに、立命館大学教授であった織田武雄を二月二十八日付で非常勤講師として京大に招き、人文地理を講じさせ、吉田敬市を助手に任じて、教室再建を図った。織田は翌昭和二十二年には京大の助教授に就任し、以後、宮崎は後見役に徹し、織田を中心に地理学教室は運営されることになった。宮崎は、地理学教室での講義を昭和二十五年の前期まで受け持った。織田は同じ年の十一月に教授に昇格した。織田は地図史、地理学史を中心に多くの業績を残し、博士論文は『古代地理学史の研究』(3)であったが、元は経済地理学に関心を抱いていた(4)。織田の関心が地理学史の方へと向うようになったのは、宮崎にヨーロッパの古地図を見せられてからであった(5)。礪波によれば、織田と宮崎は仲が良かった。

教職追放の危機

連合国軍最高司令官は、昭和二十年十月、覚書「日本教育制度ニ対スル管理政策ニ関スル件」と「教員及教育関係官ノ調査・除外・認可ニ関スル件」を日本政府に渡し、戦時中に軍国主義や極端な国家主義を鼓吹した者を教職から追放するよう要求した。[6] これを受けて文部省は二十一年五月六日に「教職員ノ除去、就職禁止及復職等ノ件」を公布し、文部省、各都道府県および大学に教職員適格審査委員会を設けて、審査を開始するように指示した。このうち帝国大学では、各学部内に当該学部所属の教官から成る適格審査委員会が設けられた。連合国軍側は適格審査委員会の委員を部外者から選任するよう要求したが、大学側は大学自治の伝統を盾に拒絶した。

文学部の教職員適格審査委員会は、落合太郎学部長を委員長とし、委員長を含む十名から構成された。委員会は、昭和二十一年六月十九日から昭和二十二年五月十四日まで断続的に十七回開かれ、八十二名の教員の審査を行い、三名を不適格とした。その三名は、西谷啓治教授（宗教学）、鈴木成高助教授（西洋史）、松村克己助教授（基督教学）であった。西谷、鈴木は「大東亜戦争に理念的基礎を与えたとの理由で」、松村は「全体主義を宣伝したとの理由で」、それぞれ不適格とされたのである。[7]

三名の他にも西田直次郎教授（国史）、高山岩男教授（哲学）、矢野仁一名誉教授（東洋史）、高瀬武次郎名誉教授（中国哲学史）らは、国民精神文化研究所や大日本言論報国会などの国策遂行機関で重要な地位にあったため、自動追放該当者として適格審査を経ずに、教職追放された。また先に述べたように地理学教室の小牧実繁と室賀信夫、野間三郎は適格審査を受ける前に辞職していた。

宮崎は昭和二十一年十月七日に教職員適格審査委員会によって適格と判定されたが、終戦からこの間の一年ほどは、心中穏やかではなかったようである。前章で見たように、戦時中に刊行された『日出づる国と日暮るる処』で、宮崎は日本的体制の発展として太平洋戦争を歴史的に位置付けようとしていたが、これなどは西谷や鈴木と同様、「大東亜戦争に理念的基礎を与えた」と評価されてもおかしくはなかった。また礪波護によれば、軍人であったことも適格検査では引っかかりかけた。[8]宮崎自身、適格審査で不適格とされる可能性があることをはっきり自覚しており、地理学の小牧などのように適格審査に先立って潔く自ら辞表を出すべきか悩んだに違いない。実際、宮崎は一時期、懐に辞表を入れていたとされている。また自分は文筆生活に陥るかもしれないとの内容の葉書を弟子の佐伯富に送ったこともあった。[9]

唯物史観の流行

戦後の歴史学界では、戦前の皇国史観に対する反動からマルクスの説いた唯物史観が非常な勢いで流行した。唯物史観によれば、世界の歴史は原始共産制社会、古代奴隷制社会、中世封建制社会、近代資本主義社会、そして共産主義社会へと発展し、その発展の原動力となるのはそれぞれの社会における階級闘争とされた。階級闘争というのは支配者階級と被支配者階級の争いのことで、史上には反乱、あるいは革命として現れてくる。つまり、唯物史観では、反乱や革命は進歩的な行為で、社会をよりよい方向へ導くものと解釈されるのである。マルクスの唯物史観は西洋史をモデルにして構築されたものであるが、「世界史の発展法則」としてその他の地域にも応用された。東洋史も例外ではなく、中国史上にしばしば起こった反乱は、被支配者である農民の運動として高く評価されるようになり、唯物史観の論者は、漢末の黄巾の乱も、唐末の黄巣の乱も、元末の紅巾の乱も、清代の太平天国の乱も全て農民による革命運動であるとしてしまったのである。このような見方に対して、宮崎は、戦後早々に反論の筆を執った。

農民運動への懐疑

昭和二十二年十月、宮崎は京大の『学園新聞』に「歴史上より考察せる中国農民の政治性」を掲載し、近世に頻発した反乱に焦点を当てて、これらの反乱が局所的ではなく、蔓延性を持つことから、単なる農民運動ではなく、塩の密売業者が結成した広範なネットワークを持つ秘密結社によって引き起こされたものであることを論じた。[10]

同じ年の十二月には『東洋史研究』に「中国近世の農民暴動―特に鄧茂七の乱について」を発表し、[11]今度は逆にあえて真正の農民運動と評価しうるものを学界に紹介した。それが明代の福建省で起こった鄧茂七の乱で、この反乱は小作人の地主に対する負担軽減から始まり、中央軍によって鎮圧されることで終わったが、その間、省内の重要都市を一つも占領することなく、農村での活動に留まっており、「どうみても愚鈍で一徹な農民の集った百姓一揆」[12]でしかないものであった。宮崎がこの論文で言わんとしたことは、この鄧茂七の乱のようなものを除いては、農民運動ではないというところにあり、「近世における諸叛乱、その多くは天下を取る為には手段を択ばず、秘密結社をも利用し、知識階級をも利用することを辞せないものを、凡て農民運動として把握しようとする近頃の流行に対する一種の抗議」[13]でもあった。しかし、意図した効果は上げられず、皮肉にも「農民運動」の事例を一つ増やしただけに終わってしまった。この後、宮崎は、昭和四十年には「太平天国の性質について」を著し、[14]やはり太平天国の乱が農民運動ではなく、この場合はアヘンの密売業者が深く関わっていたと主張をすることになる。太平天国の乱をもって社会を進歩させる農民運動とみなし、これを賛美する声もあったが、宮崎はこのような見方には全く反対で、太平天国は「公平に言って、早く滅びれば早く滅びるほど人民のためになる存在であった」との評価を下した[15]。

時代区分論争と『東洋的近世』

昭和二十三年、元朝史の研究者であった前田直典は「東アジヤに於ける古代の終末」を発表し、中国では九世紀前後の唐末に古代が終わったと主張した[16]。これは、三世紀の後漢末に古代が終わったとする内藤湖南が提唱し、宮崎らが引き継いできた時代区分に対する反論であった。前田は、宮崎について「京都学派の中世論の内藤博士以後で最も優れたものは矢張り宮崎教授にあるといはねばらならない[17]」として特に詳細な批判対象とし、宮崎が中世の特徴として挙げる国民皆兵、社会の指導者層としての官僚的豪族の存在、豪族による隷農の利用の三点すべてが古代から認められると指摘して、宮崎説は古代と中世の区分が曖昧であり、宮崎の言う中世はむしろ古代に組み入れるべきであると論じた。前田はこのように論じることで、十二、三世紀に古代が終わったと考えられる日本・朝鮮と中国との時代差が、内藤や宮崎らが想定するほど大きくなかったことを示したのである。宮崎らの説では、中国は日本・朝鮮に比して、千年近く早くに古代から中世に移行していたからであり、前田はこの不自然さを取り除こうとしたのであった。しかし、宮崎に言わせれば、「前田直典氏のように後進国たる日本の社会発展を尺度として、先進国たる中国の発展を規定するようなことは避けるべき[18]」であった。宮崎は、日本史も古代（平安時代まで）、中世（安土桃山時代まで）、近世（江戸時代）の段階を経たが、しかしそれが中国と周回遅れであったのであり、そこに後進国日本が直面した苦悩、日本社会のゆがみが生じたと考えていた。なお日本と中国の時代差について前田と同様の違和感を覚えた井上章一は、「宮崎のひいき筋」自認しながらも、あえて反論の筆を執り、中国史の時代区分を動かすのではなく、むしろ日本の中世が中国と同じく三世紀に始まったとするユニークな見方を打ち出して、日本に古代はなかったと主張している(19)。

唐末まで古代を下げる前田の見方は当然、続く時代の規定にも影響することとなる。前田自身は問題の論文発表の翌年に若くして亡くなったので、中国史全体の時代区分の体系化は、歴史学研究会に集う研究者たちの手によってなされた。昭和二十五年五月の歴史学研究会大会において、唐末までを古代、宋から清までを中世、そして清末以後を近代とする「歴研派」の時代区分が出来上がったのである。「歴研派」が誕生することによって、これと対抗する学派としての「京都学派」が出現した。「歴研派」の時代区分が体系化された同じ昭和二十五年の十一月に宮崎は啓蒙書『東洋的近世』を刊行した。

『東洋的近世』には、「はしがき」に先立って、「世界史年表」が付されている（図11）。「世界史年表」は、宮崎の世界史の体系、すなわち東洋、西アジア、ヨーロッパの三つの地域が相互に影響し合いながらちぐはぐに発展していったとするあの体系が年表の形で提示されている。そして、宮崎はこの「世界史年表」の横に「世界史はこの年表より簡単にはならない。本書はその中で最も大切な、斜線の部分〔九六〇年の宋の成立から十九世紀に産業革命を経たヨーロッパの勢力が中国に進出してくるまでの期間〕の説明である」と書く。その言葉の通り、『東洋的近世』は、宋以後の中国が社会経済、政治、国民主義[20]、文化などあらゆる面で近世的な様相を呈したことを、自らの世界史の体系の中で、平明かつ簡潔に解き明かしたものなのである。

宮崎は『東洋的近世』を『東洋における素朴主義の民族と文明主義の社会』を「補足する目的で[21]」書いたとしている。『東洋における素朴主義の民族と文明主義の社会』では、近世については素朴主義を語っている間に予定の頁数に至ってしまい、文明主義の漢民族社会について書くことができなかったからである。また執筆の直接のきっかけも、「京都で泉井久之助、島芳夫等の諸氏が、夫々専門の学を小さな叢書にして出版したのに参加すべき誘いを受け[22]」たことにあった。宮崎は、

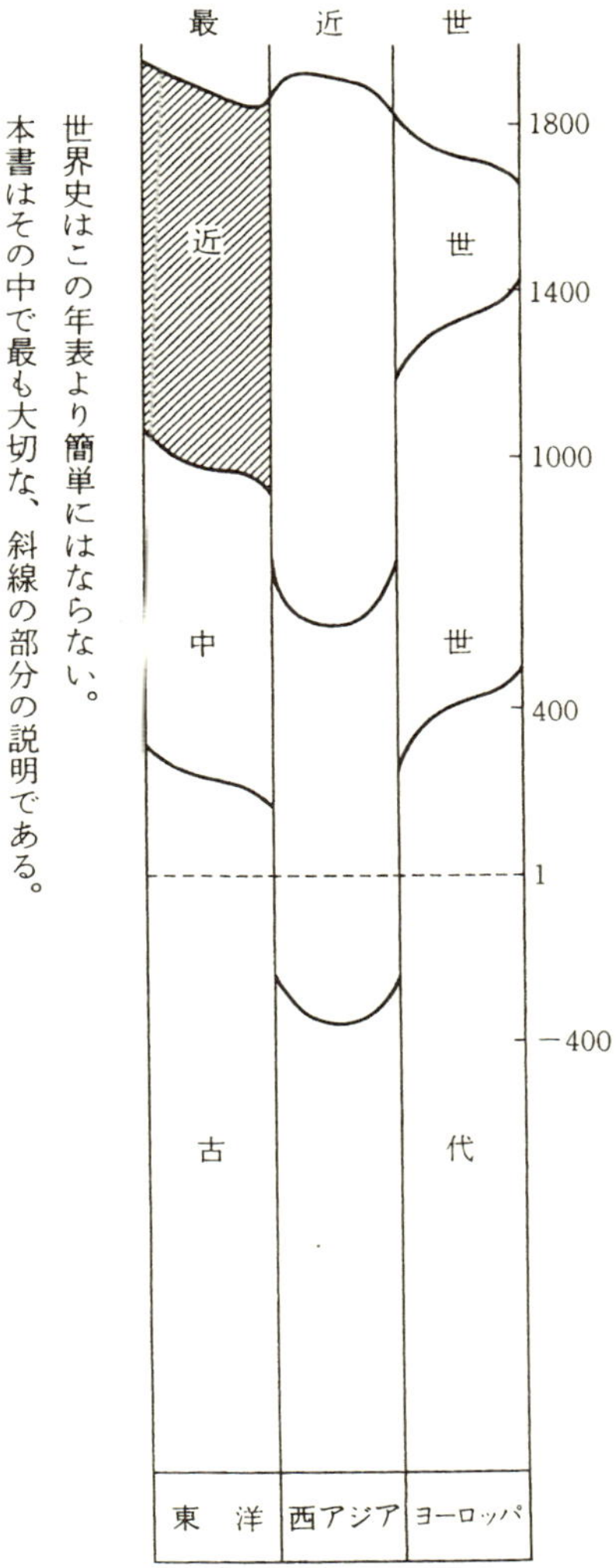

図11　世界史年表（『東洋的近世』より）

したがって『東洋的近世』執筆時、「歴研派」の存在などを意識していたわけではなかった。むしろ異論が出るとすれば東洋史ではなく、「近世」という言葉を専売特許のように思っている西洋史の側からであろうと考えていた。しかし、出版のタイミングからすれば、『東洋的近世』は、「歴研派」の時代区分に対する明確な反論の書となり、宮崎の意図とは異なり、論難の対象となってしまったのである。

仁井田陞との「論争」

「歴研派」の時代区分に立って、宮崎の宋以後近世説を攻撃した代表的な学者は中国法制史家の仁井田陞であった。仁井田は、宮崎の三歳年下で、明治三十七年仙台市の生まれ。宮崎と同じく松本高校を出て、東京帝大法学部に進んだ。昭和八年には『唐令拾遺』で若くして帝国学士院恩賜賞を受賞し、後、東大の東洋文化研究所教授などを務めた。昭和四十一年に没した。

仁井田は、宋代の農業労働者である佃戸が隷農であると主張し、佃戸を小作人とみなす宮崎説に反対した。隷農は、マルクスの唯物史観では、中世の指標とされるものであったから、仁井田は隷農である佃戸が普及した宋代以後の中国は近世ではなく、中世であると論じたのである。宮崎は中世的な隷農が解放され、小作人となっていった背景に宋代以後に顕著になった「資本主義的傾向」があったことを指摘し、この「資本主義的傾向」も宋近世説の指標としたが、仁井田はこの点についても「単に商品や貨幣経済という流通面に関連させていう、そのような「資本主義」は時代の限定的説明に何等役立たない」と宮崎を批判した。

しかし批判された宮崎は「その都度に応酬することをしなかった」[23]。宮崎がわざわざ生前の仁井田に対して筆を執ったのは、昭和三十四年に『朝日ジャーナル』誌上に掲載された仁井田の『中国法制史研究』の書評くらいであろう。それもわずかなコメント程度である。宮崎に言わせれば、「それは私は私の論文で言いたいことは大体言ってあるから、読む人が読んでくれれば分かることであり、私に対する反対論は、或いは私の所論を誤解したり、或いは原史料を誤読している点が多いので、これも読む人が読んでくれれば分かることだから、何も急いで答える必要はないと信じていた」[24]ということに尽きるのである。

東大法学部教授の滋賀秀三は、昭和四十一年に同じく仁井田の『中国法制史研究』を書評し、仁井田の宮崎批判が「とかくに上すべりの印象を与える」もので、「的はずれの論難が少なくない」として、徹頭徹尾、仁井田の非、宮崎の正しさを論じた[25]。滋賀は、宮崎の言う「読む人」であった。宮崎は滋賀の書評を受けて「内心大いに安堵したわけであるが、してみるとこれまで長い間、こちらの無知に乗じて法学博士という名の権威によって翻弄されて来たような気がしてならない」と書いた。これに対して、今度は東大の東洋文化研究所の教授を務めた福島正夫が批判を加えた。福島は、宮崎の発言を「いかがなものであろうか」と非難し、「すぐれた学者が「読む人が読めば分かる」などといわず、専門の土俵で取り組むことこそ学問を前進させるのではなかろうか。また何人も権威の名に屈せず立ち向い、相手もこれに応ずることを切に望む」[26]と述べたのである。宮崎は福島の発言にはカチンときたようで、「よむ人が読めば分かる以上、よく読んで欲しいと言ってどこが悪いのでしょう」と言い、「なお法律家が一般人に向かって、必要もない時に法律論を持ち出せば、それが自然に権威顔をしたと受け取られることを御承知おき下さい」と言い返した。そして、仁井田については「仁井田兄は譬えていえば、他人が将棋をさしている所へ罫引きの違った盤を持ちこんで、勝負をやろうとかかってくるような、誠に迷惑な、招かれざる客という印象を持ちます」とまで書いた。宮崎と福島の言い争いは、弘文堂刊行の『講座家族』の月報上で為されたのであるが、宮崎は弘文堂が大嫌いであったことを思えば(27)、弘文堂に原稿を出してまで反論したことになるのであり、福島の発言にはよほど腹が立ったのであろう。

宮崎が仁井田に対して相当腹に据えかねていたことは、仁井田の没後昭和四十二年に刊行された『中国の法と社会と歴史』収録の「在欧日記」を読み、「悲劇の歴史、されど他人事に非ず、再び繰り返すこと勿れ、此災禍と言うと雖も亦人事也、日記を読みて、十誤あるを知る」とし、具体的に十ヶ条の誤りを書き込んで、「以上十誤、要するに外国を知らざるに出づ」と書き込んでいたこと(28)から知られる。

加藤繁

しかし宮崎は仁井田との論争については、岡本隆司も指摘するように(29)、相手をさせられた程度にしか感じていなかった。宮崎は、『自跋集』において、後に学界で議論されるようになった諸問題については、「北宋史概説」において既に自身の見通しを述べていたとし、特に戦後になってから仁井田が問題にしたような「佃戸の法制的、経済的地位などは、今更ながらと思いながらも、形式的にお付き合いしたことがある(30)」としている。「北宋史概説」は昭和十年、宮崎三十五歳の時に書かれたものであり、宋代史に対する見方を宮崎は早くに確立していたことが分かる。

おそらく、宮崎が本当に研究上、意識していた東京の学者は、仁井田ではなく、加藤繁であったと思われる。

加藤は明治十三年、旧松江藩士の家に生まれ、三十九年に東京帝国大学文科大学支那史学選科修了[31]。四十年からは京都で狩野直喜らの下で『清国行政法』の編纂に携わった。大正六年、慶応大学講師として東京に戻り、昭和三年には東京帝国大学助教授となり、十一年に教授昇格（東洋史学第二講座）。十六年には依願退官し、二十一年に没した。中国経済史研究の開拓者であり、『支那古田制の研究』（大正五年）、『唐宋代における金銀の研究』（大正十四〜十五年）、『支那経済史概説』（昭和十九年）などの著作がある。主要な論文はその死後『支那経済史考証』上下二巻にまとめられた。加藤は忠君愛国の人であり、狂信的な右翼思想家とされる蓑田胸喜とも親交があり、蓑田の主催する『原理日本』にしばしば投稿し、昭和十八年には『絶対の忠誠』なる書物も著している。

そもそも宮崎が社会経済史の研究を始めたのは、東大で社会経済史を加藤繁が開拓しつつあるのに対して、京大はこの分野が弱かったため、これを強化しようとする意図があった[32]。昭和八年に書かれた最初期の宮崎の重要な論文「古代支那賦税制度」は、宮崎自身「本編は全く加藤繁博士の研究によって啓発され刺戟されて出来たものである」と言い、加藤の「漢代に於ける国家財政と帝室財政との区別並に帝室財政一斑」と『支那古田制の研究』がその出発点になったとしている[33]。特に前者の論文については「その分析の見事さと手際の良さに感服した[34]」としている。

加藤が宮崎の「古代支那賦税制度」をどう評価していたのかは分からないが、しかし宮崎が昭和十年に発表した「晋武帝の戸調式に就いて」の所説には先に言及したように、加藤は明らかに反対の意を示し、『支那経済史概説』において「近年、占田は限田の意味で、庶民の所有する田の限度を定めたもの、課田は晋の初に廃せられた屯田を形を変えて旧屯田民に割当てたものという〔宮崎の〕説が唱えられ、賛成者も少なくないようであるが、私はこれに与しない[35]」とはっきりと書いている。宮崎は、加藤が「晋武帝の戸調式に就いて」で示した自身の見方を受け入れなかったことに「加藤史学の限界を見せつけられた感じで、事実それ以後の私の発表は事毎に加藤史学に反対する結果となった[36]」としている。

例えば宮崎は「部曲から佃戸へ」において「思うに日本における中国土地制度史の研究は、加藤繁博士が均田法の効果を過大視し、これが大土地所有の発展を食い止めてきたとし、宋代に入ってから大土地の荘園が流行したように考える見方を取られたため、最初からその方向が狂っていたのではないかと思われる。大土地所有は必然的に農奴制を誘発し易いので、右の論の上にたつと、宋代以後が農奴制の時代となり易いので、実際において博士の影響は現在まで続いてきていると見られる[37]」と述べており、加藤の研究が、仁井田や周藤吉之に引き継がれたのであり、この意味で中国の土地制度史研究を誤らせた元凶であったと発言するまでに至っていたのである。なお周藤吉之（明治四十年〜平成二年）は、加藤の弟子で、東大文学部の教授（昭和三十二年〜四十二年）を務め、朝鮮史や宋代の社会経済史で多くの業績を残した。やはり佃戸隷農説をとり、宮崎の論敵の一人であった。「戦後日本の地主佃戸論争は基本的には、周藤吉之と宮崎市定の描いた佃戸像がするどい対立を成し、両者の論点の可否の検討・深化をとおして展開した[38]」と言われる。

加藤は研究に際しては、史料をノートではなく、カードにとって研究していたようであるが、宮崎はこの研究方法にも批判的であった。それは論文がカードを綴り合せたような感じを残すからであり、またカードを作成するために史料を読むので、文章を読まずに、単語だけを読むようなことになるからであった[39]。

『雍正帝』

戦後、宮崎が本当に心惹かれていた研究対象は、中国史の時代区分ではなく、雍正帝であった。宮崎は、「敗戦後、間もない頃[40]」、『十一朝東華録』を初めから読み始めた。『十一朝東華録』は、清の国初から同治帝治世（一八六一年〜一八七五年）に至るまでの清朝の編年体の通史である。宮崎はこれまで長らく清朝史の研究に携わりながら、「正史」に当たる基本文献を通読していない後ろめたさがあり、これを払拭しようと思い立ったのであった。読み進めて雍正帝の時代の部分に至ると、「何かしら世の中がすっかり改まったような感じを受けた。それは突きつめると、雍正帝という天子のもつ個性が大いに影響していることが分った[41]」という。そこで雍正帝の史料をさらに捜したところ、史学科陳列館の書庫に膨大な分量の『雍正硃批諭旨』なる書物があることを発見し、ノートを取りながら、これも通読し始めた。『雍正硃批諭旨』は、雍正帝が朱筆で書いた勅諭の集成である。雍正帝は、地方統治に当たる官僚に、皇帝宛ての「秘密の進展状」を送って地方の実情について詳細に報告するように命じ、帝自ら報告書を読み、余白に朱筆で感想や訓戒を書き（＝硃批諭旨）、送り返していたのである。宮崎は、この『雍正硃批諭旨』をどうせ退屈な史料の集積に過ぎないと思って手に取ったが、予想に反して非常に面白かった。そこには「『東華録』などが言わば表面をさっと撫でて過ぎた所を、奥へ奥へと切り込んで骨髄に迫るまで切開するような、気味のよい描写が至る所に見られ[42]」たからである。宮崎は、昭和二十二年の夏休みは、この『雍正硃批諭旨』を読み耽った。

百十二厚冊ある『雍正硃批諭旨』を大方読み終えた頃、ちょうど中国文学の吉川幸次郎によって京大の中国学関係者が一人一冊、岩波新書を書く企画が立てられ、宮崎もこの企画に誘われた。宮崎が雍正帝で書くと言い出した時、「異様な感で受け取られたようであった[43]」。皆、宮崎は王安石で書くと思っていたからである。吉川らの反応を受けて、宮崎は「いよいよ雍正帝を書かねばならぬと決心した[44]」。なお、吉川は、自ら立てたこの企画で『漢の武帝』を書いた。刊行は昭和二十四年。『雍正帝』を書くことが決まった宮崎は、昭和二十三年と二十四年には「雍正帝と其の時代」と題する特殊講義を行い、この特殊講義を踏まえて書かれたのが昭和二十五年に刊行された岩波新書の『雍正帝—中国の独裁君主』であった。

『雍正帝』は、雍正帝の姿を余すことなく描き切った大変面白い伝記である。『雍正帝』の面白さは、もちろん第一に雍正帝自身にある。雍正帝は、四十五年の部屋住みを経て康熙帝の後を襲って即位し、治世は十三年に過ぎなかったが、その治世において官僚の綱紀を粛正し、太子密建の法や養廉銀の制度、さらには軍機処を定めて清朝の基礎を固めただけでなく、模範的な独裁君主たらんとして精錬恪勤、夜は十時、十二時に寝て、朝は四時以前に起床し、地方官からの報告文を読み、硃批諭旨を送り返すという生活を十三年間続けた実に頭の下がるような皇帝であった。宮崎は、雍正帝を「恐らく数千年の伝統を有する中国の独裁政治の最後の完成者であり、また実行者であったといって過言でない[45]」と評している。しかし、雍正帝のような名君が時に中国史上には現れたことで、皇帝制度は無言の民衆の信頼をつなぎ、「独裁制に信頼する民衆は独裁制でなければ治まらないように方向づけられてしまった。これは中国人民にとってまことに悲しむべき結果である。この点から言えば、雍正帝の政治は正に善意にあふれた悪意の政治と言わなければならない。しかもこの種の善意にみちた悪意の悲劇はすっかり終わってはいない。そして大きな歴史の裁きを待っているのである[46]」と述べて『雍正帝』を終えた。『雍正帝』が書かれたのは、一九五〇年。その前年に大陸では中華人民共和国が成立していた。評論家の小笠原茂は、「善意にみちた悪意の悲劇」が共産党政権を指しているとし、ここに宮崎の勇気ある発言を見て取っている。小笠原は、さらにこの著作を書いた時の宮崎の年齢と雍正帝の即位時の年齢が五十歳と四十六歳と近いことから、「書く人と書かれる人がともに油ののりきった年齢にあったことが著作に結晶し、傑作となったようである」との指摘も行っている[47]。

雍正帝自身の魅力に加えて『雍正帝』を面白くさせているのは、やはり宮崎自身が本当に面白いと思っていることを面白く書いたからであろう。『自跋集』には『雍正帝』を書いた経緯がおよそ二頁分にわたって綴られているが、そのわずかな頁数の中で、宮崎は「面白い」という言葉を五度も、六度も使っている。「面白い」の連発に明らかに意図的なものである。

しかし、宮崎自身の知名度も当時は高くはなく、まして雍正帝は世間に知られているような人物ではなかったため、宮崎が本当に面白いと思って書いたにもかかわらず、ベストセラーになるようなことはなく、昭和三十四年まで版を重ねたが、絶版となった。しかし一部の読者には需要があったようで、『雍正帝』は一時、古書で三千円以上していたという。[48]『雍正帝』が再び脚光を浴びるのは、三十年後の平成元年一月、新たに即位した今上天皇が自らの愛読書として挙げた八点の書物の中にこの宮崎の『雍正帝』が入っていたことにあった。奇しくも、『雍正帝』は前年末の「リクエスト復刻」の書目として復刻されていたが、今上天皇の愛読書との報道を受けて、翌年から増刷を重ねた。[49]『雍正帝』はその後再び絶版になったようであるが、平成八年には論文「雍正硃批諭旨解題」と合されて中公文庫に入り、現在まで版を重ねている。「雍正硃批諭旨解題」には、宮崎が殿版の『雍正硃批諭旨』を出張先の東大近くの古書店で偶然見つけ、雍正帝の神霊の導きと感謝するくだりがある。

雍正帝の研究は『雍正帝』で終わったわけではない。宮崎は刊行の前年から人文科学研究所で安部健夫と共同で雍正硃批諭旨研究班を組織し、「雍正硃批諭旨を徹底的に読み直し、史料をカードに取って分類し、雍正時代史という中国史上の一時期の詳細な断面図を作って、そこから清朝史乃至は中国史を理解する一助にしようと[50]」していた。この研究班は、毎週金曜日の午後に開かれ、宮崎の停年まで続いた。夏休みも冬休みもぶっ続けで研究班が開かれたこともあった。年末のぎりぎりまで研究会を開き、事務員からは火の始末が悪いから困ると言われるほどであったが、それほどに『雍正硃批諭旨』は面白かったのである。この間、『東洋史研究』では四度にわたって雍正帝の時代の特集号が組まれ、昭和六十一年には『東洋史研究』の特集号を合冊にした『雍正時代の研究』が刊行された。研究会では、『雍正硃批諭旨』の索引の作成も目指されていたが、この作業は宮崎の停年までには間に合わず、最終的にこの事業を引き継いだ小野和子を中心とする「明清時代の政治と社会」研究班によって昭和六十一年に京都大学人文科学研究所雍正硃批諭旨研究班編『雍正硃批諭旨索引稿』二十一巻として完成させられた。

宮崎の全集第十四巻は雍正帝に充てられているが、その自跋の最後を宮崎は「中国近代史の研究には、宋代から下るのもよいが、また清代から溯るのもよい。そしてこれから清朝史を学ぶ人には雍正時代から斬込むのが便利だと告げたい。私の『雍正帝』はその為の出発点となり、「硃批諭旨索引」は此上なく便利な工具となるであろう[51]」と結んだ。

文学部長宮崎

『東洋的近世』と『雍正帝』の二冊を刊行した昭和二十五年は、宮崎が文学部長に選出された年でもあった。前年の昭和二十四年五月に京都帝国大学は新制大学となっていた。

宮崎は、昭和二十五年四月から西洋史の原随園学部長の渡米に伴い七月までその代理をさせられていたが、九月九日からは正式の学部長になったのである。宮崎が学部長を務めたのは、丸一年で、昭和二十六年九月十日には任を解かれた。宮崎はこの時期のことを「私の生涯で恐らく一番忙しかった時代[52]」と回顧している。会議に忙殺されただけでなく、宮崎は学部長として外国から来た研究者の車の手配までしなければならなかった[53]。その上、当時、文学部長は教育学部長事務取扱を兼担していたのであり、事実上二つの学部の責任者であったので、宮崎が忙しかったのは当然であった。宮崎が文学部長であった時期には、教育学部の完全独立に向けて詰めの協議がなされている最中であったことも、忙しさに輪をかけていた。その結果として、文学部長による兼任体制が終わり、教育学部が完全に独立したのは、まさに宮崎が文学部長であった昭和二十六年四月一日であった。[54]

昭和二十六年二月二十二日には、当時教養部の学生で、四月から東洋史専攻へ進む予定であった小野信爾が朝鮮戦争反対のビラをまき、GHQの政令第三二五号（占領目的阻害行為処罰令）に基づき逮捕されるという事件が起こった。[55] 共産党員でもあった小野は四月十一日に軍事裁判所法廷で重労働三年罰金千ドルの有罪判決を受けた。大学当局は、小野に対して自主退学を迫ったが、文学部の学友会は学部長の宮崎に抗議し、退学届提出期限を一週間延長させ、小野の救援を目指して六月二十五日には学生大会を開いた。学生大会後、学友会は宮崎をはじめとする大学側と三度にわたって会談し、宮崎から「処分はしない、保釈に努力する」との結論が伝えられた。この後、宮崎は六月末に小野が収監されていた山科刑務所に出向き、小野に面会して『東洋的近世』を差し入れた。宮崎との面会後、小野の刑務所内での待遇は改善され、雑居房から独居房に移され、私本閲読も許されるようになった。[56] 小野は、昭和二十七年四月にサンフランシスコ講和条約が発効されると同時に釈放され、復学、中国近代史を専攻し、後に花園大学教授となった。

学部長は通常、二年することになっていたが、宮崎は「どうしてもいやだと教授会で駄々をこね、学部長から放免して貰った」。教授会を終え、学部長室に戻った宮崎を吉川幸次郎が追いかけて来て、「お前の頑固ぶりが気に入った。年の順から言えば私の方が若干生きのびる。お前百載の後には、私が墓誌銘を書いて進ぜよう」[57]と言ったという。吉川は宮崎の三歳年下であった。しかし、吉川は宮崎より早く昭和五十五年に亡くなった。

礪波護によれば、宮崎は学部長時代に、教職員適格審査で不適格とされ、職を免じられていた西谷啓治の復学に尽力した。

『九品官人法の研究』

昭和二十五年以後しばらく、宮崎は宋代以後を近世と見る自説を補強すべく、「中国近世における生業資本の貸借について」（昭和二十五年）[58]や「明清時代の蘇州と軽工業の発達」（昭和二十六年）[59]、「宋代以後の土地所有形態」（昭和二十七年）[60]などの論文を次々と発表していたが、昭和二十九年の大学院研究の講義題目は「胥吏の研究」とした。開講日、並びに講義を受けるにあたっての指示が、文学部陳列館西側入口の掲示板に張り出された。[61]なお大学院の講義が開かれたのはこの年からである。[62]

宮崎教授　大学院研究
「胥吏の研究」　四月廿八日（水）　開講
一　胥吏とは何か
二　胥吏に関する文献
三　胥吏の起源を尋ねるにはどこから着手すべきか
出席者は以上について準備のこと

胥吏は、先に言及したように、官僚と同じく官庁に仕えながらも、官僚のように官位はなく、また官僚になることも出来ない下級の事務職員である。しかも胥吏は無報酬で、人民から事務手数料を取って生活し、その地位はしばしば世襲された。旧中国で胥吏は特異な位置を占めていた。宮崎はかねてからこの胥吏に対して関心を抱いており、三高時代には王安石の胥吏対策に関する論文を著していたことも既に述べた通りである。さらに昭和二十年には「胥吏の陪備を中心として――支那官吏生活の一面」を著していたが、昭和二十九年に、講義準備の期間を考えるならば遅くともその前年の昭和二十八年には、いよいよ本格的に胥吏の研究に乗り出したのであった。

宮崎は、胥吏の起源を探っているうちに、それが中世にあり、魏の時代に始まった官吏登用制度九品官人法と関係があることに気づいた。しかし、九品官人法自体についても未解明な部分が多かったため、九品官人法の研究に取り組まなければならなくなった。こうして宮崎の九品官人法研究が始まったのである。九品官人法の研究の始まりが、胥吏の研究にあったことは『自跋集』に書かれていることであるが、一方『九品官人法の研究』の「はしがき」には、文部省の科学研究費の補助を受けて、数年来「中国制度史語彙」の整理を行っていたことも九品官人法研究に宮崎が取り組んだことに関係していた。語彙の整理に際して、最も困ったのが中世の語彙であり、「漢代の智識でも、宋以後の感覚でも」読めなかった[63]ことが、九品官人法の研究へ宮崎を向かわせたのである。

宮崎によれば、九品官人法は、字の通り、九品をもって人を官にする法の意味である。九品官人法という呼び名自体――これまで九品中正制度と呼ばれていた――宮崎の提案である。官僚志願者は、まず各郡県に置かれた中正という役人から、その才徳に応じて一品から九品までの郷品を与えられる。中央政府はその郷品に応じた同じく一品から九品のいずれかの官品を与え、官僚とするのである。郷品と官品との間には、対応関係があり、郷品二品を与えられた人は、官品では四級下った六品官に任じられ、最終的に郷品と同じ二品官になることが出来る。この制度は、本来は地方の才徳ある人材を登用することにあったが、当時の貴族主義の傾向に流され、また郷品が最終の官位に等しかった以上、中正はまだ若い官僚候補者の先の先まで見通して郷品を適切に与えねばならず、それがほとんど不可能であったため、必然的に官僚候補者の父祖が到達した官品を与えるのが無難とされるようになった。こうして中正によって下される郷品は家柄によって定まるようになり、九品官人法は中世の貴族制度を支える根幹となったのである。

このような九品官人法の全容解明の鍵となったのは、郷品と官品の対応関係であったが、宮崎は、この対応関係を解明するまでが「私の今度の研究の総てであったと言ってよい[64]」と述べている。そして、この対応関係は、早く昭和二十九年の九月にはほぼ解明されていたようである。「胥吏の研究」の講義を受講していた河内良弘は、九月十五日の講義で宮崎が、郷品と官品との対応関係を明らかにしたと証言している[65]。河内自身は、この話を聞いた時、「目からウロコが落ちる程の感動を覚えた」という。河内によれば、宮崎は、郷品と官品の対応関係を語るに先立って、「中国中世の現象は複雑ですが、その根底にはいわば野球の規則のような物があり、人はそれによって行動しています。歴史書にはその規則が書いてなく、野球の進行、勝負の経過のみが書いてある。当時の人々にはそのルールは分かりきっていたので説明を要しない。そのルールは当たり前の事として如何に競技が演じられたかに人々の興味があった。そこで我々としてはそういう記事からは、その前提になっているルールを引き出す。そうすると案外いろんな事が分かってきます」と述べていた[66]。河内は宮崎が中世の今や見えなくなっていたルールを明らかにしたことに感動を覚えたのであった。

十一月三日には、宮崎は東洋史談話会（現在の東洋史研究会大会[67]）の席で「九品官人法新考」と題する研究発表を行い、九品官人法研究の大体の構想を話し、さらに詳細な『九品官人法の研究』を著した。この『九品官人法の研究』の原稿は、「すらすらと出来上がった」。宮崎はこの原稿が昭和三十年には出来上がったと言っているので[68]、一年もかからずに書き上げたことになる。『九品官人法の研究』は、全集版で四百八十五頁に及ぶ大部な本であることを思えば、驚くべき速さで原稿を宮崎は書いたのであり、まさに「すらすらと出来上がった」のであろう。一方、九品官人法の研究に熱中しているうちに、胥吏の研究はいつしか忘れ去られてしまった。

『九品官人法の研究』については、大阪市立大学の中村圭爾が「戦後日本の魏晋南北朝史研究に最大といってよい影響を与え、本書をきっかけに魏晋南北朝史研究はその様相を一変し、新しい水準に到達することができたといっても過言ではない[69]」とその学説史的意義を高く評価し、その意義は次の三点にあったと指摘している。すなわち、「第一に、九品中正制の官吏登用原理を解明し、郷品なる資格と官品との対応関係をあきらかにしたこと、第二に、九品官制の実態と、とくにその貴族制的特色を説明したこと、第三に、貴族制を郷品と官品との有機的関係によってうまれる身分（門地二品）の観点から理解したこと、であろう[70]」と。とはいえ、当然のことながら宮崎の説が全面的にその後の学界に受け入れられたわけではなく、矢野主税や越智重明らの批判がなされたが、宮崎は「論争に一切かかわらなかった[71]」。先に見た仁井田との「論争」同様、おそらく宮崎は読む人が読めば分かるという態度をとったのであろう。

東洋史研究叢刊の刊行

宮崎は、『九品官人法の研究』の出版に際して、昭和三十年度の文部省の出版助成金を受けたが、出版社からは出さず、自前で出版することにした。ただし、発行所は名目的に東洋史研究会とし、「東洋史研究叢刊」という叢書名を付け、中村印刷株式会社に頼んで五百部刷った。昭和三十一年三月のことである。『九品官人法の研究』は自前での出版であったため、通常の書店を介さず、東洋史研究室が販売の窓口となり、お金のやり取りから発送まで佐伯富と教室員の鈴木千恵子が行った。宮崎には、過去の経験から三百部売れれば採算が取れ、かつその程度の部数は売りさばけるとの見込みがあった。宮崎がそもそもこのような叢書の発刊に思い至ったのは、商業ベースに乗らない本を、出版社や世間の意向に関わらず、自由に出版する場を作りたいという意図からであった。「東洋史研究叢刊」からは翌昭和三十二年には宮崎の自選論文集『アジア史研究』第一が刊行され、『アジア史研究』は第五まで断続的に発刊されたが、第五の「はしがき」で宮崎は、「東洋史研究叢刊」を学者にとっての「三窟」と呼んでいる[72]。中国には狡兎の三窟という諺があり、これは用心深い兎は逃げ込むための穴を三ヶ所持っているという意味で、人間にも保身の場が必要であることを説いている。「東洋史研究叢刊」は、「他人の思惑を憚らず、言うべきを言い、論ずべきを論ずる」[73]宮崎が、たとえ出版業界から締め出されても、自身の研究の発表の場を失わないための待避所となるものであった。

「東洋史研究叢刊」からは、宮崎の著作の他にも、羽田亨の『羽田博士史学論文集』上下二冊や佐伯富の『清代塩政の研究』などが次々と発刊され、平成二十九年現在で書目は七十九を数えるに至っている。

なお、『九品官人法の研究』は、平成九年には中公文庫に入った。解説を担当した礪波護は、『九品官人法の研究』の読み方として、キセル読みを勧めている。キセル読みとは、第一編「緒論—漢より唐へ」、第二編「本論」、そして第三編「余論—再び漢より唐へ—」の大きく三編から構成される『九品官人法の研究』を、本論を飛ばして、キセルのように第一編と第三編だけを読むことである。なぜならば、第一編と第三編に「本論の精粋が見事に取り込まれているから、緒論と余論さえ通読すれば、宮崎の最高傑作である本書の醍醐味を満喫できる[74]」からである。

東洋史研究会会長

同じ昭和三十一年五月、京大名誉教授で元総長の羽田亨が死去し、宮崎は羽田の後を襲って東洋史研究会の会長となった。東洋史研究会は昭和十年に京大東洋史の若手研究者によって設立された学会で、会誌として『東洋史研究』を刊行し、現在も活動を続けている。宮崎はこの東洋史研究会の会長の地位に死去に至るまであった。とはいえ、会の発足当初は、当時助教授であった宮崎は那波とともに蚊帳の外であった[75]。東洋史研究会は、伝統的な支那学に対する反発から生み出されたものであり、宮崎らは守旧派とみられていたからである。フランス留学時に会の者が『東洋史研究』を欧米で宣伝してくれるよう頼みに来たときには、自分たちが無視されていたことについて宮崎は文句を言ったことがあった(76)。

東洋史研究会は昭和四十三年以後毎年十一月三日に大会を開き、宮崎は会長として開会の辞を述べることになっていたが、昭和五十四年以後は、宮崎は開会の辞の中で学問的な小話をするようになった。それも発表者の話と重ならないように、東洋史ではない話をした。宮崎の小話は好評であり、この小話を聞くために、東洋史研究会大会は朝から会場が一杯になっていたという。この小話からは後に『謎の七支刀』が生まれた。

日本学士院賞の受賞

昭和三十三年三月十一日、宮崎は、『九品官人法の研究』で日本学士院賞を受賞した。日本学士院賞は、明治四十三年創設の日本で最も権威ある学術賞で、「学術上特にすぐれた論文、著書その他の研究業績」に対して与えられる。毎年九件以内選ばれ、賞状と賞牌、そして賞金が一件につき百万円授与される（金額は平成二十七年現在）。東京上野の学士院で行われる授賞式には、昭和二十四年以後は、天皇の行幸を仰ぎ、宮崎は五月二十五日、昭和天皇からご下問を受けた。翌日には宮中での陪食にも列した。受賞に当たっては、東大の東洋史の名誉教授和田清の推薦があった。日本学士院のホームページには無記名の「文学博士宮崎市定君の「九品官人法の研究」に対する受賞審査報告」が掲載されているが、和田の手によるものなのであろう。同年の受賞者は宮崎を含めて八名で、最も栄誉ある恩賜賞は、新関良三が『ギリシャ・ローマ演劇史』で受けた。

親友安部健夫の死

昭和三十四年二月二十日、人文科学研究所の安部健夫が死去した。享年五十七。宮崎が「いちばんウマの合った」[77]という人物であった。安部の名はこれまでも度々本書で登場してきた。東亜研究所の委託研究、『大東亜史概説』の編纂、人文研での『雍正硃批諭旨』の研究班において、宮崎と常にコンビを組んでいた。これらの他にも、昭和二十四年ころから人文研内で組織された安部を中心とする元典章研究班にも宮崎は入っていた。元典章は元朝の法令集で、モンゴル語を直訳した独特の漢文で書かれている。安部は、これを読むことにかけて第一人者であった。

安部は明治三十六年、山形県米沢市の生まれ。第三高等学校を経て、昭和三年京大の東洋史学科を卒業した。翌年から東方文化学院京都研究所に入り、昭和十一年からは宮崎の後任として第三高等学校教授として教鞭をとった。昭和十五年に京都帝国大学助教授となり、人文科学研究所に籍を置いた。昭和二十一年、教授に昇格し、東方文化研究所と旧人文科学研究所などが合併して人文科学研究所ができると、昭和二十四年までその初代所長を務めた。専門は元代史と清代史。またウイグル史の研究も行い、主著は『西ウイグル国史の研究』である。安部の文章は難解で分かりにくいので有名であったそうだが――実際、安部の文章はなかなかの難物で、晦渋に書くことを楽しんでいる風がある――、ドイツ人の研究者が研究班まで組織して『西ウイグル国史の研究』を読み解いたエピソードを宮崎は紹介し、「外国の学者がとりついて離れぬほど、この本にはいいことが書いてあるのである」[78]と言っている。安部の没後、宮崎の序文を付けて論文集『元代史の研究』と『清代史の研究』が刊行された。

分校主事宮崎――「宮崎市定を吊るす」

安部が亡くなった同じ年、昭和三十四年十一月二十日、宮崎は今度は京都大学分校主事に任命された。分校主事というのは、教養部長のことである。本来であれば、前任者の井上吉之教授が停年延長によってもう一年務める筈であったが、これを決める評議会に評議員が一人欠席したため[79]、形勢が逆転し、停年延長案が否決され、急に宮崎にお鉢が回ってきたのであった。宮崎は「自訂年譜」において、この間の事情を「万事齟齬して狼狽を極むる結果となれり」と表現している。『アジア史研究』第四の「はしがき」で文学部長の時期を「私の生涯で恐らく一番忙しかった時代」としていた宮崎であるが、教養部長になって以後の時期のほうが忙しかったようで、『アジア史研究』第五の「はしがき」ではこの時期を「私の一生のうちで最も多忙な時期であった[80]」と回顧することになった。

教養部は、学部の専門課程に進む前の一、二回生が一般教養の授業を受けるところである。当時、教養部は、吉田分校と宇治分校の二か所に分かれており、一回生は宇治で、二回生は吉田で講義を受けることになっていた。吉田分校は、本部キャンパスと東一条通を挟んだ南側の吉田南構内にあった。元、三高の跡地である。吉田から宇治までの教官の移動には、京阪バスがチャーターされており、一日四往復していた[81]。宮崎も週に一回、「分校自動車」で往復した。なお宇治分校は、昭和三十六年に廃止された。

宮崎は、教養部長として新入生に向かってメッセージを送る立場にもあった。『学園新聞』に載せられたメッセージで、宮崎は新入生に対して「いつまでもフレッシュであれ。くれぐれも大学ボケしてくれるな。一番大学生らしい大学生はフレッシュメンなのである。そしてこの新鮮さを失わぬまま、宇治の校門から入って、東一条の校門から抜け出てもらいたい」[82]との言葉を送っている。宮崎の言う大学ボケは、入学時のフレッシュな気持ちを失い、必要以上にアルバイトをし、政治運動に深入りしたりして、学生の本分である勉学を忘れてしまった状態を指して使われている言葉である。

宮崎が分校主事であった時期には、学生運動が非常に激しくなりつつあり、学生はしばしばストライキを起こした。宮崎の部長在職中のわずか一年足らずの間だけでも、それも大規模なものだけで、日米安全保障条約改定反対を理由に四回、安保条約批准反対を理由に四回、安保条約成立に抗議して二回のストライキが行われた。[83]宮崎は、六〇年安保闘争の真っただ中で、教養部長を務めていたのである。宮崎は、ストを起こす学生に対して、昭和三十五年三月と四月の二回にわたって注意文を出し、大学は研究の場であって、政治や権力闘争の場ではないと告げなければならなかった。[84]しかし、宮崎は、この掲示を独断で「教員一同」として出したため、同僚からも批判を受けた。

教養部の助教授あった数学者の森毅は、『ボクの京大物語』「宮崎市定を吊るす」の一節で「宮崎さんが出した掲示が「夏休みは近づいた、学生たちよ、学園に帰れ」という、内容があるような、ないようなもので、そこに教官一同とあった。これが「なんちゅうことや」と騒ぎの元。だいたい、今は岸信介（当時の首相）が非民主的やと怒っているのに、この掲示こそ、教官になんの相談もなく、非民主的だと皆で宮崎さんを吊るしあげた。ボクは言いだしっぺじゃなけいど、「ヘンやな、これ」くらいは言った気がする。宮崎さんがあんな偉い人とは知らなかった[85]」と回顧している。森の紹介する掲示の内容は正確ではないように思われるが、この点はともかくも教養部の内部自体が分裂していたのである。宮崎はこの当時のことを振り返って、「教養部の建物はもとの第三高等学校であり、私にとって因縁浅からざる場所であるが、内容はすっかり変わっていた。私の目にはそれが大学に昇格したために、良くなったというよりは、むしろ悪くなった部分が多いように映った。先生の数も多くなったが、学生の数はもっと多くなっており、従って素質も元の三高生よりはずっと落ちているような気がした。それが生半可な理論を振りまわして暴れるので、その始末に多くの時間をとられた。全く無駄な精力の浪費であった[86]」としている。

分校主事を務めていた時、宮崎は仏教史の塚本善隆の頌寿記念の論文集に「中国火葬考[87]」を寄稿した。宮崎はこの論文を「生まれて初めての仏教関連の論文[88]」と位置付けている。

モスクワとストックホルムの国際学会

昭和三十五年八月三日、宮崎は、モスクワで開かれる国際東洋学者会議（八月九日～十六日）とストックホルムで開かれる国際歴史学会議（八月二十一日～二十八日）に日本学術会議から派遣された。宮崎にとって昭和十四年にフランスから帰国して後、二十一年ぶりの外国出張であった。これは長い間外国に出ていない宮崎を同僚たちが「気の毒がって[89]」取り計らってくれた結果であった。この間、分校主事の仕事は木村作治郎教授が代行した。

八月四日に香港に到着し、吉川幸次郎と落ち合い、インドのニューデリーでロシア機に乗り換え、タシケント経由で、モスクワ入りした。日本からは四十人が参加し、全体で二千人も参加者があった。モスクワに着いたのは現地時間の八日夜十一時であった。ウクライナ・ホテルという「要塞のような外人宿」[90]に泊まった。ソ連では、旅費の支払いを巡ってロシアの旅行会社とひと悶着あった。翌九日に宮崎は、学会で「中国古代の都市」と題する研究報告をした。報告時間は三十分。宮崎の報告に対しては、「ソ連の学者から、イデオロギイにふれつつ、長い質問が呈されたそうである」[91]と吉川幸次郎がその伝聞を書き残している。十六日にはレニングラードを団体見学。レニングラードでは、ちょうど訪ソしていた社会党の顧問鈴木茂三郎と秘書の岡田宗司にたまたまホテルの食堂で出会った。宮崎は鈴木が北方領土返還交渉に来ており、ソ連側にしっかりとした申し入れをしていたことを知っていたので、わざわざ「その努力に感謝の言葉を呈した」[92]。宮崎はレニングラードからフィンランドに入り、ヘルシンキで一泊し、ストックホルムに向かった。

ストックホルムの学界では、二十二日に「宋代の新文明、特に銅銭通貨の鋳造額について」の題で研究発表した。二十六日には、スウェーデン国王グスタフ六世（一八八二年〜一九七三年）のレセプションに出席。レセプションは、ホールの真ん中に侍従と共に立っている国王に学界の参加者が一人ずつ進み出て握手を賜り、退出するというものであった[93]。グスタフ六世は、ヒトラー、ルブランに続いて宮崎が握手した三人目の外国元首であった。彼ら三人の手はいずれも「その掌が非常に柔らかくて、幼い子供の手のよう」であったという。宮崎によれば、これは人工的なもので、ヨーロッパでは美顔術ならぬ美掌術があり、手の手入れをしている結果である[94]。グスタフ六世は、考古学に関心が深く、自らギリシアの遺跡の発掘にも参加した経験もあった。大正十五年には日本を訪問し、千葉の柏井《かしわい》貝塚や奈良の正倉院にも足を運んでいる。[95]
スウェーデンを離れた宮崎は、ドイツ、フランス、イタリアを経て、九月十日に帰国した。

パリ大学客員教授となる

帰国後すぐに、宮崎はアメリカのハーバード大学から客員教授となるよう依頼された。翌月の十月から来るようにとの話であったが、分校主事の任期は二年で、三十六年の十一月まであり、また「折角選ばれた以上は任期いっぱいやってみたかった」[96]ということもあり、ハーバードからの招聘は一年延ばしてもらうことになった。しかし、今度はパリ大学から同じように十月から一年間、客員教授として迎えたいとの依頼があった。依頼してきたのは、バラジ（Étienne Balazs）教授とジェルネ（Jacque Gernet）教授であった。

バラジは一九〇五年、ハンガリーの生れで、ベルリン大学で学び、ナチス台頭後はフランスに移ったが、一九五五年に高等研究院（École pratique des hautes études）に正規の職を得るまで、在野で不遇な時代を送った。[97]来日時は、高等研究院の社会経済研究部門（第六部門）、中国経済史の主任教授の地位にあった。ヨーロッパにおける中国社会経済史の開拓者で、研究領域は中国史の時代を広く覆うが、特に唐宋代が専門である。邦訳された作品として『中国文明と官僚制』がある。[98]『自跋集』によれば、バラジは終戦直後に来ヨしたことがあり、宮崎はこの時から顔見知りであったとするが、[99]一方で「忘れ得ぬ人―フランスのシナ学者・バラジ教授」では、宮崎は昭和三十二年にユネスコ主催の東西交渉シンポジウムのために来日したバラジと初めて会ったと書いている。[100]バラジは、一九五五年まで在野にいたことを考えれば、終戦直後に来日した可能性は低く、『自跋集』の記憶は間違っているのであろう。

宮崎はユネスコ主催のシンポジウムの時に初めてバラジと知り合い、その三年後の昭和三十五年にパリ大学に招聘されることになったのである。なお、「自訂年譜」ではユネスコの国際会議の開催年が、昭和三十四年とされているが、正しくは昭和三十二年である。バラジは、一九六三年に心臓発作で急死するが、一回目の発作が彼を襲ったのは、昭和三十二年の来日時の東京滞在中のことであった。[101] Balazs は、日本ではバラーシュと表記されることがあるが、宮崎によれば本人がカタカナでバラジと書いているので、バラジのほうが発音として近いのであろうとしている。[102]

ジェルネは、一九二一年、仏領アルジェリアのアルジェに生まれた。[103] 父親のルイ・ジェルネはアルジェ大学教授であった。来日時は、バラジと同様、高等研究院の教授を務めており、パリ大学の中国語、中国文明担当教授でもあった。この点もバラジと同じく、研究の領域は中国史の時代を問わない。博士論文は『五世紀から十世紀の中国社会における仏教の経済的諸相』。邦訳された作品として『古代中国』[104]、『中国近世の百万都市―モンゴル襲来前夜の杭州』[105]、『中国とキリスト教―最初の対決』[106]がある。

宮崎は、パリ大学からの依頼を受けて、平沢興総長と相談した結果、分校主事を辞職し、パリ大学の客員教授となることに決めた。そして、十月二十八日に分校主事の併任が解かれた。宮崎が分校主事を務めたのは一年足らずであった。後任には、国際会議出張中に代理を頼んでいた木村作治郎教授になった。木村は分校の教授であったので、学部からの独立を求める分校側からは喜ばれたからである。以後、分校主事は分校の教授が務めるようになった。

パリ滞在

分校主事の併任が解かれたその日、宮崎は娘の一枝と共にパリに向かった。空港ではバラジ教授、フランク夫妻の出迎えを受けた。

フランクはベルナール・フランク（Bernard Frank）のことで、一九二七年生まれの日本学者である。専門は宗教史。当時、高等研究院の講師の立場にあったと思われる。[107]『方忌みと方違え―平安時代の方角禁忌に関する研究』などの著作がある。フランクの妻は日本人で仏蘭久淳子。フランク夫妻はこの出迎えをきっかけに宮崎と交流を持つようになる。フランクは『宮崎市定全集』の月報にも一文を寄せており、宮崎の「毘沙門天信仰の東漸に就いて」を読んで「非常な興奮を覚えて嬉しくなったものである」[108]と書き、また妻が宮崎の本を読みだすと夜通し読んでしまうことから宮崎の本を「夜明かし草子」と呼んでいる。

宮崎には、第十六区のバッサノ街九番地（9. Rue de Bassano）に立派なアパートが用意された。遅れて、妻松枝もパリに来た。同時期にパリに滞在していた西洋史の前川貞次郎は、宮崎が妻と腕を組んで道を歩いていたのを目撃している。[109]宮崎は「家族とともにパリ十六区のアパートに落ち着いたとき、なんだか初めて国士をもって待遇されたような気がした」[110]。「国士」という言葉は矢野仁一が好んだ言葉として宮崎はしばしば言及するが、宮崎自身にも「国士」の自負があったのである。

宮崎が務めたパリ大学客員教授（professeur associé）は一年任期で、大統領令で発令され、専任教授と同じ待遇を受け、教授会にも出席し、フランス語で講義をしなければならないというものであった。宮崎がどのような題目で講義を行ったのかは分からない。教授会に初めて出席したのは、一九六〇年十二月十九日である。

宮崎は、パリに来た翌年の一九六一年の四月十七日と二十一日に、コレジ・ド・フランスで二回の講演を行った。題目は「中国漢代の都市」(111)。コレジ・ド・フランスの教授ポール・ドミエビル（一八九四年〜一九七九年）に誘われたのである。ドミエビルは中国仏教史の研究で大きな業績を上げた戦後フランスを代表する中国学者である(112)。コレジ・ド・フランスは、宮崎がパリ留学中に講義を聞きに行ったところであり、この伝統ある学院で講演できることは、学者として大変な栄誉であった。宮崎は「ちなみに日本人でこの学院で講演した者は、人文科学系統では何十年か前に姉崎正治博士がやったあと、今度の私で二度目だということを、ちょっぴりこの機会に広告させていただく」と誇らしげに書いている。なお、宮崎をパリに招いたジェルネは、一九七五年からコレジ・ド・フランスの教授となり、中国社会・精神史講座を担当するようになり、宮崎を空港に出迎えたフランクは、一九七九年にこの学院の初代日本学講座の教授となった。

五月二十五日には、高等研究院で「中国における易占の発達」の題で講演をした。

戦前にパリに来た時には何の義務もなく、また家族も同伴していなかったので宮崎は時間を持て余すほどであったようだが、今回はフランス語で講義をしたり、講演をしたりせねばならず、またフランスの学者と家族ぐるみで行き来をしていたし、その上、中央公論社の『世界歴史六　宋と元』の原稿三百五十枚の執筆の仕事もあったので[113]、相当に慌ただしかったのではないかと思われる。それでも宮崎は、パリに来ればシムノンの探偵小説を読み[114]、また街歩きも欠かしていない。「いったいパリの町は、ただ何となく歩きまわるべきところです。何の目的もなく、足の向くままに歩いて歩きとおして、疲れたらメトロを見つけて帰ってくればよろしい。この前もそうでしたが、今もそれを実行しています[115]」。

当たり前の話だが、パリの町は変わった所もあれば、同じ所もある。初めて下宿したボワロー街のボングラン夫人の家に行ってみると、夫人は既に亡く、家の南側にあった庭はなくなっており、大きな自動車展示場が立てられ、家はその陰に隠れて、事務所になっていた。黒人学生と中華料理屋が増えていたのも驚きであり、セーヌ川畔の古本屋は外見は同じだが、売り物の質は落ちており、羊皮表紙の古書はなくなり、古地図はたいてい偽物になっていた。宮崎は、外国人の滞在許可書を得るために役所をたらい回しにされた苦労話も書き残しているが、このような話も戦前には出てこなかった。それでも宮崎は、パリが好きであった。

宮崎自身も変わっており、二十年前にパリに居た時には洋食でずっと過ごしていたようであるが、国際学会の後ヨーロッパを回った時にはお腹の具合がずっと良くなかったようで、今回のパリ滞在中は、半分は和食にしていた[116]。

帰国は、六月十五日。

宮脇俊三の子どもの使い(117)

中央公論社の『宋と元』の原稿をわざわざパリにまで取りに来た編集者がいた。後に紀行作家として名を馳せることになる宮脇俊三《しゅんぞう》である。宮脇は、昭和三十六年一月にパリに飛んだが、着いた早々に風邪をひき寝込んでしまった。このことを告げると、宮崎は早速宮脇を見舞ったという。数日後、原稿は完璧なものを渡された。これはある意味で編集者泣かせであったと宮脇は言っている。その理由は二つ。

「一、著者に注文を付け、幾度もお会いするうちに互いになじんでしまう、という良き(?)関係が宮崎先生とのあいだに発生しなかったこと。

二、宮崎先生のような著者ばかりを相手にしていたならば、編集者は仕事がなくなって失業するだろうということ」。

ところで、宮脇はパリに行く前、宮崎に執筆を依頼してから初めて『雍正帝』を手に取って読み、その文章が「平易で生き生きし、学者よりも小説家のようであった」ことに驚き、宮崎ファンになっていた。その後、京都で開かれた東洋史関係の執筆者の会合で宮崎に初めて会うことになるが、「あんなにおもしろい『雍正帝』を書く先生は、どんなに愉快な人かと期待していると、丸坊主の禅僧のような人が、やむをえぬ浮世の付き合い、といった風で席に着いた」ことに驚くことになった。

ハーバード大学客員教授

同じ昭和三十六年十月十三日、ハーバード大学客員教授を務めるため、宮崎は妻とともにボストンに向かった。娘の一枝は一足先にアメリカに行っていた。航空券はファースト・クラスを用意された。月給はフランスでも日本の二倍半あったというが、それよりも多く三倍余りあった[118]。

宮崎を招いたのは、楊聯陞とJ・K・フェアバンク（Fairbank）であった。宮崎は、特に楊とは親しくなった。宮崎は楊を自身の滞米中に京大へ三ヶ月間講師として招き、自宅を宿舎として楊に提供した。宮崎はこれを機縁に楊と佐伯富と共にハーバード燕京学院に宋史職官志の研究のための資金を求め、これを得て『宋史職官志索引』の刊行に繋げた[119]。宋史職官志は、「歴代正史の中で、最も読みにくい、難解なものの一つ」であるが、「他の如何なる史料よりも便利であり、また他の如何なる史料にも含まれていない独特の貴重な史料を含んでいる」ので[120]、宋代制度史の研究のためにはこれを利用せざるを得ず、利用するには索引が不可欠であったのである。宋代の制度、特に地方制度の研究は、「制度史研究上の難処[121]」であり、宮崎自身が「宋代を手がけてから三十年近くもなるが、その間ずい分と間違いを犯して来たので、後の人に再び同じ過誤を繰り返さないようにと志してこの小論に筆をとるが、或いはまた後で意外に大きな過失を発見して赤面するかもしれない（小さな間違いは無い方が不思議な位だから勘弁して貰う）[122]」というほどであった。

宮崎が帰国した後、娘の一枝はアメリカに留まり、ラドクリフ大学の修士課程で勉学を続けたが、最初の三ヶ月間は楊の家に寄宿した。おそらく、このアメリカ滞在が機縁になったと思われるが、後に一枝は考古学者のリチャード・ピアソン（Richard J. Pearson）と結婚することになる[123]。ピアソンは、昭和四十四年の段階では、ハワイ大学准教授であり、後にブリティッシュ・コロンビア大学人類学科教授になる。『*Archeology of Ryukyu Islands*（琉球諸島の考古学）』[124]などの著作がある。

ハーバードでは、パリと違い何の義務もなかった。「ハーバード・燕京研究所の図書室は私にとって安楽国であった」[125]。宮崎はその十分な閑暇に恵まれて「思うままの瞑想に耽ることができた」[126]のであり、その成果の一つとなったのが「中国古代における天と命と天命の思想」[127]である。

また宮崎は秦末漢初の人陸賈の『新語』の研究を始めた[128]。『新語』のテキストには誤字や欠字が多く、本文の意味が取り難かったが、宮崎は大胆に字句を改め、本文を校訂した。本文を自在に校訂するという研究法を宮崎は史料に対しては「唐代賦役制度新考」（昭和三十一年）で既に行っており、そこでは唐代の史料について次のように述べていた。「言うまでもなく、唐代にはまだ印刷術が普及していなかったから、書物は写本で伝わり、その間に脱誤が起るのは当然のことである。故に唐抄本によった宋版の書籍といえども一々金科玉条として拠るべからざるものであろうことは言うを俟たない。私は寧ろかかる際には大胆に原文を訂正して読んだ方が、反って史料に対して、より忠実な場合があると考える」[129]。宮崎はこの研究法を陸賈の『新語』という古典作品にも応用したのである。この後、宮崎はさらに公孫龍子や黄宗羲『明夷待訪録』、さらには『論語』にまで適用していくことになる。宮崎は自らを「直し屋」[130]と読んだ。しかし、中国哲学の加地伸行は、文字を改めなければ意味が通らないという理由で本文を変えられては「各自が各自のテキストを作ることになり、テキストについて共通諒解することができなくなってしまう」と宮崎のやり方を批判し、その直しを「改竄」と表現した[131]。加地は宮崎の『論語』の研究にも当然否定的であった。ちなみに宮崎は、古典の文字を改めることについては、原則として次のような考えをもっていた。「私の考では、あまりに牽強附会な説明を加えるくらいならば、寧ろあっさり文字の誤りを認めて、すらすらと理解し易い文章に改めるのを可とする立場をとる。但し文字を改めるに当っては、改正を最小限におさえること、文法の約束に従い、前後を読みあわせて思惟の自然なるリズムに沿うように努めなければならぬと考える[132]」。

翌一九六二年三月三十一日、バラジ教授が学界のため、来米。バラジは翌年、十一月二十九日に急逝するので、宮崎とは最後の邂逅であった。宮崎は昭和四十一年バラジの墓に参っている。「鉄石の心腸、君がために泣く[133]」という心境であったという。

昭和三十七年四月二十六日から五月六日まで、宮崎はアメリカ中部を旅行。インディアナ、シカゴ、ミシガンを回った。阪大の東洋史学者山田信夫も同時期にハーバード大学に来ており、車に乗れない宮崎をドライブに連れて行った[134]。しかし宮崎はアメリカでは車がないと不便であったようで、途中で中古車を買い、娘に運転させていた[135]。帰国は同年七月である。

ベストセラー『科挙』

昭和三十八年五月、宮崎は中公新書の『科挙』を刊行した。既に述べたように、この『科挙』は、終戦の翌年昭和二十一年に刊行された秋田屋の『科挙』とは別物で、新書用に書き下ろされたものである。『科挙』を書くように勧めたのは、桑原武夫であった。桑原は、中公新書第一弾として出た自身の『日本の名著』がベストセラーになったこともあり、周りの人間に声をかけていたのである。桑原の声掛けによって、会田雄次『アーロン収容所』、三田村泰助『宦官』、貝塚茂樹『史記』

といった今日まで版を重ねる名著が生み出された。宮崎の『科挙』もこの桑原企画の一冊であった。宮崎はわずか一月半か二ヶ月でこの『科挙』を書き上げたという。ちなみに『科挙』の担当者もあの宮脇俊三であった。やはりこの時も完璧な原稿で、「執筆のお願いと原稿頂戴のときに二度お眼にかかっただけで、「子どもの使い」にすぎなかった」[136]。

『科挙』は、折しも激しくなりつつあった受験戦争を背景に、新聞、雑誌、ラジオにまで取り上げられ、瞬く間にベストセラーになった。「中国の試験地獄」というショッキングな副題も耳目《じもく》を引いたのであろう。平成四年五月には五十刷に至り、累計十八万二千部に達した。平成二十八年五月には、六十四刷にまで増えている。『科挙』は昭和五十九年に、コンラド・シロカウワ（Conrad Schirokauer）の解説を付けて、中公文庫にも入った。新書と文庫で並行して売られることになったのであるが、よほど売れる本でなければこのようなことにはならない。ただし、中公文庫の『科挙』は現在品切れになっている。日本国内だけではなく、『科挙』は英訳、イタリア語訳まで出、海外でも読まれた。英訳は、中公文庫の解説を書いたシロカウワによるものである。英訳、イタリア語訳は、副題「中国の試験地獄」をタイトルにもってきている（図12）。桑原隲蔵と武夫の親子は、二代続けて宮崎を世に送り出した名伯楽であった。

とはいえ、宮崎は、自身が科挙の研究者として認識されることには不満があった。宮崎にすれば、「『科挙』という著書に書いてあることは、本場の中国においては全くありふれた常識的なことばかりで、従って私の著書も実は研究などと名付けるには値しない、単なる編纂物に過ぎない[137]」からであった。

図12　宮崎旧蔵の英訳版『科挙』表紙（上）。本の中に英文の書評が張り付けられている（下）

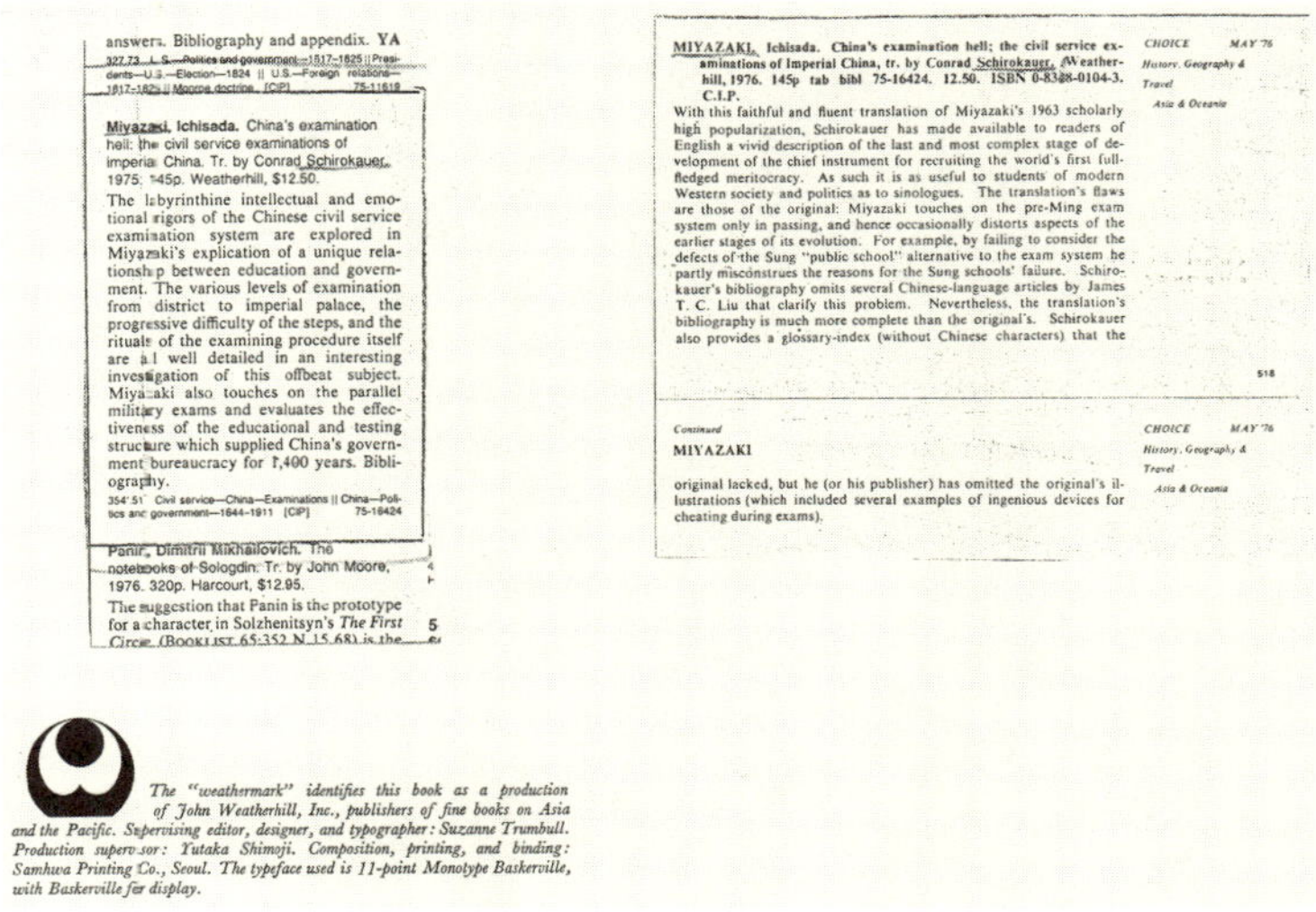

answers. Bibliography and appendix. YA
327.73 U.S.—Politics and government—1817–1825 || Presidents—U.S.—Election—1824 || U.S.—Foreign relations—1817–1825 || Monroe doctrine. [CIP] 75-11619

Miyazaki, Ichisada. China's examination hell: the civil service examinations of imperial China. Tr. by Conrad Schirokauer. 1975. 145p. Weatherhill, $12.50.

The labyrinthine intellectual and emotional rigors of the Chinese civil service examination system are explored in Miyazaki's explication of a unique relationship between education and government. The various levels of examination from district to imperial palace, the progressive difficulty of the steps, and the rituals of the examining procedure itself are all well detailed in an interesting investigation of this offbeat subject. Miyazaki also touches on the parallel military exams and evaluates the effectiveness of the educational and testing structure which supplied China's government bureaucracy for 1,400 years. Bibliography.

354'.51 Civil service—China—Examinations || China—Politics and government—1644–1911 [CIP] 75-16424

Panin, Dimitrii Mikhailovich. The notebooks of Sologdin. Tr. by John Moore. 1976. 320p. Harcourt, $12.95.

The suggestion that Panin is the prototype for a character in Solzhenitsyn's *The First Circle* (Booklist 65:352 N 15 68) is the

MIYAZAKI, Ichisada. China's examination hell; the civil service examinations of Imperial China, tr. by Conrad Schirokauer. Weatherhill, 1976. 145p tab bibl 75-16424. 12.50. ISBN 0-8348-0104-3. C.I.P.

CHOICE MAY '76
History, Geography & Travel
Asia & Oceania

With this faithful and fluent translation of Miyazaki's 1963 scholarly high popularization, Schirokauer has made available to readers of English a vivid description of the last and most complex stage of development of the chief instrument for recruiting the world's first full-fledged meritocracy. As such it is as useful to students of modern Western society and politics as to sinologues. The translation's flaws are those of the original: Miyazaki touches on the pre-Ming exam system only in passing, and hence occasionally distorts aspects of the earlier stages of its evolution. For example, by failing to consider the defects of the Sung "public school" alternative to the exam system he partly misconstrues the reasons for the Sung schools' failure. Schirokauer's bibliography omits several Chinese-language articles by James T. C. Liu that clarify this problem. Nevertheless, the translation's bibliography is much more complete than the original's. Schirokauer also provides a glossary-index (without Chinese characters) that the

518

Continued
MIYAZAKI

CHOICE MAY '76
History, Geography & Travel
Asia & Oceania

original lacked, but he (or his publisher) has omitted the original's illustrations (which included several examples of ingenious devices for cheating during exams).

The "weathermark" identifies this book as a production of John Weatherhill, Inc., publishers of fine books on Asia and the Pacific. Supervising editor, designer, and typographer: Suzanne Trumbull. Production supervisor: Yutaka Shimoji. Composition, printing, and binding: Samhwa Printing Co., Seoul. The typeface used is 11-point Monotype Baskerville, with Baskerville for display.

科挙という言葉が日本人にとって常識的な言葉となったのは、この中公新書版の『科挙』がベストセラーになったためであり、昭和二十一年に秋田屋版の『科挙』が出た頃には「科学」とよく間違われたという。宮崎は、科挙が科学と読み間違われなくなったのは、「些かではあるが私の功績とは言えなくもない[138]」としているが、読み間違いはなかなか直らなかったようで、科挙が科学と誤記されている例を筆者は、宮崎自身の著作に見つけた。岩波新書版の『雍正帝』の著者略歴には、宮崎の著書として「科学」と誤記されていたのである。この誤記があるのは、筆者の手許にある昭和六十三年の第八刷のものである。ただし、確認したところ、初版には正しく『科挙』と書かれていた。版を重ね、略歴を書き直した際に誤記されたのである。

『科挙』の最後に置かれている「後序」は、当時の宮崎の社会に対する見方を知る上で、興味深い。宮崎は、日本の試験地獄が中国の試験地獄である科挙に近いと言い、共通する背景として終身雇用制があることを指摘している。日本では良い会社、良い官庁に入ることで一生が安定すると考えられ、そのためには良い学校を出ねばならず、そこで受験地獄が発生する。中国でも科挙を通って官僚になれば終身雇用で良い目を見ることが出来るからやはり人が試験に群がり、受験地獄が発生するのである。この受験地獄の元凶である終身雇用制が「日本の社会に真の意味の人格の自由、就職の自由、雇用の自由を奪っている[139]」とまで宮崎は言う。そして、受験地獄解消のためには、終身雇用制を打破せねばならず、これを実業界に期待し、「私はこの実業界で思うままに人材引抜きの競争をやってもらいたいし、またすでに始まっているのではないかと思う。そのようになれば社会におけるポストの転換ということが別に不思議でなくなり、既成観念を改めることによって、現実の不合理性が次第に改善されていくと思う[140]」と述べる。また入るに難しく、出るに易い日本の大学も、「在学中に十分な訓練を施して、たとえ困難な試験を通って入って来た者でも、その訓練に堪えられないような者は、どしどし出直しさせるような処置をとり、同時に十分な訓練を施すに足るだけの設備と教官の確保に努めなければならないと思う[141]」と大変厳しい提言をしている。宮崎の「後序」におけるこうした提言が、『科挙』執筆直前に一年間過ごしたアメリカの社会や大学を理想視して、なされていることは言うまでもないだろう。

『科挙史』

中公新書版の『科挙』が出たとはいえ、秋田屋版の『科挙』に対する需要が絶えたわけではなかった。むしろ中公新書を読んで、秋田屋の『科挙』も目にしたいと思う者は増えていた。しかし、秋田屋の『科挙』は、秋田屋が『科挙』の出版後、直ぐに倒産し、宮崎が売れ残った残部を引き取り、自ら売りさばいたという状態であったので、それほど世に出回っていなかったのであろう、古書店では相当な高値で取引されていた。そのような状態の中、平凡社から秋田屋の『科挙』を東洋文庫に入れたいとの申し出が来たため、宮崎はこれを受け、秋田屋の『科挙』を補訂し、中公新書の『科挙』と区別するため、『科挙史』の題で出版した。昭和六十二年のことである。

礪波護が指摘するように、補訂されたのは、主に九品官人法に関わる部分であった[142]。言うまでもなく、宮崎は自身の九品官人法の研究で得た知見を新たに盛り込んだのである。例えば、「九品中正制」とされていたところは、「九品官人法」と直されているし、文章レベルにおいても、以下のように大幅に修正されている部分がある。

秋田屋版の十五頁から十六頁にかけて「結局六朝時代に於ける貴族制の存在は、南支に於いても北支に於いても、それが已む得ざる存在であり乍ら、畢竟するに君主の中央集権政策と相容れざるものである。而して斯る貴族の地位を確認し、その官界進出の背景をなすものに、前述の九品中正制度があった。中正によって挙げられたる人才は、中央政府に於いて試験を行う定めであったが、中正制度の貴族化と共に、この試験は何時の間にか有名無実となり了せた。即ち中正による推挙その事に全幅の信頼をよせて、それ以上に試験を行うことは中正の面目を立てる所以でないと考えられた。これ中央政府の貴族世論に対する気兼ねからの譲歩に外ならない。之に反して若し君主より貴族群に対して攻勢に出づる時には、中正の推薦に重きをおかずして、朝廷に於ける試験を重視するを常にした。六朝の間、南北を通じて、州より挙げらるる者は多く秀才と称し、郡より挙げらるる者は多く孝廉と称したが、秀才、孝廉に対する試験制を強化したのは北斉に始まる」とある部分は、平凡社版では「結局六朝時代における貴族制の存在は、中国南部においても北部においても、それがやむを得ざる存在でありながら、畢竟するに君主の中央集権政策と相容れざるものである。そしてかかる貴族の地位を確認し、その官界進出の背景をなすものが、前述の九品官人法であった。ところがこの制度は長い間実施して行くうちに、やがてそれ自体が行き詰まりを来すのである。それは貴族の家の特権が認められて、たとえばある家が代々中正から家格二品という資格、すなわち起家郷品二品を認められたとする。その家出自の子弟はそれより四品下の六品官で初任、すなわち起家する定めで、それが次第に昇進して二品官まで上り得る。豪族の家は人口が増加する傾向が強いので郷品二品と査定される青年の数は年を逐うて増えて行く。一方朝廷の官員数は一定しているので、せっかく六品官に初任されるべき資格を得ながら、それが直ちに実現するとは限らない。中正の査定は空手形に終わりそうな形勢になってきたのである。これに対応する中央政府の態度は南北朝時代に入って、南北の間に相違が目立ってきた。南朝では中央の官制を改革することによって余剰人員を吸収し、従来の九品官人法を維持しようとした。梁の武帝の新官品制度がその例であり、従来の六品以上を改めて九品に分ち、さらに同品の官の間に清濁の区別を設け、昇進の速度を調節することを計った。北朝の君主は異民族出身なる故に、九品官人法に興味を有せず、漢代の秀才、孝廉の復活を試みた。北魏孝文帝の新制では、州より挙げらるる者を秀才と称し、郡より挙げらるる者を孝廉と称したが、秀才、孝廉に対する試験制を強化したのは北斉に始まる[143]」と全く書き改められているのである。

その他にも重要な訂正としては科挙の開始年代を秋田屋版では、「中正制度の廃止されたる開皇十八年を以てそれと定むべきであろう[144]」としていたが、平凡社版では「中正が職務を停止されたる開皇三年、またはそれが廃止されたる開皇十五年を以てそれと定むべきであろう[145]」とされている。面白いところでは、貴族群が形成するピラミッド形が「不死不壊のフェニクス[146]」さながらと平凡社版では表現されていたが、秋田屋版では「不死不壊の山椒魚[147]」となっていた。

支那という言葉について

宮崎が秋田屋版では「支那」となっていた所を「中国」と機械的に改めたことについては、平成元年に上智大学教授の渡部昇一が『産経新聞』紙上で批判した[148]。戦後になって、支那という言葉は、中国に対する蔑称であるという考えが広まり、支那という言葉は避けられるようになっており、宮崎はこの世間の趨勢に従ったに過ぎなかったのであるが、渡部は、「こういう改訂が（改竄？）が宮崎先生の意志だったとは思い難い」との断りを入れつつも、支那を中国と変えるのは、中華思想への追従であり、「シナを中国と呼んでいる本は学問的に実に危険である」とまで論じたのである。渡部は、中華民国が成立する以前の中国を指す場合は、支那を用いるべきであるとの立場である。

宮崎自身は、支那という言葉については、次のように考えていた。「私はこれは法律の問題でもなく、倫理の問題でもない、全く個人的な問題であるから、個人個人の意見で支那と中国を自由に使い分ければよいと考える。因みに私個人の意見を問われるならば、やはり、同様、どちらでもよい、と答える外ないが、但し私は文章とは芸術的意義を離れた場合には、最も抵抗少なく読者に思想を伝達する実用の道具に過ぎぬ、と考える。そこでいったん理不尽にもせよ、言い掛りの口実とされた言葉は、当分なるべく使用せぬのが得策であると考えていることも附言しておきたい。だかられまで支那と言ってきたものを、急に中国と言いかえたからと言って、別にそれに敗北感を伴うことはない。私にとっては支那と中国とが全く等価であること、イギリスと英国とが等価であると少しも変りがない[149]」。なお、これは宮崎の昭和六十三年の発言であり、渡部に反論した言葉ではない。

また渡部は、宮崎が秋田屋版の『科挙』では科挙崩壊の主要因が「日露戦争での日本の大勝利を見て驚いた清国政府が、日本式の学校教育を取り入れ、さらに日本留学をもって、部分的に科挙の代りにした」ことにあったと「明快に」書いていたにもかかわらず、中公新書版ではこの点を書かなかったことも、宮崎が時流に阿《おもね》った結果として攻撃しているが――そしてこの点が「シナを中国と呼んでいる本は学問的に実に危険である」とする所以なのであるが――そもそも秋田屋版の『科挙』に渡部の言うようなことは書かれていない。

最終講義と停年退官

昭和四十年は、宮崎停年退官の年である。一月三十日、時計台下の大教室法経第二教室において、宮崎の最終講義が行われた[150]。講義のタイトルは、「孔子と論語の立場」。会場は満員であった。前川貞次郎の司会で十三時十五分に始まり、続いて古代ローマ史の井上智勇文学部長が宮崎の略歴紹介を兼ねて挨拶をし、さらに佐伯富による宮崎の研究業績についての紹介があった後、十三時三十五分から宮崎の最終講義が始まった。

講義内容は、『論語』の三つの章句を取り上げて、伝統的な解釈にとらわれずに、孔子本来の姿を蘇らせようとするものであった。取り上げられた章句は、以下の三つである。

一、祭如在。祭神如神在。子曰。吾不与。祭如不祭。

二、子曰。学而時習之。不亦説乎。有朋自遠方来。不亦楽乎。人不知。而不慍。不亦君子乎。

三、子曰。吾十有五而志学。三十而立。四十而不惑。五十而知天命。六十而耳順。七十而従心所欲。不踰矩。

特に面白いのは、三つめの章句の解釈である。この章句は、普通は孔子が年を取るに従って人間的に完成され、聖人の境地に達していったと理解されてきた。岩波文庫の金谷治《かなやおさむ》訳では「先生がいわれた、「わたしは十五歳で学問に志し、三十になって独立した立場を持ち、四十になってあれこれと迷わず、五十になって天命をわきまえ、六十になって人の言葉がすなおに聞かれ、七十になると思うままにふるまってそれで道をはずれないようになった」」となっている。[151] しかし宮崎は「七十而従心所欲。不踰矩」を「子曰。甚矣吾衰也。久矣吾不復夢見周公（「先生がいわれた、「ひどいものだね、わたしの衰えも。久しいことだよ、わたしがもはや周公を夢にみなくなってから」[152]）と関連させて、孔子が七十歳の頃に至って、自分の体力、気力の衰えの自覚を表したものと解釈する。人生は、直線的に右肩上がりに無限にのびるものではなく、放物線を描く、この普通の人生を宮崎は、「聖人」孔子にも見ようとしたのである。芸術家や学者などの作品は、「年齢によって、ある頂点が認められ、それから後は下り坂になる」[153]というのが宮崎の早くからの信念のようなものであったのであり、この信念が『論語』の解釈にも応用されたのである。

宮崎の最終講義に駆け付けた古代ギリシア史家の藤縄謙三（昭和四年〜平成十二年。当時は大阪府立大学助手、後に京大教授）によれば、聴講していた吉川幸次郎や貝塚茂樹は「半信半疑なのか、複雑な表情であった」という。[154] 吉川は、後に藤縄宛の私信で「宮崎貝塚、共に歴史家なるに由、奇説多き感じ」と書いた。藤縄自身は、宮崎の三番目の章句の解釈について「私の素朴な言語感覚によれば、「心の欲する所に従って矩を踰えず」という言葉はどうしても良い意味に響くのである」と否定的である。なお、藤縄は、宮崎や吉川、貝塚らの全盛時代に学生として京大におり、西洋史専攻ながら、彼らの著書を読み、講義にも出て、「日本のシナ学者の研究方法を言わば盗み取ろうとしていた」。藤縄には、ホメロスの『イリアス』に出てくる戦車の用法を、中国のそれと比較しつつ明らかにした興味深い論考がある。[155]

最終講義は、十四時五十一分に日本史の小葉田淳が閉会の辞を述べて、十五時に散会となった。同日夕刻十八時から、宮崎の送別会が京都御所の西側にある私学会館で行われた。参会者は百五十名に上った。司会は東洋史の佐藤長。田村実造の開会の辞の後、中原与茂九郎、井上智勇、吉川幸次郎、森鹿三、柴田実教、桑原武夫、高田三郎、有光教一、外山軍治、村上嘉実、間野潜竜、恵谷俊之、礪波護、岡本泰子が順に祝辞や回顧談を述べ、最後に佐伯富が閉会の辞を述べた。桑原武夫の話に続いて、宮崎自身の挨拶もあった。吉川は、この時のスピーチで「宮崎さんは非凡なことを平凡にやってのける人です」と言ったという。[156]

以上の宮崎の停年退官日の模様は、『西南アジア研究』第十四号「宮崎市定教授退官記念　東西交渉史の研究特集」の彙報に載せられている。『西南アジア研究』は「西南アジア研究会」によって刊行されている雑誌であるが、宮崎は「西南アジア研究会」の前身である「西アジア研究会」の副会長を学生に乞われて務め、昭和三十二年に「西南アジア研究会」の発足式がビヤホール「ニュートーキョー」で開かれた時には、カイロで購入したアラビア語のレコードを鳴らすなど、[157]京大における西南アジア史研究を、足利惇氏、中原与茂九郎（シュメール史）と共に、積極的に支援してきた経緯があった。宮崎らの尽力で、昭和三十二年には西南アジア・コースが新設され、さらに宮崎退官後の昭和四十五年には、念願であった西南アジア史講座が開設された。ちなみに「西南アジア」は、アジアの西南という意味ではなく、西アジアと南アジアを指している。

昭和二十八年に那波利貞が停年退官した後は、宮崎を主任をとし、その下に田村実造、佐伯富、佐藤長の四人がいる体制が宮崎の停年まで十二年続いたが、『京都大学百年史　部局史編1』はこの宮崎の主任時代を「本講座の歴史の中でも、最も安定、充実した幸福な時期であり、五教授並立を頂点とする内藤・桑原時代の二五年、戦中・戦後の苦難と発展とが抱きあわせになっていた羽田主導時代の二〇年に比べても、東洋史研究室の黄金時代といって差し支えない」と評価し、宮崎を「師であった内藤・桑原・矢野・羽田の四名の学風すべてを受け継いだ上に、天賦の才と不撓の精励をもって、空前の規模と水準の巨大な歴史世界をつくりあげた。宋代社会経済史の研究は内藤の近世説を裏付け、飛躍、発展させるためであり、東西交通史・西アジア史への関心と東洋史体系化への志向は桑原の抱負を実現するためであり、雍正硃批諭旨や太平天国などの研究は矢野の継承を秘めたものであり、そして欧米を中心とする国際学会への視野は羽田を引き継ぐものであった。宮崎の研究は、その基礎に「京都支那学」の最も醇良な部分を持ちつつも、桑原・羽田と受け継がれた東洋史学の構想を一身で大成するものであり、その中には世界史への意図が強く込められている」と絶賛した[158]。

昭和四十年四月二日、宮崎は京都大学名誉教授の称号を受けた。

教師としての宮崎

京大での学部の授業は、概説と特殊講義、演習から成っている。このうち教師の研究と最も密接に関わるのは特殊講義である。特殊講義は、教官が自身の研究の最前線を語るために設置されている科目であり、そのため特殊講義の内容は、毎年、違うものとなる。この点、同じ講義スタイルの授業とはいえ、ほぼ同じ内容が毎年繰り返される概説とは、大きく異なるのである。

宮崎の特殊講義の題目は、調べられた限りでは次のようであった。「宋代の制度」（昭和七年）[159]、「宋代の党争」（昭和八年）[160]、「王安石の新法」（昭和九年）[161]、「宋代の役法」（昭和十年）[162]、「近世南方交通史」（昭和十三年）[163]、「近世東西交通史」（昭和十四年）[164]、「清朝の制度」（昭和十五年）[165]、「水滸伝に現れたる支那の近世社会状態」（昭和十六年）[166]、「宋代初期の通貨問題と宋代中期以後の通貨問題」（昭和十七年）[167]、「南宋時代の通貨問題」（昭和十八年）[168]、「西亜細亜史概説」（昭和十九年）[169]、「支那政治思想」（昭和二十年）[170]、「東洋最近世史の研究」（昭和二十一年）[171]、「宋代の地方政治」（昭和二十二年）[172]、「雍正帝と其の時代」（昭和二十三年と二十四年）[173]、「中国古代社会」（昭和二十五年）[174]、「東洋史上の孔子」（昭和二十六年？）[175]、「太平天国の研究」（昭和二十七年）[176]、「史籍目録学（昭和三十年[177]と昭和三十一年）[178]、「隋唐時代史の研究」（昭和三十四年）[179]、「中国古代都市国家論」（昭和三十九年）[180]。正式な講義題名は分からないが、昭和三十七年と昭和三十八年の特殊講義は中国古代史を対象としていた[181]。特殊講義の題目を並べてみるだけでも、宮崎の研究対象の移り変わりがよく分かるであろう。なお、昭和八年の「宋代の党争」は木曜一限の午前八時から十時に[182]、昭和二十七年の「太平天国の研究」は水曜四限の午後三時から五時に行われていた[183]。

演習は、宮崎の場合は漢文の講読を行う授業であり、テキストとして取り上げられたのは、『宋代食貨史』[184]、単鍔『呉中水利書』[185]、『明史食貨史』[186]、『鹿洲公案』[187]、『論語』などであった。

宮崎の講義風景については、多くの受講生の証言が残っている。以下、「宮崎市定博士追悼録」と『宮崎市定全集』の月報から、いくつか拾ってみよう。

「特殊講義では用意してこられたノートを手に取られるのは史料を板書される時だけで、あとは黒板の右端に後ろ手を組み、若干うつむき加減にゆっくりと平明にお話しになるのが常であった」。（稲葉一郎）

「毎回の講義の終り方に先生独特の習性があることに気付いた。講義の間、先生は縦書きで右から左へ順序よく板書を進めて行かれた。そして講義の最後に、その時間の締めくくりを簡潔に話しながら、黒板消しを上下に動かして右から左へ書いた順番に消して行き、消し終り、正面を向いてしばらく話をされて講義が終るのであった。そして一年を通じて、その終りが一二時を過ぎることはなく、また一一時五九分より前のこともなかった。終了時刻を合せるために早口になる、あるいは普段より間合いをとって話しているというような印象は全くなかった」。（小野山節）

「先生は簡単なメモを用意して来られるだけで、それを読むでもなく黒板の前をゆっくり左右に往復しながら話をされた」。（河内良弘）

「先生の講義は、文献の引用を板書されるときに確認される場合の外は教卓上のノートをあまり見ないで進められた」。（近藤治）

「なるほど例の淡々としてノートを読み上げるのみ、脱線も余談もなしで不愛想なこと此上なし、しかるにこれが滅法おもしろくて、そのうち毎週その時間がくるのが待ち遠しいほどになってし

まったのである」。（島田虔次）

「講義の方は、内容は大変明晰で、一語一語嚙み砕くように話され、時には先生にしか出来ない独自の見事な史実の解釈がなされるのであった」。（谷口規矩雄）

「先生はノートを見ずに、教壇をうつむき加減に左右に往復しながら、よどみなく話を進められた。ときには西洋の使臣が皇帝に拝礼するさまを実演されたこともあった」。（松尾尊兊）

「講義の際、先生はチョークを手にして教壇の左から右、右から左へとゆっくりと歩きながら、時おりノートに目をやりつつ、一語一語かみしめるように、また自分に言いきかせられるように話され、必要なことがらは板書される。先生が話される言葉をそのまま筆記すればただちに明晰な文章になる類の講義であった」。（吉川忠夫）

講義の模様に多少の違いはあるが、基本的に、宮崎の講義が余談や脱線なく、ゆっくり淡々と進められるものであったことは確かであろう。

一方、漢文を読解する演習の授業は、宮崎の名物授業であったようで、受講生は口をそろえて、恐ろしかった、こわかったとの回想を残している。その理由は、宮崎は学生が正解を出すまで、「その方向で」とか「もう少し」といったこと以外発言せず、黙っていたからである。その沈黙は永遠と思われるほどに長かった。結局、宮崎は正解を言わないままで授業を終えることもあった。このため一日に三行くらいしか進まないこともあった。宮崎のやり方は、相当の忍耐力がなければできなかったはずで、まねようとした永田英正は、一度も満足にできたためしはなく、その原因は「待てない」ことにあったと自身で分析している。要するに教師がすぐに答えを口にしてしまうのである。筆者も真似をして英語の講読の授業でやってみたことがあるが、やはり私のほうが沈黙に耐えられなかった。しかし、宮崎も停年に近づいてくると、さすがに忍耐力が切れて来たのか、わりに簡単に答えを言うようになったようである[188]。

宮崎は講義でも演習でも、難しい課題をしばしば出した。例えば、単鍔『呉中水利書』を読んで、太湖周辺の鳥瞰図を作る課題や、あるいは漢魏の交代時の官職表を作る課題などが出された[189]。世界史における中国に位置についての先行研究を纏め、自身の考えを述べよといった課題もあった[190]。

宮崎は、毎日朝から出校していた。自宅のある浄土寺からは吉田山を越えるルートを取り、京大正門から入構した（図13）。徒歩二十分程度の通勤時間であった。『京都大学七十年史』は、在職中の宮崎について「昭和四十年三月退官に至るまで毎朝定刻研究室に入り、夕また定刻家路をたどる姿は、まことに忘れえない百万遍界隈の一典景であった[191]」と印象的に記している（図14）。

岩見宏の回想によれば、戦後間もないころは、宮崎は夏は軍隊物の半袖を着、また鞄を持たず、黒い風呂敷包みを抱えて出校しており、「その姿は知らぬ者が見れば、失礼ながらとても大学教授には見えなかったであろう。現に国史を専攻していた友人が私をつかまえて「宮崎先生って、まるで恰好かまわらへんのやなあ。おれははじめ小使いさんかと思てた」と言ったものである[192]」。

宮崎の研究室は、陳列館一階西南角にあった。宮崎は、書棚の奥の窓際に座って研究していた。昼も研究室でお弁当を食べていた。研究室のドアは、いつも半ば開かれており、ドアには「ノックしないでお入り下さい」と書かれていた。学生がいつでも相談に気楽に入って来られるようになっていたのである。しかし、実際にはこの門構えとは裏腹に、学生が相談に行って、緊張してしどろ

図13　宮崎自宅前から京大方向を臨む

図14　京大正門から宮崎自宅方向を臨む

もどろに自分の研究について語り、指導を求めても、宮崎は沈黙しているか、あるいは「ハァ」と短く答えるだけで、肯定的な返事や指導があれば、これは運のいいことであったとの回想もある[193]。筆者が学生時代に教えを受けたルネサンス史の永井三明も、宮崎は「うんともすんとも言わない人やった」と語っていた。永井も宮崎のファンであったが、「あんなに書くものは面白いのに、あんなに面白くない人はみたことがない」と不思議そうであった。

東洋史研究室では、毎週金曜日には、昼食会が開かれ、教官と学生と話をする場として設定されていた。教官全員が一度に来たわけではなく、各週一人の教官が来ていた。昼食会は、佐伯富によれば、宮崎の発案であった[194]。竺沙雅章（昭和二十八年卒）によれば、「毎週金曜日の東洋史研究室での昼食会は楽しかった。先生はいつも大きな弁当を持参されて、いかにもおいしそうに召し上がっておられた。その食欲は若い者顔負けであった。食事が済んで雑談に及ぶと、先生は若い頃の思い出やパリ留学中のエピソード、東洋史の秘話など、ユーモアをまじえて、いろいろ話して下さった。学生たちもこのときばかりはリラックスして、不躾なことを先生に尋ねたりした[195]」。雑談中、宮崎には肩をすぼめてクスクス笑うくせがあった[196]。

しかし、全く異なるイメージを伝える者もいる。昭和二十年代後半から昭和三十六年まで学部学生、院生として東洋史研究室にいた近藤秀樹は、「いまもって宮崎先生との昼食会を、わたくしは名づけがたい複雑な気持ちなしには思い出すことができない。この碩学の前にでると。畏敬の念はときとして敬遠に逃避し、憧憬の念はときとして反発に収斂する。わたくしにとっては尊敬と畏敬とがいり混じった一時間たらずの昼食会であった。師はほとんどご自分から話題を提供されることがなかった。それどころか、蛮勇をふるって質問を提すると、黙って答えられないことさえあった。愚問だったのであろう。しかしそんなときの気づまりといったらなかった。学生から希望してはじめられた昼食会ではあったが、われわれは後悔さえした。しかし、不思議に師の昼食会が、いちばん人気があったように思う[197]」と書き残している。近藤は昼食会は学生側が希望して実現したとしており、佐伯の回想と齟齬している。森正夫も、昼食会で「宮崎に口をきく学生は殆どなかった」としている。

近藤秀樹は宮崎について次のようなエピソードも挙げている[198]。昭和三十一年に宮崎は京大の『学園新聞』に「歴史学自身の権威を─長い目で歴史を眺めたい」の一文を寄せたが、そこに大きな誤植があった。「近時の中国学界の傾向に反して、わたくしは曽国藩などの中国近代史にしめる位置を高く評価するものである」とあるべきところが「評価しない」と逆に書かれていたのである[199]。昼食会の席で、近藤がこの新聞に関わっていたことを聞いた宮崎は、まるで近藤が「故意に改めさせたかのように難詰」し、「もう二度とは書かぬ」と申し渡したというのである。宮崎は左翼学生の仕業と勘繰ったのであろう。これも宮崎の一面であったのであろうが、しかし、ここで紹介した近藤の話は全て近藤の書いた「中国人物叢書」の一冊『曽国藩』の「あとがき」に出てくるのであり、この叢書の監修が宮崎であったことを思うならば、全体としてみれば逆に宮崎の懐の深さを示しているとも言えるだろう。宮崎が左翼の学生に対して無暗《むやみ》にきつく当たったわけではないことは、先に見た小野信爾の事例などからも明らかである。岩見宏によれば、戦後、宮崎に対する若手の左傾化した学生からの批判は研究室内でも相当にあったようであるが、宮崎は「すべてを包容してというか、みんなの面倒を見て、意見が違うから追い出すとか、そういう感じは全然なかった」[200]。

学界には論文を雑誌に発表すると、その抜き刷りを関係研究者に送り、批評を乞うという慣習があるが、宮崎は返事を返すことはまずなかったという。逆に自身が送った場合は、「礼状とは不要」と書き添えていた[201]。この態度は余計なことで他人を煩わしたくないという宮崎の配慮であったと思われるが、誤解を招く面があったことは否めないだろう。

地味な宮崎

戦後の宮崎について、中央公論社の粕谷一希は「進歩史学・進歩史観が大勢を占めていた一九五〇年代、六〇年代には、地味な傍流の史学者といったイメージがないわけではなかった」としている[202]。森毅も教養部長時代の宮崎を「まだ、有名になる前で、ボクは全然知らなくて、なんやとぼけた人やなあといじめたりした」と書いていた[203]。当時、京大の人文科学を代表する「本流」とみなされていたのは、吉川幸次郎、貝塚茂樹、そして西洋古代哲学の田中美知太郎であった[204]。同じようなイメージは溝上瑛によっても語られている。溝上は「戦後、文学部や人文研の三高出は、岩波新書をはじめとする教養書の著書・編者としても目覚ましい成果を上げた。桑原武夫の『一日一言』、吉川幸次郎の『新唐詩選』、貝塚茂樹の『中国の歴史』などである。宮崎の『雍正帝』とは対照的に広く読み継がれ、同新書の代表的な書目となった」と記している。また、昭和五十五年に吉川幸次郎が亡くなった時に、中国科学院の学者が寄せた追悼文には、吉川と貝塚、そして桑原武夫を「京都大学の三傑」と呼んだとの話も溝上は紹介し、粕谷と同様、宮崎が吉川や貝塚に比べて、地味で目立たない存在として認識されていたと述べている。溝上は、宮崎が目立たなかった理由の一つに三高出身ではなかったことを指摘し、この点でも宮崎は「傍流」であったのであり、「三高出身者たちの輝かしさが、宮崎の放つ光を見えにくくする結果を生んでいたことは否めない」としている。

宮崎が三高にコンプレックスを抱いていたことは、溝上も指摘するように事実であろう。しかし、それはせいぜい学生時代だけのことであったと思われる。礪波護は、宮崎は若くして三高教授になっており、三高出ではなかったが、別格の存在になっていたと語っていた。またその後に文学部教授になった宮崎こそが、安部健夫と並んで、京大東洋史のエースであったとも指摘していた。

宮崎が評価されていなかったのは、粕谷や溝上が指摘するジャーナリズムや出版界だけの話ではなく、学問的にもそうであった。戦後は宮崎がその主唱者であった宋近世説は、唯物史観に拠る学者たちによって絶えず批判にさらされていたことは既に見た通りであるし、宮崎の中国都市国家論も、藤縄謙三は「当時、日本の西洋史家の間では、西洋と中国や日本との根本的相違を強調するのが支配的であったから、殊に東京方面では宮崎・貝塚両教授の学説は笑うべき珍説と受け取られていたようである[205]」と回想している。ここで言われている「当時」とは、藤縄が学生時代であった昭和二十五年頃のことである。都市国家論は、宮崎の独創であったにもかかわらず、藤縄が書くように「宮崎・貝塚両教授の学説」と取られていたことも、その時代、貝塚の存在が大きかったことが示されている。

宮崎は、まさにこの昭和二十五年から三高時代以来再び本格的に古代史に取り組み、「中国上代は封建制か都市国家か」（昭和二十五年）、『中国古代史概論』（昭和三十年）、「中国における聚落形体の変遷について」（昭和三十二年）などを次々と発表し、自身の都市国家論を発展させていくことになるが、ここに貝塚との違いを際立たせる意図があったことは否定できないだろう。『中国古代史概論』では、西周抹殺論が初めて展開された。宮崎はそもそも甲骨文字の史料的価値を認めていなかったが——ただしこのことをはっきり述べるのは退官後に書かれた『中国史』である——、在職中に公然と西周の存在をも否定したのである。同僚の貝塚の行っている中国古代史研究をほぼ全面的に否定するような意味合いを持つ発言である。残念ながら、貝塚の反応は残っていない。貝塚の回顧録『わが歳月』(206)には宮崎の名は一度も出てこない。貝塚の死の翌昭和六十三年、宮崎は「私の中国古代都市国家論に同調したと思われる人々の間にも、実は私の真意が少しも分かっていないことを発見して、がっかりすることがある。例えば、「古代殷帝国」などいうものが存在しては、都市国家論は大きな被害を受ける。私は世界各地域の古代史とは、最初は極めて小さな血縁団体から、次第に大きく統合され、途中に都市国家の時代を経て、最後には古代帝国の成立に至る、その統合の過程であると考える。中国の歴史の最初から「古代帝国」が存在しては、それ以後の歴史の書きようがないのである(207)」とも書いている。「古代殷帝国」は、貝塚が編者となって昭和三十二年にみすず書房から出した本の書名であった。礪波によれば、宮崎は「都市国家論者が編集した論集が『古代殷帝国』とは、と〈都市国家〉時代と〈帝国〉時代を平然と同一視するかのごとき認識を、皮肉っぽく語ったりしていたのである(208)」。

戦後の一時期、自身の評価が低いことは宮崎も自覚していた。宮崎は、半ば自嘲気味に、唯物史観隆盛の中、「恐らく私ほど詰らない仕事をしている者はなかったように見えただろう[209]」と述べ、自分に常々次のように言い聞かせていたという。

「お前の悩みは、お前の力がまだ十分に養われていない自業自得のせいもあるが、併しそればかりではない。ずばりと言えばお前は少し早く生れて来すぎたのだ。お前の考えあぐんでいる疑問は、今の時世では、どこへ相談しに行こうにも、行きどころのない性質のものだ。誰一人としてお前の志向に助力できそうな人はいないのだ。現今の東洋史学者、西洋史学者の中で、誰が本当に西アジア史研究の重要なことを痛感していると思うか。お前の書いた、「晋の武帝の戸調式」の研究について、ごく少数の具眼者を除いて、何人が本当にその価値を認識し得ただろうか。多くの学者は、お前の『五代宋初の通貨問題』を加藤博士の『唐宋代に於ける金銀の研究』の焼き直し位にしか見てくれまい。ところがあの著作は、そこらにありがちな、史料カードを整理しただけのものとは違い、言わば、こわれたラジオの部品をかきあつめて復原し、もう一度音がでるようにしようと努めたものなのだ。階級闘争で歴史を説明すると怒号している中国史研究者の中で、何人が鄧茂七の名を知っているだろうか。お前の「中国近世の農民暴動」はもと副題の「鄧茂七の乱について」を題目としたのだが、編輯者から忠告があり、鄧茂七では誰にも分らぬから、もっと一般的な名をつけてほしいと頼まれて改めたものなのだ。何年たったら鄧茂七の名が方臘以上に有名になるだろうか。併しそんなことはお前の責任でも何でもない。お前はただ自分の考えていることを、思う存分書きまくればよい。古語に言う。人盛んなる時は天に勝つ。天定りて人に勝つ、と。そういう天を相手にすることだ[210]」。

この異常とも思える自負心は、宮崎が京大東洋史のエースを自任しつつも、しかるべき評価を受けていない、そのギャップの大きさに由来するものなのであろう。

鬱屈していた宮崎にとって救いとなったのは、昭和三十五年から三十七年にかけてパリ、ハーバードに客員教授に招かれ、彼の地で快適な時を過ごしたことであった。この間、宮崎は海外で自分が非常に高く評価されていることを知り、自身の研究に自信を深めることができた。宮崎は、海外生活の結果、「私の学問の傾向は自ら省みると、中国をやりながら中国的ではなく、日本人でありながら日本的でなく、どちらかと言えばどうやら西洋的であるらしい[211]」とまで考えるに至った。この時期に書かれた一連の海外通信が、悪く言えば、欧米礼賛に近くなっているのは、客員教授招聘以前に宮崎が置かれていた状況の反動に他ならない。

しかし帰国後に執筆した『科挙』が大当たりとなったことで、宮崎は遅まきながら広く江湖の読者に認識される存在となっていった。

第八章　江湖の読者に迎えられて——停年後の宮崎（昭和四十年～平成七年）

昭和六十一年、京都市の清水工芸社スタジオにて

ドイツの大学の客員教授

退官した昭和四十年の十月一日、宮崎は今度はドイツのハンブルク大学の冬季客員教授を委嘱され、同月二十九日ドイツへ妻と共に向かった。ハンブルクは北ドイツ最大の港町で、「日本ならさしずめ横浜か神戸に当ります[1]」と宮崎は説明している。市内のアルスター湖の周辺は、散歩に適していたようで、宮崎はこの町を気に入っていた。宮崎をハンブルク大学に招いたのは、ヴォルフガング・フランケ（Wolfgang Franke）教授であった。ヴォルフガング・フランケは、バラジの師であったベルリン大学のオットー・フランケの息子で、明代以後の中国史や東南アジアにおける漢文碑文の研究などを専門としていた。フランケは、マレーシアのマラヤ大学へ出講する予定があったため、自身の代講として宮崎を招聘したのであった。ハンブルク大には講師としてハインツ・フリーゼ（Heinz Friese）もいた。フリーゼの専門は明代史。フリーゼは日本に留学経験があり、一九六〇年にハンブルクを訪れた吉川幸次郎を案内したこともあった[2]。

宮崎は、ハンブルク大学では「中国言語文化演習」を担当し、フランケとフリーゼの専門を意識して、自身も明代の蘇州に関する随筆類と明末清初の思想家黄宗羲『明夷待訪録』の講読を行った。宮崎は渡独前に、『明夷待訪録』の誤字などを指摘し、意味の通らない文を直した「明夷待訪録当作集」を『東洋史研究』に書き[3]、これをもって行ったが、ドイツで学生と『明夷待訪録』を改めて講読し、ヨーロッパの言葉に訳そうとすると日本語では何となくあいまいに読み飛ばしていた部分があることに気づき、ハンブルクでさらに「明夷待訪録当作集（続）」を書いた[4]。

宮崎はドイツでは講義を英語で行っていた。宮崎の英語については、「ゆっくりとではあるが正確な英語[5]」を話したとの証言がある。

ハンブルクには、二月まで滞在し、宮崎はその後、ドイツ西部ボムフのルール大学へ移った。ルール大学は、ハンブルク大学が一九一九年創設の古い大学であったのと対照的に、一九六二年に出来たばかりの大学で、宮崎が教鞭を取った東亜研究所（Ostasien Institut）の建物も、潰れた炭鉱会社の建物を借り受けて修理して使っているような状態であった[6]。中国文学の教授にはアルフレッド・ホフマン（Alfred Hoffmann）、歴史の教授にはティルマン・グリム（Tilemann Grimm）がいた。グリムは、明代と毛沢東の専門家である。宮崎は、ルール大学では五月一日から夏季客員教授を委嘱され、中国文学科では『論語』を、中国史学科では太平天国の乱を講じた。宮崎がルール大学に招かれるきっかけとなったのは、英語で発表された論文「A New Interpretation of the Lün-yü, Analects of Confucius（論語の新解釈）」がグリム教授の目に留まったからであった[7]。

ドイツでは大学教授と学生との関係がよく、ことにハンブルク大学の学生は非常に社交的であり、宮崎を下宿へ招き、また宮崎は彼らを滞在先へ招待した。フランスでもアメリカでも、宮崎はこのような経験はしなかった。また大学教授と学生が共に世間から大事にされていることを宮崎は羨ましく思い、「私がもし来世に生れかわっても、ぜひ大学教授にされる宿命だったらドイツに生れかわりたいと思う。また学生諸君にも、来世にまた学生に生れかわるなら、やはりドイツがいいと勧めたい。そして下宿へ招待して貰いたいと思う[8]」との感想を残した。

帰国は、昭和四十一年八月十五日である。

『隋の煬帝』

宮崎はドイツへ出立する前に、中国人物叢書の一冊『隋の煬帝』の原稿を書き上げていた。このことはその「はしがき」に「昭和四十年十月　渡欧を前にして」とあることからも明らかである。執筆期間は半年ほどであった。中国人物叢書は、人物往来社の企画で、宮崎市定監修と銘打ったシリーズであった。第一期十二冊、第二期十二冊の計二十四冊が刊行された。この企画は、宮崎の停年前年に助手の寺田隆信（後の東北大学教授）に持ち込まれ、寺田が宮崎に相談に行くと、やればよいとのことで、シリーズの人選まで含めて全て一任されたという[9]。事実上の寺田隆信編であった。ただし、宮崎の指示で、専任の教員には依頼しないこと、従って執筆者はオーバードクターになったようである。宮崎自身は、隋の煬帝を担当することになった。宮崎は、昭和三十三年に初めて学部の演習で「隋唐時代の諸問題」を取り上げて以来、隋代史については研究を重ねてきており、煬帝は自信のあるテーマであった。『隋の煬帝』は、昭和四十年十二月に人物叢書の第一回配本として刊行されたが、この時、宮崎はハンブルクにおり、校正などの仕事は全て寺田に任された。刷り上がった著作を宮崎は、「ハンブルクのアルスター湖を背にした客舎で受け取った」[10]。退官記念論集は、他人に迷惑をかけるという理由で断った宮崎にとっては、この中国人物叢書は退官記念企画の意味を持った。宮崎自身、この企画は「教室有志が私への餞のために」立ててくれたものと認識していた[11]。

依然としてマルクスの唯物史観の力が強く、社会経済史偏重の時代に、軽視されていた人物史を取り上げた企画というのも、結果的にはいかにも宮崎の退官記念に相応《ふさわ》しい企画であったと言えるだろう。実際、宮崎は『隋の煬帝』の「後記」において、「近ごろの歴史学は権力者を描くことを回避し、人的関係を蔑視したがる風があるようだが、これは何かの考え違いから出たのであろう。歴史学の最後の目的は、結局、人的関係を究明するに落ちつくであろう。人間の生活とは結局のところ人的関係にほかならぬからである。この人的関係には当然、個人と個人の関係も含まれねばならぬ。その関係の仕方がどのように変遷してきたか、を知るのは歴史学の重大問題でなければならぬ。そして、その一種として帝王を取り上げることは、当然すぎるほど当然なことで、何ら回避すべき理由はない。ただ問題は、果たして巧くできたかどうかの点にある。わたしはあえてみずから自分の出来栄えを評価しようとは思わぬが、ただし、こういうものはこれからも自分で書き、また書くことを人にすすめようとする自分の立場には、絶大の自信を持つものである[12]」と述べ、当時の歴史学の風潮を批判している。

隋を僅か二代で滅ぼした煬帝（在位六〇四年〜六一八年）は、殷の紂王にも匹敵する中国史上稀にみる悪逆非道な君主であったとされるが、宮崎は『隋の煬帝』の中で煬帝のみが傑出して悪人であったのではなく、隋に先行した南北朝時代に見られた一連の非行天子の一人に過ぎず、父親の文帝にも多分に責任があったと論じた。全十四章からなる『隋の煬帝』のうち、六章分は煬帝即位以前の南北朝時代と父親の文帝に充てられているが、それは煬帝本人について書くことが少なかったからではなく、煬帝がまさに南北朝時代最後の「古い型の」皇帝であったことを示すために必要なことであった。宮崎の考えでは、煬帝は「古いやり方で権力を握り、古いやり方で権力を弄び、最後に古いやり方で殺されたのであった[13]」。

『隋の煬帝』は、一面では、武川鎮軍閥の興亡史という側面をもっている。武川鎮は、南北朝時代の王朝の一つ北魏が万里の長城の北方に置いた前線基地の一つであり、実は北魏の後に西魏を挟んで興った北周、隋、唐という王朝はすべてこの武川鎮出身の軍人の立てた王朝であったのである。煬帝の先祖もこの武川鎮の軍人の一人であった。隋に代わった唐の李氏も、武川鎮軍閥の出であり、それも楊氏よりも家格の高い家であった。宮崎は、唐を興した李淵は、自身が武川鎮軍閥の出であるだけでなく、煬帝によって破壊された武川鎮軍閥の勢力を糾合することで天下を取ったとみている。筆者が専門とする古代ローマ史においても、三世紀に帝国北辺の前線基地に基盤を置く軍人が台頭し、次々と皇帝を擁立するという類似した現象が起こったが、この問題を考える際の脳裏には常に宮崎の『隋の煬帝』があった。筆者は職業柄どうしても宮崎の著作を読むときには、何か自分の研究に参考になることはないかという卑しい考えから手に取ることが多いが、そのようなことのない一般の読者にとっても『隋の煬帝』は、文句なしに読みやすく面白い作品となっている。それは礪波護が指摘するように、宮崎が退官後「はじめて自由に何の気がねなしに筆を走らせることができるという解放感も手伝って、なるべく多くの読者を興味をもって中国史の世界にひきこまんと、文章に工夫[14]」をしたからに他ならないからであろう。

翻訳『鹿洲公案―清朝地方裁判官の記録』

『隋の煬帝』が刊行された二年後の昭和四十二年、宮崎六十七歳の時、平凡社東洋文庫の一冊として『鹿洲公案』が刊行された。刊行年は『隋の煬帝』に遅れたものの、実際には宮崎は『隋の煬帝』よりも先に『鹿洲公案』の翻訳を仕上げていた[15]。在職中、最後の仕事としていたのが、この『鹿洲公案』の翻訳であった。

『鹿洲公案』は、清の雍正帝時代に広東省潮陽県で起こった民事刑事の訴訟の記録（公案）である。著者は県知事を務めた藍鼎元（一六八〇年～一七三三年）で、鹿洲は彼の雅号である。宮崎がこの書の翻訳を行ったのは、「旧中国社会の実態を記した書物として、これほど面白いものはない」と思ったからであり、「本当に小説よりも面白いのである」と念押ししている[16]。『鹿洲公案』には、二十三の訴訟事件が収録されているが、確かに、いずれも短編推理小説を読んでいるような面白さがある。

面白いのは翻訳の部分だけではない。凡例からして傑作である。凡例は五つあるが[17]、そのうち個性的な三つを挙げてみる。

一、この翻訳を公にする目的は、中国でできた面白い実話を、日本の読者に面白く読んでもらうことにある。
一、この翻訳は普通の日本読書人に、読んですらすら意味がとれることを目標としたうえ、国情の差からくる理解の困難を埋めるために、特別の説明を加えた個所がある。もしも翻訳というものが、ある国の真実を他国の人民に理解させることが最上の使命であるとする観点に立つならば、この翻訳はすぐれて高度に学術的な翻訳であるともいえる。
一、そのような意味において、序文の代りに、「発端」の一章を草して巻頭においた。どんな説明を加えるよりも、この方が読者の理解を助けるに役立つと信じたからである。

筆者はこのような凡例をいままで見たことがない。宮崎らしい自信に満ち溢れた凡例である。凡例で言及されている序文の代わりに置かれた「発端」の一章は、「実際にあってもいい話」と副題が添えられており、藍鼎元が雍正帝に潮陽県の知事に任命され、赴任するまでの期間の出来事を宮崎が小説風に仕立てて書いた部分で、「雍正帝は今日は、朝からいらいらしていた」で始まる宮崎唯一のフィクションになっている。実際には、藍鼎元程度の官僚が雍正帝に面会することは現実的ではないようであるが、まるで実際にその場を見て来たかのようにいきいきと書かれている。残念ながら「実際にあってもいい話」はわずか十一頁に過ぎない。

この翻訳に先立って、宮崎は『鹿洲公案』を存分に利用した論文「雍正時代地方政治の実情」を昭和三十四年に著していた。論文の最後に宮崎は「事実は小説よりも奇なり、という古い言葉があるが、われわれは鹿洲公案を読むとき、いわば捕物帳的な興味を覚える。本論考の読者は、或いは学術論文にあるまじき興味本位の記述だと顰蹙される向があるかも知れぬが、それは資料とした鹿洲公案そのものが面白すぎたためである」[18]と書いている。雑誌『よむ』の特集「二〇世紀日本の読書遍歴」の特集で、宮崎は「中年・壮年」の一冊として挙げたのが、外ならぬこの『鹿洲公案』であった。そして本書に対するコメントとして「是非邦訳せねばならぬと決心させたほど面白い実話集」と書いた。鹿洲公案は宮崎が使う最高の誉め言葉、「面白い」が連発される作品であった。

停年後の日常と散歩道、礪波護

昭和四十一年の八月にドイツから帰国して、宮崎は悠々自適の生活に入った。宮崎クラスの国立大学の教授であれば、停年後、私立大学に再就職し、七十歳頃まで現役生活を続けることが多いが、宮崎はどこにも再就職しなかった。これは宮崎が若い人の就職先を奪ってはならないと考えた結果であろうと礪波護は忖度していた。その後の宮崎の活動を見ていると、宮崎には書きたくてたまらないことが沢山あり、雑事に煩わされたくないとの考えもあったのであろう。

停年後の宮崎の仕事場となったのは自宅であり、その自宅は先に言及したように、京都市左京区浄土寺下馬場町四十五番地にあった。溝上瑛によれば、「間口三間ほど（約六メートル）、質素な門から玄関まで三、四歩。応接間も座敷も本棚に囲まれ、茶の間が書斎を兼ね」ていた（図15）[19]。溝上による宮崎の小伝には、本に埋もれた座敷の写真が載せられている。自宅は、昭和九年に三高から京大に移った頃に借り、その後、買い取ったものだという。昭和二十九年にはまだ借家のままであったというから[20]、買い取ったのはそれ以後である。「ごく平凡な一市民の住まい」であった。溝上は、戦後宮崎の自宅を訪問した中国の学者が、「参謀本部付の学者だったにしては、家がみすぼらしい」との感想を漏らしたというエピソードも書いている[21]。宮崎が「参謀本部付の学者」であったというのは、もちろん、中国の学者の誤解である。中国では、一九六〇年代に宮崎の論文が『宮崎市定論文選集』上下二巻として翻訳され、「内部読物」として中国科学院歴史研究所から出されたが、その前言では宮崎は「日本帝国主義の御用学者」とされていた[22]。現在、宮崎の自宅は取り壊されて存在しない。

宮崎の日常は規則正しかった。朝は四時半ごろに起床し、毎朝七時頃に散歩に出る。散歩は一時

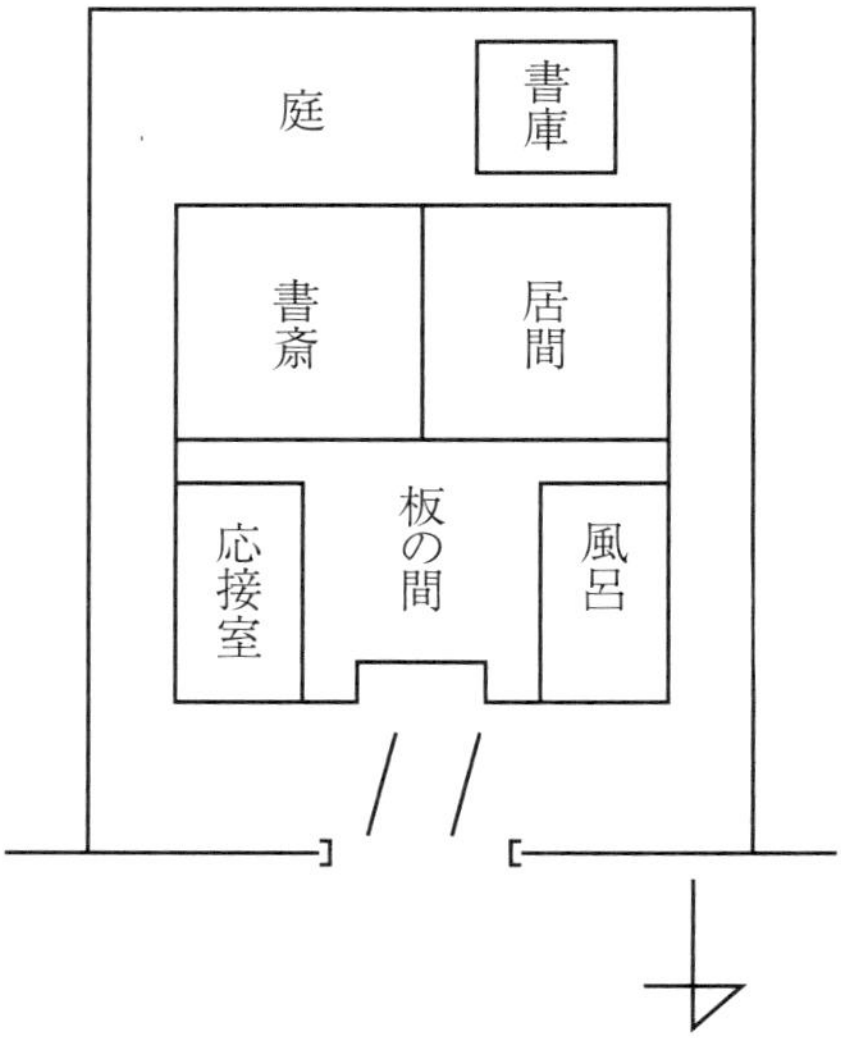

図15　宮崎家一階間取り。二階には和本が置かれていた（礪波護の教示による）

間ほどで、八時には帰宅。散歩のルートは日によって違ったようであるが、南は四条大橋、北は一乗寺の辺りまで歩いた。(23)東西よりも、南北へ移動することの方が多かったようである。

お気に入りの散歩ルートは、七条木屋町から始まり、まず高瀬川に沿って木屋町通りを北上し、上ノ口橋の手前で西に曲がり、河原町通りに出る。次いで河原町通りを五条通りまで北に歩き、再び木屋町通りに戻り、四条通りに至る。木屋町通りを一旦避けて河原町通りに出るのは、「真昼間でも白面の妖怪が出没するから」である。さらに木屋町四条から宮崎は東に曲がり、大和大路まで行き、今度は大和大路を北上し、白川に当たるまで歩く。その後は、白川沿いに北西へ自宅まで帰るというものであった。(24)このルートは、片道一時間以上かかると思われるが、宮崎は往復したのではなく、七条木屋町まで乗り物で行き、片道だけ歩いて帰ったのであろう。実際、梅原郁は宮崎の散歩の方法について「乗り物で京都市内のある地点まで行かれ、そこからかなり長い距離を歩く。地点は毎日変わるため、いつしか市内全域に先生の足跡が記される」(25)と証言している。

しかし、当時は、交通戦争と呼ばれたほど交通事故が多かった時代で、宮崎はしばしば車の横暴でおちおち散歩も出来ない現状に憤りを覚えていた。

宮崎は、停年後散歩の時間ができたことが一番有難いと言い、散歩のために散歩する散歩道（サンポドウ）を説いたが、(26)無心の散歩とはいえ、職業柄、散歩から京都考証随筆と言うべきものも生み出された。

京都市内を東西に延び、現在は市場として観光名所にもなっている錦通りの東端には、錦天神がある。宮崎は、錦天神は元々「西向き天神」ではなかったかと考え、錦通りの名も、この神社の名であった「西向き」に由来するのではないかと論じた[27]。また、京都市下京区には、天使突抜一丁目という町名があるが、この不思議な町名の由来も考証している[28]。「天使」は五条天神のことで、「突抜」は袋小路ではないということで、あわせて「五条天神へ抜けられる」という意味となるが、問題はなぜ「天神」が「天使」となったかである。宮崎は、五条天神には菅原道真ではなく、天照大神などが祀られていることから、「ゴジョウテンシン」と呼ばれていたに違いなく――道真の場合は「テンジン」と濁る――、この「テンシン」にいつしか「天使」の漢字が当てられたのであろうと推理した。

散歩から帰って後、宮崎は午前中に原稿執筆など一仕事済ませていた。停年後の宮崎を隔週に一度、三十年あまりにわたり訪れていたのが、これまでも度々その名を挙げて来た礪波護であった。礪波は、昭和十二年、東大阪市の生まれ。学部三年の昭和三十三年以来、宮崎の教えを受け、宮崎の停年時は博士課程の三年生で、同年四月からは人文科学研究所に勤めていた。唐代史が専門である。電話で訪問の約束を取り付けてから――ただし宮崎はあまり電話は好まなかった――、いつも午後一時半に訪れた。宮崎は、礪波が来るときには、河原町荒神口近くの店で御萩を十個買ってくるのが習わしで、宮崎が一個、礪波が九個を平らげていた。いつも三時間ほど、礪波は宮崎と歓談した[29]。寡黙な印象のある宮崎であるが、礪波ではなく宮崎が話していることのほうが多かったという。やがて礪波は宮崎の出版編集を手伝うようになり、文庫本の解説などはほとんど礪波が行うようになった。宮崎を恐れず、率直な物言いをするところが気に入られたのであろうと、礪波は述懐していた。

宮崎の停年後の日常は、実に平穏で規則的なものであり、伝記を書く者にとっては書きにくくなる。国内旅行などにもほとんど出かけなかったようである。旅行に関して言えば、宮崎は、自身は「本来は物臭のほうで、決して旅行好きとは言えない。だから国内で、北は平泉、南は熊本を限度として、それから先へは足をのばしたことがない[30]」という状態であった。財団法人東洋文庫の委員会などに出席するために東京に行くことがあっても、宮崎は日帰りであったという[31]。

概説執筆——『清帝国の繁栄』と『中国の目覚め』

昭和四十二年に宮崎は、立て続けに『清帝国の繁栄』（六月）と『中国の目覚め』（八月）を出した。いずれも『隋の煬帝』と同じ人物往来社が企画した『東洋の歴史』全十三巻の一部であった。宮崎はこの二冊をドイツ帰国後から書き始め、四十二年の春には書き終えていたので、わずか八ヶ月程度で書き上げた。

『清帝国の繁栄』は、明末から乾隆帝の治世（一七三五年〜一七九五年）までを、『中国の目覚め』は清末から蔣介石による北伐が完成する一九二八年頃までを扱っている。宮崎は、「概説ならどの時代でも書いて見せる、といった失言がたたって、罰として今まであまり書いたことのない近代史の部分、『東洋の歴史』（人物往来社）第九巻（『清帝国の繁栄』）と第十一巻（『中国のめざめ』）とを書かねばならぬ破目に陥った[32]」としている。素人目には、研究論文を書くことを思えば、概説を書くことは一見、簡単そうに見えるかもしれない。しかし、実際にはなかなか難しいのである。宮崎が言うように、単に重要な事実だけを並べても面白い概説にはならないのであり、「概説には概説なりに、著者の主張[33]」がなければならないからである。言い換えれば、著者がその対象とする時代全般について独自の見識をもっていなければならないということなのである。狭いテーマについて掘り下げればなんとかなる研究論文とは大きく異なり、概説は長年の研鑽を積まなければ書けるものではない。かつて筆者が教わった古代ローマ史の浅香正は、自分の目標は自分なりの古代史概説を書くことであると語ったことがあった。当時、学部の三回生に過ぎなかった筆者には、なぜ概説を書くことが目標になるのかいまひとつピンとこず、自分自身が歴史の研究を始めて随分時間が経つまで、その意味が分からなかった。「概説ならどの時代でも書いて見せる」という宮崎の言葉は、自分は中国史の全時代に対して独自の見方をもっているという、なみなみならぬ自信の表明なのである。

清代は、宮崎が長年親しんできた時代であったが、近代史は「いちばん弱い」と自覚する時代であった[34]。宮崎は、そもそも中国の独自性に魅力を感じて研究をしており、その独自性が薄れる近代史は興味の対象から外れていたからである。もっともこれは半ば謙遜であり、宮崎が近代中国にも相当な興味を抱いていたことは、第四章で言及したように、わざわざ戦前に上海から新聞『中報』を取り寄せて購読していたことからも明らかであるが、とはいえ罰として書かされたと宮崎が言っているのは、やはり『中国のめざめ』のほうを指しているのであろう。

『清帝国の繁栄』については、中公文庫版の解説で礪波護が内藤湖南の『清朝史通論』と比較しつつ、宮崎の概説の独自性を巧みに解説している。礪波の指摘で興味深いのは、清朝で全盛を極めた考証学についての評価が内藤と宮崎では大きく異なっていた点である。内藤は考証学を非常に高く評価するが、宮崎は「考証学の限界」という見出しを付けて、考証学の成果が「読者の心底をゆり動かすようなものをも持たない[35]」、社会の現実から遊離したサロンの学問であったと厳しく批判するのである。また宮崎は、考証学が「書いてないことは信じない（無徴不信）」とする立場を取り、それ以上に考察を進めなかったことにも歴史を研究する者として大いに不満を抱いていた[36]。史料には書かれていないことで知りたいことを明らかにするのが歴史の研究であり、そのためには、仮説を立てて考察を進めるような一段の飛躍が必要[37]であるというのが宮崎の年来の主張であり、そして自ら実践して来たところであったからである。

『清帝国の繁栄』で筆者の印象に残っているのは、宮崎が乾隆帝を「有史はじまって以来、生きとし生けるすべての人類、何億兆とも知れぬ人間の中で、最も幸福な生活を送った人間だった[38]」と評していることである。十八世紀イギリスの歴史家エドワード・ギボンは、ローマ帝国の五賢帝時代（九六年～一八〇年）を人類が最も幸福であった時代と呼んだが、宮崎はこの言葉を意識していたに違いないと思うからである。

『中国のめざめ』は、宮崎にとっては自身が生きていた同時代の歴史であり、同時代史を書く以上は、「私は努めて私の皮膚で感じとった当時の雰囲気を後世に伝えたいと思う[39]」という意気込みを持っていた。

宮崎が「私の皮膚で感じとった当時の雰囲気」は、大きくは二つあったように思われる。一つは、この点については太平洋戦争原因論の所でも言及したが、植民地主義の時代にあって日本が「あらゆる方面で窒息しそうな、締めつけられた姿勢にあったこと[40]」である。「当時の世界は今日とは違って、いたる所が列強の植民地であって、局外者は指一本ふれることを許されない。移民を送ろうとすればことわられ、商品を売ろうとすれば締め出される。軍備がなければすぐに付けこまれる[41]」という状況に日本は置かれていたのである。もう一つは、白人優越主義である。宮崎は言う。「時計の針を五〇年ほど、逆まわりさせた二〇世紀初頭において、白人優越主義がいかなる程度であったかは、昭和生まれの若人には想像ができないであろう。もちろん、こういうことはすでにすんでしまったことであるから、改めて関心をよびさますのは本当は面白くないことなのである。しかし、当時の歴史は、困ったことに、それに触れないでは本当に理解できないのである[42]」。宮崎の考えでは、十九世紀と二十世紀を区別する特徴の「最大なもののひとつ」として、「有色人種の自覚」があり、この有色人種の自覚は二十世紀の初頭に日露戦争を通して日本人が呼び覚ましたものであった[43]。

また同時代史である分、宮崎には思うところが多くあったようであり、あの時、こうしておけば、こうはならなかった、あるいは少しは事態の成り行きが変わっていたのではないかという感慨が『中国のめざめ』ではしばしば吐露される。例えば一九一一年の辛亥革命は袁世凱と妥協することで中途半端なものとなったが、「いまから思えば、革命軍はその目標をひとつに絞って、攻撃すべきものは腐敗しきった北京政府にあるとし、袁世凱を含めて根こそぎ打倒すべきであった。そのためには、異民族居住地の属領などは一時的に手放してもよかったのではないか。外国から金を借りてもよかったのではないか。さすがに孫文などはそういう考えであったが、どうもその方が正しかったと思われる[44]」と述べる。特に宮崎は中国が清朝の領土にこだわったことが後々まで禍根を残したと考えていた。このような感慨はやはり日本に関わる部分で多い。この点も太平洋戦争の原因論との関わりで述べたが、『中国のめざめ』でも、当時のアメリカの執拗な日本敵視政策とこれと表裏の関係にあった中国への肩入れに対しては、宮崎は憤りを隠さない。日中関係が最終的に破局に至ったのも、「第三者たるアメリカからのけしかけがなかったならば、こうまではならずに済んだところであった。〔中略〕国民政府が倒れて中共政権が出現するに至ったのも、結局はアメリカの行きすぎた努力に負うところが多かったのだ。およそ一国の外交政策として、他の二国を離間して自国が良い子になって甘い汁を吸おうとするようなことは、たとえそれが義憤に出たつもりであっても、厳に慎しまねばならないことだ。〔中略〕さすがにアメリカのライシャワー元大使は、日本と中共とのあいだで貿易を盛大にしろ、という。もしアメリカが五〇年前からこういう方針でアジア外交を推進していたなら、世界の歴史はだいぶん変わっていたはずである」[45]。宮崎の考えでは、アメリカは中国には深入りしないのがいつの時代でも一番賢明なのである[46]。

文化大革命と中国の見方

一九六六（昭和四十一）年五月、中国では文化大革命が始まった。翌昭和四十二年三月、『中央公論』では、「東洋学から見た〝毛王朝〟」と題して座談会が開かれ、宮崎は貝塚茂樹、岩村忍、三田村泰助と座談会に参加し、文化大革命について「権力闘争の面はあるにしても、同時に日本の総選挙なんかにかわる人事更新の役割をもっているんじゃないでしょうか」、「要するに、毛沢東にとっては、中国がロシアみたいになっちゃ困るというのが、いちばんでしょうね。ロシアというところは、ちょっと旅行しただけでも、ひどく官僚主義的な国だと思いますから、毛さんが、ああいう国になっちゃ困ると思うのも、無理ないですね」、「儒教は、それぞれの位にしたがって、という段階的な考えを認める。墨子は、上に立つ人ほど、身を粉にして働かなきゃならんという。どうも毛沢東は墨子だと思いますね。中国で、孔子のあと、墨子が大いに勢力を張りましたけれど、結局それが衰えたのは儒教に負けたんです。その原因は「人情に近からず」つまり、権力を持ちながら貧乏生活をしておれといったって無理だという批評がありますが、それはあたっていると思いますね」、「どうも毛沢東の考えは、いま自分がやらなければ、永久に悪い官僚主義がはびこってしまうぞ、と考えているんじゃないですか」等、積極的に発言した[47]。

座談会での発言の趣旨は同じ年に書かれた「乾隆帝から毛沢東へ―続羨不足論」で、より整理された形で繰り返されたが[48]、要するに宮崎は、文化大革命を毛沢東による共産主義の立て直し運動、特に官僚制度の悪風の除去を目指したものと見ていたのである。宮崎の歴史観に照らして言い換えるならば、文化大革命は、文明主義化した共産党に対する素朴主義の注入ということになる。素朴主義に共感を寄せる宮崎は、当時、毛沢東に一定の理解を示していたと言えるだろう。宮崎の文化大革命観は、昭和四十四年八月に矢野仁一が「理由《わけ》のわからぬ中共の文化革命―私の六つの疑問」の論文を『月刊共産圏問題』に九十八歳で著し、文化大革命は劉少奇らに実権を奪われていた毛沢東が起こした権力闘争に他ならないと主張したことを受けて、軌道修正された。昭和四十六年の『中国政治論集』では、文化大革命の「最も主な目的の一つ」が「中国共産党の党の立て直し[49]」にあったとしつつも、革命は「劉少奇及びその一派に対する追い落としの運動[50]」であったと、二つの見方を併記するようになったのである。文革の悲惨な実態が明らかになってきたのは、昭和五十二年頃からであり、それ以前の段階では日本には文革礼賛派も多かったが[51]、宮崎は当時の「日本の言論界の軽薄な追従態度[52]」には、後々まで腹を立てていた。

一方、文革の始まった一九六〇年代には、中ソの対立が激化し、一九六九年には両国はウスリー川の珍宝島で武力衝突に至ったが、宮崎は中ソの対立の根本的な原因には、共産主義の路線対立などではなく、領土をめぐる問題があると見ていた。その領土と言うのは、外モンゴル（現モンゴル国）とタンヌウリヤンハイ地方（現トゥヴァ共和国）である。いずれの地域ももと清朝の版図に含まれていたため、中国は自国の領土と考えていたが、しかし、現実にはいずれの地方もソ連の援助で独立し、当時その衛星国となっていたからである。宮崎は、この見方に相当の自信があったようで、「中国の北方領土[53]」（昭和四十七年）、「最近の中国国際関係の見方[54]」（昭和四十七年）、「批林批孔の歴史的背景[55]」（昭和四十九年）、『中国史[56]』（昭和五十二年）などで、繰り返し主張した。

『大唐帝国』と景気史観

昭和四十三年十一月、宮崎、六十八歳。この年には河出書房から「世界の歴史」の一冊として『大唐帝国』が刊行された。この書物は、『大唐帝国』と題してあるにもかかわらず、全十一章のうち、唐に充てられているのは、「大唐帝国」と「唐王朝の変質」のわずか二章分のみであり、唐を代表する詩人杜甫の名前も出てこないという不思議な『大唐帝国』であった。実質的には、この書物は、三国時代から唐末五代までのおよそ七百四十年間の時代、すなわち京都学派のいう中国中世史の概説書であり、その副題「中国の中世」の方がよりよくその内容を表している。『大唐帝国』は、宮崎が初めて数量史観を歴史叙述の中に用いた点で注目に値する。数量史観は、後に景気史観と呼ばれるようになり、宮崎は自分の歴史観は景気史観であるとまで言い切るようになる。[57] 宮崎が景気史観なる考えを最初に本格的に公にしたのは、吉川幸次郎の『宋史概説』に対する書評においてであった。昭和三十八年のことである。

宮崎は書評の中で、「実はまだ正面切って公表するまでの準備が出来ていないのであるが」と断りながら、「大体の構想は述べることができる」とし、景気史観とは「中国史上には古くから、現今の世界に似たような景気変動が行われていて、それが社会のあらゆる方面に影響を与え、この角度から歴史を見たときに経済も文化も同時に視野の中に入って来るのではないかという着眼である」と述べる。[58] 宮崎の考えでは、中国では、前漢までは景気が上昇するが、後漢頃から不景気の時代に入る。ここで言われている不景気とは具体的には貨幣が手に入りにくくなることであり、そのため各人は貨幣を使わず、自給自足で生活しようとするようになる。これが自給自足を原則とする荘園制度を生み出す。庶民の地位は低下し、荘園で働く農奴となる者も数知れずあった。不景気の時代は、唐末五代まで続き、宋代からは再び好景気の時代に入る。好景気は労働の価値を高め、庶民の地位も向上し始めるのである。そして、宋代以後の景気の変動は、前時代に比して激しくなり、その周期は一王朝一時代になるという。肝心の書評としては、吉川の説く詩人の人生観が自らの景気史観にうまく合致していると評価する内容になっており、他人の本の書評の中で、自説の観測気球を上げてみたという前代未聞の書評となっていた。果たして吉川がどう読んだか、知りたいところであるが、その感想は残されていない。

景気史観の発想を宮崎が吉川書評以前に抱いていたことは、昭和三十二年の「世界史における中国と日本」において、「この交通による貨幣の移動、それによってその社会の文化、政治、経済等の現象がどうも説明されそうである。それについてはある程度の結論が出ておりますが、この様な考え方で私は世界史の謎を解こうと思って居ります[59]」と発言していることから知られる。また佐伯富は、宮崎が在職中に「貴金属の移動をトレースすれば、世界歴史の変遷の概略を知ることができる」と語っていたことを伝えるが[60]、この発言の年代もおそらく昭和三十八年以前、それもかなり遡るのであろう。礪波護は、景気史観の着想は還暦前後の欧米での生活の結果として生み出されたとしているが[61]、どうもそれ以前から宮崎の頭の中には景気史観があったようである。

昭和三十九年には宮崎は「六朝隋唐の社会」を著し、景気史観に基づきながら、この時代を「不景気の時代」、「人権無視の時代」、「政情不安の時代」と特徴づけ、粗描した[62]。この「六朝隋唐の社会」を肉付けし、歴史叙述の域にまで高めたものが、『大唐帝国』であったのである。

『大唐帝国』で宮崎は、中国の中世を「大きな谷間の時代[63]」と評した。この見方は、唯物史観への反論ともなっている。唯物史観では、歴史は時代が進むにつれて右肩上がりに改善されていくが、宮崎の考えでは、中世は、古代から続いてきた社会の上昇傾向が一旦下降し、どん底に至った時代であったのであり、近世への「捨て石[64]」となった時代であった。したがって、宮崎の中世観は、中世を否定すべき時代と見た唯物史観以前の歴史観への逆戻りという側面ももっている。宮崎はあえて伝統的な歴史観への共感を「近世初頭の人びとが、中世からぬけ出したという自覚と、その歓喜

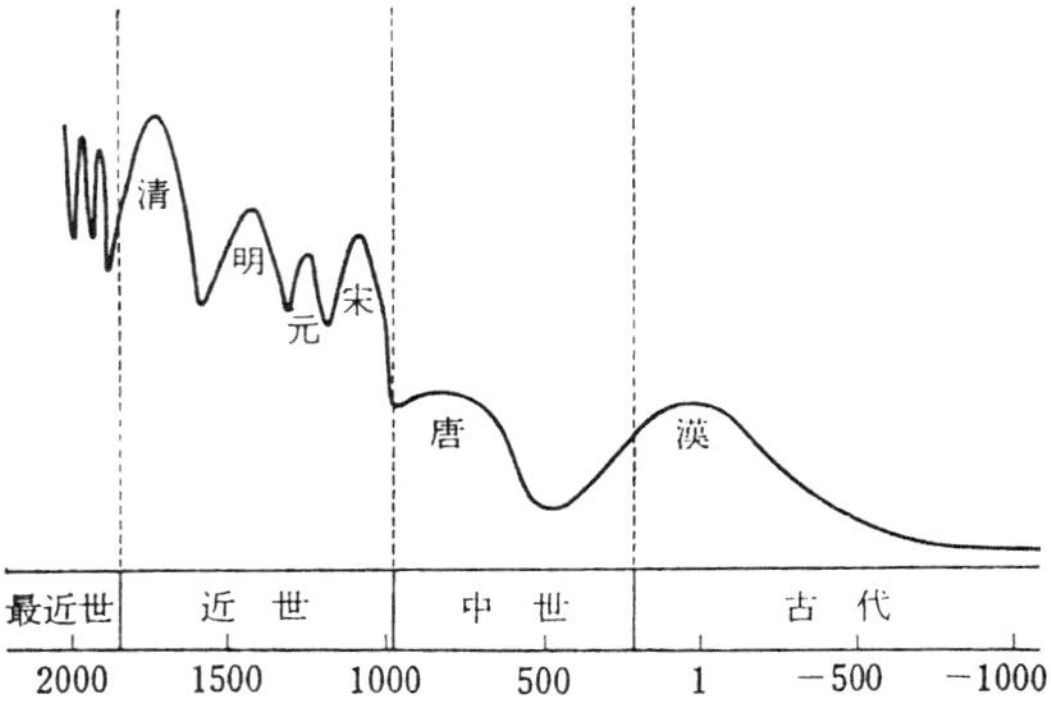

図16　中国史上景気循環概念図（『大唐帝国』より）

とに同情したいと思う[65]」と述べて示している。なお、『大唐帝国』の最後には、「中国史上景気循環概念図」が付され、中国史の動向が一目で分かるように工夫されている（図16）。この概念図には、歴史をできるだけ単純化して明快に把握しようとする、「世界史の体系」で試みられたものと同様の姿勢を見てとることができる。

『大唐帝国』では、中国の中世と西洋の中世との比較も随所でなされている。宮崎は東晋と東ローマ帝国を比較し、ともに異民族のために従来の本拠を占領され、東南に半分残った地に割拠して、しかも正統政府を名乗ったとして類似点を指摘し、さらに後学の者に対して「東晋朝廷の貴族制度と、東ローマの官僚制度の比較のごときは、今後追究さるべき好箇の研究題目であろう[66]」とする。このような比較は、『大唐帝国』では、西洋の中世がモデルとして念頭に置かれながら、中国にも西洋と類似の現象が認められるという形で指摘されていたが、『自跋集』の段階になると、逆に、自身の景気史観を西洋史にも応用して歴史を考えるべきではないかと主張するようになる。「最後に一言したいのは、我々の東洋史における中世史存在の理由付けが、今度は逆に西洋史における中世史の理由付けにもそのまま転用できるのではないか、ということである。西洋史の中世は決して唯物史観に言う如く、古代の奴隷制度を揚棄した、それだけ明るくなった社会ではなく、古代の好景気が一転して不景気に陥ったという、やはり落ちこみの時代ではなかったかと思う[67]」と書き、自説に対してますます自信を深めていたのである。

『大唐帝国』に付された月報の「編集部だより」には、次のような一文が載せられている。景気史観とは別に、宮崎の歴史観を知る上で興味深いのでそのまま引用しておこう。「私がこれでもかというくらいくどく権力争いを書いているのに気づかれたでしょうか。唐の詩はこの書に入る余地はありませんでした。これはオーソドックスな書き方なのですが、あえてこうしたのです。私は、歴史をはじめて読む人に、まず権力闘争というところから入ってほしいと願っているからです」。ここで宮崎は、詩人を史書に載せないのが史書の「オーソドックスな書き方」としているが、この考えは顧炎武の『日知録』に見られるようである[68]。

宮崎の趣味

『大唐帝国』の著者紹介には、宮崎の趣味について「これといった趣味はないが自分の気に入った石や書、骨とうの類を集めるのを楽しみとしている」とある。宮崎の石集めが子供の頃からの趣味であったことはこれまで述べてきたとおりであるので、ここでは繰り返さない。書について宮崎は昭和四十七年に「とうとう書というものを習うひまがなくて過してしまった[69]」としており、本格的に誰かに習うことはなかったようであるが、『九品官人法の研究』や『アジア史研究』の題字に自ら筆を執るなど、書にそれなりの自信があったことは確かであろう（図17）。昭和四十九年には自

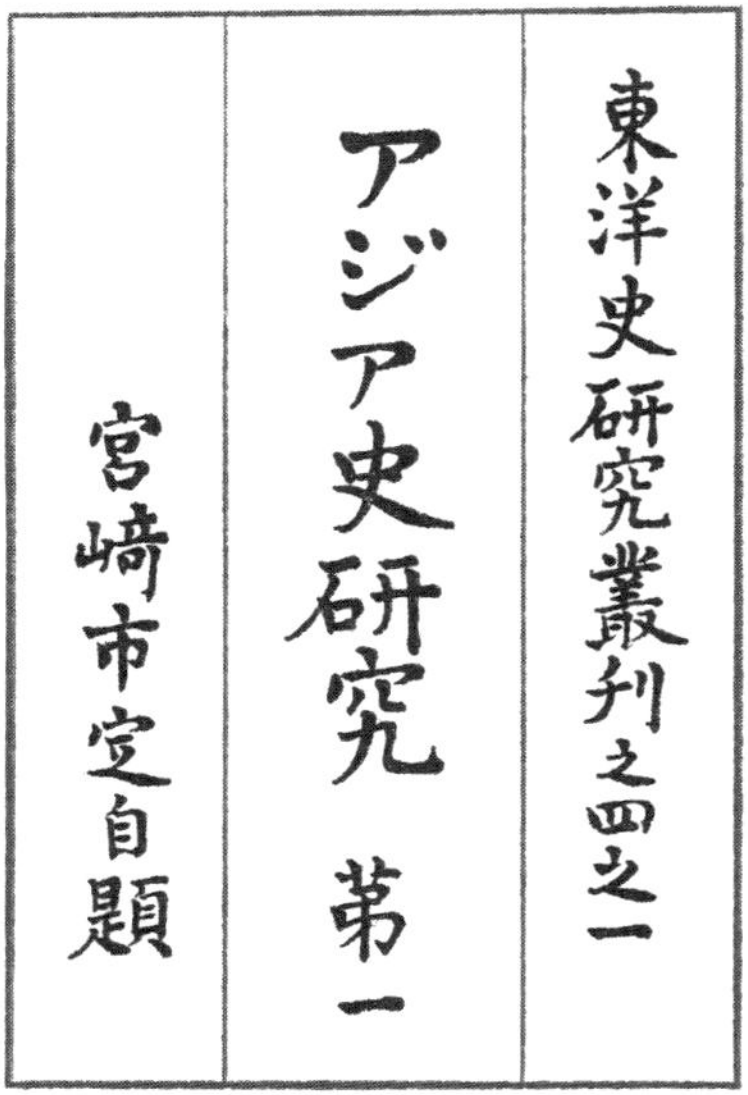

図17　宮崎自身が筆を執った題字

宅の応接室には、梁川星巌《やながわせいがん》の妻紅蘭《こうらん》の書を掛けていた(70)。「骨とうの類」に宮崎が興味を持つようになったのは、旧制高校の教員の時代からで、年齢にして二十代の後半からである。宮崎が第一に好んだのは、青木木米《もくべい》であった。木米は、文化文政期（一八〇四年～一八三〇年）に京都で活躍した陶工であり、画も良くした。宮崎は、昭和十二年頃には既に「木米に凝っていた」ようであり(71)、昭和十八年の『日出づる国と日暮るる処』所収の「江戸時代に於ける支那趣味」で、当時四十三歳の宮崎は木米について語っている。同書の口絵には木米の「仙人掌山山水図」が載せられている。宮崎は木米の画の皴法（「山や岩の地肌を現す線の書き方」(72)）を非常に高く評価し、「複雑なこと、独創的なこと、時には奇想天外であることにおいて、正に天下一品、古今を超絶するといわなくてはならない」[73]としていた。また木米の陶硯も「その形の奇抜なのに心を惹かれ」[74]、コレクションしていた。

木米の外には、木米に私淑しよく似た作品を残した陶工村田永翁、本名熊次郎の作品を宮崎は好んだ。絵画でも、木米と同じ南画系の池大雅、蕪村が好みであった。[75]宮崎は、日本画だけではなく、西洋画にも関心があり、画集などは良く買い込んでいた。

建物では、薬師寺東塔が宮崎のお気に入りであり、「日本中で一番美しく、私の一番好きな」[76]建物としていた。薬師寺東塔は、八世紀前半のものとされているが、宮崎は実は十世紀以後に建てられたものではないかと疑っていた。宮崎は薬師寺東塔に唐ではなく、宋の文化の影響を認め、その宋風な所が趣味に合ったのである。宮崎は言う。「その風姿のスマートさ、その壁面の明るさ、空気の流通の良さなどから、どう見てもその気分は唐ではなくて宋である。これに最も近い類似を求めるなら、それは法隆寺ではなくて、鳳凰堂である」[77]。しかし、平成二十八年に奈良文化財研究所が建材の年輪年代測定を行ったところ、やはり八世紀前半との結果が出た。[78]残念ながら、宮崎の見立て違いであったようである。

宮崎の見立て違いをもう一つ紹介しておこう。一九七二年の一月から四月にかけて、中国湖南省長沙市で馬王堆漢代一号墳墓が発掘された。豊富な副葬品と共に埋葬されていた被葬者は女性で、その遺骸は腐敗せず、生けるがごとき姿で残っていた。被葬者の女性については、長沙王の丞相を務め、後に軑侯に封じられた黎朱蒼の夫人とみる説が有力視されていたが、宮崎は同年九月『週刊朝日』に「軑侯夫人説に疑義あり」の一文を早速寄せ、「しかし私の漠然とした感じでは、恐らくそうではあるまいと考える」と述べた[79]。理由は、副葬品があまりに豪華であるので、国王級と考えられること、また軑侯は長沙王との関係は深かったが、自身の領地をもっているので、封建制の建前から言っても、他領である長沙王の領内に墓は営まないはずである、というものであった。考古学の樋口隆康は宮崎の説を「あながち無視できない[80]」とした。しかし、発掘調査が進んだ結果、やはり被葬者の女性は軑侯夫人であることが判明した。宮崎の論文「漢代長沙王国年表」はこの時の産物である。宮崎はこの論文で、自らの見立て違いを認めたが、黎朱蒼の墓であった二号墓の副葬品が貧弱であることを根拠に、二号墓は実は空塚で、本当の墓は軑侯領内に造られたのではいかと推測を示した[81]。

宮崎は、映画や寄席にも通うことがあったようであり、目撃証言も残っている[82]。

酒とたばこについては、梅原郁が、「決してお弱くはなかったが、お酒はある時期から殆ど召し上がらず、たばこも文学部長時代、学生との団交の暇つぶし以外には吸われなかったし、紅灯の巷にお伴したことなど一度もなかった」との回想を残している[83]。しかし、たばこについては、宮崎の遺品に煙管《きせる》があったことから考えてもう少し吸っていたのであろう[84]。

趣味とは言えないが、宮崎の意外な一面として『婦人公論』や『マリクレール』まで読み、娘の洋服も宮崎が見立てていた。パリのパサージュを特集した『マリクレール』の一九九三年一〇月号は宮崎の推薦本であった[85]。ネクタイは妻の手製であった[86]。

昭和四十四年八月、六十九歳の宮崎はイタリア北部のコモ湖畔で開かれたアメリカ社会科学研究協会主催の「中国法制史学会」に参加した。仁井田陞との論争に関連してその名を挙げた滋賀秀三が宮崎に参加するよう声をかけたのであった。ただし、滋賀自身は欠席した。宮崎の出国は八月六日。会場はベラジオのセルベローニ山荘（Villa Serbelloni in Bellagio）であった。山荘は、この辺りを支配していた領主の居城で、当時はロックフェラー財団の所有にあり、学会用などに供されていた。翌年、吉川幸次郎もこの山荘を十七世紀思想研究会のために訪れているが、吉川によれば、この別荘はスタンダールの『パルムの僧院』の冒頭の舞台として描かれているという[87]。宮崎は、領主の居室であったという二十畳ぐらいの立派な部屋を提供され、「八日間、中世の王侯の生活を味わうことが出来た[88]」。

学会の参加者は十六名で、毎朝九時半から夜七時まで[89]、昼食と昼寝、お茶の時間を除いて、強行軍で参加者各人の報告と議論が行われた。宮崎の報告題目は、「The Administration of Justice during the Sung Dynasty（宋代における法制と裁判機構）」であった。これは昭和二十九年に発表された「宋元時代の法制と裁判機構—元典章成立の時代的・社会的背景」を宋代の部分を中心に書き改めたものであった。ちなみに、「宋元時代の法制と裁判機構」は全集版で百二十一頁に及び、宮崎の論文の中で最大長編となっている。

学会の成果は、『*Essays on China's Legal Tradition*（『中国法制史論考』）』として一九八〇年にプリンストン大学出版会から出版された[90]。学会の中心人物であったハーバード大学のコーエン教授（J.A.Cohen）は、宮崎の法律用語の使い方が「滅茶滅茶で意味の通ぜぬ所があるから、一緒に研究しようではないかと、二晩かかって」[91]、英語を直してくれた。宮崎の帰国は、八月三十一日。

なお、この昭和四十四年の初めには、昭和四十年四月二十二日以来続けられてきた停年後の宮崎を囲む有志の講読会である清明会が、中止となった。清明会は、毎週木曜日の六時から九時まで楽友会館で開かれていた。清明会の名は、講読のテキストとなった宋代の判語集『清明集』にちなんで宮崎自身が名づけたものであった。会が中止に至ったのは、大学紛争が激化する中で、「現職の先生方が苦労されている時に、退官した者がこのような集まりを持つのは好ましくない」との宮崎の意向であった[92]。京大では、昭和四十四年一月十六日には全寮闘争委員会が学生部をバリケードで封鎖し、文学部も三月十三日には全共闘系の組織によって封鎖され、文学部の封鎖状態は翌年の九月二十一日に機動隊が導入されるまで続いたのである[93]。宮崎は、最後の会の後、帰途に同道した梅原郁に「海が荒れて船がもて遊ばれているような時には、立ったり座ったり、何かしようとするのは愚かで、ただじっとして動かぬことが一番肝要だ」と言ったそうである。

粕谷一希は、宮崎が出征しながらも無事に帰還し、またフランス留学という貴重な経験を戦前にもてたことを理由に、宮崎を「強運の人」と呼んだが、この時期の大学紛争以前に退官していたことも宮崎の強運の一つと言えるだろう。

『政治論集』

昭和四十六年、宮崎七十一歳。この年の二月に朝日新聞社の中国文明選の一冊として『政治論集』が刊行された。

監修者の一人吉川幸次郎の慫慂によって筆は執られた。後に中公文庫に入れられた時に添えられた副題「王安石より毛沢東まで」が示すように、『政治論集』では、宋代から中華人民共和国までの政治家十六人の書いた「それぞれの時代時代において、最もよくその時勢を表わすような時期的産物」(94)が、宮崎の解説とともに翻訳されている。

中国の政治論の核心となるのは、官僚の教育問題である。「政治の問題は官僚問題であり、官僚問題は官僚素質の問題であり、官僚素質の問題は教育問題である」(95)からである。そしてこの点を見抜いていた王安石、雍正帝、そしてやや劣るとしつつも毛沢東を宮崎は高く評価した。王安石と雍正帝が宮崎の中国史上最も高く評価する政治家であることについては既に言及した通りであり、違和感は全くないが、これに対して毛沢東が彼らに次ぐ位置を与えられているのは意外である。先に、筆者は、宮崎が文化大革命時の毛沢東に「一定の理解を示していた」と控えめに書いたが、少なくとも『政治論集』が書かれた段階では宮崎は政治家としての毛沢東にそれどころではない高い評価を与えていたのである。

『政治論集』で扱われる時代が宋代以後に限定されているのは、日本人の漢文の読書が『唐宋八家文』辺りで止まっていて、それ以後についてはあまり知られていないので、この傾向を是正したいという意図があった。礪波護は、宮崎には、現代の中国を知るためには宋代以後を知っていれば十分という歴史観があったと指摘している(96)。

取り上げられた十六名は、二名ごとの「対」にされており、同時代に生きながら対照的な考えを示す者や、あるいは補足しあうような関係にあった者の文章を選ぶことで、より立体的に当該時代の政治思想を知ることが出来るように配慮されている。例えば、新法党の王安石の文章に対しては、対立した旧法党の司馬光の文章を対置し、雍正帝の文章に対しては、『雍正帝』で「総督三羽烏」の一人とされ、雍正帝の信任篤かった李衛の文章を置くのである。さらに宮崎は、配列に関して言えば、あえて時代的には最も新しい毛沢東と林彪の文章を先頭に配し、順次時代を遡り、王安石と司馬光を最後に持ってきている。このような倒叙方式が採られたのは、『唐宋八家文』に含まれる王安石を先頭に持ってくれれば、「またかという感じを持たれぬとも限らぬ。ところが本を読む時にこのような感じほど害のあるものはない。本を読むときにはいつも新鮮な、いきいきとした感覚で読んで貰わねば困る」[97]と考えた結果であった。

これほど周到に工夫を凝らしつつも宮崎は、「あとがき」を、「現在の社会はあまりに政治に毒された若者が多い。政治に毒されるのは少数の特定者に止めておいて貰いたい。政治に毒せられるよりは、まだしも政治に関心を持たぬ方がましである。〔中略〕私は現今の若人に対し、政治から一歩離れて関心を持つことを望みたい。そのためには『政治論集』などは一冊も売れなくても構わない」[98]と結んだ。大学紛争の余熱冷めやらない時代であった。原稿を受け取った編集者の山田新之輔は、一冊も売れなくても構わないと宮崎が書いたのには驚いたが、宮崎らしいと思いなおして、そのまま印刷に回したという[99]。確かに、いかにも宮崎らしい「あとがき」である。

最後のヨーロッパ行

同年八月、宮崎は西ドイツのフェルダーフィングで八月二十九日から九月二日にかけて開かれた宋代史研究会（Sung II Conference）に出席した。フェルダーフィングは、ドイツ南部の町ミュンヘン近郊にあるアルプス山麓の避暑地である。やはり参加者は十五名ほどの小さな学会であった。中心となったのは、シカゴ大学のクラッキ教授（Edward A. Kracke Jr.）。日本からは宮崎の外に、青山定雄、斯波義信が参加していた。ホスト役のミュンヘン大学のヘルベルト・フランケ（Herbert Franke）は、宮崎の古希を祝して乾杯の音頭を取った。[100] 宮崎の報告題目は「Social and Legal Status of the Tenantfarmer during the Sung（宋代における佃戸の社会的法制的地位）」。帰国は、九月十三日なので、宮崎はさらに十日ほどヨーロッパに滞在したようであるが、どこに行ったのかは分からない。おそらくパリにも寄ったのであろうが、これが宮崎がヨーロッパの地を踏んだ最後の機会となった。

勲二等旭日重光章を受ける

同年十一月三日、宮崎は「国家又は公共に対して功労ある者」で「特に著しい功労ある者」として、勲二等旭日重光章を受けた。勲二等旭日重光章は、勲二等の勲章の中で最も高いランクに位置付けられる勲章である。通常の大学教授は、勲三等瑞宝章を授与されるが、宮崎の受けた勲章は、これよりも五等級ランクが上であった。勲二等の勲章は、宮中の松風の間において、内閣総理大臣から受章者に伝達され、その後豊明殿において天皇に拝謁することになっているが、宮崎は病気のため、伝達式に欠席した。

宮崎の叙勲は、実はこれで三度目であり、昭和九年には上海事変への出征の功労により、勲六等瑞宝章を、その後、昭和十九年には勲四等瑞宝章を受けていた。

宮崎の随筆集

「雑文を物するは史家の為すべき仕事にあらず」[101]、あるいは「雑文を書き、発表するのは学者にとっては余技であり、寧ろ邪道でさえある」[102]と考える宮崎であったが、本来文章を書くことが好きであったためであろう、宮崎は随筆の類は折に触れて書いており、特に停年後は書く機会が増えた。そして、第一集となる随筆集『中国に学ぶ』が昭和四十六年十二月に朝日新聞社から刊行された。最終的に宮崎の随筆集は、その逝去の年に刊行された『遊心譜』（平成七年、岩波書店）に至るまで、『木米と永翁』（昭和五十年、朝日新聞社刊）、『東風西雅』（昭和五十三年、岩波書店）、『独歩吟』（昭和六十一年、岩波書店）と、全て併せて五集刊行されたのである。

停年後の宮崎にその随筆発表の場を提供した媒体には、『京都新聞』、『読売新聞』、『朝日新聞』といった新聞や『中央公論』、『思想』などの雑誌があったが、最も掲載回数が多かったのは『洛味』であった。宮崎の随筆は、大きくは時事評論と身辺雑記から成るが、後者の随筆らしい随筆は、その多くがこの『洛味』に載せられたのである。宮崎は、昭和二十二年にこの雑誌に初めて執筆して以来、実に五十四回、うち停年後は四十回を数えた。『洛味』は、宮崎小次郎を編輯人として京都の洛味社が昭和十年から発行していた月刊誌で、縦十八センチ、横十二・五センチほどの小冊子である。

宋江は二人いた――『水滸伝』の研究

昭和四十七年八月、七十二歳の宮崎は中公新書から『水滸伝―虚構の中の史実』を刊行した。『水滸伝』は、宮崎には馴染みの本であった。父の蔵書には高井蘭山訳、北斎の挿絵入りの『水滸伝』があり、中学三年の頃から読み耽っていたからである。[103] 大学で東洋史を専攻するようになったのも『水滸伝』の読書が無意識に影響していたかもしれないというほどであるが、しかし宮崎が本格的に『水滸伝』に取り組んだのはずいぶん経ってからのことで、それは昭和十六年のことである。この年、宮崎は「水滸伝に現れたる支那の近世社会状態」と題する特殊講義を行った。[104] 特殊講義の内容は、直ぐに論文として発表するのが宮崎の常であったが、『水滸伝』についてはそうはならず、宮崎が『水滸伝』に関する論文を初めて書くのは、昭和二十八年になってからであった。「水滸伝的傷痕―現行本成立過程の分析」[105]がそれであり、その後、宮崎は昭和四十二年に「宋江は二人いたか」[106]を著した。昭和四十七年には宮崎は、中央公論社の『歴史と人物』に依頼され「水滸伝の人物」を八回にわたって連載し、これを加筆修正したのが中公新書『水滸伝』であった。もとが「水滸伝の人物」であったため、中公新書の『水滸伝』は、登場人物に焦点が当てられ、全九章、「徽宗と李師師」に始まり、各章一人ないし二人の人物を紀伝体風に書いたものとなっている。

宮崎の『水滸伝』は、宮崎のこれまでの『水滸伝』研究が平易に語りなおされているだけでなく、『水滸伝』の舞台となっている宋代の社会や制度を、宋代史研究者としての蘊蓄を傾けて解説してあり、『水滸伝』そのものをより深く理解するための好伴侶となっているが、しかし宮崎自身は、この『水滸伝』出版の主たる目的は、論文「宋江は二人いたか」の内容が語られている第二章「二人の宋江」を広く世間の人に知ってもらうことにあったとしている。[107]

宋江は『水滸伝』の主人公で、梁山泊に集まった百八人のアウトローの豪傑の頭《かしら》である。『水滸伝』は大きく、宋江らの豪傑が梁山泊に集まってくるまでの第一段階の話とその後、彼らが宋の朝廷に帰順し、宋朝のために方臘の乱などの反乱討伐に向かう第二段階の話に分かれている。史実としてもこの『水滸伝』の話を裏付けるかのように、盗賊の宋江と将軍の宋江が現れるため、両者を同一人物と見るのが主流であったが、宮崎は「宋江は二人いたか」で、盗賊の宋江と将軍の宋江は別人であり、宋江は実際には二人存在したと主張したのである。宮崎の説に対しては、平成五年に高島俊男が「宋江実録」を書き、宮崎の史料解釈について逐一批判を加え、「要するに宮崎説は、従来出たあらゆる論の中で最も史料検討の不備なものである」と酷評した。高島自身は、将軍の宋江は、宋江を主人公とする物語が広まった後でその名が史料に書き加えられたもので、実在の人物ではないとし、一方、盗賊の宋江の実在は認めるが、しかし諸史料に現れる盗賊宋江は必ずしも同一人物であるとは限らず、名の知れた盗賊宋江の名をかたった盗賊が複数いたに違いないと主張したのである。[108]

中公新書『水滸伝』の「あとがき」で、宮崎は「私が水滸伝について言いたいこと、言わねばならぬことは本書の中でほぼ尽している。私は本書の出版によって、これまで何か私を圧えつけていた義務感のようなものの重荷から解放された気持がしてほっと一息している所である」[109]と述べた。

『論語の新研究』

昭和四十九年、宮崎、七十四歳。六月に『論語の新研究』が岩波書店から刊行された。

宮崎と『論語』との付き合いは、『水滸伝』と同じく中学の頃に遡るが、この点も『水滸伝』の場合と同様、現役時代には『論語』に関係する論文は多くはない。わずかに「東洋史上に於ける孔子の位置」(110)（昭和十三年）と津田左右吉の『論語と孔子の思想』の書評(111)（昭和二十二年）があるだけである。前者は、昭和九年頃に東洋史談話会で語った内容を論文にしたもの。後者の書評では、宮崎は津田の研究を非常に厳しく批判し、「何よりも大切なことは出来るだけ論語は論語で読むことである」と言い、自らが採る論語研究の方向性を早くに示している。

しかし宮崎が『論語』に本格的に取り組み始めたのは、停年を間近に控えたころで、在職最後の年の学部生向けの演習で『論語』が取り上げられた。この演習の様子は、ハロラン芙美子が次のように書き残している(112)。

「初冬の寒い日、石造りの教室で待っていると、廊下の暖房ラジエーターのかすかな音にまじって、遠くから先生の靴音がこつこつひびいてくるのをみんなが息をつめて聞いていた。次々と指名される学生の答えが満足のいくものであれば、先生は「え」と一言、おっしゃる。そうでなければ、その「え」がいつまでもでてこない。その沈黙は永遠かと思われるほど長かった。

先日、東京に帰り、久振りに大学時代の同級生と集まった時、先生の論語のクラスの思い出話が出た。

その一人によれば、予習してきた成果を述べると、先生は「それは○○という学者の解釈です」、「あ、それは○○教授の説です」と片端から見破られ、「君はどういう意味だと思いますか」と問われ、いつも苦しんだそうだ」。

宮崎の最終講義が「孔子と論語の立場」で、停年後、教えに行った先のドイツでも『論語』をテキストとしていたことは、先に見た通りである。

宮崎は、昭和四十三年には『季刊東亜』に「学而時習之」[113]を掲載した。ただしこれは短いもので、さらにその翌昭和四十四年七月から九月にかけて、宮崎は本格的な「『論語』の新しい読み方」[114]を『図書』に連載した。四月に岩波書店の市民講座で行われた講義を活字化したものである。「『論語』の新しい読み方」は、早速に反響をもたらし、谷沢永一は「昨年発表された学者の多彩な仕事のなかでも、人文学系統の読者をひとしく感服させたのは、宮崎市定の「論語の新しい読み方」であろう。[115]『図書』の七月号から九月号へ三回連載したもので、一月の文芸時評に石川淳がわざわざ取り上げたほどの、論語研究の歴史を一変させるにたる、斬新で説得力に満ちた傑作だ。一冊にまとめての公刊が待たれる[116]」と絶賛した。

宮崎の『論語』の研究は、停年の頃から集中的になされたように見えるが、しかし折にふれてその問題を考えていたようである。ただ「カッカッとして、集中的に」やらなかった[117]だけのことであった。宮崎は、漢文の難しい部分を根を詰めて考えていると、「頭が悪くなる」ので、それを避けていたのであり、「かなり学問が見渡せるようになってきてから、もう一度立ち返って、その部分を一生懸命に読んでみると、何とかわかるようになった」という[118]。そうして、いわば趣味的にやってきた成果が『論語の新研究』に結実したのである。宮崎は言う。「よく、京都大学の学問のやり方は趣味的でいかん、と批判されますが、私は逆に、趣味的にやるのが本当の学問だと思っている。それを実証したのが、私の『論語の新研究』ではなかったでしょうか。私が同書を発表したもうひとつの狙いは、現在の学問のやり方に対する批判でもあったわけですが、こう言うと、やはり、『論語』の教えから外れすぎる、と笑われそうです」[119]。

『論語』は儒教の神聖な根本経典であり、また科挙のテキストとされたため、その本文はみだりに変えるべきものではないとされ、本文の字句そのものに誤りがあるように思われる場合でも、本文の字句を変えずに、無理な解釈をしようとしてきた。たとえ、本文の字句に誤りがなくとも、孔子やその弟子を儒教の聖人として尊崇しようとして、不自然な読み方がされてきた部分もあった。宮崎が『論語の新研究』で目指したのは、このような伝統に束縛された読み方から離れて、全く自由な立場で、すなわち意味の通らない本文の字句は遠慮なく改め、不自然な解釈にははっきり異を唱えることで、現代人が一読して意味がすっと分かるような『論語』の読みを提示することにあった。この作業は、宮崎にとって「甚だ楽しい作業」で、「一条の解を得るごとに、誇張して言えば、手の舞い足の踏むところを知らず、という喜びを味わうことができた」としている[120]。

学而第一の七には、「子夏曰。賢賢易色。事父母能竭其力。事君能致其身。与朋友交。言而有信。雖曰未学。吾必謂之学矣」とある。この文章は、「子夏く、賢を賢として色に易よ。父母に事えては能く其の力を竭し、君に事えては能く其の身を致し、朋友と交わり、言いて信あらば、未だ学ばずと曰うと雖も、吾は必ず之を学びたりと謂わん」と読み下され、岩波文庫の金谷治の訳では「子夏がいった、「すぐれた人をすぐれた人として〔それを慕うことは〕美人を好むようにし、父母に仕えてはよくその力をつくし、君に仕えてはよくその身をささげ、友だちとの交際では話したことばに誠実である、〔そうした人物なら、だれかが〕まだ学問はしていないといったところで、わたしはきっと学問したと評価するだろう」となっている。しかし、宮崎は「賢賢易色」の部分は、以下に続く文章と文体が違うことを指摘し、「何か詩経のようなものからの引用」と推定し、さらに「易」の意味を爬虫類の「とかげ」と解釈する。そして、この一文は全体として、「賢賢易色」という詩句を敷衍、説明したものとするのである。[121] 宮崎の訳では、「易《とかげ》の色は賢々として周囲に応じて変るもの、という古語がある。これは人間が、父母に仕える時には（孝子となって）其の力のある限りを尽くし、君に仕える時には（忠臣となって）其の身命すらも捧げ、朋友と交わる時には（親友となって）言ったことには責任をもつことの譬えである。このような人は、もし学問をしたことがないと世間から見なされていても、私ならば、そういう実践こそが学問で、この古語の意味を真にわきまえた人だと断言して憚らない[122]」となるのである。なお金谷は、「易」は「如《ごとし》」と同義、「色」は「美人」の意味に取り、かつ地の文と理解していた。

論語には君子という言葉がしばしば出てくるが、宮崎は君子には四種類の意味があるとする。宮崎のオリジナリティがあるのは、君子の意味に二人称の意味があったとすることである。[123] 子罕第九の二一八には、「子欲居九夷。或曰陋如之何。子曰。君子居之。何陋之有」とある。この文の読み下しは、「子、九夷に居らんと欲す。或るひと曰く、陋なる、これを如何せん。子曰く、君子これに居らば、何の陋なることかこれあらん」である。金谷の訳では「先生が〔自分の道が中国で行われていないので、いっそ〕東方未開の地に住まおうかとされた。ある人が「むさくるしいが、どうでしょう。」というと、先生はいわれた、「君子がそこに住めば、何のむさくるしいことがあるものか」となっており、金谷は「君子」を有徳者の意味でとっている。とするならば、孔子は自分のことを「君子＝有徳者」としていることになり、「どう考えても不自然である[124]」ので、宮崎はこの君子を二人称に理解し、「孔子があるとき、東方の夷狄の国へ移って住みたいと言いだした。或る人曰く、むさくるしいのをどうしますか。子曰く、諸君がいっしょに居てくれたら、何のむさくるしいことがあろうか[125]」と訳するのである。

宮崎が自ら「会心の訓み[126]」とした箇所を紹介する。雍也第六の一二四には、「子曰。回也。其心三月不違仁。其余。則日月至焉而已矣」とある。この文章は、「子曰く、回や其の心、三月仁に違わず、其餘は則ち日に月に至りしのみ」と読み下される。金谷は「先生がいわれた、「回は三月も心を仁の徳から離さない。そのほかの者では一日か一月のあいだにゆきつけるだけのことだ」」と訳するが、宮崎は「其心」となっている部分は、実はもともと「惎」という一字が誤って二字にされたものと考える[127]。「惎」は、「教」と同じ意味の漢字である。そして、宮崎は、問題の一文を「子曰く、顔回は教えはじめてから三月すると、もう仁の徳に違う行為がないようになった。その他の徳は、一日、一月で卒業してしまった[128]」と訳すのである。

谷沢は、このような宮崎の論語を「初めて現代人の心臓の鼓動に合う、現代語訳の論語[129]」と評した。しかし、学界の反応は冷淡であった。正統な儒者をもって任じる吉川幸次郎が宮崎の論語解釈に批判的であったことは、前章で紹介した藤縄謙三宛の手紙で明らかであるし、宮崎自身も吉川が「ごく側近者には不満を漏らされたことを聞知していた[130]」。

学習院大学の小倉芳彦は、宮崎論語にはっきりと違和感を呈している[131]。小倉は、「本書を通読すると、従来の訓詁・註訳に辟易していた読者は、『論語』とはこんなにわかりやすい書物だったのか、と目を開き直す感がおこるだろう」、「孔子と彼を囲む弟子たちを、権威ある教師とそれに恭々しく仕える弟子たちといった窮屈な人間関係の中におしこめていない。気さくな日常会話の風を損しないような現代語訳が試みられている。爽涼の感がある」としながらも、「しかしその反面、こんなに『論語』がわかりやすく、平明になってしまってよいものか、という思いが浮かんで来るのも否定できない。宮崎さんによって取り出された孔門人物像は、あたかも蒸留水のように澄明である。だが、白川静氏の『孔子伝』（中央公論社）の世界に暗示されたか、それとも単なるたんなる旧套への未練のためかしらぬが、『論語』には――のみならず古典といわれるものには――もっとドロドロした、論理や文字面では処理しきれぬ情念が渦巻いているように私には思われる」と述べている。

自らを「白川説の末席に連なっている」とする加地伸行は、宮崎の論語研究について、厳しく批判している。「同書（『論語の新研究』）は、あれこれと注解しているけれども、それでは宮崎儒教とは何ですか、宮崎孔子とは何ですか、そう問うたとき、体系的にして独自のものは無いのである。これでは凡百の漢学者の注釈とあまり変わりないことになる。個々の部分的注解におけるすぐれた独創的なものは、古今東西、山ほどある。しかし、それらを寄せ集めたところで、一貫した体系的儒教理解とはならないし、生きた孔子像が生まれるべくもない。宮崎『論語』は、自分の〈独創的〉解釈を個々に述べているだけであり、その〈独創的〉解釈なるものもその大部分は他者の学問的賛同や批判を経たものではない。そこに宮崎『論語』一人芝居の悲劇がある。同書は、一部の素人筋が愛好しているとしても、学界においては、ほとんど問題にされないのである」[132]。平成二十八年には井波律子の『完訳論語』が岩波書店から出たが、やはり宮崎の訳についての言及はなく、『論語の新研究』は参考文献としても挙げられていない。

『アジア史論考』

昭和五十一年、宮崎、七十六歳。この年の一月から五月にかけて、『アジア史論考』上、中、下巻が朝日新聞社から刊行された。上巻は概説編で、当時絶版となっていた単行本五種を中心に構成され、中巻と下巻は、それぞれ古代中世編、近世編とされ、昭和三十一年から昭和四十六年までに書かれた研究論文を収めている。三巻合わせて千八百頁近い巨冊である。宮崎市定著作集ともいうべきこのような著作の出版は、朝日新聞社出版局の山田新之輔の企画によるものであった。山田は『政治論集』と『木米と永翁』の編集担当で、同社から刊行中の『鳥居龍蔵全集』と対になるような全集、ないし著作集を希望していた。礪波護からの協力の申し出もあったため、宮崎は山田の企画を承諾したが、宮崎の意向で収録作品は一部にとどまった[133]。宮崎は、提案を受けた時には自分の著作集のようなものを出すのは、「漠然考えていたよりも十年ほど早かった」[134]という。『アジア史論考』は、三千部を売り切った[135]。

『中国史』

昭和五十二年、宮崎、七十七歳。喜寿を迎えたこの年には、『中国史』上巻が六月に岩波書店から刊行された。「概説書とは、例えばこのように書けるものだ、という例を示したつもりである」[136]という宮崎の自信作である。下巻の刊行は翌年の六月である。

筆者は、本は「あとがき」から先に読むが、「あとがき」にあたる本書の「むすび」を初めて学生時代に読んで、驚いたことをよく覚えている。宮崎は「自分の記憶だけに頼って」この本を書いたと言い、「もし私の記憶から全く忘れ去ってしまったような事実ならば、それは忘れられるだけの価値しかない事実だ、と判断する自信が私にはある」と豪語していたからである。[137]鼻持ちならないと感ずる人もあるかもしれないが、当時の筆者は既に宮崎の心酔者であったためか、むしろ宮崎の自信に圧倒される思いがした。その自信を裏打ちするだけの研究の蓄積が宮崎にあることは、「むすび」に続く「参考文献解説」から見てとることが出来る。「参考文献解説」は、これも驚くべきことに、宮崎は「熟慮の末、私の著述だけを収録するに止め[138]」ていた。言い換えれば、宮崎は中国史の全時代に渉る研究の蓄積をもっていたのである。平成二十七年に本書が岩波文庫に入った時、解説者の井上裕正《ひろまさ》は、やはり学生時代に宮崎の著書を読んだ時に、この「参考文献解説」に驚くと同時に、「はしがき」で宮崎が『中国史』は「世のいみじき学匠達に捧げるのではない」、「将来の未知数」である「若い世代を相手に学問を語りたいと思う」とある所を読んで、「なぜかドキッとした」という。[139]井上はそれがなぜであったのかは書いていないが、実は私も同様の思いを抱いたことを記憶している。うまくは言えないが、筆者の場合は、自分が宮崎の期待するような「未知数」では到底ない自覚があったため、気まずいような複雑な感情があったように思う。

『中国史』は冒頭に「総論」が置かれ、この部分はまさに「未知数」に向けて書かれた宮崎の歴史入門となっている。宮崎は、歴史とは何よりも「事実の論理の学問[140]」であり、理論を優先させてはならないこと、歴史の研究に際しては「常に世界史を念頭におき、世界史的立場から、最も具体的に個別の歴史研究に取り組む用意が必要[141]」であり、「概して言えば、世界史に関連のあるものほど、研究に値すると言ってよいかと思う[142]」と述べる。また、歴史の研究は、何物にもとらわれずに自由な境地で行う必要があり、「一人一党[143]」であるべきともアドバイスしている。

「総論」に続く中国史概説の部分は、宮崎が最後にたどり着いた景気史観に基づいて書かれている。その最たるものは、中国史上の名君暗君論であろう。宮崎は、宋以後は、一王朝と景気の一周期がほぼ一致するとし、名君とは好景気の時の君主であったのであり、暗君は不景気の時代の不運な君主に過ぎなかったとみる。清の康熙帝などは、時に「不世出の名君」と評されるが、宮崎に言わせれば、康熙帝はごく普通の人間で、たまたま好景気の時期に皇帝になっていたのである[144]。

また『中国史』においては、循環する景気を意識しているためであろう、「繰返し」という言葉がしばしば使われているのも印象的である。後漢は前漢の歴史を繰り返したのであり、明は宋を、清は元を繰返した。王朝だけではない。清の乾隆帝の六十年の治世は、康熙帝の六十一年の治世を繰返した部分が多いとされる。繰返しが多い歴史は単調ともいえるが、しかし、それはかならずしもそうではないと説く宮崎の筆は、冴えわたっている。「明の歴史はそれ以前、特に宋の歴史の繰返しになる部分が多い。自然の地理環境があまり変化せず、文化の点においても、宋代にあまり進み過ぎた結果、その後はこれぞというほどの革命的な進歩がないからには、歴史が繰返しになってしまうのは、むしろ当然の結果だと言えるかもしれない。従来明の歴史はさっぱり面白くないように考えられてきたのは、この点を見落したからであって、それをそうと承知した上で読めば、それなりの面白さが出てくるものなのだ。何となれば舞台廻しは大体同じでも、役者が違えば演ずる所作事も違う。たとえ明の歴史は宋の歴史を下敷きにしてなぞった傾向があるにしても、その出来上りは、模様も違えば音色も異なり、やはり独立した一王朝の歴史なのである[145]。

『中国史』が出た時、吉川幸次郎は「諸葛孔明の載ってない中国史は困る」と言ったそうである[146]。実際には、『中国史』には二か所で諸葛孔明が登場するので、吉川の誤解はあるが、吉川の発言は宮崎の歴史の特徴をよくとらえている。宮崎は、当該の人物が歴史的に意義がないと評価した場合は、たとえ有名人であっても、その人物に多くの頁は費やさないのである。史家の見識である。

『中国史』前後の日常

昭和五十一年十二月十八日、宮崎は『中国史』(上)の原稿を岩波書店に渡した。原稿用紙一日五枚のノルマを決めて書き、予定通り九十日で書き上げた。十二月二十四日には来客が多かった。翌一月二日、岡崎の平安神宮まで散歩。一月七日には京都駅前の近鉄百貨店の古書即売展に行き、自分の著書が売りに出ていないことに安心し、また「漢籍国字解全書」の『易経・周易釈故』を買う。二千五百円。一月十三日、『展望』に「東と西の交錯」の原稿を渡す。以上は、「読書日録」による[147]。宮崎の日常は退官後は静穏そのもので、散歩と執筆が続いていた。宮崎の家にはテレビはなかったが、「読書日録」からはラジオは聞いていたことが知られる。

ジュリアン賞受賞

昭和五十三年五月三十日、宮崎はフランス学士院（Académie des Inscriptions et Belles-Lettres）からジュリアン賞を受けた。宮崎、この年七十八歳。ジュリアン賞は、十九世紀フランスの中国学者スタニスラス・ジュリアン（Stanislas Julien）を記念して、一八七二年に創設された賞である。毎年、通常は、その前年に刊行された最も優れた中国学の著作に対して与えられるが、宮崎の場合は、一昨年の『アジア史論考』の刊行が理由となってこの賞を受賞した。宮崎以前にこの賞を受賞した日本人には、羽田亨（一九五二年）、吉川幸次郎（一九六九年）、藤枝晃（一九七二年）の三人がいた。藤枝は、『文字の文化史』でこの賞を受賞していた。

『史記を語る』と『史記』の翻訳

ジュリアン賞を受けたことで新聞記者の取材を七月に受けた宮崎は、「この〔『中国史』の〕次は、司馬遷の『史記』の考証にとりかかるつもりです。司馬遷は神様のように扱われているが『史記』にだって、史実に基づいた部分、そうでない部分があるので、そのへんを説き明かすつもりです」と語っていた[148]。司馬遷は、中国の歴史学の祖で、前漢の武帝の時代に、伝説の黄帝から自らの同時代に至るまでの中国の歴史を著した。

新聞記者に語っていた通り、宮崎は『史記を語る』を昭和五十四年に岩波新書から出し、『史記』にどの程度歴史的な事実が含まれているのかを多くの頁を割いて検討した。結論から言えば、宮崎は中国の歴史は確実には、『春秋』の開始年である魯の隠公元年、すなわち西暦前七二二年までしか遡れないと考え、したがって、『史記』に記されたそれ以前の歴史は、ほとんどが作り話であるとしている。そして作り話を信じた司馬遷について、宮崎は「司馬遷という男は、何か書いたものを見せれば、すぐ騙され易い性質の学者であった」[149]と評した。また『史記』の材料には、書かれたものだけではなく、民間の語り物も含まれていたことも宮崎は指摘している。荊軻の始皇帝暗殺未遂事件や宦官の趙高が二世皇帝の前で鹿を馬と称した逸話などはそれに当たるという。そして『史記』の中で精彩ある描写がある部分は、多くこのような民間の語り物をそのまま取り込んだ結果だと推測する。『史記』と語り物との関係については、宮崎は先立つ昭和四十年の「身振りと文学」[150]と昭和五十二年「史記李斯列伝を読む」[151]で詳しく論じていた。

このように宮崎は、『史記』には史実として疑わしい部分が相当に含まれていることを指摘し、司馬遷に対しては辛辣な批評をしばしばするのであるが、しかし一方で宮崎は、司馬遷が自由に生きた人を高く評価し、また自らも最後は自由人として生きたことに共鳴していた。

『史記を語る』が出て三年後の昭和五十七年に、宮崎は中央公論社の佐藤優から『史記』列伝全七十巻の翻訳の依頼を受け、引き受けた。しかし、平成三年以後、『宮崎市定全集』の自跋に専念することとなり、結局、宮崎の『史記』列伝の翻訳は中断され、完成されることはなかった。中央公論社の企画そのものも佐藤優が死没したこともあり、立ち消えとなった。礪波は、宮崎の追悼文で、「三周忌を目処に出版する積りである」と書いたが[152]、なかなか実現しなかった。大学院生の頃に筆者はよく礪波と学内ですれ違ったが、その度に出版は一体いつになるのか聞こうとしたことを思い出す。ただし、平成十二年に「史記伯夷列伝第一」のみが新訳として礪波の編集した中公文庫『東洋的古代』に載せられた。結局、宮崎の『史記』列伝の全体の翻訳が日の目を見たのは、平成二十三年のことである。それは国書刊行会の礒崎純一の声掛けによって実現し、『史記列伝抄』として出版された。礪波は「十数年間も気掛かりであった懸案が一挙に解決し、胸をなでおろした」[153]。『史記列伝抄』には、伯夷列伝第一から春申君列伝第十八までの訳が収められている。丁度岩波文庫の『史記列伝』の第一巻分に相当する。

『史記列伝抄』には『鹿洲公案』にあったような凡例は付いていないが、翻訳に際しての精神は変わらないように思われる。すなわち、「中国でできた面白い実話を、日本の読者に面白く読んでもらうこと」、そして「翻訳は普通の日本読書人に、読んですらすら意味がとれることを目標としたうえ、国情の差からくる理解の困難を埋めるために、特別の説明を加えた個所がある」ということに尽きよう。特に後者の点に関して言えば、『史記』は『鹿洲公案』よりもはるかに古い書物であるため、意味の判然としない部分があるが、宮崎は『論語』の場合と同様、読めぬなら読んで見せようと言わんばかりに、独自の新しい訳を行っている。

一例を挙げるならば、「孫子呉起列伝第五」には、孫子が呉王にその能力を試されて、呉王に侍る宮中の美女たちを指揮するように命じられた際に、孫子が彼女らに「前。則視心。左。視左手。右。視右手。後。即視背」との命令を出すが、この部分、岩波文庫の『史記列伝』は、「前と言ったら、じぶんの胸を注視し、左と言ったら左手を、右と言ったら右手を注目し、後ろと言ったら、うしろを向け」と訳している。しかし、宮崎は、「前へ！の号令では戟を胸前に捧げ持って前進せよ。左へ！には左向け、右へ！には右向け、後ろへ！には廻れ右だ」と訳している。岩波文庫訳では、意味が分からないが、宮崎の訳では孫子は軍隊の基本行動である前進、左向け、右向け、廻れ右の行動を宮中の美女たちに命じたことになるのである。宮崎の軍隊経験が生かされた訳でもある。

訳された十八の列伝のうち、九つには「考証」が付けられている。いずれも短いものであるが、宮崎の古代史研究の総決算とも言えるものであり、実に読み応えのあるものとなっている。いかにも宮崎らしいのは、秦を強国に導いたことで名高い改革者商鞅の伝記「商君列伝第八」の考証で、宮崎は秦が強国になった要因の多くを商鞅の改革に帰するべきではないと論じ、その最大の要因を秦の「後進性」に求めるべきであるとの論を展開し、最後に「私は今から五十年ほど以前の若い時に『東洋における素朴主義の民族と文明主義の社会』という長い名の本を出し、その中に秦の興亡について卑見を述べる所があった。窃かに自負すらくは、その後これを凌駕する達見はついぞ出なかった(154)」と結んでいるところであろう。『東洋における素朴主義の民族と文明主義の社会』は、宮崎の歴史学の最初の到達点であると同時に、最高の到達点でもあったのである。

『謎の七支刀』

昭和五十八年、宮崎は八十三歳。この年の九月に『謎の七支刀―五世紀の東アジアと日本』が中公新書の一冊として刊行された。宮崎最後の書き下ろし単行本である。

七支刀は、奈良県天理市に鎮座する石上《いそのかみ》神宮の宝物である。その名の通り、刀身から左右に三本ずつ小枝が出ている。身の長さは六十五・六センチ、茎の長さが九・三センチある。刀身の表と裏には、金象嵌で合わせて六十一文字が刻まれているが、この文字の一部は錆や剝落のため、読めなくなってしまっている。『謎の七支刀』で、宮崎は、この六十一文字を研究史上、初めて全文復元し、かつ七支刀の歴史的な位置づけを行った。宮崎の復元した銘文と訳文は、次の通り。

（表）泰始四年五月十六日丙午正陽　造百錬鋼七支刀　㠯辟百兵　宜供供侯王永年大吉祥

泰始四年（四六八年）夏の中月なる五月、夏のうち最も夏なる日の十六日、火徳の旺んなる丙午の日の正午の刻に、百度鍛えたる鋼の七支刀を造る。これを以てあらゆる兵器の害を免れるであろう。恭謹の徳ある侯王に栄えあれ、寿命を長くし、大吉の福祥あらんことを。

（裏）先世以来未有此刀　百済王世子奇生聖徳　故為倭王旨造　伝示後世

先代以来未だ此（七支刀）のごとき刀はなかった。百済王世子は奇しくも生まれながらにして聖徳があった。そこで倭王の為に嘗めて造った。後世に伝示せんかな。

宮崎の解読で特筆すべきは四点ある。一つは、冒頭の年号を南朝宋の明帝の泰始四年としたこと。宮崎以前の研究の主流は、これを「泰和四年」と読み、西暦三六九年と考えていた。百年ほど七支刀の製作年代を遅らせたのである。四六八年は、日本では、雄略天皇の十二年、百済は蓋鹵王の十四年で、百済では蓋鹵王を助けた王子文周王の名が史書に特筆されており、七支刀に現れる百済王世子とは文周王に他ならないとする。百済王ではなく、その王子が倭王のために七支刀を製作するような状況はこの時にしか起こりえなかったのである。第二に、表面の最後の五文字を永年大吉祥と復元したこと。この部分は、最後の字が通説では「作」とされるが、残りの四文字は全く読み取れない。通説は「作」とある以上、工人の名が入るものと考えてきた。しかし宮崎は、このような所に工人の名が入るのはおかしいと考え、「作」は「祥」の字の一部が剝落したものと考え、「祥」であればその前に入る文字は吉祥句であると推測し、「永年大吉祥」と復元したのである。松本清張は、この復元を「千古不易の卓見」と絶賛した。[155]第三は、奇生聖徳の部分に関係する。「徳」の字は「晋」あるいは「音」と読まれてきたが、宮崎は高句麗の広開土王碑と『史記』の類似の文章をヒントに「徳」としたのである。そして四点目は、為倭王旨造の部分の「旨」を「嘗」の略字、あるいは「嘗」の一部が剝落しているとし、「旨」を「はじめて」と読んだことである。

宮崎はこの復元に相当の自信があり、平成三年に出た文庫版の「あとがき」では、「この通り前後を貫通して合理的に説明したものは従前嘗て無かったところである。そこでこの書が一たび世に出れば、日本古代史の一節は当然書き換えられるべきものと窃かに期待していた」。[156]『論語の新研究』でもそうであったが、『謎の七支刀』でも、宮崎は圧倒的な漢文読解能力で、先行研究の読みの誤りを次々と正しながら、独自の見解を披露しており、その様は圧巻であり、痛快である。筆者のような門外漢は、単純に宮崎以外の読みはありえないと感じるが、これも論語の研究と同じく、「ところが実際は、一部熱心な賛成者があるにも拘わらず、学界そのものの反応は全く冷淡で、いわば完全に無視されてしまったのである。以前から薄々感じていたことだが、我国の国史学界は東洋史に比べても、ずっと封建的である。特に考古学界が最も甚だしい。だからこそ、『三国志』「魏書」倭人伝に、卑弥呼が死んで、大いに冢《はか》を造るに径百余歩（大約百五十メートル）と明文があるのを錯誤として黜《しりぞ》け、狭い見識の上に立って、間違った古墳時代年表を造ったりする結果に陥るのである」[157]と宮崎の怒りを噴出させることとなった。

確かに宮崎の言うように国史学界からの反応は殆どなかったようであるが、朝鮮史の村山正雄が「七支刀」に関する宮崎市定論文について」[158]と「「宮崎市定論文」とくに銘文裏面部の読み方について」[159]の論考をそれぞれ昭和六十年と平成八年に書いている。宮崎の生前に出された「「七支刀」に関する宮崎市定論文について」で村山は、宮崎の先行研究把握に誤りが多いこと、またその読みについても問題があることを相当に厳しい口調で批判し、論文の最後の方では「正直のところ、宮崎論文をこれ以上検討するのは時間の浪費の感がある」とまで言った。しかし、平成八年の論文では、一転、宮崎に対する批判のトーンは抑えられ、「宮崎市定の所論については私はかつて同氏の所論のいくつかに疑問を呈したことがあるが、それは主として宮崎論文特有の瑕疵ともいうべきミクロ的な誤りについての指摘に過ぎないものが多かった。宮崎論文はその内容をみると、七支刀銘文を再検討するばあいマクロ的な立場からの研究として熟読すべき文献である」と述べ、もちろん完全に賛同するわけではないが、宮崎説を高く評価した。

宮崎は『謎の七支刀』を、『中国史』と同様、これからの若い人に向けて書いたと言い、「いかに歴史を学ぶかという立場からも読んでほしいと思う」[160]と述べて、新書版の「あとがき」を閉めた。その言葉に違《たが》わず、『謎の七支刀』には歴史研究についての宮崎の信条が随所に見られる。印象的な言葉を語録的に拾っておこう。

「いったい歴史学は、本質的に他人の眼を通して見たものを史料として検討するにある。直接自身が歴史の動きとなることは、皆無に近いといってもいい。しかも他人の眼を通して観察しながら、結果において渦中の当事者自身よりもよく事実の真相を把握する、それが歴史学の本領ではないか。もし渦中の当事者が故意に隠蔽したい部分があったとしても、間接的ながら歴史家は第三者的な感覚で、ぐさりとその肺腑を見透すだけの才覚があってしかるべきではないか[161]」。

「研究はどこまでも個人が主体で、楽しみにしながらやるべきで、自ら信ずるところは、たとえ師説に対しても異を立てねばならぬ場合がおきてくる[162]」。

「考証ということは、本文を信頼しなければ成立しない。しかしあらゆる手段をつくして、突きつめた最後には、本文の誤りを疑わねばならぬ場合がいくらもある。私はかつて『論語』の研究を企てたことがあるが、最後の結論は、『論語』のような経典においてすら、本文の誤りを認めざるをえない、という現実であった。またそこまでゆかなければ自信ある研究とはいえないのである[163]」。

宮崎は、七支刀のように刀剣に長文の銘文を刻む風習の起源が五世紀初頭の華北の大夏の天王赫連勃勃の龍雀刀にあるとし、この龍雀刀の影響が七支刀、さらには古墳時代の稲荷山刀や船山刀にまで及んだと説き、「まさに潤色を要せざる、壮大なる夢をかきたてるロマンではあるまいか。そしてこのようなロマンを掘りおこすことこそ、本当の歴史学の任務なのだ。ただしそのためには、やはり一つ一つ地味な考証を積みあげてゆくよりほかに、よい途はない[164]」と書いた。

日本古代史研究

宮崎の日本古代史研究は、『謎の七支刀』に始まるわけではない。『謎の七支刀』自体についても、この書に先立って「七支刀銘文試釈[165]」が昭和五十七年に発表されているが、しかし宮崎の日本古代史研究はそれほど古くは遡らず、古いもので昭和三十四年の「世界史から見た日本の夜明け[166]」であり、宮崎が日本古代史について積極的に発言するようになるのは、昭和五十年代以後である。その成果は昭和六十三年に筑摩書房から刊行された『古代大和朝廷』にまとめられている。

宮崎は、邪馬台国は大和朝廷に他ならず、三世紀の女王卑弥呼は、神功皇后のことであると主張する。九州は、大和朝廷のような大勢力が出現するような土地ではなく、宮崎に言わせれば、史上「帝王の気が全然立たなかった[167]」地である。邪馬台国九州説は成立しない。卑弥呼が支配していた当時の大和朝廷は、大和に本拠を置き、瀬戸内海沿岸を支配する国家であったと宮崎は考えていた。大和朝廷発祥の地は、もとは大和盆地にあり、河内平野を併合したことで、一大勢力となった。この段階で宮崎は大和朝廷が成立したと見、年代的には一、二世紀の交とする。やがて大和朝廷は、紀伊の豪族も支配下に組み入れ、彼らが握っていた吉野の木材を利用して艦隊を造ることで、瀬戸内海を制覇した。昭和五十七年に発掘調査された和歌山県の鳴滝遺跡は古代の倉庫跡と考えられているが、宮崎の考えでは、これは大和朝廷の水軍基地の一部を成す施設の遺跡なのである。

鳴滝遺跡発掘を九月九日の新聞報道で知った当時八十二歳の宮崎は、わざわざ十九日に遺跡見学に行っている[168]。教え子の楠山修作が現地への案内を依頼された。楠山は朝に駅で宮崎を迎え、遺跡に直行し、その後宮崎は三時間も遺跡を熱心に見て回った。遺跡では、「やおら、漬物の重しにするような頭大の石を両手に目より高く持ち上げ、力強く眼下に叩きつけ」たという。なぜ宮崎がこのような行動をとったのかは説明されていなかったので分からない。遺跡を見学した後、遅めの昼食となったが、宮崎はチーズケーキを注文した[169]。

大和朝廷の支配者は、最初はヒコ、続いてミコト、さらにはスメラミコトの称号を帯びたが、遅くとも六世紀には天皇を名乗るようになる。この天皇称号の由来についても宮崎は、実にユニークな仮説を提案している[170]。天皇は言うまでもなく、テンノーと発音されるが、なぜテンコウではないのか。なぜならば、天皇はもともと天王であったからだという。そして天王とは、四世紀から五世紀にかけての五胡十六国時代の中国で皇帝の次位の支配者の帯びた称号として、流行したものであった。日本のスメラミコトも大陸で流行していた称号を取り入れたのである。そして当初は天王号を用いていたが、中国との対抗意識が芽生えてくると、王の字を皇の字に代えて、天皇と称するようになったのである、と宮崎は考えるのである。

最後に蛇足ながら、宮崎は、国宝に指定されている有名な「漢委奴国王」の字を刻んだあの金印は、後代の偽作ではないかと疑っていた[171]。江上波夫の有名な騎馬民族征服王朝説については、「馬の役割をいささか誇張しすぎた感がある[172]」と否定的であった。

『謎の七支刀』が刊行された同じ昭和五十八年十二月十六日、宮崎は京都府文化特別功労賞を受けた。同時に賞を受けたのは、西堀栄三郎、近藤悠三、片岡仁左衛門。当時の知事は林田悠紀夫で、林田は宮崎の三高時代の教え子であった。

文庫化の波

昭和五十九年、宮崎八十四歳。中公新書の『科挙』が中公文庫に入った。宮崎の単著としては初の文庫化である。『科挙』を皮切りに、宮崎の著作は次々と文庫化されていった。昭和六十一年には『西アジア遊記』と『アジア史概説』が、昭和六十二年には『隋の煬帝』、『科挙史』、『木米と永翁』が、昭和六十三年には『大唐帝国』が、平成元年には『東洋における素朴主義の民族と文明主義の社会』が、平成二年には『中国政治論集』が中公文庫、あるいは東洋文庫に入ったのである。『古代大和朝廷』と『中国古代史論』のような宮崎の論集もこの間に出版された。毎年、それも時に年に二冊も文庫化されるのは、尋常ではない。文庫化は、宮崎がいかに江湖の読者に迎え入れられるようになっていたかの端的な証明である。

学士院賞事件

昭和六十三年三月十四日、六高以来の教え子であった佐伯富京大名誉教授が『中国塩政史の研究』（法律文化社）で学士院恩賜賞を受けることが公表された。宮崎はこのことを大変喜んだという。ところが、北海道大学の元教授藤井宏は、佐伯の著書には自身の研究を盗作した部分があり、また誤謬や論理の飛躍が多く、受賞には値しないとの内容の百五十七頁にも及ぶ長文の書簡を、五月二日に佐伯と学士院の一部のメンバーに送った。これを受けて、佐伯は学士院と話し合った末、不本意ながら受賞辞退を申し出る形となり、五月十二日の学士院総会で受賞は一旦取り消しとなった。しかし佐伯は納得できなかったため、質問書を学士院に送り、再審査を要求した。一方、宮崎は学士院が十分な調査もせず、佐伯の受賞を短期間で取り消す方向にもっていったことに相当な憤りを覚えたようで、六月に学士院の体質、運営を批判する「学士院の密室裁判」と題する小冊子を書き、関係者に送った。朝日新聞の記者が佐伯の件で、宮崎の自宅を訪問したところ、宮崎は「「学士院の密室裁判」と表書きのある四百字詰め原稿用紙十二枚の文書を見せ」、学士院が前近代的な密室裁判を行った批判し、「手紙の密告などは、初めから拒否するのが正道」と述べた[173]。

再審査の結果、佐伯の再受賞が翌年の三月十三日に決まった。佐伯はこれを受けて「ありがたいと思うが、去年に比べて喜びは半減です。クレームの内容については心配していなかったが、学士院が個人あての「抗議書」に反応して延期を決めてしまった手続き上の異例さを懸念しました。私からの正式の質問書への回答はなく、学士院の動きがつかめなかったので、非常に長い一年でした[174]」と語った。

自身の主張が認められなかった藤井は、四月二十八日に佐伯を「著作権を侵害したうえ、報道機関に自分のことを「過去にも多くの人を陥れた」などと話した」として東京地裁に訴え、慰謝料三百万円と謝罪広告を求めた。佐伯と共に宮崎も藤井に訴えられた。宮崎は「学士院の密室裁判」の中で藤井を「名うての札付」などと呼んだが、藤井はこれが名誉棄損に当たるとして訴えたのであった。藤井は宮崎に慰謝料百万円を求めた[175]。宮崎が藤井を「名うての札付き」と呼んだのにはわけがあった。藤井は過去、北大時代にもトラブルを起こしており、この一件は『北大百年史』にも「藤井教授問題」として特筆されている[176]。『北大百年史』は第一次と第二次に分けて藤井教授問題を取り上げおり、第一次では支那学教官研究室の使用をめぐって学生及び卒業生と揉め（昭和三十一年六月～昭和三十三年三月）、第二次では（昭和三十六年十月～昭和三十九年十一月）、「同教授の発言と行動によって教授会が混乱したのをきっかけに」、藤井は最終的に分限免職の処分を受けるに至っていたのである。免職後の昭和四十七年には、藤井はやはり盗作を問題とした「均工夫の特質—山根幸夫氏説の綜合的批判」を『東洋学報』に投稿したが、紆余曲折の末、不採用とされたため、この間の経緯を記したガリ版の『中国に於ける「耕作権の確立」期をめぐる諸問題—狂暴な学問弾圧に対する不屈の抗争記録』を同年につくり、田中正俊、榎一雄ら『東洋学報』の編集委員を激しく攻撃したこともあった[177]。

佐伯の側も藤井の告訴に対しては、「論文を盗用したことはなく、名誉を傷つけられた」として、慰謝料四百万円と謝罪広告を求めた。双方の裁判は、三年後の平成四年十二月十六日に決着が付き、藤井が敗訴した。佐伯の全面勝訴で、藤井は慰謝料三百万円の支払いと謝罪広告の掲載を命じられた[178]。同時に宮崎に対する訴訟も棄却された。

文化功労者となる

平成元年十月二十七日、宮崎は文化功労者に選ばれたことが公表された。宮崎八十九歳。この日の『朝日新聞』は「文化功労者の横顔」で宮崎を「中国の官吏登用試験「科挙制度」をはじめ、その前史ともいえる九品官人法の実証的研究などで、三世紀以後の中国の官僚制度を解明」と紹介した。『東京新聞』の夕刊には「「科挙に合格したような気持ち」宮崎市定さん」の記事が載った。全文を紹介しておこう。

「「科挙に合格したような気持ち」。京都大名誉教授の宮崎市定さん（八八）は中国の官僚制度の実態を解き明かした東洋史の大家らしい言葉で喜びを語り、相好を崩した。政治家志望を変更して入学した京都大では内藤湖南らの「京都シナ学」の熱気の中に身を置きながら専攻外の河上肇、西田幾多郎らの講義に通った。中国全般に精通する一方、大和朝廷など日本史の論文も発表する宮崎さんの業績の幅広さを象徴する青春。「六十年以上付き合った古い友達」の中国のウオッチングは今も続け「文革に理想郷を求めた人が誤ったように、天安門事件後の中国をまるで変わってしまったかのように扱うのは感心しません」と穏やかに忠告する」。宮崎は、そもそも人口の多い中国はそう簡単には変わるものではないと考え[179]、また天安門で群衆を武力弾圧した鄧小平は、本当の所は周恩来系統の近代化路線推進者ではなく、内心では一貫して反対自由主義を唱える毛沢東主義者であると見、天安門事件において鄧小平は軍部の圧力で仕方なしに弾圧に踏み切ったとの見方には否定的であったのである[180]。宮崎の忠告はこの見方を踏まえたものであった。

宮崎は十一月六日十一時半から霞が関の国立教育会館で、文部大臣の石橋一弥から文化功労者として顕彰され、皇居の宴にも招かれた。同時受賞者は、十三名。朝比奈隆（指揮者）、井深大（電子技術）、千宗室（茶道）、森英恵（デザイン）などがいた。文化功労者には年金三百五十万円が支給される。

この年の暮れには、宮崎が文化功労者となったことを祝う祝賀会が弟子たちのたっての希望で京大会館で行われた。宮崎は、出来るだけ小規模なものにすることを強く希望したため、「直接教えを受けた近隣に住む人に限って」案内が出され、七十二人が参加した。宮崎は、古希、喜寿、米寿の祝いも断っていたので、この集まりが弟子たちにとって最初で最後の宮崎を囲む会になった[181]。宮崎の晩年のモットーは「人に迷惑をかけない」であった[182]。

入院

平成二年、宮崎九十歳。十月十二日に心不全となり、十一月二十七日まで田辺病院に入院した。入院中宮崎は、「病中詠十首」を詠んだ(183)。心不全と聞いて、一首、「心臓は人より一倍強きものを診断ありて心不全とは」。「病院の塩味かそけき給食は食餌とありて食事ならなく」との歌がある一方、やはり胸中去来するものもあり、「病室の夜は更けゆくに寝ねがてつ目覚めてはもの思うことあり」。退院の日には、「命ありて岡崎道をまた歩ゆむ退院の朝空気すがすがし」とその喜びを詠った。

『宮崎市定全集』の刊行開始

平成三年、宮崎九十一歳。この年、『宮崎市定全集』の刊行が始まった。出版書肆は岩波書店。第一回配本は、第十四巻「雍正帝」であった。岩波の編集部の米濱泰英から全集出版の話が持ち上がったのは、昭和六十年春のことで、四年後に刊行が正式決定された。編集委員には、佐伯富、島田虔次、岩見宏、礪波護が名を連ねた。礪波の発案で、各巻に宮崎自身の手になる自跋が付されることとなった。毎月刊行予定で、平成六年二月に第二十四巻「随筆（下）」の刊行をもって完結した。

この間の平成五年には一月十七日から六月十日まで宮崎は心不全のため、安井病院に入院した。入院中の二月半ばから三月初めにかけては、幾度か命の危機に見舞われたが、奇跡的に回復し、退院当日、迎えに来た家族とともに、その足で肉料理スエヒロに行き、ステーキを平らげたという(184)。

とはいえ退院後の七月に書かれた第十六巻「近代」の自跋では、宮崎は「全集の仕事に関しては、言わば読者に対する公約であるから、あらゆる犠牲を払ってでも、出来るだけの義務は果たすべく心掛けている。自跋の執筆の如きもその一であるが、如何せん現状の下では空しく恥を暴す結果になりはせぬかと虞れる。着想はもちろん、筆力も低下し、時には文を成さぬこともあって、読者は直ちにそれを看守されることであろう。数々の至らざる点は、病床よりの発信として、大目に見て頂くより外はない。若しこれがなお春秋に富む身ならば、後日の償いを約束できるかも知れないが、既に天命も迫ってきた老齢の身には、それさえも出来かねる立場にある。ただ偏に宥恕を賜りたく懇願する外ないことは、自らとしても遺憾に堪えぬ次第である(185)」と弱気を漏らした。

宮崎のおすすめ本

平成六年、九十四歳の宮崎は、大修館書店の発行する雑誌『しにか』の特集「中国文化を読む二七九冊」の一冊に江上波夫編『東洋学の系譜』を挙げた。『東洋学の系譜』は、明治以後の東洋史学者の伝記集である。この記事には合わせて「宮崎市定のすすめる五冊」が載せられていた。宮崎はその五冊に、『東洋学の系譜』の他、宮崎滔天『三十三年の夢』、矢野仁一『アヘン戦争と香港』、後藤朝太郎『翰墨談』、桑原隲蔵『中等教育東洋史教科書』を選んだ。宮崎滔天は、孫文らを助け中国革命のために奔走した人物で、『三十三年の夢』はその自伝である。宮崎は、滔天の書物が「最も日本的であって、同時に最も世界的なところ」があり、「決して無国籍者の対外依存的世界主義でない」ことを評価していた(186)。矢野と桑原については、ここでは説明は繰り返さないが、宮崎がこの二人を最後まで敬愛していたことが窺える。後藤朝太郎（明治十四年〜昭和二十年）は、「シナ通」と呼ばれた在野の中国研究者である。アカデミズムの学者は、シナ通の書いたものなど評価しないのが通例であるが、[187]宮崎は「事変と塩、歴史と塩」でもシナ通の井上紅梅の書いた『匪徒』を「興味ある書」として紹介しており、[188]シナ通の作品であっても独自の見識でその価値を見出していた。『匪徒』は、中国の青帮、紅帮と呼ばれた秘密結社や泥棒、乞食など、中国の暗黒社会を描いたものである。[189]また宮崎は『論語の新研究』において自身と同じ研究姿勢を取った者として魚返善雄（明治四十三年〜昭和四十一年）の名を挙げているが、魚返もまた「シナ通」に含めてよいだろう。魚返の『「論語」新訳』[190]を宮崎は座右に置いてその論語研究を進めていたのであり、[191]「宮崎市定の世界展」の図録には、宮崎の手によってびっしりと書き込みがされた魚返の『「論語」新訳』の写真が掲載されている。[192]

逝去

平成七年、宮崎九十五歳。この年の四月二十九日午後、宮崎は近所の馬場公園を散歩して帰宅しようとしたところ、自宅近くで転倒し、右大腿骨を骨折した。気管支炎のため中止していた散歩を四ヶ月ぶりに始めた、その矢先であった。京都御所の東の小柳病院に搬送されたが、やがて肺炎を併発し、五月二十四日午後十時三十二分に家族の見守る中、静かに息を引きとった。亡くなる数時間前に宮崎は、礪波護から届けられた岩波文庫『中国文明論集』の目次案に目を通し、微笑んだという。[193]この日は、奇しくも恩師の桑原隲蔵の祥月命日であった。

五月二十六日に近親だけで密葬され、六月四日午後一時から告別式が行われた。告別式の模様について、小倉芳彦が書き残している(194)。当日は、晴れ渡っていた。宮崎の遺志で告別式は自宅で行われた。宮崎の自宅に近づいても、「読経の声などはなく、先生の業績を讃仰する式辞がスピーカーから流れて」くるだけであった。宮崎の家の宗旨は浄土真宗であったが、僧侶などは呼ばれなかった。密葬の時も宗教儀式はなかった。これも宮崎の遺志で香典などは一切受け付けられなかった。この日、「二階建ての隣家より更につつましい宮崎家は、白い幕で包まれていた」。「簡素な宮崎家の玄関に飾られた遺影の前に」、遺族が両側に並び、参列者は渡された白菊を献花した。

遺骨は十月二十六日に故郷の長野県飯山市静間の、千曲川を見下ろす宮崎家の墓地に葬られた。宮崎家の墓地には、八基の墓が並び、入り口近くから、祖父市兵衛の立てた、おそらく市兵衛の父母の墓、市兵衛自身の墓、宮崎家の墓、母悦の墓、寛政、天保などの年号の刻まれた江戸期の小型の墓三基が並び、一番奥に宮崎と妻松枝の墓がある(松枝は平成十二年に九十五歳で亡くなった)。宮崎の墓は昭和五十九年七月に宮崎自身が建てたもので、宮崎の字で「京都　宮崎家之墓」と刻まれている。法名はない。墓地には、宮崎が亡くなった平成七年十月に甥の市郎の立てた碑石もある。碑石の表には、「日本橋下の水はテムズ川に通じ、江戸っ子の吸う空気は、パリジェンヌの吐き出した息である。ベルリン問題は根底が朝鮮の三十八度線につらなる。研究の分野においても、世界史を理解するための、究極の鍵は東洋に匿れているのではなかろうか。西洋史の意味が本当に判るためには、東洋を理解することが是非とも必要である」との『東洋的近世』の「はしがき」に書かれた宮崎の言葉が刻まれている。

注

はしがき

（1）「雍正硃批諭旨解題」『宮崎市定全集一四　雍正帝』、一三七頁。
（2）京都大学学術出版会、一頁。
（3）間野英二「最大の僥倖」『宮崎市定全集』月報一〇、一九九二年、四頁。
（4）杉田守康「今更ながらに」『以文』五七号、二〇一四年、二六～二七頁。
（5）小笠原茂「天を相手にした歴史学者」『季刊アスティオン』三五号、一九九五年、一八〇～一九七頁。
（6）高島俊男『独断！　中国関係名著案内』東方書店、一九九一年、二八～三一頁。
（7）「世界の状態が一目でわかる斬新卓抜な企画」『宮崎市定全集二四　随筆（下）』、五七七頁。
（8）『宮崎市定全集九　五代宋初』、三七九～四〇六頁。
（9）「〔『アジア史研究』第一〕はしがき」『宮崎市定全集二四　随筆（下）』、四九〇頁。
（10）「〔『アジア史論考』下巻〕はしがき」『宮崎市定全集二四　随筆（下）』、六一四頁。
（11）「〔『アジア史論考』中巻〕はしがき」『宮崎市定全集二四　随筆（下）』、六〇九頁。
（12）「〔『アジア史論考』下巻〕はしがき」『宮崎市定全集二四　随筆（下）』、六〇八～六〇九頁。
（13）『宮崎市定全集三　古代』、一八二～二〇七頁。
（14）「中国古銅鼎形態の変遷について」『宮崎市定全集三　古代』、三五二頁。
（15）『中国の城郭都市』中央公論社、一九九一年、一四頁。
（16）「中国古代史概論」『宮崎市定全集三　古代』、一二～一四頁。
（17）白川静『金文の世界』平凡社、一九七一年、二九九～三〇〇頁。
（18）『周』中央公論新社、二〇一六年、ⅱ頁。
（19）「中国上代の都市国家とその墓地」『宮崎市定全集三　古代』、二〇七頁。
（20）『中国史』『宮崎市定全集一　中国史』、一五頁。
（21）『中国史』『宮崎市定全集一　中国史』、一六頁。
（22）「〔『アジア史論考』中巻〕はしがき」『宮崎市定全集二四　随筆（下）』、六〇六頁。
（23）「一字千金　愚」『宮崎市定全集二四　随筆（下）』、一九一頁。
（24）『中国史』『宮崎市定全集一　中国史』、一八六頁。

（25）谷沢永一、向井敏『読書巷談 縦横無尽』日本経済新聞社、一九八〇年、二〇八頁。
（26）高島俊男『本と中国と日本人と』筑摩書房、二〇〇四年、三五四～三五九頁。
（27）谷沢永一「宮崎市定―『東風西雅』」『谷沢永一 二巻選集』（下）、言視舎、二〇一六年、二二七頁。
（28）丸谷才一評『アジア史論考』、毎日新聞、東京朝刊、二〇〇二年、四月一四日。
（29）向井敏「元気の出る歴史学」『季刊アステイオン』九号、一九八八年、一七七頁。
（30）小笠原茂『好きでこそ読書』潮出版、一九九三年、二八二頁。
（31）「（『アジア史論考』中巻）はしがき」『宮崎市定全集二四 随筆（下）』、六一〇頁。
（32）『中国史』『宮崎市定全集一 中国史』、四五八～四五九頁。
（33）『宮崎市定全集二三 随筆（上）』、七〇三～七〇四頁。
（34）坪内祐三「戦後論壇の巨人たち 第一八回宮崎市定 現実を眺める歴史家の眼差し」『諸君』、一九九七年、一二月号、二七二～二七三頁。
（35）『宮崎市定全集二三 随筆（上）』、四六六頁。

第一章 千曲川の畔――飯山時代（明治三十四年～大正八年）

（1）飯山市誌編纂専門委員会編『飯山市誌 歴史編（上）』、一九九三年、二七〇～二七一頁。
（2）笹本正治監修『飯山風土記』ほおずき書籍、二〇〇三年、四九頁。当時千曲川に橋はかかっておらず、謙信が切ったとされる綱は、渡し船の綱か舟橋の綱であろう。
（3）『千曲川のスケッチ』新潮文庫、一九五五年、一四七頁。
（4）秋津村誌編纂委員会編『秋津村誌』、飯山市公民館秋津分館、一九六六年、七八頁。
（5）『飯山市誌 歴史編（上）』、一八三頁。
（6）『破戒』新潮文庫、一九五四年、五頁。
（7）恵端禅師は、江戸期の禅宗の僧侶で（寛永一九（一六四二）年～享保六（一七二一）年）、正受庵は、この恵端禅師が寛文六（一六六六）年に開山し、恵端自身がその死まで住持した寺である。
（8）「信州飯山在」『宮崎市定全集二三 随筆（上）』、二六～二七頁。
（9）「中国の随筆について」『宮崎市定全集二三 随筆（上）』、五〇九～五一二頁。
（10）『秋津村誌』、五七八頁。静間村と蓮村は仲が悪かったため、両村の字を残すことなく、日本の古名である秋津島の名を取って村名とした。
（11）『秋津村誌』、五九九頁。
（12）「信州飯山在」『宮崎市定全集二三 随筆（上）』、二七頁。
(13)『保元物語』岸谷誠一校訂、岩波書店、一九三四年。シズマの漢字には、他にも志津間（永積安明、島田勇雄校注、岩波書店、一九六一年）、あるいは志妻摩（栃木孝惟校注、岩波書店、一九九二年）がある。
(14) 下水内教育会編『補遺下水内郡誌』第一編、一九一五年、五頁。
(15) 市蔵の経歴については、『秋津村誌』八八一～八八二頁、および田中修一編『飯山町誌』飯山市公民館、一九五五年、五三一～五三二頁。
(16)『秋津村誌』八八一頁には、通称は「らん」であったとある。
(17) 礪波護の教示による。
(18)「石を愛す」『宮崎市定全集二三　随筆（上）』、五〇〇頁。
(19)「猫よりはまし」『宮崎市定全集二三　随筆（上）』、五五七頁。
(20)『秋津村誌』、七三一～七三六頁。
(21)『秋津村誌』、八八一頁。
(22)「内藤湖南とシナ学」『宮崎市定全集二四　随筆（下）』、二四一頁。
(23) 信濃路、一九七七年、七一頁。
(24) 礪波護「解説」宮崎市定『日出づる国と日暮るる処』、中央公論社、一九九七年、一九八頁。
(25)『飯山町誌』、五三一～五三二頁。
(26)『飯山町誌』、五三二頁。
(27)『太田村史』、太田村史刊行会、一九五四年、六五三頁。
(28)『太田村史』、六五三頁。
(29)『太田村史』、六五三頁。
(30)『秋津ものがたり』飯山市公民館秋津分館、一九八八年、六七～六八頁。
(31) 秋津学校百歳誌編集委員会編『秋津学校百歳誌』、一九七四年、一四二頁。
(32) 道祖神の行事については、『秋津村誌』、四五九～四六一頁。
(33)「逆さの世の中」『宮崎市定全集二三　随筆（上）』、五六二頁。
(34)『飯山町誌』、五三二頁。
(35)『水滸伝』『宮崎市定全集一二　水滸伝』、一七〇頁。
(36)『秋津村誌』、八八二頁。
(37) 六五一～六五二頁。
(38) 京都帝国大学国文学会編『国語・国文』三巻四号、一九三三年、一九九～二〇三頁。『飯山町誌』は「『国語教育』誌に「空見つ大和」の解を載せられたこともある（五三二頁）」と書くが、誌名は誤りである。
(39) 山田俊雄、吉川泰雄編『角川必携古語辞典』によれば、「一説に、神が空飛ぶ船に乗って大和の国を見おろしたので、「虚空見」の意で「大和」にかかるという」。
(40)『飯山町誌』、五三二頁。
(41) この日付は「自訂年譜」による。『飯山町誌』、『秋津村誌』は、共に二月二日としている。
(42) 悦の墓誌による。
(43)「信州飯山在」『宮崎市定全集二三　随筆（上）』、二七頁。
(44)『秋津ものがたり』、一四四頁。
(45)『秋津村誌』、六八三頁。
(46)『秋津ものがたり』、一四四～一四五頁。
(47) 悦の墓誌による。
(48) 礪波護「解説」宮崎市定『自跋集』岩波書店、一九九六年、四五七頁。
(49)『秋津村誌』、八八二頁。
(50)「概説と同時代史」『宮崎市定全集二四　随筆（下）』、四三頁。
(51)「子供のペット化」『宮崎市定全集二三　随筆（上）』、五五八～五五九頁。
(52)『宮崎市定全集三　古代』、二二〇頁。
(53)『秋津学校百歳誌』、九四頁。
(54)『秋津学校百歳誌』、一二三頁。
(55)『秋津村誌』、八八四頁。
(56)「先学を語る―宮崎市定博士」『東方学』、百輯、二〇〇〇年、三一七頁。
(57)「元旦の行事」『宮崎市定全集二三　随筆（上）』、六九〇～六九一頁。
(58)「石を愛す」『宮崎市定全集二三　随筆（上）』、五〇〇頁。
(59)『秋津学校百歳誌』、（5）頁。
(60)「トプカプ宮殿秘宝展」『宮崎市定全集二三　随筆（上）』、六九八～六九九頁。
(61) 創立八十周年記念誌実行委員会編『長野県飯山北高等学校創立八十周年記念誌』、一九八四年、二五頁。
(62)『長野県飯山北高等学校創立八十周年記念誌』、二六頁。
(63)『長野県飯山北高等学校創立八十周年記念誌』、二一頁。
(64)『長野県飯山北高等学校創立八十周年記念誌』、二六頁。
(65)『長野県飯山北高等学校創立八十周年記念誌』、九～一〇頁。
(66)「大正初年の修学旅行」『宮崎市定全集二三　随筆（上）』、三三四頁。
(67)『長野県飯山北高等学校創立八十周年記念誌』、二六頁。
(68)『長野県飯山北高等学校創立八十周年記念誌』、四五頁。
(69)『自跋集』、二一頁。

(70)礪波護「桑原隲蔵」今谷明、尾形勇、大濱徹也、樺山紘一編『二〇世紀の歴史家たち（五）日本編（続）』刀水書房、二〇〇六年、二五～四〇頁。
(71)中谷英雄「飯山のことども―島崎藤村氏に関して」『学士会月報』一九三七年、五八～六三頁。
(72)『飯山町誌』、二二三～二二六頁。
(73)「信州飯山在」『宮崎市定全集二三　随筆（上）』、二七頁。
(74)『長野県飯山北高等学校創立八十周年記念誌』、二〇～二一頁。
(75)『長野県飯山北高等学校創立八十周年記念誌』、二一頁。
(76)「大正初年の修学旅行」『宮崎市定全集二三　随筆（上）』、三三三～三四〇頁。
(77)長野県立飯山北高等学校桂蔭会『〝素朴主義〟の風土が生んだ歴史家　宮崎市定の世界展～先生所縁の資料とコレクション古地図で振り返る～』、二〇〇八年、六頁。「学生時代の苦悩が記されたノート」には、「尋常一年の時から毎日つけていた日記帳がこの頃無暗にブランクページがつづく」とある。
(78)『長野県飯山北高等学校創立八十周年記念誌』、二〇頁。
(79)（社）長野県文化財保護協会『改訂長野県文化財めぐり』、一九九八年、四八六頁。
(80)「三国志演義」『宮崎市定全集二四　随筆（下）』、五四頁。
(81)『長野県飯山北高等学校創立八十周年記念誌』、二〇頁。
(82)『秋津村誌』、七五八頁。
(83)「一字千金　清」『宮崎市定全集二四　随筆（下）』、二〇七頁。
(84)『自跋集』、六三頁。
(85)「猫よりはまし」『宮崎市定全集二三　随筆（上）』、五五七頁。
(86)『秋津村誌』、七五八頁。
(87)『秋山紀行』信州教育出版社、二〇一三年、八頁。
(88)信濃路、一九七七年、七九頁。
(89)『秋津村誌』、八八四頁。

第三章　山出しの青年――旧制松本高等学校時代（大正八年～大正十一年）

(1)この間の経緯については、竹内洋『学歴貴族の栄光と挫折』中央公論新社、一九九九年、一一二～一一四頁。
(2)「来し方の記」『宮崎市定全集二三　随筆（上）』、五八〇頁。
(3)『アルペン颪』財界評論新社、一九六七年、三五頁。
(4)「自訂年譜」には、「目の湯」とあるが、正確には「目之湯」であり、現在（平成二十九年）でも営業している。「自訂年譜」には、「浅間温泉にて宿を探し、最も閑静なる裏町に入り、目の湯と言うに投宿する。後にて聞けば当地一流の高級旅館なりしと言われ驚く」とある。

(5)「来し方の記」『宮崎市定全集二三　随筆(上)』、五八〇〜五八二頁。

(6) 竹内『学歴貴族の栄光と挫折』、一〇七頁。

(7) 松本市教育百年史刊行委員会『松本市教育百年史』、一九七八年、四七三頁。

(8) 旧制高等学校資料保存会刊行部『旧制高等学校全書』、一九八五年、三四九頁。ちなみに同年の第一高等学校の入学志願者は、三三二四名。入学者は三五六名であった。倍率は九・三倍。

(9)『科挙』『宮崎市定全集一五　科挙』、二五六頁。

(10)『松本市教育百年史』、四七三頁。

(11) 竹内『学歴貴族の栄光と挫折』、三四頁。

(12)『秋津村誌』、八八四頁。

(13)『アルペン颪』、五五二〜五五七頁。二期生たちは、特待生制度と成績順の席次の廃止に加えて、教授会への学生代表出席、松本高校の徽章の変更も併せて要求した。これは徽章事件と呼ばれている。宮崎は複雑な思いで眺めていたであろう。

(14)『アルペン颪』、三四頁。旧制高校の入学が四月になるのは、大正九年のことであった。

(15)『アルペン颪』、三四頁。

(16)『改訂長野県文化財めぐり』、二五二頁。

(17) 竹内洋『立身出世主義』ＮＨＫ出版、一九九七年、九二頁。

(18) 天野郁夫『帝国大学』中央公論新社、二〇一七年、八二頁。

(19)「来し方の記」『宮崎市定全集二三　随筆(上)』、五八三〜五八四頁。

(20)『アルペン颪』、四三頁。

(21)『アルペン颪』、五五一頁。

(22)『アルペン颪』、八七頁。

(23)『アルペン颪』、八四頁。

(24)『アルペン嵐』、九一頁。

(25)「論語を読んだ人たち」『宮崎市定全集二二　日中交渉』、三三四頁。

(26)「論語を読んだ人たち」『宮崎市定全集二二　日中交渉』、三四五頁。

(27)『自跋集』、六一〜六三頁。

(28)『アルペン颪』、九九頁。

(29)『自跋集』、七四頁。

(30)『アルペン颪』、九二頁。

(31)『アルペン颪』、一〇一頁。

(32)「三国志演義」『宮崎市定全集二四　随筆(下)』、五四頁。

(33)『アルペン颪』、一〇一〜一〇二頁。

(34)「来し方の記」『宮崎市定全集二三　随筆（上）』、五八六〜五八七頁。
(35)『アルペン颪』、一〇一頁。
(36)「来し方の記」『宮崎市定全集二三　随筆（上）』、五八六頁。
(37)京都大学七十年史編集委員会編『京都大学七十年史』、一九六七年、八一頁。
(38)「来し方の記」『宮崎市定全集二三　随筆（上）』、五八二〜五八四頁。
(39)「来し方の記」『宮崎市定全集二三　随筆（上）』、五八三頁。
(40)「来し方の記」『宮崎市定全集二三　随筆（上）』、五八二頁。
(41)「信州飯山在」『宮崎市定全集二三　随筆（上）』、二七頁。
(42)「一冊の本・先駆者」『宮崎市定全集二四　随筆（下）』、三五頁。
(43)谷崎精二訳、早稲田大学出版部、一九一六年。
(44)「一冊の本・先駆者」『宮崎市定全集二四　随筆（下）』、三六頁。
(45)「五想」『宮崎市定全集二三　随筆（上）』、二〇八頁。
(46)竹内『立身出世主義』、九五頁。
(47)竹内『立身出世主義』、九七〜九八頁。
(48)『アルペン颪』、三七頁。
(49)郷土出版編集部編『旧制松本高校青春記』郷土出版、一九七八年、二一頁。
(50)『旧制松本高校青春記』、二六頁。
(51)松本市立博物館分館『旧制高等学校記念館展示案内』、二〇一三年、二二頁。
(52)『旧制松本高校青春記』、二一頁。
(53)『旧制松本高校青春記』、二二頁。
(54)北杜夫『どくとるマンボウ青春記』新潮文庫、二〇〇〇年、四三頁。
(55)『旧制松本高校青春記』、二一〜二四頁。
(56)「工藤君との五十年」『宮崎市定全集二四　随筆（下）』、三一四頁。
(57)「先学を語る—宮崎市定博士」、三三九頁。
(58)『旧制松本高校青春記』、一四頁。
(59)『旧制松本高校青春記』、三六八頁。
(60)竹内『立身出世主義』、九八〜一〇五頁。
(61)竹内『立身出世主義』、一〇二〜一〇三頁。
(62)『宮崎市定の世界展』、七頁。
(63)竹内『立身出世主義』、一一六頁。
(64)竹内『立身出世主義』、一一五頁。
(65)大正元年の暑中休暇は七月十一日から九月十日までであった。
(66)『アルペン嵐』、五五六頁。
(67)礪波護「師にも譲らざれ」『宮崎市定全集』月報二五、

一九九四年、一一頁。
(68)「工藤君との五十年」『宮崎市定全集二四　随筆(下)』、三一四頁。
(69)『旧制高等学校記念館展示案内』二二頁。
(70)礪波「解説」『自跋集』、四五八頁。
(71)「来し方の記」『宮崎市定全集二三　随筆(上)』、五八二頁。
(72)礪波「解説」『自跋集』、四五八頁。
(73)礪波「解説」『自跋集』、四五八頁。
(74)『アルペン颪』、九九頁。
(75)『旧制高等学校全書』、一九七頁。
(76)礪波「解説」『自跋集』、四五八頁。
(77)『宮崎市定の世界展』七頁。そのメモには、「短歌も此頃すこし飽いてきた」とある。
(78)前掲図録の解説では、宮崎は、詩歌の世界から歴史の世界へと関心を移したとされている。
(79)原卓二の名は、『旧制松本高校青春記』、二二頁にも現れる。大正九年十月三日の全寮茶話会において、新入生に「意気がないと悲憤慷慨の演説をやらかした」人物であった。
(80)「来し方の記」『宮崎市定全集二三　随筆(上)』、五八五頁。なお『自跋集』、七四頁によれば、宮崎は「雑誌『東方時論』を読んで共鳴し、中野正剛のような生き方をしたいと考えていた」。
(81)『東方時論』、一巻一号、一九一六年、巻頭。
(82)中野泰雄『父・中野正剛』恒文社、一九九四年、一七九〜一八〇頁。
(83)猪俣敬太郎『中野正剛』吉川弘文館、一九六〇年、一五二頁。
(84)『宮崎市定の世界展』、三頁。
(85)「改造」は、現在の日本史学では、大正期を語るキーワードとなっている。季武嘉也編『大正社会と改造の潮流』吉川弘文館、二〇〇四年は、まさにタイトルに「改造」の言葉があり、有馬学『「国際化」の中の帝国日本』中央公論新社、一九九九年と成田龍一『大正デモクラシー』岩波書店、二〇〇七年でも「改造」はキーワードの一つとして用いられている。
(86)内藤湖南「応仁の乱に就いて」『内藤湖南全集』第九巻、筑摩書房、一九六九年、一三二頁。
(87)『宮崎市定の世界展』、六頁。
(88)成田『大正デモクラシー』、九九〜一〇〇頁。
(89)「来し方の記」『宮崎市定全集二三　随筆(上)』、五八六頁。
(90)「来し方の記」『宮崎市定全集二三　随筆(上)』、五八五頁
(91)『秋津村誌』、八八四頁。
(92)『宮崎市定の世界展』、七頁。
(93)『水滸伝』『宮崎市定全集一二　水滸伝』、一七〇頁。

「私が大学へ入って東洋史学を志し、最初に宋代の研究を手がけ、今なお宋代から離脱できないでいるのも、何かしら少年時代の読書の影響が働いているのではないかとときどき思い当たることがある」。
(94)『秋津村誌』、八八四頁。
(95)『秋津村誌』、八八四頁。
(96)「来し方の記」『宮崎市定全集二三　随筆（上）』、五八四頁。

第三章　優れた師の下で——京都帝国大学文学部での学生時代（大正十一年～大正十四年）

(1)『京都大学文学部五十年史』、一九五四年、一六頁。
(2) 竹内『立身出世主義』、一一〇～一一一頁。
(3)「来し方の記」『宮崎市定全集二三　随筆（上）』、五八七頁。
(4) 礪波「解説」『自跋集』、四五八～四六〇頁。
(5)『自跋集』、七四頁。
(6)「〔『中国に学ぶ』はしがき〕」『宮崎市定全集二四　随筆（下）』、五八二頁。
(7)「田中から百万遍まで」『宮崎市定全集二三　随筆（上）』、三五〇頁。
(8)『自跋集』、四一〇頁。
(9) 日比野丈夫「宮崎先生を偲んで」『東方学』九一輯、一九九六年、一九一頁。
(10)「来し方の記」『宮崎市定全集二三　随筆（上）』、五八七頁。
(11) 例えば、京都大学文学部編『以文会友』京都大学学術出版会、二〇〇五年は、京大文学部の同窓雑誌に寄せられた随筆を集めたもので、史学科の卒業生のものは三十二収録されているが、その内、六つはタイトルに陳列館の語が入っている。
(12)『宮崎市定全集二三　随筆（上）』、五〇四～五〇五頁。神田喜一郎『敦煌学五十年』二玄社、一九六〇年にも同じく「陳列館の地下室」なる随想が収録されている。
(13)「田中野上町の火曜の会」『宮崎市定全集二四　随筆（下）』、三六〇頁。
(14)「来し方の記」『宮崎市定全集二三　随筆（上）』、五八九頁。
(15)「田中野上町の火曜の会」『宮崎市定全集二四　随筆（下）』、三六一頁。
(16)「来し方の記」『宮崎市定全集二三　随筆（上）』、五八九頁。
(17)『古代文化』、四八巻九号付録、二〇～二一頁。
(18) 京都大学七十年史編集委員会編『京都大学七十年史』、一一七四頁。
(19)「大正デモクラシーとは」『宮崎市定全集二三　随筆（上）』、五五三頁。
(20) 内藤湖南については、礪波護責任編集『内藤湖南東洋文化史』中央公論新社、二〇〇四年に付された礪波の解説「東洋文化史家の内藤湖南」参照。

(21)『京都大学文学部五十年史』、九頁。

(22)桑原については、礪波「桑原隲蔵」『二〇世紀の歴史家たち（五）日本編（続）』、二五～四〇頁。

(23)狭間直樹「矢野仁一」『二〇世紀の歴史家たち（五）日本編（続）』、四一～五二頁。

(24)羽田亨については、間野英二「羽田亨」江上波夫編『東洋学の系譜』、大修館書店、一九九二年、二二六～二三五頁。羽田正「羽田亨」『二〇世紀の歴史家たち（二）日本編（下）』刀水書房、二〇〇九年、一五一～一六二頁。

(25)「(『アジア史研究』第一)はしがき」『宮崎市定全集二四　随筆（下）』、四八九頁。

(26)「(『アジア史研究』第二)はしがき」『宮崎市定全集二四　随筆（下）』、四八九頁。

(27)「内藤史学の真価」『宮崎市定全集二四　随筆（下）』、二八九～二九〇頁。

(28)「桑原隲蔵博士について」『宮崎市定全集二四　随筆（下）』、二三六頁。「桑原史学の立場」『宮崎市定全集二四　随筆（下）』、二八五頁。

(29)リースについては、林健太郎「ランケの人と学問」『世界の名著　ランケ』中央公論社、一九七四年、三二～三三頁。

(30)大戸千之『歴史と事実』京都大学学術出版会、二〇一二年、二三二～二三六頁。

(31)『政治論集』『宮崎市定全集別巻　政治論集』、六八八頁。

(32)礪波「桑原隲蔵」『二〇世紀の歴史家たち（五）日本編（続）』、二九頁。

(33)島田虔次「宮崎史学の系譜論」『宮崎市定全集』月報二五、一九九四年、四頁。

(34)『宮崎市定全集二四　随筆（下）』、二四九～二七一頁。

(35)「師・内藤湖南先生」『宮崎市定全集二四　随筆（下）』、二三三頁。

(36)「『清朝史通論』『支那上古史』（内藤虎次郎著）」『宮崎市定全集二四　随筆（下）』、四〇五頁。

(37)「内藤史学の真価」『宮崎市定全集二四　随筆（下）』、二八九頁。

(38)「内藤史学の真価」『宮崎市定全集二四　随筆（下）』、二九三頁。

(39)「内藤史学の真価」『宮崎市定全集二四　随筆（下）』、二九三頁。

(40)三田村泰助「桑原先生の学風」『桑原隲蔵全集』月報三、一九六八年、六頁。

(41)「師・内藤湖南先生」『宮崎市定全集二四　随筆（下）』、二三三頁。

(42)青江舜二郎『アジアびと・内藤湖南』時事通信社、

一九七一年、一七二頁。
(43) 青江『アジアびと・内藤湖南』、四四六～四四七頁。
(44) 青江『アジアびと・内藤湖南』、三七一頁。
(45)「桑原隲蔵博士について」『宮崎市定全集二四　随筆（下）』、二三七～二三八頁。
(46) 藤原利一郎「宮崎先生を偲ぶ」『東洋史研究』五四巻四号「宮崎市定博士追悼録」、一九九六年、六二頁。
(47)『自跋集』、一八三頁。
(48) 礪波護、間野英二「宮崎市定」『京大東洋学の百年』京都大学学術出版会、二〇〇二年、二二五頁。
(49) 桑原武夫「まえがき」桑原隲蔵『中国の孝道』講談社学術文庫、一九七七年。
(50)「桑原隲蔵略年譜」『桑原隲蔵全集』第五巻、岩波書店、一九六八年、五四五～五四六頁。
(51)「『桑原隲蔵全集』第二巻解説」『宮崎市定全集二四　随筆（下）』、五四〇頁。
(52) 内藤、桑原の全集の編集については、礪波護「内藤湖南」『二〇世紀の歴史家たち（二）　日本編（下）』、三五～五三頁。
(53)『京都大学文学部五十年史』、一五八頁。
(54)「矢野博士の追憶」『宮崎市定全集二四　随筆（下）』、三〇一頁。
(55) 昭和三十八年のことである。当時矢野は九十二歳。「六十年の思い出　矢野仁一博士を囲んで」『東方学』二十八輯、一九六四年。
(56)「わけの分らぬ文化革命」『宮崎市定全集二三　随筆（上）』、六九七頁。
(57) 波多野善大「宮崎先生と私」「宮崎市定博士追悼録」、五六頁。
(58)「長寿の条件」『宮崎市定全集二四　随筆（上）』、六九五頁。
(59)「羽田博士と西域史」『宮崎市定全集二四　随筆（下）』、二二一頁。
(60) 青江『アジアびと・内藤湖南』、三〇九頁。
(61) 藤枝晃「間に合った顚末」『宮崎市定全集』月報二三、一九九三年、一～六頁。
(62) 宮崎は、ネフスキーにはロシア語を習った。礪波「解説」『自跋集』、四六〇～四六一頁。
(63)「翰林吉川学士」『宮崎市定全集二四　随筆（下）』、二八二頁。
(64)「中国上代の都市国家とその墓地」『宮崎市定全集三古代』、二〇六頁。『自跋集』、三六六～三六七頁。
(65)「中国上代の都市国家とその墓地」『宮崎市定全集三古代』、二〇六頁。
(66) 狩野については、狩野直禎「狩野直喜」『東洋学の系譜』、九七～一〇七頁。高田時雄「狩野直喜」『京大東洋学の百年』、四～三六頁。
(67)『自跋集』、四〇八頁。

(68)「歴史家としての狩野博士」『宮崎市定全集二四　随筆（下）』、二二三頁。
(69)「狩野博士の『中国哲学史』」『宮崎市定全集二四　随筆（下）』、四一三頁。
(70)「歴史家としての狩野博士」『宮崎市定全集二四　随筆（下）』、二二七頁。
(71)「一字千金　風」『宮崎市定全集二四　随筆（下）』、一八七頁。
(72)「狩野君山博士を悼む」『宮崎市定全集二四　随筆（下）』、二一九頁。
(73)清水茂「善之先生聞き書き」『宮崎市定全集』月報三、一九九一年、一頁。
(74)島田「宮崎史学の系譜論」『宮崎市定全集』月報二五、三頁。
(75)「狩野博士の『中国哲学史』」『宮崎市定全集二四　随筆（下）』、四一四頁。
(76)青江『アジアびと・内藤湖南』、三五六～三五七頁。
(77)この間の事情については、神田『敦煌学五十年』、一～三六頁。
(78)神田『敦煌学五十年』、一〇三～一二〇頁。
(79)「歴史家としての狩野博士」『宮崎市定全集二四　随筆（下）』、二二六頁。
(80)青江『アジアびと・内藤湖南』、三五四頁。
(81)「歴史家としての狩野博士」『宮崎市定全集二四　随筆（下）』、二二六頁。
(82)「敦煌学」『宮崎市定全集二三　随筆（上）』、四三七頁。
(83)神田『敦煌学五十年』、八一～九〇頁。
(84)旗田巍「日本における東洋学の伝統」『歴史学研究』二七〇号、一九六二年、三三頁。
(85)『自跋集』、四三頁。
(86)「私の『論語』解釈と濱田先生」『宮崎市定全集二四　随筆（下）』、二九六頁。
(87)内藤は、清代の史料についても熱心に探索した。礪波「東洋文化史家の内藤湖南」、一八頁。
(88)日比野「宮崎先生を偲んで」『東方学』、一九二頁。
(89)『京都大学文学部五十年史』、一七〇頁。
(90)弘道館、一九一五年。
(91)同文館、一九二四年。
(92)冨山房、一九〇六年。
(93)創元社、一九四一年。初出は一九一七年。『芸文』に連載された。
(94)『京都大学文学部五十年史』、一七〇頁。
(95)『自跋集』、三一六～三一七頁。
(96)『自跋集』、三一八頁。
(97)「東洋のルネサンス」『宮崎市定全集二三　随筆（上）』、六七〇頁。
(98)風間書房、一九六九年。

(99)『科挙史』『宮崎市定全集一五　科挙』、二三〇～二三三頁。
(100)鈴木成高「解説」原勝郎『東山時代に於ける一縉紳の生活』筑摩書房、一九六七年、二一三～二一五頁。
(101)「実証史学の古典的名著　三浦周行『日本史の研究』」『宮崎市定全集二四　随筆（下）』、六三九頁。
(102)「世評の移り変わり」『宮崎市定全集二四　随筆（下）』、六七〇頁。
(103)「『論語と孔子の思想』（津田左右吉）」『宮崎市定全集二四　随筆（下）』、四〇七～四一一頁。
(104)『自跋集』、六四頁。
(105)『台湾旅行案内』台湾旅行案内社、一九二三年、三四頁。
(106)「自訂年譜」による。ただし、『自跋集』一七八頁には「文部省が募集した」とある。
(107)『宮崎市定全集二二　日中交渉』、三九一～四〇二頁。この中国旅行については、他にも「南支視察団日誌」『宮崎市定全集二二　日中交渉』、四〇三～四〇五頁がある。
(108)宮崎市定『遊心譜』中央公論社、一九九五年。
(109)「自訂年譜」による。ただし、『自跋集』一七九頁には総数三十名とある。
(110)「自訂年譜」によれば、指定された集合日は二十一日であったが、宮崎は二十日に長崎に着いていた（『自跋集』、一七八頁）。
(111)『朝日新聞』朝刊、六月二十四日。
(112)東方学会編『東方学回想二』刀水書房、二〇〇〇年、二二三頁。
(113)『自跋集』、一七九頁。
(114)『自跋集』、一七九頁。
(115)「上海から広東まで」『宮崎市定全集二二　日中交渉』、三九二頁。
(116)『政治論集』『宮崎市定全集別巻　政治論集』、三六七頁。
(117)『自跋集』、一八〇頁。
(118)『自跋集』、一八〇頁。「自訂年譜」には、鄒魯、伍朝枢の名はなく、許崇清の名が代わりに挙がっている。伍朝枢の名は「上海から広東まで」『宮崎市定全集二二　日中交渉』、四〇〇頁に出てくる。
(119)『自跋集』、一七九頁。
(120)『自跋集』、一八四頁。
(121)「一字千金　崎」『宮崎市定全集二四　随筆（下）』、一八九頁。
(122)『自跋集』、一八四頁。
(123)『中国史』『宮崎市定全集一　中国史』、四六六頁。
(124)『自跋集』、一八二頁。
(125)「鄂州之役前後」『宮崎市定全集一一　宋元』、三二八頁。

(126)『自跋集』、一八二頁。
(127) 佐藤長「宮崎先生の偉大なる教え」『宮崎市定全集』月報五、一九九九年、二～四頁。
(128)「内藤史学の真価」『宮崎市定全集二四　随筆（下）』、二九一頁。
(129)「内藤史学の真価」『宮崎市定全集二四　随筆（下）』、二九二頁。
(130)「内藤史学の真価」『宮崎市定全集二四　随筆（下）』、二九二頁。
(131)『自跋集』一八一頁には、「一時間余」とある。しかし、「内藤史学の真価」「『宮崎市定全集二四　随筆（下）』、二九二頁には「二時間近くも続いた」とある。
(132)「内藤史学の真価」『宮崎市定全集二四　随筆（下）』、二九三頁。
(133)「内藤史学の真価」『宮崎市定全集二四　随筆（下）』、二九三頁。
(134)『京都大学七十年史』、一一七四頁。
(135) 以下の京大の学生運動については、『京都大学七十年史』、九五～九六、一一八〇～一一八三頁。
(136) 日本労働組織評議会の招きで来日したロシア労働組合委員長レプセが京都駅を通過した際に、京大生が挨拶状を渡そうとして逮捕された事件。
(137) 不穏文書出版の嫌疑で京大生らが検束された事件。
(138)「上海から広東まで」『宮崎市定全集二一　日中交渉』、三九一頁。
(139)「大正デモクラシーとは」『宮崎市定全集二三　随筆（上）』、五五〇～五五五頁。
(140)「大正デモクラシーとは」『宮崎市定全集二三　随筆（上）』、五五三頁。
(141)「陳列館地下室」『宮崎市定全集二三　随筆（上）』、五〇四頁。
(142)「陳列館地下室」『宮崎市定全集二三　随筆（上）』、五〇四頁。
(143)『京都大学七十年史』、一一七三頁。
(144)『京都大学七十年史』、七二頁。
(145) 天野『帝国大学』、一二四頁。

第四章　ごく上々な門出――大学院から旧制高校の教授（大正十四年～昭和九年）

(1)「『東洋史研究総目録（第一巻～第五十巻）』序」『宮崎市定全集二四　随筆（下）』、七一九頁。
(2)「来し方の記」『宮崎市定全集二三　随筆（上）』、五九二頁。
(3) 桑原武夫『思い出すこと忘れえぬ人』講談社学術文庫、一九九〇年、一三二頁。
(4)「遊侠に就いて」『宮崎市定全集五　史記』、二八四頁。
(5)「遊侠に就いて」『宮崎市定全集五　史記』、二八四頁。
(6) 狩野直禎「祖父狩野君山と阿藤伯海先生」『書論』三

八号、二〇一二年、七二頁。
（7）『菩薩蛮記』『宮崎市定全集二〇　菩薩蛮記』、八頁。
（8）『自跋集』、四二頁。
（9）『宮崎市定全集七　六朝』、八二〜八三頁。
（10）Georg Jacob, *Der Einfluss des Morgenlandes auf das Abendland vornehmlich während des Mittelalters*, Hannover, 1924.
（11）『自跋集』、三四七頁。
（12）「〔『東風西雅』〕はしがき」『宮崎市定全集二四　随筆（下）』、六二六頁。
（13）「来し方の記」『宮崎市定全集二三　随筆（上）』、五九二頁。
（14）百瀬孝『事典昭和戦前期の日本　制度と実態』吉川弘文館、一九九〇年、三二三頁。
（15）予備役の者は戦時に召集され、後備役の者は戦時に予備役に次いで召集される。
（16）一ノ瀬俊也『近代日本の徴兵制と社会』吉川弘文館、二〇〇四年、六五頁。
（17）一ノ瀬『近代日本の徴兵制と社会』、六五頁。
（18）「来し方の記」『宮崎市定全集二三　随筆（上）』、五九四頁。
（19）百瀬『事典昭和戦前期の日本』、二七二頁。
（20）「長い旅」『宮崎市定全集二三　随筆（上）』、五六八頁。
（21）『自跋集』、四七頁。
（22）「歴史家としての狩野博士」『宮崎市定全集二四　随筆（下）』、二一七頁。
（23）百瀬『事典昭和戦前期の日本』、三〇八〜三〇九頁。
（24）高島俊男「兵站、輜重」『本』、二〇一五年九月、四六〜四九頁。
（25）「軍隊通信（宇都宮にて）」『宮崎市定全集二三　随筆（上）』、五〜七頁。
（26）礪波護「解説」宮崎市定『東洋的古代』中央公論新社、三一八頁。
（27）「〔『アジア史研究』第一〕はしがき」『宮崎市定全集二三　随筆（下）』、四八七頁。
（28）一ノ瀬『近代日本の徴兵制と社会』、九八頁。
（29）『東洋における素朴主義の民族と文明主義の社会』『宮崎市定全集二　東洋史』、九頁。
（30）「先学を語る―宮崎市定博士」、三四一頁。
（31）「先学を語る―宮崎市定博士」、三四一頁。
（32）「先学を語る―宮崎市定博士」、三四一頁。
（33）「〔『アジア史研究』第一〕はしがき」『宮崎市定全集二四　随筆（下）』、四八七頁。
（34）「長い旅」『宮崎市定全集二三　随筆（上）』、五六八頁。
（35）「大正初年の修学旅行」『宮崎市定全集二三　随筆（上）』、三三六頁。

(36)「東風西雅録」『宮崎市定全集二〇　菩薩蛮記』、二三六頁。
(37)「『アジア史研究』第一」はしがき」『宮崎市定全集二四　随筆（下）』、四八七頁。
(38)「内藤史学の真価」『宮崎市定全集二四　随筆（下）』、二九三頁。
(39)「『アジア史研究』第三」はしがき」『宮崎市定全集二四　随筆（下）』、五〇四頁。
(40)「波多野宗教学受講記」『宮崎市定全集二四　随筆（下）』、三五七頁。
(41)「『アジア史研究』第三」はしがき」『宮崎市定全集二四　随筆（下）』、五〇四頁。
(42)『自跋集』、四二頁。
(43)『自跋集』、四二頁。
(44)「『清朝史通論』『支那上古史』（内藤虎次郎著）」『宮崎市定全集二四　随筆（下）』、四〇五頁。
(45)「独創的なシナ学者内藤湖南博士」『宮崎市定全集二四　随筆（下）』、二五四頁。
(46)『自跋集』、四三頁。
(47)「先学を語る──宮崎市定博士」、三一八頁。
(48)「長恨歌二題」『宮崎市定全集二三　随筆（上）』、一八頁。
(49)「先学を語る──宮崎市定博士」、三一八頁。
(50)「先学を語る──宮崎市定博士」、三一九頁。
(51)「第六高等学校沿革」、『旧制高等学校全書』、一三六頁。
(52)「来し方の記」『宮崎市定全集二三　随筆（上）』、五九六頁。
(53)小西謙の経歴については、『信濃教育』一二一一号、「特集小西謙の人と業績」一九八七年、一一五～一二二頁に詳しい。
(54)小西謙『星条旗の降りるまで　占領下信州教育の回顧』信濃教育会出版部、一九五七年。同『不死鳥のごとく』信濃教育会出版部、一九八〇年。
(55)原五郎「小西吉太郎」『長野県歴史人物大事典』郷土出版社、一九八九年、二八八頁。
(56)伊那史学会責任編集『飯田市の七十年』一草舎出版、二〇〇七年、一五頁。
(57)『宮崎市定全集二二　日中交渉』、三一七～三三〇頁。
(58)溝上瑛「ノンフィクション・現代の肖像　京大名誉教授宮崎市定さん　独歩行愛する「京都学派」長老」『AERA』、一九八九年三月、五〇頁。
(59)「一字千金　閣」『宮崎市定全集二四　随筆（下）』、二〇八頁。
(60)宮川尚志「三高の宮崎教授」「宮崎市定博士追悼録」、六六頁。
(61)北山茂夫「少年通史へのささやかな志」『学究として教師として』みすず書房、一九八五年、二七三頁。

(62) 荒木敏一「恩師宮崎市定先生を偲ぶ」「宮崎市定博士追悼録」、五頁。
(63) 愛宕松男「宮崎市定先生への追悼」「宮崎市定博士追悼録」、一八頁。
(64) 青山光二『砂時計が語る』双葉社、二〇〇〇年、四二頁。
(65) 日比野丈夫「発掘銭から見た貨幣史」『宮崎市定全集』月報一三、一九九二年、三頁。
(66) 林屋辰三郎「史学界の流行と不易」『宮崎市定全集』月報二、一九九一年、一頁。
(67)『菩薩蛮記』『宮崎市定全集二〇　菩薩蛮記』、八頁。
(68) 竹之内静雄「東西に渉り古今に通じる史学」新潮社『波』五月号、一九九五年、六五頁。
(69)「先学を語る―宮崎市定博士」、三一八頁。
(70) 日比野「発掘銭から見た貨幣史」『宮崎市定全集』月報一三、四頁。
(71)『菩薩蛮記』『宮崎市定全集二〇　菩薩蛮記』、八頁。
(72)「独創的なシナ学者内藤湖南博士」『宮崎市定全集二四　随筆（下）』、二五三頁。
(73) この旅行の一部始終については、「昭和四年夏季満鮮見学旅行団日記」『宮崎市定全集二二　日中交渉』、四〇六～四二三頁。
(74)「先学を語る―宮崎市定博士」、三四一頁。
(75) ストライキ事件の経過については、神陵史編集委員会編『神陵史　第三高等学校八十年史』一九八〇年、七六九～七七六頁。松尾尊兊編『北山茂夫　伝記と追想』みすず書房、一九九一年、一六頁。
(76)『宮崎市定全集二四　随筆（下）』、三七一～三八〇頁。
(77)「北山君と三高ストライキ」『宮崎市定全集二四　随筆（下）』、三七五頁で、宮崎は「ストが始まってから二週間ほどたった頃と思うが」と書いているが、ストは一週間であったので、二週間というのは記憶違いであろう。
(78)「北山君と三高ストライキ」『宮崎市定全集二四　随筆（下）』、三七二頁。
(79)『自跋集』、四一七頁。
(80)「北山君と三高ストライキ」『宮崎市定全集二四　随筆（下）』、三七八頁。
(81)「北山君と三高ストライキ」『宮崎市定全集二四　随筆（下）』、三七二頁。
(82) 土屋祝郎『紅萌ゆる―昭和初年の青春』岩波書店、一九七八年、一二九頁。
(83) 青山光二『食べない人』筑摩書房、二〇〇六年、一〇七頁。
(84) 桑原武夫『人間粗描』筑摩書房、一九七六年、六一頁。
(85) 土屋『紅萌ゆる』、一二四頁。
(86) 青山『食べない人』、一〇六～一〇七頁。
(87) 桑原『人間粗描』、六〇頁。

(88) 三高記念室編『新編　自由寮史』財団法人三高自昭会、二〇〇六年、八〇頁。
(89) 号外の写真が、『紅萌ゆる丘の花　写真図説　第三高等学校八十年史』講談社、一九七三年、七七頁に出ている。
(90) 「北山君と三高ストライキ」『宮崎市定全集二四　随筆（下）』、三七二頁。
(91) 北山「少年通史へのささやかな志」『学究として教師として』、二七三頁。
(92) 礪波護「解説」宮崎市定編『中国文明の歴史一一　中国のめざめ』中央公論新社、二〇〇〇年、三六八頁。
(93) 「如舟先生と貝塚博士」『宮崎市定全集二四　随筆（下）』、三三三頁。
(94) 北山「少年通史へのささやかな志」『学究として教師として』、二七三頁。
(95) 松尾編『北山茂夫　伝記と追想』、三一二頁。
(96) 北山茂夫「湯浅廉孫先生逸話抄」『学究として教師として』、二八～三九頁。
(97) 「先学を語る―宮崎市定博士」、三二〇頁。
(98) 桑原『人間粗描』、六〇頁。
(99) 「馬廠長日記」『宮崎市定全集二二　日中交渉』、四二五頁。
(100) 「先学を語る―宮崎市定博士」、三二〇頁。
(101) 愛宕松男「宮崎市定先生への追悼」、「宮崎市定博士追悼録」、一八頁。
(102) 礪波、間野「宮崎市定」『京大東洋学の百年』、二二七頁。
(103) 日比野丈夫「宮崎先生を偲ぶ」、「宮崎市定博士追悼録」、五八頁。
(104) 桑原武夫「桑原隲蔵小伝」『桑原隲蔵全集』第五巻、岩波書店、一九六八年、五三六頁。
(105) 『自跋集』、三九四頁。
(106) 「馬廠長日記」『宮崎市定全集二二　日中交渉』、四二八頁。
(107) 「如舟先生と貝塚博士」『宮崎市定全集二四　随筆（下）』、三三二頁。
(108) 青山『砂時計が語る』、四三～四五頁。
(109) 日比野「発掘銭から見た貨幣史」『宮崎市定全集』月報一三、三～四頁。
(110) 臼井勝美『満州事変』中央公論社、一九七四年、一九五頁。
(111) 「概説と同時代史」『宮崎市定全集二四　随筆（下）』、四六頁。
(112) 「概説と同時代史」『宮崎市定全集二四　随筆（下）』、四六頁。
(113) 「水滸伝と江南民屋」『宮崎市定全集一二　水滸伝』、三八四～四〇七頁。
(114) 日比野「宮崎先生を偲ぶ」『東方学』、一九一頁。

(115) この旅行の概要は、『自跋集』、四四〇頁。
(116) 『入谷義高先生追悼文集』汲古書院、二〇〇〇年、一一頁。
(117) 中谷英雄「宮崎市定先生の思い出」「宮崎市定博士追悼録」、五二頁。
(118) 林屋「史学界の流行と不易」『宮崎市定全集』月報二、八頁。
(119) 吉川幸次郎『遊華記録』筑摩書房、一九七九年、六八頁。
(120) 傳芸子『支那語会話篇』弘文堂書房、一九三八年、一頁。
(121) 「『正倉院考古記』（傳芸子著）」『宮崎市定全集二四　随筆（下）』、三九九〜四〇〇頁。
(122) 「中国商人気質」『宮崎市定全集二三　随筆（上）』、一六〇頁。
(123) このルートについては、青島守備軍民生部鉄道部編纂『山東鉄道旅行案内』一九二〇年、八頁。二〇一四年に復刻が荒木正彦監修でゆまに書房から刊行されている。
(124) 『自跋集』、四四〇頁。
(125) 『山東鉄道旅行案内』、一九九頁。
(126) 『自跋集』、一八五頁。
(127) 『山東鉄道旅行案内』、一八二頁。
(128) 桑原隲蔵『考史遊記』岩波文庫、二〇〇一年（初版は一九四二年）、二一〇頁。山嶠の写真が掲載されている。
(129) 『山東鉄道旅行案内』、一八二頁。
(130) 「来し方の記」『宮崎市定全集二三　随筆（上）』、五九七頁。
(131) 「王安石の吏士合一策—倉法を中心として」『宮崎市定全集一〇　宋』、一一三〜一六八頁。
(132) 『自跋集』、一六三頁。
(133) 吉川幸次郎『文明の三極』筑摩書房、一九七八年、一五三頁。
(134) 吉川『文明の三極』、一五三頁。
(135) 「宋代の太学生生活」『宮崎市定全集一〇　宋』、三二三〜三五四頁。
(136) 「古代支那賦税制度」は『宮崎市定全集三　古代』、四一〜九八頁に、「支那城郭の起源異説」は同巻、九九〜一一三頁に収録されている。なお全集版では、「支那」は「中国」と改められている。
(137) 宮崎の都市国家論と西洋古代史研究の関係については、拙稿「宮崎市定と西洋古代史研究」『西洋古代史研究』一五号、二〇一五年、一〜一八頁。
(138) 「古代中国賦税制度」『宮崎市定全集三　古代』、六〇頁。
(139) 「古代中国賦税制度」『宮崎市定全集三　古代』、九三頁。
(140) 「中国城郭の起源異説」『宮崎市定全集三　古代』、一一〇～一一一頁。

(141) *The Oxford Classical Dictionary, 3ed.*, Oxford, 1996年のwall of Serviusの項目によれば、ローマに城壁が築かれたのは前三七八年のことで、これがいわゆるセルウィウスの城壁と呼ばれるもので、それ以前に同じ程度の城壁があったとは考えられないようである。ちなみに、ガリア人のローマ略奪は前三九〇年のことである。

(142)『自跋集』、四六頁。

(143)「私の中国古代史研究歴」『宮崎市定全集一七　中国文明』、四〇八頁。

(144)「私の中国古代史研究歴」『宮崎市定全集一七　中国文明』、四〇八頁。

(145)「遊侠に就いて」『宮崎市定全集五　史記』、二六九頁。

(146)宮崎は、都市国家の支配者層を先の「古代中国賦税制度」では「貴族」と呼んでいたが、この論文では「士族」と表現している。とはいえ、「士族」については「政治は士族の独占する所である。彼等の参政権の中には戦時出征の義務と権利が含まれる。戦争は権利であり武器を所有するのは士族のみの特権であった（「遊侠に就いて」『宮崎市定全集五　史記』、二六九頁）」と説明されており、「貴族」とその実質は変わらない。

(147)「遊侠に就いて」『宮崎市定全集五　史記』、二七八頁。

(148)『東洋における素朴主義の民族と文明主義の社会』『宮崎市定全集二　東洋史』、三一～一三〇頁。

(149)『自跋集』、九頁。

(150)「宮崎市定博士著『アジア史研究第一』書評」『東洋史研究』一七巻二号、一九五八年。なお引用の文に続けて、濱口は「この新説（＝都市国家論）が発表された頃は議論が未だ素朴であったと言うより、寧ろあまり西洋流の見解であるとして古い考えに囚われた者には急に理解されなかった」と指摘している。

(151)礪波護『敦煌から奈良・京都へ』法蔵館、二〇一六年、三一五～三一六頁。

(152)貝塚茂樹『中国の古代国家』中央公論社、一九八四年、三八六～三八七頁。

(153)中江の経歴については、中江丑吉『中国古代政治思想』岩波書店、一九五〇年、六六三～六六四頁。

(154)貝塚『中国の古代国家』、三八七頁。

(155)『自跋集』、四八～四九頁。

(156)礪波『敦煌から奈良・京都へ』、三一六頁。

第五章　鼻息の荒い時代——京都帝大の助教授、フランス留学（昭和九年～昭和十三年）

(1)那波の生涯と研究については、竺沙雅章「那波利貞先生の敦煌文書研究」高田時雄編『草創期の敦煌学』知泉書館、二〇〇二年、一六七～一七五頁。

(2)「来し方の記」『宮崎市定全集二三　随筆（上）』、五九九頁。

（3）「安部健夫君遺著の序　その一」『宮崎市定全集二四　随筆（下）』、五七九頁。
（4）『菩薩蛮記』『宮崎市定全集二〇　菩薩蛮記』、九頁。
（5）『菩薩蛮記』『宮崎市定全集二〇　菩薩蛮記』、九頁。礪波、間野「宮崎市定」『京大東洋学の百年』、二二七頁で、礪波は日中戦争勃発のためとしている。
（6）「『アジア史研究』第四　はしがき」『宮崎市定全集二四　随筆（下）』、五一〇頁。
（7）『自跋集』、一〇八頁。
（8）濱口重國「魏・晋・南北朝」『社会経済史学』一〇、一一、一二合併号、一九四一年、一一六三～一一七一頁。引用は一一六九頁。
（9）菊池英夫「濱口重國」『二〇世紀の歴史家たち（二）日本編（下）』、二二七～二四〇頁。引用は二三二頁。
（10）「『アジア史研究』第四　はしがき」『宮崎市定全集二四　随筆（下）』、五一〇頁。
（11）「学者の一生」『宮崎市定全集二三　随筆（上）』、六四七頁。
（12）以下の日付は、高浜虚子『渡佛日記』改造社、一九三六年による。
（13）「箱根丸同船記」『宮崎市定全集二〇　菩薩蛮記』、二八五頁。高浜虚子『渡佛日記』、二四頁によれば、二月二十七日のことである。
（14）橋本順光、鈴木禎宏編著『欧州航路の文化誌』青弓社、二〇一七年、一四頁。
（15）和田博文『海の上の世界地図　欧州航路紀行史』岩波書店、二〇一六年、二二六頁。和田は、同書の二三〇頁において宮崎の存在に触れ、「宮崎はアラビア語を学ぶため、パリの東洋語学校に留学する途上だった」と書くが、宮崎がアラビア語を学ぶために留学したというのは、正確ではない。以下で見るように宮崎は、偶然パリでアラビア語を学ぶことになったに過ぎない。
（16）「箱根丸同船記」『宮崎市定全集二〇　菩薩蛮記』、二八七頁。
（17）日本郵船『渡欧案内』一九三二年、四頁。『シリーズ明治・大正の旅行』第一期　旅行案内集成、第二一巻、ゆまに書房、二〇一五年。
（18）横光利一『欧洲紀行』講談社学芸文庫、二〇〇六年、一四頁。ただし、横光は退屈だったようである。
（19）『菩薩蛮記』『宮崎市定全集二〇　菩薩蛮記』、九頁。
（20）『菩薩蛮記』『宮崎市定全集二〇　菩薩蛮記』、九頁では、長谷部を「中将」としているが、二八六頁では「少将」としている。「少将」のほうが正しい。
（21）「東と西との交錯」『宮崎市定全集二〇　菩薩蛮記』、二四八頁。
（22）洋上句会については、礪波美和子「高浜虚子・横光利一らの洋上句会―宮崎市定のサイン帳と『楠窓を偲ぶ』を中心に―」『叙説』三八号、二〇一一年、一五二

～一七一頁。

(23) 十重田裕一「引き裂かれた「旅愁」の軌跡」横光利一『旅愁』岩波文庫、二〇一六年、五六五頁。

(24) 高濱『渡佛日記』、一三五頁。

(25) 高濱『渡佛日記』、四二頁。

(26) 横光利一『旅愁』岩波文庫、二〇一六年、一〇頁。

(27)「東と西との交錯」『宮崎市定全集二〇　菩薩蛮記』、二五〇頁。

(28)「東と西との交錯」『宮崎市定全集二〇　菩薩蛮記』、二五三頁。

(29)『自跋集』、二一七～二一八頁。

(30)「（『明代徭役制度の研究』（岩見宏著））はしがき」『宮崎市定全集二四　随筆（下）』、六六六頁。

(31)「（『明代徭役制度の研究』（岩見宏著））はしがき」『宮崎市定全集二四　随筆（下）』、六六六頁。

(32)『自跋集』、二二五頁。

(33)『宮崎市定全集一三　明清』、三～三九頁。

(34)『欧州大陸旅行日程』一九二八年版、四四頁。

(35) 支那史学の卒業生は、神田を含めてわずか六名しかいなかった。『自跋集』、九七頁。

(36) 神田については、日比野丈夫「神田喜一郎」江上波夫編『東洋学の系譜　第二集』大修館書店、一九九四年、二二一～二三一頁。

(37)『菩薩蛮記』『宮崎市定全集二〇　菩薩蛮記』、九頁。

(38) 和田博文他『パリ・日本人の心象地図　一八六七―一九四五』藤原書店、二〇〇四年、一一頁。

(39) 横光『旅愁』、三六四頁。

(40) 太宰施門『フランス生活』創元社、一九四六年、二～三頁。

(41)「フランス人民戦線の頃」『宮崎市定全集二三　随筆（上）』、二四九頁。

(42)「東と西との交錯」『宮崎市定全集二〇　菩薩蛮記』、二五〇頁。

(43) 芹沢の生涯については、新潮日本文学アルバム六二『芹沢光治良』新潮社、一九九五年。

(44) 中央公論社、一九四三年。

(45) 創元社、一九四三年。

(46)『文芸手帖』同文館、一九四三年、二五頁。

(47)『文芸手帖』同文館、一九四三年、二八～二九頁。

(48)「フランス人民戦線の頃」『宮崎市定全集二三　随筆（上）』、二五〇頁。

(49) 和田他『パリ・日本人の心象地図』、四二頁。

(50)「フランス人民戦線の頃」『宮崎市定全集二三　随筆（上）』、二五〇頁。

(51) 礪波護『京洛の学風』中央公論新社、二〇〇一年、三七頁。

(52) 横光『旅愁』、三二九頁。

(53) 横光『欧洲紀行』、一一六頁。

(54)「フランス人民戦線の頃」『宮崎市定全集二三　随筆（上）』、二五一頁。
(55)「フランス人民戦線の頃」『宮崎市定全集二三　随筆（上）』、二五三頁。
(56)『菩薩蛮記』『宮崎市定全集二〇　菩薩蛮記』、九頁。
(57)「シムノンの探偵小説」『宮崎市定全集二四　随筆（下）』、一四三頁。
(58)「宮本正清先生の思い出」『宮崎市定全集二四　随筆（下）』、三五〇頁。
(59)和田他『パリ・日本人の心象地図』、二五五頁。
(60)「来し方の記」『宮崎市定全集二三　随筆（上）』、六〇一頁。
(61)「コレジ・ド・フランス」『宮崎市定全集二三　随筆（上）』、一九四〜一九五頁。
(62)福井文雅『欧米の東洋学と比較論』隆文館、一九九一年、一〇七頁。
(63)「シムノンの探偵小説」『宮崎市定全集二四　随筆（下）』、一四三頁。
(64)『史林』二三巻四号、一九三八年、九〇三頁の彙報には、「文部省在外研究員として仏国巴里に於いて支那南海交通史の研究に従っていた宮崎市定助教授は、二ヶ年半の研究期間を了え、米国経由、八月二十日早朝横浜入港の秩父丸で帰朝、同夜帰洛した。第二学期より講義を始められるが、殊に特殊講義「近世南方交通史」は斬新なものと期待される」とある。
(65)『菩薩蛮記』『宮崎市定全集二〇　菩薩蛮記』、九頁。
(66)「来し方の記」『宮崎市定全集二三　随筆（上）』、六〇四頁。
(67)「来し方の記」『宮崎市定全集二三　随筆（上）』、六〇九〜六一〇頁。
(68)「来し方の記」『宮崎市定全集二三　随筆（上）』、六一〇頁。
(69)「来し方の記」『宮崎市定全集二三　随筆（上）』、六一〇頁。
(70)『菩薩蛮記』『宮崎市定全集二〇　菩薩蛮記』、九〜一〇頁。
(71)藤本勝次「宮崎先生の思い出」「宮崎市定博士追悼録」、六〇〜六一頁。
(72)礪波、間野「宮崎市定」『京大東洋学の百年』、二四五頁。
(73)礪波、間野「宮崎市定」『京大東洋学の百年』、二四六頁。
(74)「『中国政治制度の研究―内閣制度の起源と発展』（山本隆義著）」はしがき」『宮崎市定全集二四　随筆（下）』、五二九頁。
(75)『宮崎市定全集二一　日中交渉』、八八頁。
(76)「来し方の記」『宮崎市定全集二三　随筆（上）』、六〇二頁。

(77)「来し方の記」『宮崎市定全集二三　随筆（上）』、六〇二頁。
(78)「東と西との交錯」『宮崎市定全集二〇　菩薩蛮記』、二五三頁。
(79)「〔『中国政治制度の研究―内閣制度の起源と発展』（山本隆義著）〕はしがき」『宮崎市定全集二四　随筆（下）』、五二九〜五三〇頁。
(80)「アンスチチューションの学」『宮崎市定全集二四　随筆（下）』、五〇五〜五〇九頁。
(81) 礪波、間野「宮崎市定」『京大東洋学の百年』、二四六頁。
(82) 藤本勝次「日本でのイブン＝ハルドゥーン」『人類の知的遺産』月報二八号、一九八〇年、四頁。
(83) 礪波、間野「宮崎市定」『京大東洋学の百年』、二四六頁。
(84)「マルコ・ポーロが残した亡霊」『宮崎市定全集一九　東西交渉』、九七頁。
(85)『宮崎市定全集一九　東西交渉』、二五七〜二七七頁。
(86)『宮崎市定全集一九　東西交渉』、九七〜一〇七頁。
(87)「マルコ・ポーロが残した亡霊」『宮崎市定全集一九　東西交渉』、九七頁。
(88) 渡辺紳一郎「古地図あれこれ」『ビブリア』三二号、一九六五年、七〇頁。
(89) 渡辺紳一郎『欧版日本古地図展覧会目録』丸善株式会社、一九四七年。渡辺のコレクションは、神奈川県立歴史博物館編『世界のかたち日本のかたち　渡辺紳一郎古地図コレクションを中心に』、一九九七年にも見ることができる。
(90) 礪波、間野「宮崎市定」『京大東洋学の百年』、二三九頁。
(91) 京都大学附属図書館編『近世の京都図と世界図』、二〇〇一年。
(92)「十八世紀フランス絵画と東亜の影響」『宮崎市定全集一九　東西交渉』、一三八頁。
(93)「シムノンの探偵小説」『宮崎市定全集二四　随筆（下）』、一四四頁。
(94) シムノンのメグレ物の作品リストは、長島良三編『メグレ警視』プレジデント社、一九七八年、一八一〜一九四頁。
(95)「シムノンの探偵小説」『宮崎市定全集二四　随筆（下）』、一四四頁。
(96) 礪波護の直話による。
(97) 桑原武夫『フランス印象記』弘文堂、一九四一年。
(98)『宮崎市定全集一〇　宋』、九七〜一一二頁。
(99)『宮崎市定全集一〇　宋』、九九頁。
(100) 日本評論社、一九四一年。
(101) 弘文堂書房、一九四二年。
(102)「麒麟も老ゆれば―名馬ウラノスのこと」『宮崎市定

全集二三　随筆（上）』、四九七〜四九九頁。

(103)「ファンテジー」『宮崎市定全集二三　随筆（上）』、三七三〜三七四頁。

(104) 礪波護『鏡鑑としての中国の歴史』法蔵館、二〇一七年、二四一〜二四二頁。

(105)「フランス大統領と握手した話」『宮崎市定全集二三　随筆（上）』、六九三頁によれば、一人は三井物産の上野陸軍中尉。

(106)「フランス大統領と握手した話」『宮崎市定全集二三　随筆（上）』、六九四頁。

(107)「ヒトラーとのめぐりあい」『宮崎市定全集二三　随筆（上）』、五二三頁。

(108)「ヒトラーとのめぐりあい」『宮崎市定全集二三　随筆（上）』、五二一〜五二三頁。

(109)「来し方の記」『宮崎市定全集二三　随筆（上）』、六〇一頁。

(110)「来し方の記」『宮崎市定全集二三　随筆（上）』、六〇〇頁。

(111) 晋文館、一九一五年。

(112) 中山久四郎『蒙古研究　白人の世界か、黄人の世界か』晋文館、一九一五年、一三八〜一三九頁。

(113)『自跋集』、四〇〇〜四〇一頁。なお宮崎はワールシュタットではなく、リーグニッツに行ったと表現している。リーグニッツは、ワールシュタットの最寄りの都市である。

(114)「バルカンの印象」『宮崎市定全集二〇　菩薩蛮記』、二九九頁。

(115)『菩薩蛮記』『宮崎市定全集二〇　菩薩蛮記』、一六頁。

(116)『菩薩蛮記』『宮崎市定全集二〇　菩薩蛮記』、一〇頁。

(117)『菩薩蛮記』『宮崎市定全集二〇　菩薩蛮記』、五一頁。

(118)『菩薩蛮記』『宮崎市定全集二〇　菩薩蛮記』、七六頁。

(119)『菩薩蛮記』『宮崎市定全集二〇　菩薩蛮記』、八一頁。

(120) 原勝郎『南海一見』中公文庫、一九八八年、一四頁。

(121)『菩薩蛮記』『宮崎市定全集二〇　菩薩蛮記』、八四頁。

(122)『菩薩蛮記』『宮崎市定全集二〇　菩薩蛮記』、一〇八頁。

(123)『菩薩蛮記』『宮崎市定全集二〇　菩薩蛮記』、一〇八頁。

(124)『自跋集』、三三八〜三三九頁。

(125)『菩薩蛮記』『宮崎市定全集二〇　菩薩蛮記』、一一五〜一一六頁。

(126)『菩薩蛮記』『宮崎市定全集二〇　菩薩蛮記』、一一六頁。

(127)『菩薩蛮記』『宮崎市定全集二〇　菩薩蛮記』、一二四頁。

(128)『菩薩蛮記』『宮崎市定全集二〇　菩薩蛮記』、一三四頁。

(129)『菩薩蛮記』『宮崎市定全集二〇　菩薩蛮記』、一三五頁。
(130)『菩薩蛮記』『宮崎市定全集二〇　菩薩蛮記』、一三六〜一三七頁。
(131)『菩薩蛮記』『宮崎市定全集二〇　菩薩蛮記』、一三七頁。
(132)『菩薩蛮記』『宮崎市定全集二〇　菩薩蛮記』、一三七頁。
(133)『菩薩蛮記』『宮崎市定全集二〇　菩薩蛮記』、一四〇頁。
(134)岩波書店、一九六九年、三五〜三六頁。
(135)『菩薩蛮記』『宮崎市定全集二〇　菩薩蛮記』、九九頁。
(136)『菩薩蛮記』『宮崎市定全集二〇　菩薩蛮記』、四四頁。
(137)「イスラム世界のその後」『宮崎市定全集二〇　菩薩蛮記』、三一二頁。
(138)「バルカンの印象」『宮崎市定全集二〇　菩薩蛮記』、三〇〇頁。
(139)帰国日は「自訂年譜」に従ったが、注(64)に挙げた『史林』によれば、帰国日は二十日である。
(140)『自跋集』、三三六頁。
(141)日比野丈夫「宮崎先生を偲ぶ」『東方学』九一輯、一九九六年、一九二頁。
(142)『宮崎市定全集二〇　菩薩蛮記』、三二三〜三五五頁。
(143)『自跋集』、三四六頁。
(144)岩波文庫、一九三八年、二四一頁。
(145)『菩薩蛮記』『宮崎市定全集二〇　菩薩蛮記』、二一一頁。
(146)『自跋集』、三四六頁。
(147)五井直弘『近代日本と東洋史学』青木書店、一九七六年、iv頁。
(148)『自跋集』、三四六頁。
(149)『宮崎市定全集一九　東西交渉』、三〜五〇頁。
(150)「世界史序説」『宮崎市定全集二　東洋史』、二六四〜二九七頁。
(151)「東洋のルネッサンスと西洋のルネッサンス」『宮崎市定全集一九　東西交渉』、三頁。
(152)「東洋のルネッサンスと西洋のルネッサンス」『宮崎市定全集一九　東西交渉』、四頁。
(153)「東洋のルネッサンスと西洋のルネッサンス」『宮崎市定全集一九　東西交渉』、四〜五頁。
(154)「東洋のルネッサンスと西洋のルネッサンス」『宮崎市定全集一九　東西交渉』、五頁。
(155)樺山紘一『ルネサンスと地中海』中央公論社、一九九六年、四〇三頁。
(156)樺山『ルネサンスと地中海』、四〇四頁。
(157)「東洋のルネッサンスと西洋のルネッサンス」『宮崎市定全集一九　東西交渉』、一四頁。
(158)「東洋のルネッサンスと西洋のルネッサンス」『宮崎市定全集一九　東西交渉』、四一頁。

(159)「東洋のルネッサンスと西洋のルネッサンス」『宮崎市定全集一九　東西交渉』、四二頁。
(160)「東洋のルネッサンスと西洋のルネッサンス」『宮崎市定全集一九　東西交渉』、四二頁。
(161)「イラン学の祖　榊亮三郎博士」『宮崎市定全集二四随筆（下）』、三三一頁。
(162)「イラン学の祖　榊亮三郎博士」『宮崎市定全集二四随筆（下）』、三三一～三三二頁。
(163)「私の中国古代史研究歴」『宮崎市定全集一七　中国文明』、四二二頁。
(164)「先学を語る―宮崎市定博士」、九頁。
(165)「『アジア史研究』第三）はしがき」『宮崎市定全集二四　随筆（下）』、五〇五頁。
(166)一九三五年、パリ刊。
(167)『自跋集』、三一五～三一六頁。
(168)『自跋集』、三一六頁。
(169)『自跋集』、三一五頁。
(170)『自跋集』、二一三頁。
(171)「東洋のルネッサンスと西洋のルネッサンス」『宮崎市定全集一九　東西交渉』、六頁
(172)先に挙げた内藤湖南の他にも、宋を以て新文化が始まったとする見方は、日本史の内田銀蔵も取っていた。内田の『近世の日本』一九一九年、七頁には、「宋に至つては頗る新しき色彩が加はつて、学問芸術一体の風気が何となく伝習的の拘束を脱し、軽く明い新味を帯びて参つた。云ひかへれば近世的に成つたのである」とある。
(173)例えば、秋田茂、永原陽子、羽田正、南塚信吾、三宅明正、桃木至朗『「世界史」の世界史』ミネルヴァ書房、二〇一六年、羽田正『グローバル化と世界史』東京大学出版会、二〇一八年がある。
(174)鈴木成高『ランケと世界史学』弘文堂、一九三九年、二頁。
(175)鈴木は自著の『ランケと世界史学』について、「あれを私に書かせたのは、西田門下の哲学のひとたちでした」と林健太郎との対談の中で語っている。「ランケ史学の神髄」『世界の名著　ランケ』付録七、中央公論社、一九七四年、二頁。
(176)礪波護「『史林』と京大東洋史学」『史林』、第一〇〇巻六号、二〇一七年、六七～八三頁。

第六章　国策に従事して――京都帝大の助教授から教授へ（昭和十三年～昭和二十年）

(1)原覚天『現代アジア研究成立史論　満鉄調査部・東亜研究所・IPRの研究』、勁草書房、一九八四年、一〇一頁。第一部　企画班、業務班、自然科学班、統計班、翻訳班、第二部　ソ連班、外蒙青海班、第三部　支那経済第一班、同第二班、同第三班、支那政治班、支那社会文化班、満蒙班、第四部　第一班（南洋）、第二班（同

上）、第三班（大洋洲）、列国班、第五部　印度緬甸班、西アジア班、回教班、英国班。

(2) 原『現代アジア研究成立史論』、一〇三頁。

(3) 原敢次郎を第二部長とするのは『自跋集』二三四頁であるが、原『現代アジア研究成立史論』一〇五頁によれば、原敢次郎は第四部と第五部の担当であった。

(4)『東亜研究所報』一号、一九三九年、七四頁。

(5)『京都大学文学部五十年史』、二四～二五頁。設立時には、東方文化学院京都研究所であったが、昭和十三年四月一日に東方文化研究所となった。

(6)『自跋集』、二三五頁。

(7)『異民族の支那統治概説』「例言」、三頁。

(8) 中村治兵衛「東洋史と私」『中村治兵衛先生古希記念東洋史論叢』刀水書房、一九八六年、五一四頁。

(9) 中村「東洋史と私」、五一四頁。

(10) 中村「東洋史と私」、五一四頁は「京都側の清朝の官制に関する数多くの統計を含む大部の報告書はコピーがなかっただけに特に惜しまれる」としている。

(11)『自跋集』、二三七頁。

(12)『異民族の支那統治概説』、一八二頁。

(13)『自跋集』、二三七頁。

(14) 原『現代アジア研究成立史論』、一六二頁。

(15)『東方学報（京都）』、一三冊三分、一九四三年、一四九頁。

(16) 原『現代アジア研究成立史論』、一七二頁。

(17) 史学会大会の詳細は『史学雑誌』五〇編七号、一九四〇年、九一一～九五七頁。

(18)『自跋集』、二八五頁。

(19)『史学雑誌』五一編第一号、一九四〇年。『宮崎市定全集一七　中国文明』、三～二六頁。

(20)『東洋における素朴主義の民族と文明主義の社会』『宮崎市定全集二　東洋史』、九頁。

(21)『東洋における素朴主義の民族と文明主義の社会』『宮崎市定全集二　東洋史』、八頁。

(22)『東洋における素朴主義の民族と文明主義の社会』『宮崎市定全集二　東洋史』、一二四頁。

(23)『東洋における素朴主義の民族と文明主義の社会』を分析した研究としては、呂超「宮崎市定における文明論―「素朴民族」と「文明社会」」『関西大学中国文学会紀要』三六号、二〇一五年、八一～一二二頁がある。呂超には、他にも宮崎に関する「宮崎市定における世界史観の形成（東アジアの思想と構造）」『東アジア文化交渉研究』八号、二〇一五年、二三五～二四五頁、「宮崎市定の中国史像の形成と世界史構想」『関西大学東西学術研究所紀要』四九号、二〇一六年、三五三～三七六頁の論文がある。

(24)「素朴主義と文明主義再論」『宮崎市定全集二　東洋史』、二三四頁。

(25)「素朴主義と文明主義再論」『宮崎市定全集二　東洋史』、三三四～三三五頁。
(26)「来し方の記」『宮崎市定全集二三　随筆（上）』、六〇六～六〇七頁。
(27) 以下の皇紀二千六百年の式典の模様については、古川隆久『皇紀・万博・オリンピック』中央公論社、一九九八年、一七四～一九四頁。
(28)『宮崎市定全集二四　随筆（下）』、三三三頁。全集版には、「天子古希」のブローチの写真が入っている。
(29)『宮崎市定全集二四　随筆（下）』、三四七～三四九頁。
(30) 田辺勝美『毘沙門天像の誕生』吉川弘文館、一九九九年、四頁。
(31) 田辺『毘沙門天像の誕生』、一七〇頁。より詳細な批判は同『毘沙門天像の起源』山喜房佛書林、二〇〇六年、一六一～一六三頁。
(32) 礪波、間野「宮崎市定」『京大東洋学の百年』、二三一頁。
(33)『自跋集』、三二〇頁。
(34) 松本清張『火の路』文春文庫、一九七八年、一〇六頁。
(35) 松本清張『古代の終焉』講談社文庫、一九八九年、三〇八～三一一頁。
(36) 以下の宮崎と松本の関係については、『宮崎市定全集』内容見本所収の松本清張「洛中一時間の「講義」」による。
(37) 藪田の経歴は「故藪田嘉一郎氏略歴」『史迹と美術』四六巻二号、一九七六年、五〇頁。
(38) 松本清張『古代史私注』講談社、一九八一年。
(39) 北九州市立松本清張記念館『松本清張『火の路』誕生秘話―古代史家との往復書簡を中心に』、二〇〇四年、四六頁。
(40) 日本放送出版協会、一九八四年、一〇二～一〇三頁。
(41)『宮崎市定全集二四　随筆（下）』、三二六～三二七頁。
(42) 今谷明「戦時下の歴史家たち」青木保他編『近代日本文化論　四　知識人』岩波書店、一九九四年、二一五頁。
(43)『宮崎市定全集九　五代宋初』、三六三～三七八頁。
(44)『宮崎市定全集二　東洋史』、一〇頁。
(45) 清水書房、一九四三年。
(46)「〔『清代塩政の研究』（佐伯富著）〕序」『宮崎市定全集二四　随筆（下）』、四七九頁。
(47)『宮崎市定全集一〇　宋』、一六九～一八六頁。
(48)『東亜研究所報』一号、一九三九年、七四頁。
(49)『東亜研究所報』一号、一九三九年、八五頁。
(50) 大島康正「大東亜戦争と京都学派」、二八一頁。森哲郎編『世界史の理論　京都学派の歴史哲学論攷』灯影舎、二〇〇〇年に採録。
(51) 伊藤隆編『高木惣吉　日記と情報（下）』、みすず書房、二〇〇〇年、九八八～九八九頁。
(52) 大島「大東亜戦争と京都学派」、二八一頁。大島は、日高、宮崎については言及していない。
(53)『自跋集』、三四〇頁。
(54) 鈴木の経歴については鈴木成高『世界史における現代』創文社、一九九〇年、三七五～三七七頁。
(55) 大島「大東亜戦争と京都学派」、二八二頁。
(56) 大島「大東亜戦争と京都学派」、二八二～二八三頁。
(57) 以下の「大島メモ」に関する記述は大橋良介『京都学派と日本海軍』ＰＨＰ研究所、二〇〇一年に拠っている。
(58) 大橋『京都学派と日本海軍』、一七頁。
(59) 礪波護「アジア史家の宮崎市定」宮崎市定『アジア史論』中央公論新社、二〇〇二年、二六頁。
(60) 高木惣吉『太平洋戦争と陸海軍の抗争』経済往来社、一九六七年、一九〇～一九一頁。
(61) 大島「大東亜戦争と京都学派」、二八三頁。
(62) なお「大島メモ」には、一つの発言が宮崎を含む複数者の発言として記録されている部分が三ヶ所あるが（大橋『京都学派と日本海軍』、一八八～一八九頁、一九一頁、一九九頁）、以下での引用はしていない。
(63) 小山哲「実証主義的「世界史」」秋田茂他編『「世界史」の世界史』、二八五頁。
(64) 大東亜史の編纂については、奈須恵子「戦時下日本における『大東亜史』構想―『大東亜史概説』編纂の試みに着目して」『東京大学大学院教育学研究科紀要』三五巻、一九九五年、一～九頁、長谷川亮一『皇国史観という問題』白澤社、二〇〇八年、一五五～一六八頁参照。
(65)「『アジア歴史研究入門』序」『宮崎市定全集二　東洋史』、三二七頁。「(『アジア史研究』第二) はしがき」『宮崎市定全集二四　随筆（下）』、四九五頁には「文部省の意向による大東亜史なるものは、いわゆる大東亜共栄圏の歴史で、その範囲は従って印度以東であり、いわばアジア大陸の東半分をば、日本を扇の要のように中心におき、皇国文化が西へ光被して行く歴史を書いてほしい、といった風のものであった」とある。
(66)「『アジア歴史研究入門』序」『宮崎市定全集二　東洋史』、三二七頁。
(67)「『アジア歴史研究入門』序」「『宮崎市定全集二　東洋史』、三二八頁。(『アジア史研究』第二) はしがき」『宮崎市定全集二四　随筆（下）』四九五頁には、「日本を扇の要にする代わりに、西アジアが扇の要になって、文化がそこで発祥して次第に東に延びてきて、最後に日本で結晶する」とある。
(68) 山本達郎「あるアジア史研究者の歩み」国際基督教大学学報三―A『アジア文化研究』一三号、一九八一年、三～三二頁。
(69)「『アジア歴史研究入門』序」『宮崎市定全集二　東洋

史』、三二九頁。

(70)「(『アジア史研究』第二)はしがき」『宮崎市定全集二四　随筆(下)』、四九六頁。

(71)「『アジア歴史研究入門』序」『宮崎市定全集二　東洋史』、三二八頁。

(72)「『アジア歴史研究入門』序」『宮崎市定全集二　東洋史』、三二八頁。これに対して、山本「あるアジア史研究者の歩み」、一五頁は「立派な内容の原稿が集められた」としている。

(73)「『アジア歴史研究入門』序」『宮崎市定全集二　東洋史』、三二九頁。

(74)「『アジア歴史研究入門』序」『宮崎市定全集二　東洋史』、三二九頁。

(75)「『アジア歴史研究入門』序」『宮崎市定全集二　東洋史』、三二九頁。

(76)「(『アジア史研究』第二)はしがき」『宮崎市定全集二四　随筆(下)』、四九六頁。

(77)「(『アジア史研究』第二)はしがき」『宮崎市定全集二四　随筆(下)』、四九六頁。

(78)長谷川『「皇国史観」という問題』、一六五～一六六頁。

(79)「『アジア歴史研究入門』序」『宮崎市定全集二　東洋史』、三二九頁。

(80)「『アジア歴史研究入門』序」『宮崎市定全集二　東洋史』、三二九頁

(81)「『アジア歴史研究入門』序」『宮崎市定全集二　東洋史』、三三〇頁。

(82)山本「あるアジア史研究者の歩み」、一五頁。

(83)「『アジア歴史研究入門』序」『宮崎市定全集二　東洋史』、三二九～三三〇頁。

(84)富永望「〈資料紹介〉『大東亜史概説』」『京都大学大学文書館研究紀要』一四、二〇一六年、五五～八九頁。

(85)富永「〈資料紹介〉『大東亜史概説』」、六〇頁。

(86)富永「〈資料紹介〉『大東亜史概説』」、六一頁。

(87)礪波「解説」宮崎市定『日出づる国と日暮るる処』、二〇三頁。

(88)「中国南洋関係史概説」『宮崎市定全集一九　東西交渉』、二五五～二五六頁。

(89)『宮崎市定全集二四　随筆(下)』、四八八頁。

(90)「(『アジア史論考』上巻)はしがき」『宮崎市定全集二四　随筆(下)』、六〇二頁。

(91)四一六頁。

(92)『大東亜史概説』の項目については、富永「〈資料紹介〉『大東亜史概説』」、五七頁。

(93)礪波護「解説」宮崎市定『アジア史概説』中央公論社、一九八七年、五〇七頁。

(94)礪波「解説」宮崎市定『アジア史概説』、五〇八頁。

(95)『アジア史概説』『宮崎市定全集一八　アジア史』、一

八頁。
(96)「『アジア歴史研究入門』序」『宮崎市定全集二　東洋史』、三三二頁。
(97)『自跋集』、三二八頁。
(98)柴田紀男「泉井久之助」『言語』二〇〇一・二別冊、二〇〇一年、九八〜九九頁。
(99)『自跋集』、三二八頁。
(100)吉川弘文館、二〇〇二年、一〜一〇頁。
(101)吉川弘文館、一九九九年、二〇八頁。
(102)『日出づる国と日暮るる処』『宮崎市定全集二二　日中交渉』、五頁。
(103)『日出づる国と日暮るる処』『宮崎市定全集二二　日中交渉』、一五頁。
(104)京都市文化課『南方講座』「はしがき」、一九四三年。
(105)「東西洋と南洋」『宮崎市定全集一九　東西交渉』、一九九頁。
(106)「東西洋と南洋」『宮崎市定全集一九　東西交渉』、一九九頁。
(107)「東西洋と南洋」『宮崎市定全集一九　東西交渉』、一九九〜二〇〇頁。
(108)『自跋集』、三七四頁。
(109)「学問の思い出　那波利貞博士を囲んで」『東方学』三六輯、一九六八年、一九〇頁。
(110)「先学を語る―宮崎市定博士」、三三三頁。
(111)『自跋集』、一四七頁。
(112)『自跋集』、三七四頁によれば、星野は『五代宋初の通貨問題』が出た後、「惜しいことに間もなく身まかり、京都の岩波書店になろうという雄志も挫折してしまった」。
(113)礪波「解説」宮崎市定『日出づる国と日暮るる処』、二〇一頁。
(114)「〔『アジア史論考』上巻〕はしがき」『宮崎市定全集二四　随筆（下）』、六〇二頁。
(115)『日出づる国と日暮るる処』『宮崎市定全集二二　日中交渉』、四六頁。
(116)『日出づる国と日暮るる処』『宮崎市定全集二二　日中交渉』、一一五頁。
(117)『日出づる国と日暮るる処』『宮崎市定全集二二　日中交渉』、一三一頁。
(118)『日出づる国と日暮るる処』『宮崎市定全集二二　日中交渉』、一三一頁。
(119)『日出づる国と日暮るる処』『宮崎市定全集二二　日中交渉』、一三一〜一三二頁。
(120)『自跋集』、三〇一頁。
(121)『アジア史概説』『宮崎市定全集一八　アジア史』、四一五頁。
(122)『アジア史概説』『宮崎市定全集一八　アジア史』、四一四〜四一五頁。

(123)「概説と同時代史」『宮崎市定全集二四　随筆（下）』、四四〜四五頁。
(124)『アジア史概説』『宮崎市定全集一八　アジア史』、四一四〜四一五頁。
(125)『中国のめざめ』『宮崎市定全集一六　近代』、三一七頁。
(126)『中国のめざめ』『宮崎市定全集一六　近代』、三一六頁。
(127)『中国史』『宮崎市定全集一　中国史』、四四一頁。
(128)「東と西との交錯」『宮崎市定全集二〇　菩薩蛮記』、二七七頁。
(129)『五代宋初の通貨問題』『宮崎市定全集九　五代宋初』、一四頁。
(130)『自跋集』、一四七頁。
(131)『五代宋初の通貨問題』『宮崎市定全集九　五代宋初』、一二八〜一二九頁。
(132)『五代宋初の通貨問題』『宮崎市定全集九　五代宋初』、一三二〜一三三頁。
(133)『自跋集』、一四三頁。
(134)『歴史学研究』一二一号、一九四四年、四九〜五一頁。
(135)『五代宋初の通貨問題』『宮崎市定全集九　五代宋初』、一四頁。
(136)吉川弘文館、二〇六頁。ただし、巻末の参考文献リストには宮崎の著作も挙げられている。
(137)『自跋集』、一五三頁。
(138)『京都大学文学部五十年史』、三五八頁。
(139)『自跋集』、四四二頁。
(140)『自跋集』、一四二〜一四三頁。
(141)『科挙史』『宮崎市定全集一五　科挙』、一三六頁。
(142)『科挙史』『宮崎市定全集一五　科挙』、一三六頁。
(143)『科挙史』『宮崎市定全集一五　科挙』、一三六頁。
(144)『科挙史』『宮崎市定全集一五　科挙』、一三五頁。
(145)『科挙史』『宮崎市定全集一五　科挙』、一三六頁。
(146)「彙報」『史林』三〇巻二号、一九四五年、一六六頁。
(147)『宮崎市定全集一四　雍正帝』、二八二〜三三七頁。
(148)『宮崎市定全集一四　雍正帝』、二八四頁。
(149)「来し方の記」『宮崎市定全集二三　随筆（上）』、六〇九頁。
(150)「長い旅」『宮崎市定全集二三　随筆（上）』、五六九頁。
(151)「来し方の記」『宮崎市定全集二三　随筆（上）』、六〇九頁。
(152)「長い旅」『宮崎市定全集二三　随筆（上）』、五六八頁。
(153)市川市歴史博物館編『戦時下の市川市域』、一九九七年、六頁。
(154)「長い旅」『宮崎市定全集二三　随筆（上）』、五六八頁。

(155)『戦時下の市川市域』、四七頁。
(156)「来し方の記」『宮崎市定全集二三　随筆（上）』、六〇九頁。

第七章　地味な宮崎——京大教授時代（昭和二十年～昭和四十年）

(1) 宮崎と地理学教室との関係については、礪波『敦煌から奈良・京都へ』、二九一～二九四頁。
(2)『京都大学文学部五十年史』、一八七頁。
(3) 柳原書店、一九五九年。
(4) 京都大学文学部地理学教室編『地理学　京都の百年』ナカニシヤ出版、二〇〇八年、八四～八五頁。
(5) 織田武雄「宮崎市定先生と私」『宮崎市定全集』月報四、一九九二年、一頁。
(6)『京都大学七十年史』、一三〇頁。
(7)『京都大学文学部五十年史』、四二～四三頁。
(8)「先学を語る——宮崎市定博士」、三二九頁。
(9)「先学を語る——宮崎市定博士」、三二九頁。
(10) 後に「中国の農民運動」と改題されて、『中国に学ぶ』に入れられた。『宮崎市定全集一七　中国文明』、三三一～三三六頁。
(11)『宮崎市定全集一三　明清』、六六～七九頁。
(12)『宮崎市定全集一三　明清』、七六～七七頁。
(13)『宮崎市定全集一三　明清』、七八頁。
(14)『宮崎市定全集一六　近代』、七五～一一六頁。
(15)『政治論集』『宮崎市定全集別巻　政治論集』、四六二頁。
(16)『歴史』一巻四号。前田直典『元朝史の研究』東京大学出版会、一九七三年、二〇五～二二一頁。
(17) 前田『元朝史の研究』、二二一頁。
(18)「『中国史の時代区分』（鈴木俊・西嶋定生編）」『宮崎市定全集二四　随筆（下）』、四二五頁。
(19) 井上章一『日本に古代はあったのか』角川書店、二〇〇八年。
(20)『アジア史概説』では、「国民主義」はナショナリズムと呼ばれていた。
(21)『自跋集』、三五頁。
(22)『自跋集』、三五頁。
(23)『宮崎市定全集一一　宋元』、七六頁。
(24)『宮崎市定全集一一　宋元』、七六頁。
(25) 滋賀秀三「仁井田陞博士の『中国法制史研究』を読みて」『国家学会雑誌』八〇巻、一九六六年、八七～一二一頁。
(26) 福島正夫「論争家・仁井田陞博士」『講座　家族』弘文堂、月報六、一九七四年。
(27)「先学を語る——宮崎市定博士」、三三三頁。
(28)「先学を語る——宮崎市定博士」、三二九頁。
(29) 岡本隆司「歴研派vs.京都学派——論争の本質」『本』、

二〇一五年一〇月、三〇頁。
(30)『自跋集』、一五九頁。
(31) 加藤の生涯については、榎一雄「加藤繁博士小伝」『中国経済史の開拓』桜菊書院、一九四八年、一四五～一三七頁。梅原郁「加藤繁」『東洋学の系譜』、二〇六～二一四頁、尾形勇「加藤繁」『二〇世紀の歴史家たち(五) 日本編(続)』、五三～六一頁。
(32)「来し方の記」『宮崎市定全集二三 随筆(上)』、五九七～五九八頁。
(33)「古代中国賦税制度」『宮崎市定全集三 古代』、四一頁。
(34)『自跋集』、四三頁。
(35) 弘文堂書房、一九四四年、二五～二六頁。
(36)『自跋集』、一〇七頁。
(37)「部曲から佃戸へ」『宮崎市定全集一一 宋元』、七六頁。
(38) 谷川道雄編著『戦後日本の中国史論争』河合文化教育研究所、一九九三年、一五二頁。
(39)「来し方の記」『宮崎市定全集二三 随筆(上)』、五九八頁。
(40)「雍正硃批諭旨解題―その史料的価値―」『宮崎市定全集一四 雍正帝』、一三七頁。
(41)「雍正硃批諭旨解題―その史料的価値―」『宮崎市定全集一四 雍正帝』、一三七頁。
(42)『自跋集』、二四〇頁。
(43)『自跋集』、二四一頁。
(44)『自跋集』、二四一頁。
(45)『雍正帝』『宮崎市定全集一四 雍正帝』、六頁。
(46)『雍正帝』『宮崎市定全集一四 雍正帝』、一三〇頁。
(47) 小笠原茂「雍正帝の魅力」『宮崎市定全集』月報一〇、一九九二年。
(48) 坪内祐三『文庫分を狙え!』晶文社、二〇〇〇年、二八二～二八三頁。
(49) 溝上「宮崎市定」、四九頁。
(50)「雍正硃批諭旨解題―その史料的価値―」『宮崎市定全集一四 雍正帝』、一三九頁。
(51)『自跋集』、二五〇頁。
(52)「(『アジア史研究』第四)はしがき」『宮崎市定全集二四 随筆(下)』、五〇八頁。
(53)「(『アジア史研究』第四)はしがき」『宮崎市定全集二四 随筆(下)』、五〇八頁。
(54)『京都大学七十年史』、三三三頁。
(55) 小野の事件については、小野信爾著、宇野田尚哉、西川佑子、西山伸、小野和子、小野潤子編『京大生小野君の占領期獄中日記』京都大学学術出版会、二〇一八年に詳しい。小野の日記には、「宮崎教授宛手紙の下書き」もあるようであるが、翻刻されていない(三六頁)。
(56) 小野信爾「塀の中での初対面」「宮崎市定博士追悼

録」、一七頁。

(57)「翰林吉川学士」『宮崎市定全集二四　随筆（下）』、二八三頁。

(58)『宮崎市定全集九　五代宋初』、四二五～四四一頁。

(59)『宮崎市定全集一三　明清』、八〇～九三頁。

(60)『宮崎市定全集一一　宋元』、八〇～一一八頁。

(61)河内良弘「『胥吏の研究』の頃」「宮崎市定博士追悼録」、二四～二五頁。

(62)『京都大学文学部五十年史』、一六七頁。

(63)『九品官人法の研究』『宮崎市定全集六　九品官人法』、三頁。

(64)『自跋集』、九五頁。

(65)河内「『胥吏の研究』の頃」「宮崎市定博士追悼録」、二四～二五頁。

(66)同趣旨の言葉は、『九品官人法の研究』『宮崎市定全集六　九品官人法』、四頁でも述べられている。「原来、記録にはその当時において余りに分かりきったことは書いてないものである。ところがある時代には分かりきったことが、次の時代には分かりきったことでなくなり、それが記録に書いてないために今度は最も分かりにくいことになってしまうことがある。そしてある時代に分りきったことは、その時代を理解するに一番大事なことなのである。それが分らぬとなると、その時代を理解することができなくなり、無理に分ろうとするとそこにとんでもない誤解が入ってくるのである」。

(67)東洋史談話会は昭和二年に発足し、毎月一回例会を開いていたが、昭和十一年より毎年十一月に大会を催すことになった。『京都大学文学部五十年史』、一六〇～一六五頁。

(68)「〔『アジア史研究』第四〕はしがき」『宮崎市定全集二四　随筆（下）』、五一一頁。

(69)谷川『戦後日本の中国史論争』、九五頁。

(70)中村圭爾『六朝貴族制研究』風間書房、一九八七年、一七～一八頁。

(71)谷川『戦後日本の中国史論争』、九五頁。

(72)「〔『アジア史研究』第五〕はしがき」『宮崎市定全集二四　随筆（下）』、六二八頁。

(73)「〔『アジア史研究』第五〕はしがき」『宮崎市定全集二四　随筆（下）』、六二九頁。

(74)礪波護「解説」宮崎市定『九品官人法の研究』中央公論社、六〇三頁、一九九七年。

(75)礪波「『史林』と京大東洋史学」、七三頁。

(76)「『東洋史研究総目録〔第一巻—第二十五巻〕』序」『宮崎市定全集二四　随筆（下）』、五一六頁。

(77)『自跋集』、四一五頁。

(78)「安部健夫君のことども」『宮崎市定全集二四　随筆（下）』、二三一頁。

(79)宮崎は、昭和二十一年七月三十一日から京都大学評議員を務めていた。
(80)「(『アジア史研究』第五) はしがき」『宮崎市定全集二四　随筆（下)』、六三〇頁。
(81)『京都大学七十年史』、七九九頁。
(82)「教養部新入生へ」『宮崎市定全集二三　随筆（上)』、一五五頁。
(83)『京都大学七十年史』、八二五頁。
(84)「ストに入る学生へ―告」『宮崎市定全集二三　随筆（上)』、一五五～一五七頁。
(85) 森毅『ボクの京大物語』福武書店、一九九二年、四〇頁。
(86)「(『アジア史研究』第五) はしがき」『宮崎市定全集二四　随筆（下)』、六三〇頁。
(87)『宮崎市定全集一七　中国文明』、一九八～二一二頁。
(88)「中国火葬考」『宮崎市定全集一七　中国文明』、二一一頁。
(89)「来し方の記」『宮崎市定全集二三　随筆（上)』、六一一頁。
(90)「ソ連に賠償させた話」『宮崎市定全集二三　随筆（上)』、三九六～三九八頁。
(91) 吉川幸次郎『西方からの関心』新潮社、一九六一年、七五頁。
(92)「政党は誠実であれ」『宮崎市定全集二三　随筆（上)』、二四四～二四六頁。
(93)『自跋集』、三九九～四〇〇頁。
(94)『自跋集』、四〇〇頁。
(95) 角田文衛「スウェーデン国王グスターヴ六世の逝去」『ヨーロッパ古代史論考』平凡社、一九八〇年、四六五～四六六頁。
(96)「一つの記録」『宮崎市定全集二三　随筆（上)』、二六一頁。
(97) バラジについては、斯波義信「バラーシュ」高田時雄編著『東洋学の系譜　欧米編』大修館書店、一九九六年、二六〇～二六八頁。
(98) エチアヌ・バラーシュ『中国文明と官僚制』松村祐次訳、みすず書房、一九七一年。
(99)『自跋集』、二〇四頁。
(100)「忘れ得ぬ人―フランスのシナ学者・バラジ教授」『宮崎市定全集二四　随筆（下)』二八〇頁。
(101) バラーシュ『中国文明と官僚制』、一八一～一八二頁。
(102)『自跋集』、二〇四頁。
(103) ジェルネの経歴については、以下に挙げた邦訳の解説を参照。
(104) 福井文雅訳、白水社、一九六五年。
(105) 栗本一男訳、平凡社、一九九〇年。
(106) 鎌田博夫訳、法政大学出版会、一九九六年。
(107) 福井『欧米の東洋学と比較論』、一五二～一五四頁。ただし福井の情報は一九六二年頃の情報であるので、宮崎が渡仏した時期よりやや遅れる。

(108) ベルナール・フランク「中に立ち八方を照らす」『宮崎市定全集』月報二一、一九九三年、八頁。

(109)「先学を語る―宮崎市定博士」、三三八頁。

(110)「一つの記録」『宮崎市定全集二三　随筆（上）』、二六三頁。

(111)『自跋集』、四四六頁。

(112) 興膳宏「ドミエヴィル」『東洋学の系譜　欧米編』、二二一〜二二二頁。

(113) 佐伯富との共著で、十五章のうち、宮崎は七章分担当している。

(114)「忘れ得ぬ人―フランスのシナ学者・バラジ教授」『宮崎市定全集二四　随筆（下）』、二八〇〜二八一頁。

(115)「パリ通信」『宮崎市定全集二三　随筆（上）』、一六二〜一六三頁。

(116)「パリからの手紙」『宮崎市定全集二三　随筆（上）』、一六九頁。

(117) 宮脇俊三「子どもの使い」『宮崎市定全集』月報一六、一九九三年、八頁。

(118)「月給を値切られた話」『宮崎市定全集二三　随筆（上）』、三八一〜三八四頁。

(119)「宋代官制序説」『宮崎市定全集一〇　宋』、三〇九頁。

(120)「宋代官制序説」『宮崎市定全集一〇　宋』、二四六頁。

(121)「宋代州県制度の由来とその特色」『宮崎市定全集一〇　宋』、二一六頁。

(122)「宋代州県制度の由来とその特色」『宮崎市定全集一〇　宋』、二一六頁。

(123) 佐原真「「無いものをさがす」」『宮崎市定全集』月報二四、一九九四年、四頁。

(124) Honolulu, 1969.

(125)「（『アジア史研究』第五）はしがき」『宮崎市定全集二四　随筆（下）』、六二一頁。

(126)『宮崎市定全集三　古代』、二六三頁。

(127)『宮崎市定全集三　古代』、二三三〜二六二頁。

(128)「陸賈新語道基篇の研究」『宮崎市定全集五　史記』、三三七頁。

(129)「唐代賦役制度新考」『宮崎市定全集八　唐』、三五三頁。

(130)「東西風雅録」『宮崎市定全集二〇　菩薩蛮記』、二三〇頁。

(131) 加地伸行『加地伸行著作集一』研文出版、二〇一二年、一二四頁。

(132)「論語を読んだ人たち」『宮崎市定全集二一　日中交渉』、三五二〜三五三頁。

(133)「忘れ得ぬ人―フランスのシナ学者・バラジ教授」『宮崎市定全集二四　随筆（下）』、二八一頁。

(134)「ボストンでの山田さん」『宮崎市定全集二四　随筆（下）』、三五四頁。

(135)「マイカー」『宮崎市定全集二三　随筆（上）』、二九二頁。
(136) 宮脇「子どもの使い」、六頁。
(137)『自跋集』、二六七頁。
(138)『自跋集』、二五八頁。
(139)『科挙』『宮崎市定全集一五　科挙』、四三八頁。
(140)『科挙』『宮崎市定全集一五　科挙』、四三九頁。
(141)『科挙』『宮崎市定全集一五　科挙』、四三九頁。
(142) 礪波護「解題」平凡社、一九八七年、三三一頁。
(143) 二七〜二八頁。
(144) 一六頁。
(145) 二九頁。
(146) 二五頁。
(147) 一三頁。
(148) 平成元年八月二一日。
(149)「(『東洋文明史論』(桑原隲蔵著))解説」『宮崎市定全集二四　随筆（下）』、六八〇頁。
(150) 以下の最終講義の模様や内容については、『西南アジア研究』一四号、一九六五年、一一六〜一一九頁。
(151) 三五頁。
(152) 金谷治訳、岩波文庫、一九九九年、一二九頁。
(153)「歴史的評価の客観性」『宮崎市定全集二三　随筆（上）』、五八頁。この発言は、昭和二十二年のものである。同趣旨の発言は、「橋本関雪と漢学」『宮崎市定全集二二　日中交渉』、三八七頁にもみられる。
(154) 藤縄謙三「宮崎史学の辺境から」『宮崎市定全集』月報八、一九九二年、二頁。
(155) 藤縄謙三「ホメロスと戦車」『西洋古典学研究』九号、一九六一年、一四〜二五頁。
(156) 寺田隆信「これを仰げば彌いよ高く」『宮崎市定全集』月報一、一九九一年、五頁。
(157)『西南アジア研究』一四号、一二二頁。
(158) 一〇三頁。
(159)『京都大学文学部五十年史』、一六二頁。
(160)『京都大学文学部五十年史』、一六二頁。
(161)『京都大学文学部五十年史』、一六二頁。
(162)『京都大学文学部五十年史』、一六二頁。林屋「史学界の流行と不易」『宮崎市定全集』月報二、三頁。
(163)『京都大学文学部五十年史』、一六二頁。田中整治「宮崎先生の想い出」「宮崎市定博士追悼録」、四二頁。
(164)『京都大学文学部五十年史』、一六二頁。『史林』二四巻二号の「彙報」では、「近世東西交渉史」となっている。
(165) 島田虔次「講義のこと」「宮崎市定博士追悼録」、三八頁。
(166)『京都大学文学部五十年史』、一六二頁。
(167)「彙報」『史林』、二七巻五号、一九四二年、三一一頁。「彙報」『史林』、二八巻一号、一九四三年、一〇九頁。

(168)「彙報」『史林』、二八巻四号、一九四三年、四二五頁。
(169)『京都大学文学部五十年史』、一六二頁。
(170)『京都大学文学部五十年史』、一六七頁。
(171)『京都大学文学部五十年史』、一六七頁。
(172)『京都大学文学部五十年史』、一六七頁。
(173)『京都大学文学部五十年史』、一六七頁。
(174)「彙報」『史林』、三五巻二号、一九五〇年、五〇四頁。
(175)岩見宏「師恩」『宮崎市定全集』月報二二、一九九三年、二頁。
(176)『京都大学文学部五十年史』、一六七頁。
(177)小野山節「講義と書物の借用」『宮崎市定全集』月報一五、一九九三年、二頁。森本公誠「宮崎先生を偲んで」「宮崎市定博士追悼録」、六九頁。
(178)森正夫「教授としての先生と学生としての私」『宮崎市定全集』月報四、一九九二年、五頁
(179)礪波護「解説」宮崎市定『隋の煬帝』、中央公論社、一九八七年、二六七頁。
(180)重松伸司「宮崎文明論と南アジア」「宮崎市定博士追悼録」、三六頁。
(181)西里喜行「宮崎先生の思い出」「宮崎市定博士追悼録」、五四頁。
(182)佐伯富「宮崎先生と歴史学」『宮崎市定全集』月報七、一九九二年、四頁。
(183)小野山「講義と書物の借用」『宮崎市定全集』月報一五、二頁。
(184)上横手雅敬「大学教授と日本文化」『宮崎市定全集』月報一六、一九九三年、一頁。
(185)上横手「大学教授と日本文化」『宮崎市定全集』月報一六、一頁。
(186)岩見「師恩」『宮崎市定全集』月報二二、二頁。伊藤道治「心に刻まれたこと」「宮崎市定博士追悼録」、六頁。
(187)森本「宮崎先生を偲んで」「宮崎市定博士追悼録」、六九頁。
(188)上田早苗「宮崎先生の想い出」「宮崎市定博士追悼録」、一一〜一二頁。
(189)竺沙雅章「宮崎先生の授業」『宮崎市定全集』月報三、一九九一年、五頁。水利書の課題は、狩野直禎も出されたことを記録している。「思い出すことども」「宮崎市定博士追悼録」、二二頁。
(190)近藤治「寡黙の先生」「宮崎市定博士追悼録」、三〇頁。
(191)『京都大学七十年史』、二九三〜二九四頁。
(192)岩見「師恩」『宮崎市定全集』月報二二、二頁。
(193)佐竹靖彦「大きな自然体—宮崎市定先生の思いで」「宮崎市定博士追悼録」、三二一〜三二三頁。
(194)佐伯「宮崎先生と歴史学」『宮崎市定全集』月報七、六頁。
(195)竺沙雅章「宮崎先生の追憶」『東方学』九一輯、一九

九六年、一九三〜一九四頁。
(196) 寺田「これを仰げば彌いよ高く」『宮崎市定全集』月報一、七頁。
(197) 近藤秀樹『曽国藩』人物往来社、一九六五年、二九九頁。
(198) 近藤『曽国藩』、三〇〇頁。
(199) 「旧著のあとがき──「京大東洋史」」『宮崎市定全集二四　随筆（下）』、四八〇〜四八二頁。正確には「胡適の文学革命や陳独秀の思想革命を比較的高く評価することと」とあるべきところが、「比較的高く評価しないこと（『学園新聞』昭和三一年一一月一九日）」となっていた。
(200) 「先学を語る──宮崎市定博士」、三三八頁。
(201) 竺沙「宮崎先生の追憶」『東方学』、一九四頁。
(202) 粕谷一希『内藤湖南への旅』藤原書店、二〇一一年、二二七頁。
(203) 森『ボクの京大物語』、三九〜四〇頁。
(204) 粕谷『内藤湖南への旅』、二一八頁。
(205) 藤縄「宮崎史学の辺境から」『宮崎市定全集』月報八、一頁。
(206) 中央公論社、一九八三年。
(207) 「〔『中国古代史論』〕まえがき」『宮崎市定全集二四　随筆（下）』、六九二頁。
(208) 礪波『敦煌から奈良・京都へ』、三一六頁。
(209) 「〔『アジア史研究』第三〕はしがき」『宮崎市定全集二四　随筆（下）』、五〇二頁。
(210) 「〔『アジア史研究』第三〕はしがき」『宮崎市定全集二四　随筆（下）』、五〇五〜五〇六頁。
(211) 「〔『アジア史研究』第五〕はしがき」『宮崎市定全集二四　随筆（下）』、六三二頁。

第八章　江湖の読者に迎えられて──停年後の宮崎（昭和四十年〜平成七年）

（1）「ドイツから帰って」『宮崎市定全集二三　随筆（上）』、二三〇頁。
（2）吉川幸次郎『西方からの関心』、三〇頁、一一四〜一一五頁。
（3）『宮崎市定全集一四　雍正帝』、三四七〜三五一頁。
（4）『宮崎市定全集一四　雍正帝』、三五二〜三六〇頁。
（5）ハロラン芙美子「シムノンと論語」『宮崎市定全集』月報一五、一九九三年、五頁。
（6）「ドイツ学会通信」『宮崎市定全集二三　随筆（上）』、二一七頁。
（7）「私の『論語』解釈と濱田先生」『宮崎市定全集二四　随筆（下）』、二九六頁。
（8）「ドイツから帰って」『宮崎市定全集二三　随筆（上）』、二三一〜二三四頁。
（9）「先学を語る──宮崎市定博士」、三二一〜三二三頁。
（10）『自跋集』、一一七頁。

（11）『自跋集』、一一六頁。

（12）『隋の煬帝』『宮崎市定全集七　六朝』、四一二〜四一三頁。

（13）『隋の煬帝』『宮崎市定全集七　六朝』、四〇〇頁。

（14）礪波「解説」宮崎市定『隋の煬帝』、二六九頁。

（15）礪波「解説」宮崎市定『隋の煬帝』、二六九頁。

（16）『鹿洲公案』『宮崎市定全集別巻　政治論集』、二三八頁。

（17）『鹿洲公案』『宮崎市定全集別巻　政治論集』、五頁。

（18）「雍正時代地方政治の実情」『宮崎市定全集一四　雍正帝』、一三三頁。

（19）溝上「宮崎市定」、五二頁。

（20）「木米の画」『宮崎市定全集二三　随筆（上）』、八三頁。

（21）溝上「宮崎市定」、五一頁。

（22）礪波護「中国近世の政治論集」宮崎市定『中国政治論集』中央公論新社、二〇〇九年、四頁。

（23）溝上「宮崎市定」、五二頁。

（24）「柳」『宮崎市定全集二三　随筆（上）』、四九五〜四九六頁。

（25）梅原郁「中国史　縦横に体系づけ　宮崎市定氏を悼む」。おそらく読売新聞の記事であったと思うが、日付は確認できなかった。

（26）「散歩道」『宮崎市定全集二三　随筆（上）』、二二一〜二二五頁。

（27）「錦天神考」『宮崎市定全集二三　随筆（上）』、六一五〜六一九頁。

（28）「天使突抜考」『宮崎市定全集二三　随筆（上）』、六二一〜六二七頁。

（29）礪波『京洛の学風』、三九頁。

（30）『自跋集』、三九七頁。

（31）礪波護の直話による。

（32）「概説と同時代史」『宮崎市定全集二四　随筆（下）』、四〇頁。

（33）「概説と同時代史」『宮崎市定全集二四　随筆（下）』、四〇頁。

（34）『自跋集』、二七二頁。

（35）『清帝国の繁栄』『宮崎市定全集一三　明清』、三二一頁。

（36）『九品官人法の研究』『宮崎市定全集六　九品官人法』、四頁。

（37）「批林批孔の歴史的背景」『宮崎市定全集一七　中国文明』、三八九頁。

（38）『清帝国の繁栄』『宮崎市定全集一三　明清』、二七四頁。

（39）「概説と同時代史」『宮崎市定全集二四　随筆（下）』、四三頁。

（40）「概説と同時代史」『宮崎市定全集二四　随筆（下）』、

四四頁。
(41)『中国のめざめ』『宮崎市定全集一六　近代』、二六一頁。
(42)『中国のめざめ』『宮崎市定全集一六　近代』、一五六〜一五七頁。
(43)『中国のめざめ』『宮崎市定全集一六　近代』、一七五頁。
(44)『中国のめざめ』『宮崎市定全集一六　近代』、二四四〜二四五頁。
(45)『中国のめざめ』『宮崎市定全集一六　近代』、二九三〜二九四頁。
(46)『中国のめざめ』『宮崎市定全集一六　近代』、二六六頁。
(47)『中央公論』三月号緊急増刊、一九六七年、四〇〜四七頁。
(48)「乾隆帝から毛沢東へ―続羨不足論」『宮崎市定全集一七　中国文明』、二七〜三四頁。
(49)『中国政治論集』『宮崎市定全集別巻　政治論集』、二六五頁。
(50)『中国政治論集』『宮崎市定全集別巻　政治論集』、二六九頁。
(51) 加賀美光行『歴史のなかの中国文化大革命』岩波現代文庫、二〇〇一年、二〜一〇頁。
(52)「〔『東風西雅』〕はしがき」『宮崎市定全集二四　随筆（下）』、六二七頁。
(53)『宮崎市定全集二三　随筆（上）』、三四七〜三四九頁。
(54)『宮崎市定全集一七　中国文明』、三七八〜三八八頁。
(55)『宮崎市定全集一七　中国文明』、三八九〜四〇三頁。
(56)『宮崎市定全集一　中国史』、四五一〜四五三頁。
(57)『自跋集』、七頁。
(58)「『宋詩概説』（吉川幸次郎著）」『宮崎市定全集二四　随筆（下）』、四四五頁。
(59)「世界史における中国と日本」『宮崎市定全集二二　日中交渉』、一三八頁。
(60) 佐伯「宮崎先生と歴史学」『宮崎市定全集』月報七、六頁。
(61) 礪波、間野「宮崎市定」『京大東洋学の百年』、二三五頁。
(62)「六朝隋唐の社会」『宮崎市定全集七　六朝』、一一九〜一三二頁。
(63)『大唐帝国』『宮崎市定全集八　唐』、三二七頁。
(64)『大唐帝国』『宮崎市定全集八　唐』、三二五頁。
(65)『大唐帝国』『宮崎市定全集八　唐』、三二八頁。
(66)『大唐帝国』『宮崎市定全集八　唐』、一一六頁。
(67)『自跋集』、一二一頁。
(68)『自跋集』、一三六頁。
(69)「書の色気」『宮崎市定全集二三　随筆（上）』、三五六頁。

(70)「紅蘭女史の書」『宮崎市定全集二三　随筆（上）』、四一七頁。
(71)「水の漏る花瓶」『宮崎市定全集二三　随筆（上）』、一〇七頁。
(72)『日出づる国と日暮るる処』『宮崎市定全集二二　日中交渉』、七〇頁。
(73)「木米の画」『宮崎市定全集二三　随筆（上）』、八九～九〇頁。
(74)「木米の硯」『宮崎市定全集二三　随筆（上）』、四四頁。
(75)「日本文化展をみて」『宮崎市定全集二三　随筆（上）』、一三二頁。
(76)「薬師寺東塔」『宮崎市定全集二一　日本古代』、三二三頁。
(77)「薬師寺東塔」『宮崎市定全集二一　日本古代』、三二三頁。
(78)『朝日新聞』朝刊、二〇一六年、一二月二〇日。
(79)「軑侯夫人説に疑義あり」『宮崎市定全集二三　随筆（上）』、三六四～三六六頁。
(80)樋口隆康『古代中国を発掘する』新潮社、一九七五年、一三七頁。
(81)「漢代長沙王国年表」『宮崎市定全集三　古代』、三四三～三五一頁。
(82)「先学を語る―宮崎市定博士」、一二五頁。
(83)梅原「中国史　縦横に体系づけ」。
(84)『宮崎市定の世界展』、一一頁。
(85)『自跋集』、四〇一頁。
(86)「先学を語る―宮崎市定博士」、一二四頁。
(87)吉川幸次郎『西東閒記』岩波書店、一九七二年、一一三頁。
(88)『自跋集』、一九一頁。
(89)『自跋集』一九一頁では、十時から五時までとなっているが、「イタリアのミニ学界」『宮崎市定全集二四　随筆（下）』、二八八頁に従った。また山荘の居室の広さについても『自跋集』は三十畳となっている。
(90)J.A.Cohen, R.R.Edwards and Fu-mei Chang Chen (ed.), *Essays on China's Legal Tradition*, Princeton, New Jersey, 1980.
(91)「イタリアのミニ学界」『宮崎市定全集二三　随筆（上）』、二八九頁。
(92)梅原郁「清明会のことなど」「宮崎市定博士追悼録」、一三頁。
(93)『京都大学百年史』、五四～五五頁。
(94)『中国政治論集』『宮崎市定全集別巻　政治論集』、二四九頁。
(95)『中国政治論集』『宮崎市定全集別巻　政治論集』、六八五頁。
(96)礪波「中国近世の政治論集」宮崎市定『中国政治論

集』、八～九頁。
(97)『中国政治論集』『宮崎市定全集別巻　政治論集』、二六二～二六三頁。
(98)『中国政治論集』『宮崎市定全集別巻　政治論集』、六九〇頁。
(99)溝上「宮崎市定」、五〇頁。
(100)『自跋集』、一五五頁。
(101)「〔『中国に学ぶ』〕はしがき」『宮崎市定全集二四　随筆（下）』、五八二頁。
(102)「〔『アジア史研究』第五〕はしがき」『宮崎市定全集二四　随筆（下）』、六二九頁
(103)『自跋集』、一九八頁。
(104)『京都大学文学部五十年史』、一六二頁。
(105)『宮崎市定全集一二　水滸伝』、三五一～三六七頁。
(106)『宮崎市定全集一二　水滸伝』、三六八～三八三頁。
(107)『自跋集』、二〇四頁。
(108)高島俊男「宋江実録」『東洋文化研究所紀要』一二二、一九九三年、一～四一頁。
(109)『宮崎市定全集一二　水滸伝』、三四六頁。
(110)『宮崎市定全集二四　随筆（下）』、四〇七～四一一頁。
(111)『宮崎市定全集三　古代』、二二一～二三二頁。
(112)ハロラン芙美子「シムノンと論語」、五頁。
(113)「論語の学而第一」『宮崎市定全集二四　随筆（下）』、四七～五三頁。
(114)『宮崎市定全集二四　随筆（下）』、五四～一三八頁。
(115)石川淳『文林通言』中公文庫、一九七八年、一二一～一三三頁。
(116)谷沢永一『紙つぶて（全）』文春文庫、一九八六年、七五頁。
(117)「〔『論語』読み〕の愉しみ」『宮崎市定全集二四　随筆（下）』、一七〇頁。
(118)「〔『論語』読み〕の愉しみ」『宮崎市定全集二四　随筆（下）』、一七〇頁。
(119)「〔『論語』読み〕の愉しみ」『宮崎市定全集二四　随筆（下）』、一七一頁。
(120)『論語の新研究』『宮崎市定全集四　論語』、一四一～一四四頁。
(121)『論語の新研究』『宮崎市定全集四　論語』、一四一～一四四頁。
(122)『論語の新研究』『宮崎市定全集四　論語』、一八六～一八七頁。
(123)『論語の新研究』『宮崎市定全集四　論語』、一五四～一六〇頁。
(124)『論語の新研究』『宮崎市定全集四　論語』、一五八頁。
(125)『論語の新研究』『宮崎市定全集四　論語』、四頁。
(126)礪波護「解説」宮崎市定『現代語訳　論語』岩波現代文庫、二〇〇〇年、三六八頁。
(127)『論語の新研究』『宮崎市定全集四　論語』、八八～九

〇頁。
(128)『論語の新研究』『宮崎市定全集四　論語』、二四三頁。
(129)谷沢永一『古典の読み方』祥伝社、一九八二年、四六頁。谷沢は「宮崎市定の訳文では、武断的に割り切りすぎていてどうも気に食わんという感受性の持ち主には、桑原武夫の『論語』（筑摩書房刊）をお薦めしておこう（七二頁）」とも言っている。
(130)『自跋集』、七一頁。
(131)小倉芳彦「（批評・紹介）宮崎市定著『論語の新研究』」『東洋史研究』三三巻四号、一九七五年、一三三～一三八頁。
(132)加地伸行「吉川『論語』と不肖の弟子」『一冊の本』一一月号、朝日新聞社、一九九六年、一三～一五頁。
(133)礪波護「解説」宮崎市定『史記列伝抄』国書刊行会、二〇一一年、四〇三頁。
(134)「（『アジア史論考』下巻）跋」『宮崎市定全集二四　随筆（下）』、六一九頁。
(135)小笠原茂『好きでこそ読書』潮出版、一九九三年、二八三頁。
(136)『中国史』『宮崎市定全集一　中国史』、四五八頁。
(137)『中国史』『宮崎市定全集一　中国史』、四五七頁。
(138)『中国史』『宮崎市定全集一　中国史』、四六一頁。
(139)井上裕正「解説」宮崎市定『中国史』岩波文庫、二〇一五年、三七八頁。
(140)『中国史』『宮崎市定全集一　中国史』、一五頁。
(141)『中国史』『宮崎市定全集一　中国史』、二三頁。
(142)『中国史』『宮崎市定全集一　中国史』、二三頁。
(143)『中国史』『宮崎市定全集一　中国史』、三〇頁。
(144)『中国史』『宮崎市定全集一　中国史』、七〇頁。
(145)『中国史』『宮崎市定全集一　中国史』、三四九頁。
(146)清水「善之先生聞き書き」『宮崎市定全集』月報三、三頁。
(147)『宮崎市定全集二三　随筆（上）』、四八七～四九二頁。
(148)「このごろ」『宮崎市定全集二三　随筆（上）』、五一八頁。
(149)『史記を語る』『宮崎市定全集五　史記』、四六頁。
(150)『史記を語る』『宮崎市定全集五　史記』、一九八～二二九頁。
(151)『史記を語る』『宮崎市定全集五　史記』、二三〇～二六六頁。
(152)礪波『京洛の学風』、四〇頁。
(153)礪波「解説」宮崎市定『史記列伝抄』、四〇三頁。
(154)『史記列伝抄』、一〇八～一〇九頁。
(155)『自跋集』、三六五頁。
(156)『謎の七支刀』『宮崎市定全集二一　日本古代』、一八一頁。
(157)『謎の七支刀』『宮崎市定全集二一　日本古代』、一八七～一八八頁。

(158)『三上次男博士喜寿記念論文集　歴史編』、平凡社、一九八五年、二〇六〜二一八頁。
(159)『石上神宮七支刀銘文図録』吉川弘文館、一九九六年、一五九〜一六四頁。
(160)『謎の七支刀』『宮崎市定全集二一　日本古代』、一八二頁。
(161)『謎の七支刀』『宮崎市定全集二一　日本古代』、一六頁。
(162)『謎の七支刀』『宮崎市定全集二一　日本古代』、一〇六頁。
(163)『謎の七支刀』『宮崎市定全集二一　日本古代』、一三一頁。
(164)『謎の七支刀』『宮崎市定全集二一　日本古代』、一五一頁。
(165)『宮崎市定全集二一　日本古代』、一九八〜二一七頁。
(166)『宮崎市定全集二一　日本古代』、二二一〜二二八頁。
(167)「『古代大和朝廷』序」『宮崎市定全集二四　随筆（下）』、六八五頁。
(168)「大和朝廷の水軍基地」『宮崎市定全集二一　日本古代』、三一二〜三二二頁。
(169)楠山修作「宮崎市定先生を憶う」『東方学』九一輯、一九九六年、一九五頁。
(170)「天王なる称号の由来について」『宮崎市定全集二一　日本古代』、二七二〜三一一頁。
(171)「世界史から見た日本の夜明け」『宮崎市定全集二一　日本古代』、二二七頁。『謎の七支刀』『宮崎市定全集二一　日本古代』、一二頁。
(172)「『明代馬政の研究』（谷光隆）序」『宮崎市定全集二四　随筆（下）』、五九〇頁。
(173)『アエラ』、一九八八年、六月二一日。
(174)『朝日新聞』朝刊、一九八九年、三月一四日。
(175)『朝日新聞』朝刊、一九八九年、四月二九日。
(176)『北大百年史』、一九八〇年、二〇四〜二〇八頁。
(177)著作者、発行者は共に藤井宏。発行所としては埼玉県川越市の自宅住所が記されている。定価一五〇〇円。『均工夫の特質—山根幸夫氏説の綜合的批判』も同じく昭和四十七年に自宅を発行所としてガリ版で出された。
(178)『朝日新聞』朝刊、一九九二年、一二月一二日。
(179)「中国を見る眼」『宮崎市定全集二三　随筆（上）』、三二四頁。
(180)「中国の最高実力者鄧小平」『宮崎市定全集二三　随筆（上）』、七〇九〜七一二頁。
(181)竺沙「宮崎先生の追憶」『東方学』、一九四頁。
(182)礪波護の直話による。
(183)『宮崎市定全集二三　随筆（上）』、七一五・七一六頁。
(184)礪波「解説」宮崎市定『現代語訳論語』、三七三頁。
(185)『自跋集』、二八〇〜二八一頁。
(186)『中国のめざめ』『宮崎市定全集一六　近代』、二二一頁。

(187) 相田洋『シナに魅せられた人々　シナ通列伝』研文出版、二〇一四年、三頁。

(188)「歴史と塩」『宮崎市定全集一七　中国文明』、四八頁。

(189) 日本堂書店、一九二三年。

(190) 学生社、一九五七年。

(191) 礪波「解説」宮崎市定『現代語訳　論語』、三七二頁。

(192) 一〇頁。

(193) 礪波護「解説」宮崎市定『中国文明論集』岩波文庫、一九九五年、三八一頁。

(194) 小倉芳彦「巨匠逝く―宮崎先生告別記」『図書』五五五号、一九九五年、二一～五頁。

あとがき

本書は、題して『天を相手にする』と言う。『史記』「伍子胥列伝第六」には、「人衆《おお》き者は天に勝つ、天定りて亦《ま》た能《よ》く人を破る」という言葉がある。宮崎自身の訳では「人間が多く集れば、その力は天の運行までを変更することが出来る。併し長い時間が経過するうちには天の定めた法則が働いて人間側の敗けになるものだ」となる。要は、多勢を頼んだ無理は、長続きしないという意味である。戦後の一時期、宮崎は必ずしも正当に評価されていなかった。この状況に憤っていた宮崎が自らに言い聞かせていたのが、この格言を踏まえた「天を相手にする」という言葉であった。時流におもねらず、言うべきことは言い、なすべきことを為す、いかにも宮崎にふさわしい言葉であろう。この言葉を本書のタイトルに決めた後、実は『宮崎市定全集』の内容見本で先に上山春平氏がこの言葉を使っているのに気づいた。自分で思いついた気でいたが、記憶の片隅に内容見本を読んだ時のことが残っていて、思い出しただけのことなのかもしれない。さらにその後、小笠原茂氏が「天を相手にした歴史学者—宮崎市定の軌跡」と題する一文を書いていたことも知った。しかし、宮崎自身の言葉であるし、既に両氏が使っているということは逆に宮崎にこれ以上相応しい言葉はないということでもあると思いなおし、あえて使うことにした。

本書は、魅力ある宮崎の歴史学がどのように生み出されたのかを、その生涯を辿ることで明らかにしようとした。この意味で本書を貫くのは何よりも伝記的な関心である。したがって、宮崎の学説の当否や今日的な意義などについてはほとんど触れていない。現実問題として、門外漢である筆者にはこれらの点を語る能力はなかったのであり、またそれほど関心がなかった。不十分であるとの批判は甘んじて受けたい。しかし、宮崎の伝記的な事実については出来る限り克明に復元するよう努めた。とはいえ、その伝記的な事実も、基本的には『自跋集』の「自訂年譜」を骨組みにして、これを宮崎の作品を読み込むことで肉付けしたに過ぎず、調査不足の誹りは免れないかもしれないが、このような限られた材料だけでも原稿用紙にして八百枚程度にはなったのであり、いかに宮崎が自身の個人的な事柄を多く書き残していたのかということに改めて驚かされることになった。そして、自身を積極的に語るその姿勢も宮崎の作品の魅力の一つとなっていることは間違いないだろう。

宮崎市定の名を最初に私に教えてくれたのは、父であった。高校の頃、私が歴史に関心があることを知った父が宮崎の『アジア史概説』を一度読んだらいいと渡してくれたのである。それは学生社版の『アジア史概説』で、カバーには「京都大学名誉教授、文学博士宮崎市定」といういかめしい著者の名と肩書が書かれていた。手には取って見たものの、何か古臭い感じがして、その時はろくに読まずに放りだした。宮崎の名を再び耳にしたのは、大学に入ってからである。同志社大学の一回生の時、出講されていた愛宕元先生（当時は京大助教授）の東洋史概説の講義を受けた。愛宕先生は、中国城郭史を講じられたが、講義の中で宮崎を「独断と偏見に満ちておって、非常によろしい」と紹介された。この紹介の仕方が、私の好みに合ったのだろう。早速、文庫本になっていた宮崎の著作を買い求め、その面白さに目を見開き、宮崎ファンになった。あれから早くも二十年以上経った。私の専門は古代ローマ史であり、東洋史ではなかったが、折に触れて宮崎の書物を開き、自身の研究の糧にしてきた。

平成二十七年五月に私は『軍人皇帝のローマ』という本を講談社から出したが、その時にもやはり宮崎の研究が大いに参考になった。丁度この年、北陸新幹線が開通し、これに乗る機会があり、途中下車して宮崎の故郷飯山に立ち寄った。その地を実際に見、宮崎の墓に詣でようと思ったのである。墓に関しては、『自跋集』にある「飯山市静間」という言葉だけが頼りであった。静間まで行ったものの、墓は容易に見つからなかった。それもそのはずで、私は墓というのは寺か、公営の墓地にあるものとばかり思い込んでいたからである。実は、宮崎の墓は、斑尾山系の傾斜地の畑の中にあったのである。近隣の人に次々と尋ねながら、何とかたどり着いたが、面白かったのは、宮崎の墓は「山神様の祠の裏手」にあると教えられたことであった。柳田国男の世界に迷い込んだようであった。実際に宮崎の郷里を訪れて、いよいよ宮崎への関心は深まり、自分自身で宮崎について調べてみたくなった。また当時、勤務先の早稲田大学文学学術院のプログラム（「近代日本の人文学と東アジア文化圏—東アジアにおける人文学の危機と再生」）が、平成二十六年度の文部科学省私立大学戦略的研究基盤形成支援事業に採択され、私もその研究メンバーとされていたため、何かしら近代日本の人文学について考えなければならなくなっていた。これらの事情が本書を書くきっかけとなった。運のいいことに、六月に元岩波書店社員の天野泰明氏の紹介で、国書刊行会の編集者伊藤嘉孝氏と知り合った。宮崎市定の話をしたところ、伊藤氏は宮崎のファンであり、原稿を書かれるのであればぜひ見せてください、と言われ、いよいよその気になった。お二方にはまず感謝しなければならない。

そして、その年の夏休みに手始めに宮崎と西洋古代史研究の関係を考えた論文「宮崎市定と西洋古代史研究」を『西洋古代史研究』第十五号に書いた。当初は、このような形で宮崎の研究や生涯に関わるテーマをいくつか取り上げ、「宮崎市定論」のような形にしようと思っていたが、途中で気が変わりやはり宮崎の全体像を知るのは、評伝の形にするほうがよいと考えるに至った。二十八年の六月頃から本格的に本書を書き始め、翌年の二月半ばには、原稿は粗方できあがった。決して文章を書くのが早いほうではないのだが、宮崎の生涯を調べて書く作業が自分でも異常に楽しく、寸暇を惜しんで書いた結果であった。

この間、京都大学名誉教授礪波護先生にお話を伺うことが出来たのは、望外の幸せであった。宮崎の愛弟子であられた先生のお話だけは何としても聞いておかねばならないと思い、不躾に手紙を差し上げ、面会を申し込んだところ、快くお受けくださり、三度にわたって長時間、私の愚問に対して熱心に答えていただいた。のみならず貴重な資料を数多くいただいた。各章の扉に載せられている宮崎の写真も礪波先生セレクションである。平成二十八年八月にミネルヴァ書房で開かれた「究」セミナー「宮崎市定が見たアジア史」でお話を聞けたことも有難かった。本書に多少とも価値があるとすれば、それは礪波先生からいただいた情報が書かれていることであろう。

京都大学の恩師南川高志先生は、専門のローマ史の勉強を放擲《ほうてき》して、宮崎の評伝を書き始めた気ままな筆者を咎めることなく、あたたかく見守っていただいた。いつもながら先生には感謝の言葉もない。また近畿各地の大学の非常勤講師として糊口をしのいでいた時代からお世話になり、今回もいろいろご協力いただいた阪急古書の町藤沢書店店主藤沢正明氏にも、末筆ながら記して御礼申し上げたい。

平成三十年五月十七日

井上文則

著者略歴

井上文則（いのうえ・ふみのり）
1973年京都府生まれ。京都大学大学院文学研究科博士後期課程修了。現在、早稲田大学文学学術院教授。京都大学博士（文学）。専攻は古代ローマ史。著書に『軍人皇帝時代の研究―ローマ帝国の変容』（岩波書店）、『軍人皇帝のローマ―変貌する元老院と帝国の衰亡』（講談社選書メチエ）。訳書に『ローマ皇帝群像　4』（京都大学学術出版会）など。

天《てん》を相手《あいて》にする
――評伝《ひょうでん》宮崎市定《みやざきいちさだ》

2018年7月19日初版第1刷印刷
2018年7月24日初版第1刷発行

著者　井上文則

発行者　佐藤今朝夫
発行所　株式会社国書刊行会
〒174-0056　東京都板橋区志村1-13-15
TEL.03-5970-7421　FAX.03-5970-7427
http://www.kokusho.co.jp

装丁者　山田英春
印刷・製本所　三松堂株式会社

ISBN978-4-336-06276-5　C0023
乱丁本・落丁本はお取り替え致します。